完譯版

日本은 어디로 갈 것인가

E·O. 라이샤워 著
金基實 譯

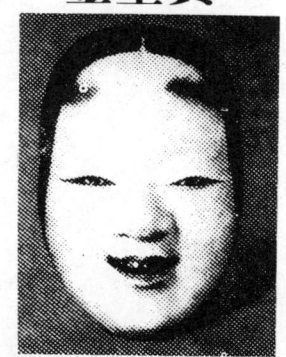

□…히로시마(廣島)·나가사끼(長崎)에 原子彈 투하──.
1945년 8월 15일──, 日本은「무조건 항복」을 받아들였다.
『모든 것을 얻었다가 모든 것을 잃은 것이다』외국 征服者
의 軍靴소리를 들은 것이다. 有史이래 처음 있는 일이다.
焦土化된 日本經濟의 復興은 지지부진했다. 50년대의 韓國
戰爭에 따른 美軍의 군수물자 조달이 日本의 經濟復興을
가속화시켰다.「建國이래 최대 好景氣」인『진무(神武) 붐
(boom)』을 그들은 謳歌하고 있는 것이다 〈本文에서 引用〉…□

Where is Japan Heading for?
by
Edwin O. Reischauer

著者序文

　일본의 역사의 물살은 몹시 빠르고 그 구비마다 새 역사를 창조한다. 1970년대 후반 이후의 일본의 재평가(再評價)에 대한 필요성이 갑자기 요망되고 있다.

　필자는 과거 몇 가지 저작(著作)을 통해서 이 흐름을 개관(槪觀)하고 일본인의 생활조건・사회구조・동기적 사상 그리고 국제관계 등을 기술하였다.

　예컨대, 『美國과 日本』에서는 전쟁의 역사적 과정, 미군 점령 하의 개혁, 전후의 눈부신 경제적 성공에서 그들 일본인이 보인 반응면에 치중해서 기술을 시도했다. 그러나 최근사(最近史)의 모든 이러한 국면은 과거로 소급하고 오늘날의 일본과 미래의 일본을 형성하는 보다 긴 전통으로 몰입하고 있다. 이제 일본과 일본인을 새로운 눈으로 관찰할 시기는 도래했다고 생각한다.

　그러나 1970년대 후반의 관점에서 일본을 관찰함에 있어서, 현재의 일본의 상황을 근접적(近接的)으로 집중하는 경향을 지양했는데, 그 이유는 현재에 역점을 두면, 미래의 일본을 정확히 투시(透視)할 수 있는 보다 영구적이고 기본적인 양상으로부터 외면할 위험이 있기 때문이다. 따라서 필자는 전체적으로 과거의 경험의 조명(照明) 속에 비친 현대 일본의 실상(實像)에 광범한 초점을 맞추도록 노력했다.

　또한 과거에 관한 기본적인 사실에는 변함이 없으며, 또 이것들을 기술함에 있어서 과거의 필자의 저작에서 이미 사용한 어휘를 무의식중에 사용한 흠이 없지 않아 있을 것이다. 그러나 이러한 불변의 사실마저 새로운 시대감각에 비추어 볼 때에는 새로운 광채(光彩)를 띨 수도 있을 것이다.

이렇듯 이 책은 단순히 필자의 전작(前作)들의 최신화의 기도일 뿐만 아니라, 범위와 구조에 있어서, 그리고 사상면에서 대규모적으로, 전적으로 새로운 책이라 해도 과언이 아니다──다시 말해서 오늘날의 일본인의 실상(實像)과 허상(虛像), 그리고 세계 속의 일본을 묘사하는 데 있어서 새로운 시발점을 획(劃)한다고 할 수 있다.

일본과 일본인이 구성하는 주제(主題)는 너무나도 크고 다양하기 때문에 아무리 서두른다 하더라도 이 책의 규모로써는 미진함을 절감하지 않을 수 없다. 필자는 광범한 시점에서 일본인의 생활을 개관하는 외에는 흥미 위주의 설명을 피하기로 했다.

또한 현재의 경제발전에 언급함에 있어서는, 역사적인 발전의 일부, 경제의 사회 적응, 경제발전의 세계적 위치 등을 제외하고는 자세한 분석을 피했다.

이런 것에 관한 보다 중요한 기술은 전문서적에 의존할 수밖에 없다. 그 대신 필자는 일본인의 사회구조와 가치관, 정치제도, 외부 세계와의 관계에 중점을 두었다.

물론 이 책을 저술함에 있어서 수많은 일본인과 외국인 학자와 저작자들의 글에서 사실과 해석을 인용했음을 감사의 말과 함께 머리말에 대신하고자 한다.

차 례

◇ 著者 序文 ······ 6
◇ 譯者 後記 ······383

Ⅰ. 무 대 (THE SETTING) ······9

1. 국 토 ······ 10
2. 농업과 천연자원 ······ 21
3. 고 립 ······ 33

Ⅱ. 역사적 배경 (HISTORICAL BACKGROUND) ···39

4. 고대 일본 ······ 40
5. 봉건 제도 ······ 52
6. 중앙집권적 봉건주의 ······ 65
7. 명치 유신 ······ 72
8. 입헌 제도 ······ 80
9. 군부의 반발 ······ 88
10. 점령군에 의한 개혁 ······ 96
11. 전후의 일본 ······103

Ⅲ. 사 회 (SOCIETY) ······ 113

12. 다양성과 변화 ······114
13. 집 단 ······119
14. 상대주의 ······130
15. 개 성 ······138
16. 하이어라키 ······149
17. 교 육 ······160
18. 비지네스 ······172
19. 대중문화 ······190

20. 여　　성 ·· ·· ··*197*
21. 종　　교 ·· ·· ··*205*
22. 심리적 경향 ·· ·· ··*215*

Ⅳ. 정　　치 (POLITICS) ················*223*

23. 정치 전통 ·· ·· ··*224*
24. 천　　황 ·· ·· ··*231*
25. 국　　회 ·· ·· ··*237*
26. 그밖의 정부기관 ·· ·· ··*244*
27. 선　　거 ·· ·· ··*253*
28. 정　　당 ·· ·· ··*261*
29. 의사 결정 과정 ·· ·· ··*271*
30. 문 제 점 ·· ·· ··*282*
31. 추　　세 ·· ·· ··*296*
32. 정치적 스타일 ·· ·· ··*306*

Ⅴ. 세계 속의 일본 (JAPAN AND THE WORLD) *311*

33. 전전의 기록 ·· ·· ··*312*
34. 중립이냐 동맹이냐 ·· ·· ··*316*
35. 무　　역 ·· ·· ··*329*
36. 상호의존 ·· ·· ··*337*
37. 언　　어 ·· ·· ··*345*
38. 격리감과 국제화 ·· ·· ··*363*
39. 미　　래 ·· ·· ··*378*

　　◇ 世界 各國의 人口 對比圖(12)
　　◇ 世界 各國의 GNP 對比圖(13)
　　◇ 日本과 美國을 같은 緯度上에 포개어놓은 對比圖(17)

I
무 대
THE SETTING

국 토

1

일본인은 다른 국민의 경우와 마찬가지로 그 국토에 의해서 특성이 형성되어 있다. 일본의 지리적인 위치나 기후 등, 자연적인 조건이 일본국민의 발전양식을 규제하고, 동시에 일정한 방향을 제시하는 데 도움을 준 것은 확실한 사실이다. 따라서 일본인에 관한 연구를 지리적인 배경으로부터 출발하는 까닭이 바로 여기에 있는 것이다.

일본을 작은 나라라고 생각하는 사람은 적지 않다. 그것은 일본인 자신도 그렇게 생각하고 있다. 사실 세계지도 속에서 보는 일본은 극히 작은 나라이다. 일본은 광대한 유러시아 대륙의 동해에 위치하고 망망한 대양과 마주하고 있는 길고 좁은 양상한 작은 열도이다. 이웃의 중국대륙이나 소련, 또는 태평양 건너 대치하고 있는 북미대륙에 비하면 그것은 매우 하잘것 없이 보인다. 그러나 국토의 면적이라는 것은 상대적인 것에 지나지 않는다. 서구라파 각국과 비교하면 반드시 협소한 것만도 아니다.

일본을 캘리포니아주보다 작다거나, 시베리아의 한 현보다도 큰 것이 못된다고 말하기보다 이탈리아보다 상당히 크고, 영국보다 한 배 반에 해당하는 면적을 가지고 있다고 지적하는 편이 일본의 모습을 보다 부각시킬 수 있는 것이다. 미국인에게 가장 알기 쉽게 비교하자면, 지세와 인구의 양면에서 일본은 뉴욕·뉴저지·펜실베이니아의 각 주와 메인주를 제외한 뉴 잉글란드 지방의 다섯 개 주를 합친 정도의 크기라고 설명할 수 있을 것이다.

나라의 크기를 측정하는 자(尺)에는 여러가지가 있지만, 국토의 면적이라는 것이 반드시 가장 중요한 것만은 아니다. 뿐만 아니라, 커다란 오해를 초래할 경우가 없지 않아 있을 수 있다.

뉴기니아의 1천 평방 킬로나, 남극 대륙, 또는 그린란드와 같은 면적을 라인강의 하류지역이나 일리노이주의 풍요한 농토의 10평방 킬로와 동일시한다는 것은 있을 수 없는 일이다. 시베리아·알래스카, 그리고 캐나다의 북서부는 광물자원을 소유하고 있다고 해도, 인구의 거주지역과는 격리되어 있다. 이 지역들은 경제적으로 플러스라기보다 오히려 마이너스인 면이 크다.

나라의 크기를 측정하는 데 있어서 보다 중요한 척도는 인구이다. 이 기준에 따르면, 세계에는 네 개의 인구 자이언트가 있다. 우선 중공과 인도를 들 수 있다. 이 두 나라의 인구는 10억대에 육박하고 있다. 다음으로 소련과 미국이 있는데, 이 두 나라는 역사의 우연에서 광대한 영토를 소유할 수 있는 기회를 가졌고, 그 과정에서 2억을 넘는 인구를 소유하기에 이르렀다. 인도네시아와 브라질도 그 지리적인 면적에서 인구대국에 끼게 될 것이다. 일본의 인구는 이들 두 나라 다음으로 세계 7위이지만, 이 순위는 바로 최근까지 세계열강으로 간주된 서구라파의 주요국가들보다 훨씬 상위에 있다.

17세기 초엽의 일본 인구는 약 2,500만이었다. 이것은 당시 구라파에서 최대의 면적을 자랑한 프랑스를 훨씬 능가하는 인구이고, 당시 영국의 인구의 수배에 달하는 것이다. 오늘날, 일본의 총인구는 1억 1천 5백만을 상회하는 것으로 추정된다. 이것은 일본이 서구라파의 4대국인 서독·영국·이탈리아·프랑스 등의 어느 나라와 비교하더라도 근 두 배에 달하는 숫자이다. 한 나라의 크기를 측정하는 또 하나의 중요한 척도는 그 생산력, 즉 GNP이다. 이것은 개발된 자원과 인구, 그리고 무엇보다도 그 나라의 기술력 등을 종합한 것이다.

이 기준에 의하면, 일본은 틀림없는 대국의 하나이고, 미국과 소련 다음가는 대국이다. 단, 소련은 인구에서 두 배, 면적에서는 60배의 우위에 있는 것은 사실이다. (여기에서 한 가지 부기할 것은 이 책에서는 GNP, 기타 구체적인 숫자를 일체 생략한다. 시대에 처지는 통계만큼 무의미한 것은 없다는 뜻에서 그렇게 한 것이다. 더우기 급격한 경제성장의 경우, 통계는 인플레의 격화에 의해서 실체 이상으로 팽창한다. 따라서 필자는 개략적인 수치나 비교를 동원하기로 한다. 그것이 무난하다고 판단했기 때문이다)

다음에 두 장의 지도를 게재하는 것은, 종전에 흔히 볼 수 있는 지도에 비해서 일종의 해독제 역할을 할 것으로 생각하기 때문이다.

하나는, 나라의 규모가 인구에 비례해서 그려져 있고, 또 하나는 GNP에 비례하고 있다. 필자가, 이 두 장의 지도를 착상한 것은 1964년이었다. 당시 2차 세계대전의 패배의 후유증이 남아 있고, 실지보다 과소평가당했던 일본인에 대해 사실과 다르다는 것을 지적하기 위해서였다. 이 지도들은 1974년에 그 이전의 것을 수정, 작성한 것이다. 당시 일본은 이미 경제대국으로 부상하고 있었다.

12   I. 무　　대

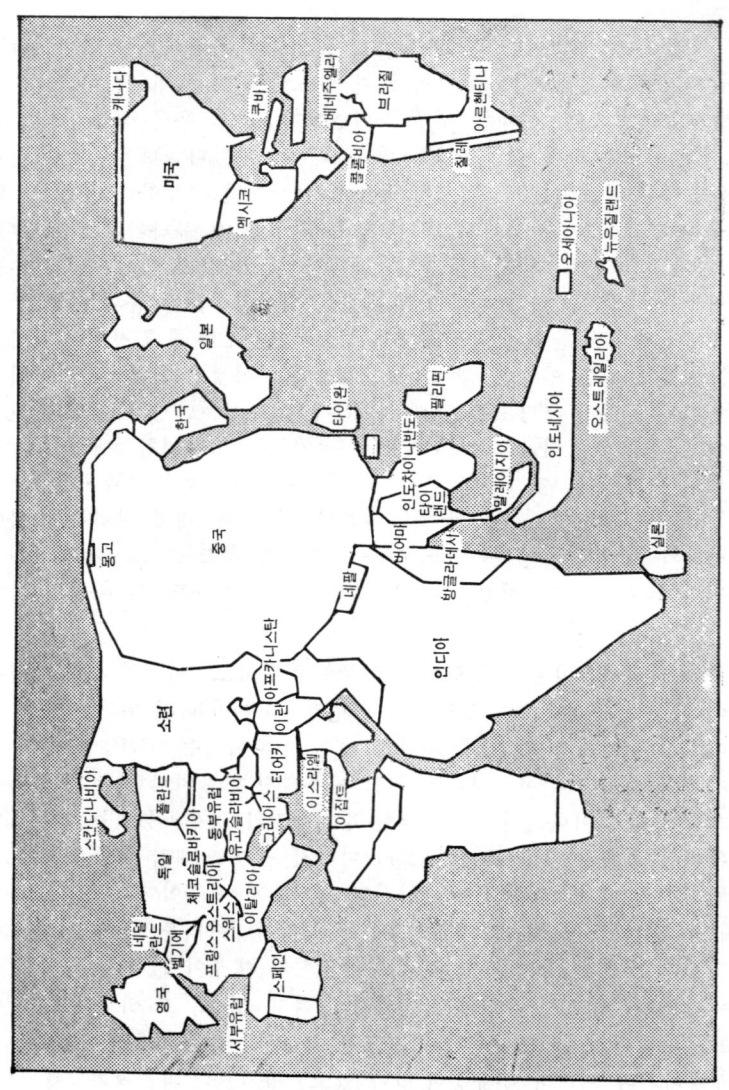

《世界 各國의 人口 對比圖》

1. 국 토 13

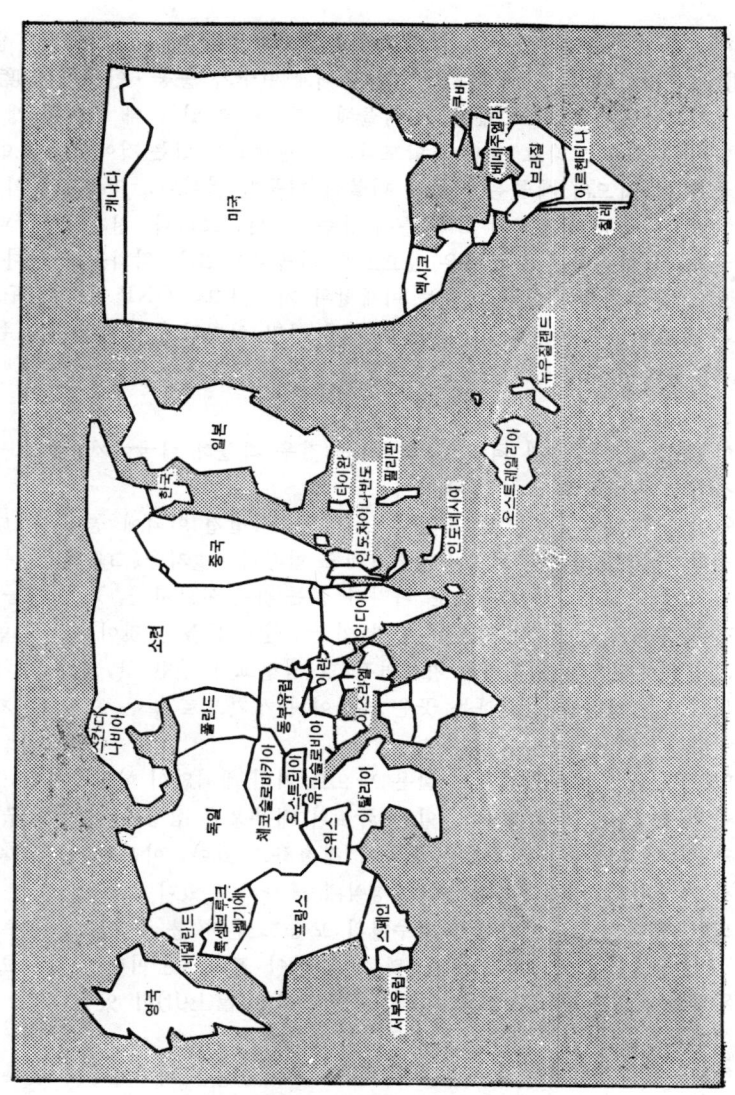

《世界 各國의 GNP 對比圖》

이 지도를 대조하면 일본의 상대적인 규모와 더불어 세계의 전체상(全體相)이 부각된다. 이것에 의하면, 많은 세계 인구가 중공·인도아(印度亞) 대륙·인도네시아 그리고 개발도상국들에 집중하고 있는 데 반해서 생산력은 구라파나 북미 그리고 일본에 압도적으로 편재하고 있는 것이 일목요연하다.

물론 이 지도의 제목은 시간과 더불어 변동할 것이다. 1973년의 석유가격의 앙등은 중동 산유국의 GNP를 급상승시켰다. 그러나 선진공업국과 미개발국 간의 기본적인 불균형은 앞으로도 지속되고 또는 악화될 것이다. 대체적으로 인구증대가 심한 나라는 미개발의 지역이고, GNP 상승이 두드러진 것은 풍요한 나라들이다. 국제문제에서 가장 처리하기 어려운 문제는 아마도 이 점에 준하는 것이다.

이처럼 일본은 어떤 척도로 측정하는 경우 확실히 대국이지만, 그 국토가 시사하는 이상으로 소국인 것이다.

평야보다 산악지대가 많고 임업·광업·수력발전 이외에 농업, 기타 경제 이용이 가능한 면적은 국토의 5분의 1도 안된다. 벨지움(白耳其)이나 화란처럼 인구밀도가 일본보다 높은 나라가 없는 것은 아니지만, 거주 가능면적을 계산의 토대로 삼을 때 일본이 훨씬 인구조밀도가 높은 것이다. 뿐만 아니라, 이 인구밀도와 단위거주 가능면적 당 생산고에 관한 한, 일본은 세계 제 1위이고, 일본을 상회하는 곳은 홍콩이나 싱가포르 같은 도시국가가 있을 뿐이다.

일본의 산은 지질학적으로 젊은 탓으로 거의 예외없이 험악하지만, 2천 미터를 넘는 것은 거의 없다. 일본 국토의 대부분은 삼림에 뒤덮인 구릉으로 되어 있고, 그 사이를 수많은 협곡이 점철하고 있다. 이러한 협곡에서도 인구가 거주하고, 협소한 토지에서 경작에 종사하고 있다.

또한 활화산이나 사화산의 원추형의 모습도 흔히 볼 수 있고, 본주(本州)의 중앙부에는 일본 알프스라는 몇 개 산맥이 표고 3천 미터에 달하고 있다.

완벽한 원추형 화산으로 알려져 있는 후지산(富士山)이 있는 곳도 이 지역이고, 가장 새로운 폭발은 1707년에 있었다.

현재는 3,776미터의 높이를 자랑하고 한쪽 능선은 바다로부터 솟아오르고 있다. 그 모습은 장중하고, 그 때문에 일본인의 예술생활이나 문학전통 속에서 끊임 없이 강하게 의식되어 왔다.

비교적 광대한 평야로는 겨우 관동평야가 있을 뿐이다. 그러나 이것도 그 최대폭은 겨우 180킬로이다. 그 밖에, 인간이 거주할 수 있는 장소라곤 해안가의 평야나, 결코 넓다고 할 수 없는 하천 유역, 그리고 불편한 산간벽지의 분지 정도이다.

국토가, 많은 작은 지역단위로 쪼개진 탓으로 지방 분리주의가 발생하기 쉬웠다. 동시에 중세의 봉건제도하의 지방분권적인 정치형태의 발달에도 기여한 것으로 생각된다. 아마도 고대 일본을 분할한 계기의 기초가 된 것은 이와 같은 지세상의 자연의 장벽 탓이었을 것이다. 그리고 자연의 장벽으로 분할된 개개의 토지는 이윽고 많은 자치적인 소국가로 발전하고, 8세기에 이르러 일본의 전통적인 68개주로 제도화되었다. 현행의 47개 도·부·현(都·府·縣)을 나누는 경계의 10분의 9까지가 고대의 산의 능선에 따른 경계선의 흔적을 따른 것으로 주목해도 좋을 것이다.

이와 같이 일본은 자연의 형태로 분할되어 왔다. 그럼에도 불구하고 일본인을 특징 짓는 것은, 단일성과 동질성이고 다양성은 아니다. 이미 7세기 초에, 일본인은 스스로 통일된 국가에 사는 단일민족으로 생각하고 있었다. 그리고 수세기에 걸친 봉건제도하의 분봉(分封)에도 불구하고, 그 이상(理想)은 존속되었다.

현재 일본만큼의 규모를 가진 인간집단으로, 이만큼 동질적인 존재는 거의 없다고 할 수 있다.

가령 대브리튼도(島)에서 아직도 남아 있는 민족간의 균열(龜裂)은 일본에서는 찾아볼 수 없다. 그것도 일본이 훨씬 심한 지리적인 장해를 안고 있는 데도 그러한 것이다.

철도나 포장도로가 생길 때까지의 일본은 육상교통이 불편한 상태에 있었다. 항행이 가능한 하천의 길이도 매우 보잘것 없었다. 그러나 해상교통은 어느 시대에도 비교적 용이했고, 연안지방, 특히 작은 섬이 점철하는 세도 나이가이(瀨戶內海)에서는 잘 발달하고, 이 아름다운 곳은 항상 서부 일본의 주요 수로의 역할을 수행했다. 중국대륙의 창구로서의 규슈(九州) 북부의 중요 지점으로서, 세도 나이가이 동단에 위치한 고대일본의 중심지역에 이르는 세도 나이가이 항로는 일본 고대사의 주요한 축(軸)의 역할을 해 온 것이다.

어느 나라의 농민이건 자기들에게 혜택을 안겨 주는 대지에 대해서는 깊은 애정을 느끼는 법이다. 그러나 일본인의 경우, 이 보편적인 감정은, 특히 자연의 미를 의식하는 심정으로 승화되고 있다.

일본에는 해안에서 110킬로 이상 떨어진 장소는 하나도 없다. 한편, 산은

I. 무 대

거의 어디에서나 구경할 수 있다. 또 한 많은 강우량 덕분에 국토는 녹색으로 덮여 있고, 계절의 변화는 찬란한 자연의 모습을 돋보이게 한다.

고대 일본문학은 자연을 탐미하는 일본인의 모습을 전해 주고 있다. 일본의 많은 지방은 그 나름대로「삼경(三景)」이나「팔경(八景)」을 가지고 있고, 이밖에, 수많은 명승지와 온천장이 있다.

미국 서부의 웅대성과는 대조적으로, 일본의 자연미의 스케일은 아담하고 친근미가 있다. 일본의 정원에서 볼 수 있듯, 일본인이 자연을 소풍경(小風景)으로 포착하고, 보존하려 함도 그것이 원인일 것이다. 다만 예외가 있다면 중앙부에 솟아오른 산맥과, 북해도의 광대한 원야일 뿐이다. 19세기 후반에 겨우 일본의 완전한 일부가 된 북해도는 그 원야와 희박한 인구 탓으로 차라리 북미에 가깝다.

일본인도 예외일 수 없이 자연파괴의 일익을 담당하게 된 것은 그들의 자연애호 습성을 생각한다면, 하나의 아이러니가 아닐 수 없다. 세계 굴지의 인구밀도와, 단위면적 당 높은 생산고를 가진 나라로서는 이 점은 불가피했을지도 모른다.

이유야 어쨌든, 아름다운 경관은 공장이나 주택지로 탈바꿈하고, 흙은 매립공사에 사용됐다. 산들은 스모그로 덮이고, 도시의 대기오염은 농촌지대에까지 번지고 있다.

도회지의 여행자들을 위한 소위「스카이라인 도로」는 자연의 외관을 무참히 손상시키고, 유서깊은 명승지는 호텔·레스토랑·토산물 가게로 파묻히고 있다.

그렇지만 일본의 대부분은, 아직도 인구가 희박한 지역을 가보면, 거기에는 매력적인 자연미가 그대로 남아 있음을 볼 수 있다.

일본의 인구조밀성이나 높은 생산고는 구라파의 기후와는 현저한 대조를 이루는, 그 기후에서도 찾을 수 있다.

구라파의 농업이 남부에서는 건조하고, 북부에서는 한랭한 하계(夏季)에 의해서 각각 제한을 받고 있는 데 반해서, 일본의 여름은 덥고, 이른 봄부터 여름에 걸쳐서 식물의 성장기에 많은 비가 내린다. 이와 같은 기후풍토가 구라파에서는 생각할 수 없는 집약농업을 가능케 하고, 그 결과 많은 농업인구를 지탱할 수 있었던 것이다.

일본의 기후는 구라파보다 오히려 북미 동해안의 그것과 근사하다. 육지·

1. 국 토   17

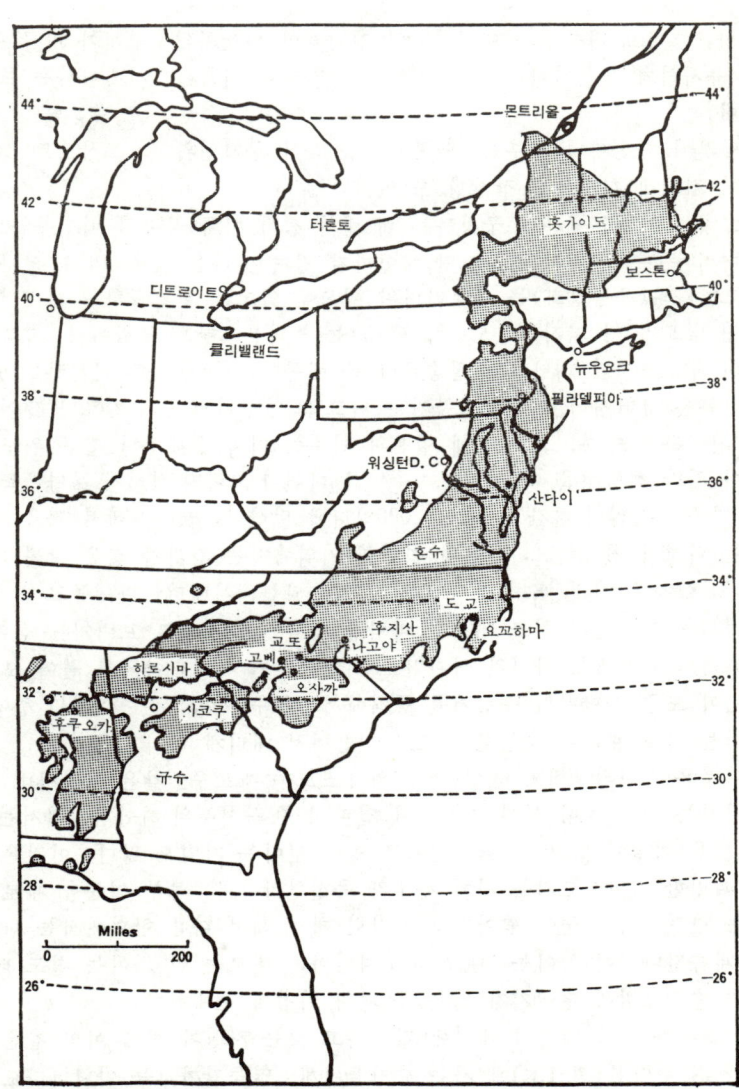

《日本과 美國을 같은 緯度上에 포개어 놓은 對比圖》

해안, 그리고 내륙부나 연안지방의 일반적인 바람과의 관계가 미국 동해안과 유사하기 때문이다. 그에 비해서 구라파나 미국의 서해안과는 크게 다르다.

일본의 기온이나 기후는, 일본열도를 북미 동해안의 지도상으로 같은 위도에 겹치게 함으로써 상상할 수 있다.

그렇게 보면, 일본을 구성하는 네 개의 섬이 미국 북부의 메인주 또는 캐나다의 몬트리올에서 멕시코만 해안까지 펼쳐 있다는 것을 알 수 있다. 오끼나와(유구열도)는 플로리다의 위도에 있고, 한편 2차 세계대전 결과 소련 영토가 된 지시마열도(千島列島)는 뉴파운드란드 근방이다. 그러나 일본의 주요도시의 태반은 미합중국의 북 캐롤라이나 주변에 위치하고 있다.

일본은 유러시아 대륙의 일부가 아니고 그 연안에서 수백 킬로나 떨어진 곳에 위치하고 있다. 그 때문에 일본의 기후는 미국 동해안의 같은 위도 지방보다 약간 해양성을 띠고 있고, 추위와 더위가 그다지 심하지 않다. 또 일본은 강우량이 많아 연간 1,000~3,000밀리에 달한다. 늦가을에서 겨울에 걸쳐서는 비교적 건조하고, 일본의 상당한 지역에서는 장기간 좋은 날씨가 계속된다. 이것은 한계(寒季)가 수개월간 지속되는 시베리아나, 몽고 상공에서 형성되는 고기압이 차고 건조한 바람을 대륙에서 밖으로 보내기 때문이다.

그러나 여기에는 하나의 커다란 예외가 있다. 시베리아에서 불어 오는 찬 바람이 도중 상당량의 수증기를 동해에서 흡수하고, 본주(本州) 중앙부의 능선을 넘을 때, 이 수분을 눈으로 만들어서 내리게 하기 때문이다. 이것은 북미의 5대호 동안(東岸)의 「스노우 섀도우」같은 현상인데, 스케일에서는 일본 것이 훨씬 크다. 이 결과 본주 북서부의 해안지방에서는 겨울에 많은 적설이 있고 수미터 깊이로 땅이 덮이는 지역도 많다. 이것은 인구가 과밀한 지방으로서는 세계 제1의 폭설현상이다. 북부 일본을 세로 관통하는 한편에서는 눈이 쏟아지고 음산한 데 반해서 다른 한편에서는 갠 날씨가 계속된다. 이 차이는 매우 대조적이다. 때로는 이 차이는 철도 터널로 불과 수킬로밖에 떨어지지 않은 두 개의 지점에 존재한다.

대도시가 거의 태평양 해안에 집중하고 있는 사실과 함께 이와 같은 사정은 소위 뒤일본(裏日本)에 사는 주민들에게 열등감까지는 아니더라도 일종의 불만과 불안감을 심어 주었다.

이와는 대조적으로 남부의 해안지방에서 태평양을 향해서 돌출하고 있는 **반도지역은 흑조(黑潮)** 덕분으로 온화하고, 거의 아열대성이라 해도 좋을 정도의 기후의 혜택을 받고 있다. 이 흑조는 멕시코 만류가 미국의 동남해안을 스치는 것과 마찬가지로 일본 남부의 해안지대를 스치고 있다.

북해도를 제외하면, 일본의 거의 모든 지역에서 식물의 성장기는 평균 2백일에서 2백 60일이나 된다. 그러나 흑서의 기간은 비교적 짧고, 보통은 7월 초에서 9월초까지이다. 하지만 이 기간의 온도는 그다지 높지 않지만 습도가 굉장히 높기 때문에 참기 어려울 정도이다.

겨울은 그다지 춥지 않다. 하지만 수년 전까지만 해도 시원찮은 난방시설 때문에 고생을 겪어야 했다. 북부와 고산지대를 제외하면, 온도가 영하 2~3도 밑으로 내려가는 일은 드물다.

전통적으로 일본의 가옥구조는 간단하고, 통풍이 잘 되고, 겨울의 추위를 막기보다는 여름의 시원함을 위주로 설계되어 있다.

오늘날에도 센트럴 히팅(central heating)시스템은, 개인주택에 한해서는 드물지만, 전기·가스·석유에 의한 난방이 종래의 화로를 대신하고, 집의 구조가 전에 비해서 견고해진 탓으로 겨우살이는 전보다 안락하게 되었다.

이렇듯 참을 수 있는 여름과, 겨울의 4개월을 제외하면 나머지 8개월은 매우 쾌적한 날씨이다. 4계절이 확연히 구별되어 있는 데도 불구하고 미국 동부와 달리, 기온의 변화가 온화할 뿐만 아니라 규칙적이다.

일본의 기후는 그 위도에 알맞게 전형적인 온대성이다. 기온이 높고, 더우기 1년을 통해서 식물이 생육하는 열대지방과는 대조적이다. 즉 저온이 지속하는 겨울철을 지내기 위해서 생산이 가능한 시기에 열심히 그리고 집중적으로 일을 하고, 식량의 여분을 언제나 비축해야 하며, 덥다고 낮에 휴식을 취하거나, 일의 속도를 늦추는 것은 있을 수 없는 것이다.

같은 유형은, 이웃 한국이나 중국에서도 마찬가지이다. 일본·중국·한국 민족이 예외없이 근면성과 지칠 줄 모르는 에너지를 소유하고 있는 배경에는 이와 같은 기후적 조건이 있을지도 모른다.

처음에는 단순한 필요성에 의해서 출발했다 하더라도 어느덧 습관과 뿌리 깊은 도덕율에 의해서 근로윤리를 함양하고, 그것이 이 지역의 민족들에게 특유의 우수한 성격과 자질을 낳게 했을 것이다.

일본의 기상의 또 하나의 특징은 태풍이 늦은 여름에서 이른 가을에 걸쳐서 일본 각지를 휩쓰는 것이다. 태풍의 성격은, 가끔 미국의 동해안을 휩쓰는 하리케인과 같다.

이것들은 육지와 해양과의 위치관계가 유사한 같은 위도지방에서는 공통적으로 볼 수 있는 현상이다.

 다만 태풍은 하리케인보다 빈번히 일본을 습격한다. 그리고, 일본인의 대부분이 태풍이 최초로 접근하는 서남 일본의 연안지대에 집중해서 거주하기 때문에 인명과 재산에도 막대한 손해를 입히고 있다.

 장기간 천지이변에 익숙한 탓인지, 여기에 대한 대응책도 만반을 기하고 있고, 이런 종류의 숙명론은 「타이푼 멘탤리티(태풍심리)」로 불리기에 적합할 정도이다.

 일본열도의 대부분이 화산활동의 결과 생긴 것이고 현재도 많은 활화산이 있다는 것을 생각한다면 때때로 화산의 분화가 있다는 것은 조금도 놀랄 일이 못된다. 최대의 화산인 아사마야마(淺間山)는 1783년의 분화(噴火)에서 본주 중앙부의 수백 평방 킬로를 황폐화시켰다.

 또 일본 도처에 활단층(活斷層; fault lines)이 있고, 지진에 의한 피해도 새삼스런 것이 아니다. 도쿄(東京)와 요꼬하마(橫兵)는 1923년 9월 1일 정오, 관동지방을 내습한 대지진에 따른 화재로 말미암아 그 태반이 초토화되었고, 13만 명의 사망자를 냈다.

 에도(江戸)시대 이후 주기적으로 대지진이 내습한 탓으로, 관동대지진 60년 주기설이라는 것이 일반에게 널리 유포되고 있다.

 여하간 일본인은 자연의 맹위를 순명론적으로 받아들임과 동시에, 그와 같은 재앙 속에서 일어나서 재출발하는 비상한 능력을 소유하고 있다.

농업과 천연자원

　일본의 농경지는 산과 스프롤(sprawl; 확산)화하는 도시에 끼여 전 국토의 불과 15%에 불과하다. 땅은 대체로 비옥하지 않다.
　그럼에도 불구하고 육성기가 비교적 긴 것, 풍부한 강우량, 비할 데 없는 근면성, 그리고 고도의 농업기술 덕분에 일본의 농업은 협소한 국토답지 않게 높은 생산고를 보여 주고 있다.
　농경이 일본에 등장한 것은 굉장히 늦은 시기였다. 기원 전 3세기 정도로 추측된다.
　동아시아 문명의 발상지인 중국 북부의 주요 농산물은 밭에서 나는 수수와 같은 것이었으나, 일본에 전래한 것은 논경작물이었다. 아마도 고대 중국의 남방에서 발생한 것으로 추정된다.
　일본처럼 계곡이 좁고, 관개용의 평야가 좁은 곳에서는 대하천의 폭 위를 누르고 동시에 그 농업에 대한 거대한 공헌을 확보하기 위한 대규모의 치수(治水)계획은 필요하지 않았다. 이집트·메소포타미아·중국 북부지방에서 볼 수 있었던 대규모적인 치수계획이 이 지역에 있어서의 권위주의적인 대형사회의 발생을 도왔다고 주장하는 논자가 있지만, 일본에서 필요한 것은 수자원을 작은 집단 간에서 어떻게 나누고, 그를 위해서 어떻게 협동하는가 하는 것이었다. 이와 같은 협동이 장기간 계속된 것이 집단지향이나 집단행동으로 옮기기 쉬운 성향을 강화시켰다는 견해는 전혀 근거가 없는 것은 아닐 것이다.
　관개를 통한 일본식 수전경작은 막대한 양의 노력을 필요로 한다. 그러나 구미의 밭의 소맥재배보다 수확이 훨씬 높은 것도 사실이다.
　도작(稻作)은 북해도의 서반분까지 확대되고, 전체 농지의 약 40%는 수도의 재배에 이용되고 있다. 한편, 물을 필요로 하지 않는 밭은 물을 끌어올 수 없는 높은 언덕과 같은 장소에서 개간되었다.
　가능한 데까지 이모작을 실시한 것도 토지의 생산성을 더욱 향상시켰다.
　집약적인 수도경작과 이모작의 덕분으로 일본도 동아시아와 마찬가지로

서아시아 또는 구라파와 같은 건조지대, 혹은 한랭지보다는 훨씬 밀도가 높
은 많은 인구를 지탱해 왔다. 선사 이래 오늘에 이르기까지의 일이다. 중국
의 인구는 적어도 로마제국 이래 구라파 전체의 인구를 웃도는 일은 있어도
밀도는 일은 없었다. 일본도 약 3세기 동안 같은 규모의 구라파의 어느 한
나라보다도 많은 인구를 가지고 있었다.
 이처럼 일본인은 오랫동안 구미인보다 훨씬 많은 인구를 가지고 더욱 높
은 인구밀도로 살아 온 것이다. 그들이 걸핏하면 집단행동을 취하기 쉽고,
또 집단조직에 능한 것도 사실은 이와 같은 경위에 의한 것일 것이다.

 일본의 농법은 대규모의 노력을 필요로 하는 점에서 볼 때, 미국의 고도로
기계화된 대규모 농업에 비해서 일견 뒤지고 있는 것처럼 보인다.「맨 아워」
당 생산성은 확실히 미국보다 낮다. 그러나 단위면적 당 생산성은 현저히 높
다. 아마도 세계 최고로 추정된다. 가령 일본의 쌀 수확은 동남 아시아나 남
아시아의 두 배 내지 세 배에 이르고 있다. 수세기 이래 오늘날까지 계속되
고 있는 일이다.
 1인 당보다 단위면적 당 생산성을 중시하는 이유가 있다. 수백년간 토지
가 빈곤한 일본은 노동력만은 풍부했다. 그 결과, 단위면적 당 노동인구는
미국의 90배, 독일과 비교해도 5배 이상에 달하고 있는 것이다.
 허지만 일본의 농업은 매우 고능률로서 독자적인 과학성까지도 구비하고
있다. 농지라는 농지는 놀고 있는 것이 없다. 토양은 수십 센티의 깊이로
주의깊게 경작되고, 직선으로 작물은 심어지고, 시비도 넉넉히 뿌려진다. 전
에는 유기비료를 썼다. 2차 세계대전 직후까지는 도시지역으로부터의 분뇨
가 비료로 사용되었다. 악취는 심했지만 경제적으로는 플러스였다.
 최근에는 분뇨가 사라지고 화학비료에 대한 의존도가 높아졌다. 비닐의
사용도 다양하고, 특히 야채용 비닐 하우스가 이용되고 있다.
 근대 이전에 있어서조차 일본의 농업은 과학적인 영농법을 지향했고, 18세
기에는 개량종자와 그밖의 농법에 관한 많은 논문이 많은 독농가의 손에 의
해서 쓰여질 정도였다.
 처녀지로 남은 북해도를 예외로, 그밖의 모든 농지는 생산증강을 위해서
최대한도 이용됐다. 그야말로 관민일체가 되어서 증산에 박차를 가했다.
 19세기 초엽에 3천만에 달한 인구는 당시의 일본으로서는 지탱할 수 있는
최대한의 인구였다. 당시의 일본은 외부와 고립되고 공업적으로는 전근대적

2. 농업과 천연자원

인 농지도 부족한 국가였던 것이다.

19세기 중엽에 이르러 일본은 국제적인 무역에 문호를 개방했다. 정치 행정도 중앙집권화되고 근대화되었다. 그 결과 이 상황에 커다란 변화가 이루어지고 농업생산의 비약적인 증대가 가능해졌다. 요컨대 19세기 후반에 있어서의 일본의 근대화와 공업화는 그 많은 것이 농업의 잉여생산력에 의해서 이루어진 것이다.

진보된 농업기술은 급격히 보급되기 시작했다. 선박에 의한 저렴한 수송수단은 철도에 의해서 보강되고, 농작물의 지역적인 특산화가 가능해지고, 북해도도 경작의 대상으로 등장했다. 그리고 정부소관의 농업시험장이 과학적인 시험과 보급에 힘쓰고, 20세기에 들어와서 만주산 대두비료(大豆肥料)나 비료원료가 외국에서 수입되기 시작했다.

그러나 인구증가는 식량생산을 상회했다. 그 결과 20세기 초에는 식량공급의 20%를 해외에 의존하기에 이르렀다.

2차 세계대전 후, 새로운 기술의 도입과 함께 농업생산성도 신장했다. 화학비료의 사용증대, 기계화의 물결이 농업에도 이용되었다. 그 결과 농업인구가 현저히 줄어들었다.

패전 직후의 어려운 시기에는 일본 인구의 약 절반이 어떤 형태에 의해서라도 농사에 종사하고 있었으나, 점차 그 수는 격감하기 시작했고, 현재의 농촌인구는 전체 인구의 15%에 불과하고 더우기 전업(專業)농가는 그 일부에 지나지 않는다. 대다수는 농번기에만 농작업에 종사하고 고용의 기회를 다른 부문에서 얻고 있다.

그 결과 농업은 부녀자나 노인이 떠맡게 되고, 청장년 남성이나 여성은 도시에 진출하거나 근처의 회사·공장 등에 통근하는 패턴이 이루어졌다.

일본에 있어서의 기계화 농업의 형태는 미국이나 서구 각국과는 전혀 다르다. 북해도에서는 농가의 보유 토지면적은 상당히 크지만 미국의 척도에서 보면 아직 상당히 작은 규모이다. 북해도 이외에서는 1농가의 평균 보유면적은 불과 1헥타아르이다.

현재보다 농촌인구가 더욱 줄어든다면 농가의 통폐합이 언젠가는 실시될 것이다. 그러나 이러한 움직임은 아직 크게는 시작되지 않고 있다.

여하간 개개의 농민의 경작면적이 어떻든간에 지형적인 조건은, 일본의 수전면적을 극히 소규모로 만들고 있고, 헥타아르나 에이커라는 단위를 사용한다는 것은 멋적을 정도이고 차라리 평방 미터를 사용하는 편이 적당할 것이다.
　대형 콤바인이나 트랙터를 사용할 면적은 아닌 것이다. 그래서 일본인은 소형의 수동형 탈곡기와 소형 트랙터를 이용하고 있다.
　전후의 농업생산의 급격한 증가는 미곡생산을 기록적으로 신장시켰다. 그러나 생산수준의 향상과 더불어 식생활의 다양성이 이루어짐에 따라서 1인당 쌀의 소비량은 줄어들고만 있다. 일본은 비로소 쌀의 잉여생산을 초래하기에 이르렀다. 이러한 사태는 수십년 만에 처음 있는 일이고 일본인 자신도 크게 놀라고 있는 것이다.
　현재의 일본인구는 이미 18세기의 4배 가까이에 달하고 있다. 말사스(T. R. Malthus)가 말한 인구와 식량의 비율 극한의 4배 가까이이다. 그래서 일본은 이제 30%에 달하는 식량부족을 초래하고 있다. 국내의 식육(食肉)생산용의 수입사료 곡물을 더하면 자급율은 이미 50%를 하회하고 있다.
　오늘과 같은 세계적 규모의 식량부족이 예측되는 시대에 있어서의 자급율의 저하는 일본인을 불안하게 하고 있다.
　이 불안은 농촌표를 의식해야 하는 정치적인 고려와, 농촌지역의 급격한 사회변혁을 회피하려는 의도 때문에 정부는 농업중시 정책을 유지하고 있다. 비농업부문의 태반에 비하면 1인 당 생산성은 훨씬 낮고, GNP의 약 5%를 점하고 있는 데도 이 모양인 것이다.
　그 결과 일본의 식료품가격은 세계시장의 그것보다 훨씬 비싸다. 예를 들면, 국내산의 미가는 미국산 쌀의 일본의 항구인도가격의 경우보다도 두 배나 비싼 형편이다.
　외국의 농산물이 국내산물에 피해를 주지 않도록, 농산물의 수입은 엄격히 통제되고, 한편 정부는 미가를 인위적으로 높은 수준으로 유지함으로써 생산고를 높이고, 농가 생활수준의 급격한 향상에 대응하도록 하고 있다.
　한편, 농민이 토지에 집착하는 것은 반드시 전통적인 토지에 대한 애착 때문만은 아니다. 일본처럼 토지가 협소하고, 또 오늘날처럼 공업화된 나라에서는 지가(地價)는 천문학적으로 비싸지고 농업에서 얻는 가치와는 비교할 수도 없을 정도이다. 이것이 보다 큰 이유인 것이다.
　패전 직후의 일본은 식량부족이 극심했고, 경제 전체도 빈사상태에 놓여 있었다. 그래서 굶주린 인구는 폭격을 받은 빈 터나 그밖의 유휴상태의 땅에 채소를 심었다. 이러한 절박한 노력은 그 후 찾아볼 수 없게 됐다. 그러나 전국적인 식량생산의 노력은 계속되고 있다.

2. 농업과 천연자원

　산지(山地)의 경작으로 하늘에까지 닿은 테라스(段地) 모양의 경작지나 좁은 골짜기의 논밭이 그것을 증명해 주고 있다.
　그다지 생산성이 높지 못한 농지는 언젠가는 생산의 일선에서 이탈할 것이고, 이미 이탈한 농지도 있다. 앞으로 도시의 스프롤화 현상은 가장 생산성이 높은 농지마저 침식하고 말 것이다.
　그러나 일본인은 아마도 현재 정도의 식량자급율을 유지하도록 노력을 계속할 것이다. 그 결과 설혹 저능률의 소규모 농업에 의해서 고전을 겪더라도 심리적인 만족감이나 보험으로서의 가치에 의해서 충분히 보상을 받을 것이다. 수입식량에 100% 의존하지 않고 있다는 생각은 보험이기도 하고, 만족감이기도 하기 때문이다.

　일본인의 식생활 양식은 당연하게도 농업의 성격에 의해서 크게 영향을 받아 왔다. 주식은 쌀이고, 극히 최근까지 하루 세번 다량으로 섭취했다. 일본어에서 식사를 의미하는 「고한(御飯)」이라는 명사는 원래 쌀밥을 말한다.
　전통적인 음료인 술은 쌀을 원료로 하는 양조주로 알콜 함유량은 대부분의 와인(포도주)을 다소 웃도는 15~20% 정도이다.
　관개(灌漑)가 가능한 토지는 노력이 얼마나 많이 소요되더라도 모두 수전용으로 전용되었다. 한편, 관개가 불가능한 밭은 수도 이외의 곡류나 야채, 그리고 당연히 과일, 특히 오렌지를 비롯한 온대과일의 대부분의 생산을 위해서 이용되었다.
　전면적 가운데 목초지로서 그다지 고능률이라고 할 수 없는 축산에 이용되고 있는 것이 2.5%에 불과하며, 그 태반은 북부의 한랭지에 집중되고 있다. 한 시대 전까지만 해도 소는 주로 역우(役牛)로 사용되고 식용으로는 이용되지 않았다. 수가 적은 것과 살생을 금하는 불교의 교리 때문에 일본인은 오랫동안 식육의 습관을 갖지 않았다.
　동물성 단백질의 공급원은 전국 도처에 있는 어패류와 다목적으로 사용할 수 있는 대두(大豆)였다.
　대두는 이제 그 대부분이 미국에서 수입되고, 간장·된장·두부 등의 원료가 되고 있다.
　전통적인 일본의 식사 메뉴는 단순하고, 순한 것이었다. 특히 세계적으로 유명한 청요리에 비교하면 그 담백성은 두드러진다.
　조미료나 소스류를 전혀 사용하지 않는 흰 쌀밥은, 단순히 배가 부를 뿐만 아니라, 가장 기본적인 일본인의 상식(常食)이다. 일본인은 쌀밥과 어류·야채류·김치류의 부식물을 교대로 먹는다.

중국식 식사가 다양한 풍미와 취향을 갖춘 부식물로 성립하고 있는 데 반해서 일본식의 그것은 혀보다 눈에 호소하는 면이 강하다.

청요리를 앞에 하면 우리 서구인은 그 질과 양에 압도당하고 만다. 그에 비해서 일본요리는 미적으로 섬세성을 강조하고 있다.

그러나 근자에 이르러 일본인의 식생활은 급속히 변화하고 있다. 일본인의 식물에 대한 기호가 보편성의 도를 높여 감에 따라서 1인 당 쌀의 소비량은 저하하고 있다. 값이 싼 수입 소맥은 고급 구라파식 빵으로 아침 식탁에 오르고 있다. 식육도 수입품이건, 수입사료로 자란 국내산이건 일본인의 식생활에 상당한 위치를 차지하고 있다. 하지만 그 소비량은 아직 미국인의 불과 5분의 1이다.

유제품(乳製品)은 극히 최근까지 동 아시아 주민들에게는 친근한 식품이 아니었지만, 일본인은 그것마저 터득하기에 이른 것이다.

일본주(酒)마저 품질이 우수한 독일식 비어나 스카치·위스키 등에게 서서히 그 지위를 물려 주고 있다.

일본인은 각종 면류(麵類)를 즐긴다. 중국식 요리법이나, 여러가지 구미식 요리도 일본인의 구미에 맞는다.

일본인은 또한 전통적인 요리와는 전혀 다른 몇 가지 요리를 창출했다. 그 하나는 「스끼야끼」인데, 이것은 19세기의 한 의학도가 육식을 금지한 당시의 풍조에 거역해서 만든 요리이다. 또 하나는 「뎀뿌라」인데, 이것은 16세기에 포르투갈인이 전래시켰다고 한다. 이밖에 2차 세계대전 이후 성행하게 된 불고기 요리 등은 전혀 새로운 요리이다.

일본의 우육은 그 품질로 유명하다.

맥주 원료(beer mash)와 마사지(massage)가 그 원인이라고 하는데, 이보다 더 설득력이 있는 것은, 대목장이나 목초지에 방목할 만한 토지가 없기 때문에 근육이 굳어질 염려가 없다는 설명인 것이다. 사실 일본의 육우는 우사에서 비육되는 경우가 흔히 있는 것이다.

쌀·야채·어패류가 주식인 일본식 식사는 식육이나 수지를 다량으로 섭취하는 구미인의 그것과는 대조적이지만, 건강의 견지에서는 거의 완전식에 가깝다.——단, 배아(胚芽)를 제거한 백미에 고집하지만 않는다면.

여하간 미국인에 비해서 일본인에게 심장병 환자가 적은 이유의 하나는 여기에 있을런지도 모른다. 한편, 아마도 백미의 섭취가 위암의 발생에 많은 기여를 하고 있다는 점도 생각할 수 있다.

2차 세계대전 이후 일본의 젊은이들은 키가 몇 센티 늘고 체중이 상당히 불었다. 상체가 자란 이유의 하나는, 다다미에 앉는 일이 적어지고 의자생활이 늘어난 결과, 다리가 곧아졌다는 점에서 찾아볼 수 있을 것이다. 그러나 체중의 경우와 마찬가지로 주요 원인은 식사내용이 달라진 데서 찾을 수 있을 것이다. 이전에는 볼 수도 없었던 비만아가 상당히 늘었다.

빈곤한 것은 농지에서 산출하는 농산물뿐만 아니라, 그밖의 천연자원도 마찬가지이다. 기껏 풍부히 있는 것이라고는 물 정도이다. 우량이 많기 때문에 집약농업이 가능할 뿐만 아니라 전국토의 3분의 2는 울창한 수목으로 덮혀 있다.

삼림지의 대부분은, 이제는 과학적인 식수계획의 대상이 되고, 최대급의 수목이 육성되고 있다. 작은 국토에도 불구하고, 일본이 세계의 주요 목재 산출국의 일원이 되고 있는 이유가 여기에 있다. 허지만 목재수요가 워낙 많기 때문에 수요의 절반 정도밖에 충족시키지 못하고 있다. 공업용 펄프나 주택용 목재의 수요가 엄청나게 많기 때문이다.

옛날부터 일본의 건물의 대부분은 목조였다. 돌이나 연와로 지은 건물은 지진에 약하기 때문이다. 오늘날에도 개인주택이나 소점포의 대부분은 나무로 지어진다.

일본의 하천은 작지만 급류가 많다. 그 때문에 수력발전에 적합하고 상당한 역할을 수행하고 있다. 그러나 워낙 수요가 많기 때문에 수력발전은 일본의 에너지 소모량의 약 5%를 점하고 있을 뿐이다. 그리고 그 비율은 더욱 저하하고 있다. 더우기 개발이 가능한 수력발전원은 바닥이 드러나고 있는 실정이다.

일본에서 해양은 유력한 경제자산이 되고 있다. 일본인의 주요 단백원인 어패류를 공급할 뿐만 아니라, 각종 비타민이 풍부한 해조류(海藻類)의 공급원이기도 하다.

연안 수역은 일본인에게 귀중한 식료자원을 공급해 왔다. 그리고 오늘날 어류·패류·해조류의 양식이 대규모적으로 실시되고 있다. 일본의 어선단은 멀리 7대양에 출어한다. 금액으로는 세계 제1의 수산국으로, 어획량에 있어서도 페루에 이어 세계 제2위이다. 페루가 세계 최대의 어획량을 자랑하는 것은 연안수역에서 멸치(통칭 안초비)를 잡기 때문이다.

일본연안의 대양은 또한 국내의 교통을 용이하게 하고 또한 세계시장이나 자원에 대한 교통망을 형성하고 있다.

교또(京都)를 유일한 예외로, 일본의 6대도시는 모두 직접 바다에 면하고, 중소도시의 태반이 역시 그러하다.

거의 모든 경우, 원래 바다 가까이에 있었던 것이 매립공사에 의해서, 도크 시설이나 공장을 조성해서 해안선으로 돌출하고 있는 것이다. 따라서 일본의 중공업의 대부분은 해안지대에 위치하고, 육로나 내해교통에 의지하지 않고, 직접 외양을 사용한 운송에 편리하도록 입지(立地)되어 있다.

지하자원은 빈약하다. 화산성의 지질 때문에 유황은 풍부하고 석회암·점토(粘土)·자갈 등도 많지만, 그밖의 중요 지하자원은 종류의 구색은 다양하지만 수요를 충족시키기에는 공업화 이전이라면 몰라도 오늘날에 있어서는 그 절대량이 부족하다.

초기의 공업화에 필요한 석탄은 충분했지만 탄층(炭層)이 엷고 균열이 많기 때문에 채굴이 쉽지 않고, 오늘날에는 석탄의 3분의 2는 수입에 의존해야 하는 실정이다.

마찬가지로 일본이 동(銅) 수출국이었던 시기도 있었지만, 그것도 이제는 6분의 5를 수입해야 하고, 연(鉛)과 아연은 각각 3분의 2가 수입품이다. 이 세 가지 지하자원은 일본이 그래도 풍부하다고 하는 대표격들이지만, 그런데도 해외의존도가 이렇게 높은 것이다.

그밖의 주요 광물자원들은 거의 100% 또는 그에 가까운 수입에 의존하는 형편으로 철광석이 그 일례이다.

그러나 가장 심각한 것은 석유로서, 이 가장 중요한 에너지원이 일본에서는 전적으로 결핍되어 있는 실정이다. 그런데도 일본의 에너지 소비의 약 4분의 3을 점하고 있는 것은 석유인 것이다. 해저석유의 전망도 어둡고, 원자력 발전용의 연료자원도 이렇다 할 만한 것이 하나도 없다.

자원의 혜택이 없고, 농업기반이 극히 제한되어 있음에도 불구하고 일본의 인구는 금세기에 들어와서만도 능히 배로 증가하고 생활수준은 몇 배나 향상됐다. 급속한 공업화가 이와 같은 눈부신 신장을 가능케 한 것은 두말할 나위도 없다.

그러나 국토가 협소하고, 자원이 없다는 지리적인 제약은 공업화의 진전과 함께 에너지원이나 원자재의 해외에 대한 의존도를 높이고, 그에 필요한 외자를 수입하기 위해서 공업제품의 수출에 대한 의존도를 높였다.

일본은 석유·석탄·철광석, 그밖에 많은 광석·금속·면화·양모·목재 등의 세계 최대의 수입국이다.

이전에 일본은 자국에서 면화를 재배했으나 면작용의 농지를 식량생산에 전용한지 오래되었고, 현재는 해외에서 면화를 조달받고 있다. 견직물조차 수출보다 수입초과이고, 1860년대부터 1920년대에 걸쳐서 일본의 수출의 대부분을 차지한 이 노동집약도가 높은 반농업산품도 이제는 수입초과가 되어 있다.

일본을 경제지리적 견지에서 볼 때 가장 중요한 요점은 살아 남기 위해서는 지구 위에서의 통상관계가 불가결하고, 이것이 외부세계와의 관계를 결정하는 일대 요인이라는 사실이다.

공업화는 필연적으로 도시화를 의미하지만, 오늘의 일본도 예외일 수 없이 고도로 도시화하고 있다. 아니 18세기의 공업화 이전의 일본조차 국제적으로는 고립하고 있었지만, 경제·정치 양면에 있어서의 집권(集權)은 현저하게 대도시를 낳고 있었다.

가령 도꾜의 전신인 에도가 그러했었다. 에도의 인구는 백만을 헤아렸고, 1700년 당시 아마도 세계 최대의 도시였을 것으로 짐작된다. 상업중심인 오사까(大阪)나 고도인 교또도 각각 수십만의 인구를 가지고 있었다.

19세기 중엽에는 도시화한 인구가 상당히 존재한 터이지만, 그 이후의 신장세는 놀라울 정도이다. 도꾜도는 23구내에 850만을 넘는 인구를 가지고 있고, 시·군을 포함하면 실로 1천만을 넘는다. 도꾜 주변에는 250만 이상의 인구를 안고 있는 요꼬하마(橫浜)가 있는 외에도, 도꾜와 요꼬하마 사이에 가와자끼(川崎)가 백만 이상의 인구를 가지고 있다. 그밖에 중공업지대나 도시인구를 안고 있는 여러 현이 도꾜에 인접하고 있다. 이 인구를 전부 합치면 실로 1천 5백만에 달하는 인구가 돌출하고 있는 셈이며, 뉴욕지역을 제외하면 세계 최대의 인구집중을 나타내고 있다.

오사까를 중심한 관서지방도 총인구 1천 2백만 이상에 달하는 주요 대도시권이다. 「관(關)」의 서부를 원의(原義)로 하는 관서는 도꾜를 중심한 관동에 대한 라이벌로 등장하고, 오사까 이외에도 거대한 항만도시 고베(神戶)와 고도(古都)인 교또——인구는 각각 150만——를 포함하고 있는가 하면, 이들 대도시 사이에 많은 중소도시가 개재하고 있다.

한편, 관동과 관서의 중간에 위치하는 나고야(名古屋)도 2백만을 넘는 인구를 포용하는 또 하나의 돌출점이다.

북해도의 중심지인 사뽀로(札幌)는 125만, 구주 북부의 중심지 후꾸오까(福岡)와 몇 개의 중소도시를 병합해서 이제 그 이름도 북구주(北九州)가 된 일대 공업지대는 각각 백만을 넘는 인구를 가지고 있다.

원자폭탄의 세례를 받은 세계적으로 유명한 세도 나이가이(瀨戶內海)에 임하는 히로시마(廣島)의 인구는 85만을 넘는다. 이밖에도 10만에서 75만 정도의 인구 규모의 도시는 150 이상이고, 농촌지대라 할지라도 상당한 인구가 집중하고, 교통수단이 웬만한 곳에서는 공업화에 의한 스프롤 현상이 침투하고 있는 형편이다.

산업은 전체의 5분의 1에 불과한 평지에 조성되고 있다. 특히 집중적인 곳은 도꾜에서 태평양 해안의 나고야를 거쳐서 관서지방에 이르고, 다시 세도나이가이 연안에 따라서 북구주로 통하는 일대이다.

관동지방에서 관서에 이르는 이 동반부는, 차라리 거대한 메칼로폴리스, 즉 대도시권이라고 부르기에 적합하고, 총 인구의 3분의 1을 내포하고 있다. 미국을 예로 든다면, 보스톤에서 워싱턴에 이르는 일대 「장거리」 도시에 필적할 만하다.

정치의 중앙집권화에 이어서 공업화가 과거 1세기 동안에 진행한 탓으로 일본은 이제 일류가는 국내 교통통시망을 소유하기에 이르렀다. 대도시권은 통근 전차망이 정비되고, 도꾜와 오사까는 지하철망도 완비하고 있지만, 모두 제일급으로 손색이 없다. 통근전차가 교차하는 곳에서는 거대한 부도시(副都市)가 탄생하였지만, 그 대표적인 예가 도꾜의 신주꾸(新宿) 부도시일 것이다.

전국을 하나로 연결하기 위해서는 고성능의 철도망이 사통팔달(四通八達)하고 있고, 근대적인 고속도로망도 전국에 확산하고 있다.

본주(本州)와 그밖의 주요한 지역을 격리시켰던 「물」이라는 장해물도 거대한 교량이나 터널에 의해서 극복되고 있다. 이미 본주와 구주를 연결하는 교량이나 터널은 존재하고 있지만, 북해도를 연결하는 터널도 착공되고 있고, 세도나이가이를 가로질러 본주와 시고구(四國)를 연결하는 가교작업도 착수하려 하고 있다.

해외여행에 불가결인 항공기는 국내에서는 조연(助演) 구실밖에 하지 않고 있다. 미국의 경우, 원거리여행은 항공기가 주연이지만, 일본인은 일련의

「신간선(新幹線)」을 건설했다. 구미인들이 「탄환열차」라고 부르는 것이 바로 이것이다.

그 1차 계획인 도꾜――오사까 간의 신간선은 평균시속 170킬로로 달리고, 552킬로를 불과 세 시간에 주파한다. 상·하선은 각각 15분마다 출발하고, 그 발착시간의 정확성은 경이적이다.

한편, 항공기는 그다지 시간을 엄수하지 않으며, 또한 공항에서 도심지에의 왕복에 요하는 시간을 계산하면 시간적으로 경제적이 못된다.

일본의 여러 도시나, 스프롤 현상이 일본에서 가장 매력적인 측면이라고는 결코 말할 수 없다. 그 이유의 하나는 일본의 공업화가 너무나도 급격했고, 그 달성이 악조건하에서 달성되었기 때문이다.

2차 세계대전 후, 전화(戰禍)를 입은 일본의 대부분의 도시는 급격히 재건되어야 했고, 당시 경제적으로도 어려운 상황에 놓여 있었다. 따라서 재건된 건물들도 조잡했었고, 도시계획을 생각할 여유도 없었다. 경제적인 요청이 다른 모든 배려에 선행했기 때문이다.

당시에 비하면 오늘날의 성장도는 여유가 있고, 경제성이나 생산 이외의 여러가지 요소도 무시되고 있지 않다. 그러나 일본은 지금 큰 문제를 안고 있다.

인구 거주지역에 관한 한 세계에서도 가장 혼잡한 이 나라는, 공간의 전반적인 부족에 골머리를 앓고 있으며, 더우기 그것이 가장 첨예화되는 곳은 말할 것도 없이 도시에 있어서이다.

지가(地價)는 놀랄 정도로 비싸고 개인의 거주환경이나 공공시설에서의 혼잡은 상상을 넘는다.

4층~6층 철근 아파트가 대도시에 널려 있지만, 1세대의 거주면적은 구미의 아파트의 중간 규모의 크기 방 하나의 크기와 비슷할 정도이다. 그것이 다시 작은 두 개 정도의 방과, 더욱 작은 주방, 화장실로 나뉘어져 있는 것이다.

도꾜의 집단주택의 3분의 1은 다다미 여섯 장의 규모에 불과하고, 수세식 화장실을 소유한 도꾜 도민의 수는 전체의 반에도 훨씬 미치지 못한다.

도로가 접하는 면적이 뉴욕에서는 35%인 데 반해서, 도꾜와 오사까에서는 각각 12%와 9%에 불과하다. 도꾜 도민 1인 당 공원의 면적은 뉴욕 시민의 10분의 1 이하이고, 런던 시민에 비하면 20분의 1이다. 일본의 도시상황과 대비하면 미국의 도시는 가장 혼잡한 곳일지라도 옛날의 시원한 신개

지를 연상시킬 정도이다.

　이 결과 일본의 각 도시나 스프롤화한 도시 주변부는 단순히 혼잡할 뿐만 아니라, 보기에는 추악한 황무지로 화하고 말았다. 개인의 주택은 벽으로 외부와 차단되고 있기는 하지만, 그런 대로 아름다운 소부분을 형성하고 도시 교외에는 매력적인 작은 길들이 많다. 그러나 대다수의 도시의 외부를 향한 얼굴은 믿을 수 없을 정도로 추하고, 공업화의 손이 미치지 않은 농촌이나 산과 바다와 심한 대조를 보이고 있다.

　공간의 부족과 항구적인 포장도로나 벽돌건물, 또는 석조건물에 대한 종래의 투자가 적은 것과 더불어 일본의 실질적인 생활수준은 1인 당 GNP가 표시하는 계산상의 생활수준을 상당히 대폭적으로 밑도는 것으로 간주된다.

　공간이 많고 적은 것은, 어느 정도까지는 인간존재의 행불행(幸不幸)의 결정적인 요인이 되고 있다.

　그것은 통계상의 숫자에 속하는 성질의 것이 아니지만, 공간의 혜택을 받지 못한다는 사실은 일본인이 흔히 말하는 소위「국민 총생활수준」에서 결코 GNP상 상상할이만큼 풍요한 것이 아니고, 오히려 상당히 낮은 것이라는 자기평가에 설득력을 첨가하고 있는 것은 확실하다.

　여하간 공업생산이 거대하고, 생명의 약동을 느낀다고는 하지만, 개탄할 이만큼 혼잡에 허덕이고 있는 일본의 도시가 현대 공업사회가 안고 있는 영광과 그것을 특징 짓고 있는, 점고(漸高)하는 문제와의 혼연일체성을 아마도 다른 어떤 곳보다도 뚜렷히 보여 주고 있다는 것은 의심할 여지가 없다.

고　　립

3

　일본인을 둘러싸고 있는 지리적 환경 가운데 가장 결정적인 것은, 그들이 상대적으로 다른 나라들과 고립하고 있다는 것이다. 일본은 세계의 동단(東端)에 위치하고 있다. 그것은 마치 영국 제도가 그 서단에 위치하는 점과 흡사하지만, 세계와의 거리는 영국 제도와 비교해서 상당히 멀다. 일본과 한반도와의 거리는 도버(Dover)해협의 폭의 5배에 달한다.

　항해술이 유치한 시대에는, 이 거리는 놀라운 장벽을 형성하고 있었다. 하물며 중국대륙과 일본과의 사이에 가로 놓여 있는 망망한 450마일의 해양은, 그 이상으로 엄청난 것이었다.

　세계의 주요 국가들 가운데 일본만큼 그 장구한 역사의 대부분을 고립상태에서 지낸 나라는 보기 드물다. 16세기에 이르러 대양을 넘어 통상활동이 시작되기까지 일본은 한반도와 중국대륙과 때로는 충동적이라 할 수 있는 교류를 하고 있었다. 그러나, 보다 먼 나라로부터의 영향은 중국과 한국을 경유해서 그 필터(여과기)를 거친 형태로만 일본에 전래되었다.

　근세에 이르러 일본의 통치자는 그 지리적 조건을 이용해서 외부세계와의 완전한 고립정책을 일본에 고정화시켰다.

　1638년에서 1853년에 걸친 2세기 이상 일본인은 대외접촉을 하지 않았다. 세계에서 이 기간이 국가간・지역간의 관계가 맥동(脈動)하는 시대라는 것을 생각하면 일본인의 쇄국정책은 특이한 체험이었다.

　이처럼 원래는 지리적인 자연조건 뒤에는 인위적인 작위(作爲)가 추가되어 일본인은 다른 어떤 같은 정도의 국민——그 규모와 고도의 발전단계의 양면에 있어서——보다도 세계와 격리되어 살도록 강요당했다. 환언하면 자연조건과 작위의 콤비네이션이 일본인에게 특이한 생활양식을 독자적으로 모색할 것을, 다른 대다수 국민보다 더욱 가능케 했다고 말할 수도 있다.

　일본인은 확실히 문화적으로 상당히 특이한 국민이다. 이웃 한국이나 중국과 엄청나게 다르다.

일본의 고급문명의 대부분이 이들 지역에서 전래된 점을 생각하면 더욱 놀라운 일이다. 오늘날에도 일본은 여전히 비구미(非歐美)의 문화적 배경을 가지는 유일한 주요 공업 근대국가로서의 유니크한 위치를 세계 속에 차지하고 있다.

고립은 몇 가지 중요한 부산물을 낳았다. 예를 들면, 한국인이나 중국인들조차 일본인을 어딘가 이질적으로 느끼거나, 일본인이 강한 자의식을 가지고 있다는 점 등이 그 증거이다. 이런 것은 계량화(計量化)할 수 없는 것들이다. 그러나 일본인이 인종적으로나, 문화적으로도 가까운 한국인이나 중국인을 포함한 다른 세계를 툭하면 「우리」와 「그네들」이라는 이분법(二分法)으로 재단(裁斷)하고 있다는 것은 사실이다. 「외래」의 차용과 「일본」고래의 사물과의 사이에 거의 병적이라고 할 수 있는 구별을 세워 왔다는 점도 일본사를 통해서 볼 수 있는 현상이다.

아이러니컬하게도 고립상태는 일본인을 외부로부터의 사물에 대해서 예민화시키고, 그런 것이 외국의 어디에서 유래하는가를 특별한 관심을 가지고 주시하게 만들었다.

어느 나라이건 한 나라의 문명은, 그 나라의 고유의 발명이라기보다는 오히려 외부로부터의 영향의 소산이 훨씬 크다. 예를 들어, 영국 문화에서 외국의 뿌리 내지는 선례를 깡그리 제거한다면 남는 것은 거의 없다고도 말할 수 있다.

다만 해외로부터의 차용은, 대개 완만하고 무의식적인 프로세스이고, 그렇지는 않더라도 기록에 남지 않은 채 시종하는 것이 대부분이다. 그러나 일본인의 경우는 「외래」와 「고유」와의 차이를 예민하게 의식하고, 문화의 차용을 그 역사의 주요 테마로 삼았다.

그들이 타인에 대해서는 물론, 그 자화상에 있어서도 문화의 차용자로서 유니크한 존재라는 인상을 정착시켜 온 것은 이와 같은 사정이 존재하기 때문이다.

다른 국민과는 달리 일본인이라는 족속은 기껏 모방이 뛰어나고, 발명의 재질이 없고, 차용은 했지만 그 본질에 대한 이해가 약하다는 신화가 태어날 정도였다. 그러나 현실에서는, 고립은 그들에게 그 문명의 대부분을 스스로 연구, 발명하는 것을 강제하고, 같은 규모의 어느 나라 국민에게서도 찾아 볼 수 없는 몇 가지 두드러진 특색을 창출했다는 것이 실정인 것이다. 그들을 타국민과 구분하는 것은, 그 모방성이 아니고 그 특이성이며 그들의

3. 고　　립　35

문화적 일체감을 손상시킴이 없이 남에게서 학습하고 적응시켜 나가는 재능이다. 같은 시도를 한 국민도 있지만 일본인만큼 성과를 올리지는 못했다.

고립이 초래한 또 하나의 부산물은, 일본인 고유의 문화적 동질성이다. 이 점에 대해서는 이미 언급했다.

물론 고립과 동질성은 반드시 일치하는 것은 아니다. 영국 제도가 그 좋은 예이다. 그러나 장기간 외부세계와 격리된 것이 일본열도 전체에 동질적인 문화양식을 파급시키는 데 도움이 된 것은 의심할 여지가 없다. 산과 계곡이 장벽을 이루는 그러한 지형 속에서도 말이다.

일본인의 동질성이라는 테마는 앞으로도 빈번히 언급되겠지만, 여기에서는 일본인의 인종구성을 예로 들어 설명하기로 한다. 일본문명에 있어서 이것이야말로 자연조건의 일부가 된다고 생각하기 때문이다.

다른 국민과 마찬가지로 오늘의 일본인도 장기간의 선사시대의 혼혈의 결과이다. 풍모의 다양성은 과거에 상당히 다량의 혼혈이 있었다는 것을 시사하고 있다. 그러나 중요한 점은, 그 기원이야 어떻든간에 오늘의 일본인이 세계에서 아마도 가장 일률화되고, 문화적으로도 동질적인 대인간집단이라는 사실이고, 이의 유일한 예외는 아마도 북방 중국인 정도되는 것이다.

일본 전토를 통해서 주된 형질상(形質上)의 차이는 거의 존재하지 않으며 영국인・독일인・프랑스인과 마찬가지로 습성이나 화법의 차원에서 약간의 차이는 있을 망정 영국 제도서의 게일릭어족과 영어족, 신교도와 구교도만큼의 차이는 없다. 하물며 프랑스어・브리타뉴어・독일어・바스크어의 어느 하나를 말하는 「프랑스인」끼리의 차이나 북 이탈리아인과 남 이탈리아인 간의 차이점에서 볼 수 있는 구별은 일체 없다고 단언할 수 있다.

구태여 있다고 한다면, 일본 열도는 말하자면 일종의 막다른 골목이라 해도 좋고, 여러가지 인간집단이 장기간에 걸쳐서 모였다가 출구가 없는 상태에서 정착하고, 후참자(後參者) 집단들과 혼합하게 된 것으로 간주된다. 그 하나는 아이누족이고, 체모(體毛)가 많은 점에서는 백색인종의 특색을 구비하고, 타인종의 특색도 겸비하고 있다. 일본인 중 다른 몽고인종보다 다모(多毛)의 사람을 산견(散見)할 수 있는 것은 아이누가 그 원인일 것이다.

어떤 한 시기에 있어서 아이누——적어도 부분적으로 현재의 아이누의 먼 조상들——는 일본열도의 전부 내지는 그 태반을 차지하고 있었다. 8세기에 이르기까지 그들은 본주의 북부 3분의 1을 그 지배하에 두고 있었다.

그러나 그들은 서서히 그 지배권을 잃고, 일본민족의 주류에 정복, 동화되고 오늘날에는 겨우 2만도 안되는 아이누가 북해도에 문화적인 별개 집단으로 살아 남고 있는 것에 불과하다. 그것마저 이제 동화흡수의 일보 직전에 있다. 일본인은 기적적으로는 몽고인종에 속한다. 아시아대륙에 거주하고 있는 이웃 여러 민족과 동일하다. 고고학이나 역사기록에 비추어 보면, 동북 아시아에서 광범한 여러 인간집단이 한반도 경유로 일본에 유입했다. 기원 1세기에서 7세기에 걸친 시기이다.

그 이전에도 남방에서 인간 내지는 문화적인 경향이 일본에 도래한 것도 생각할 수 있다. 일본문화가 어떤 「남방적」 요소를 동남 아시아나 남태평양의 여러 집단과 공유하고 있는 것은 이 때문이다. 극히 초기의 단계에 중국 남방에 거주한 여러 민족과 그 문화가 남방으로 이동하고 동시에 그 일부가 동점(東漸), 한국을 경유해서 일본에 도래한 것으로 생각된다. 일본의 신화 가운데 「남방적」인 것이 존재하고 있는 것, 초기의 건축양식이 엷고, 열대적인 특징을 가지고 있다는 것, 그리고 일본인의 체격이 어느 편인고 하니, 중국 남방인에 가깝고, 한국인이나 중국 북방인이 소유하고 있는 큰 키나 강인성을 공유하지 않는 것도 여기에 원인이 있을 것으로 짐작된다.

간신히 남아 있는 역사기록에 의하면, 서부 일본에는 8세기까지 약간의 민족적 다양성이 있은 듯하다. 한편, 북부 일본은 대체적으로 현재의 아이누족의 조상의 손아귀에 들어 있었다. 그러나 그 이후 일본에 새로운 피가 대폭적으로 도입된 흔적은 없다. 뿐만 아니라, 1천년이란 긴 세월에 걸쳐서 일본으로의 이민은, 그것이 어떤 형태이건 간에 거의 없었다. 이와 같이 인종의 혼합이나, 고도의 문화적 동질성의 형성은 장구한 시간을 요한 것이다. 이 과정을 도운 것의 하나에는 17~19세기에 인위적인 쇄국정책을 썼다는 것과, 쇄국이 풀린 후의 고도의 집권적인 통치에 있었음이 확실하다.

그러나 훨씬 전부터 일본인은 자기네들이 타민족과는 확연히 다른 순수한 존재라는 자화상을 그리고 있었다. 하나의 거대한 가족으로 간주하기도 했다. 이러한 발상은 미개 부족사회에서 가끔 나타나는 것이지만, 근대적인 대국가의 시민에게서는 거의 찾아 볼 수 없다.

근년에 있어서의 일본제국주의의 해외침략이나, 오늘의 지구상에서의 무역은, 최근 수십년 간에 약간의 외국인을 일본으로 끌어들였다. 그러나 한 민족으로서 상당한 다수를 차지한 것은 60만 정도의 한국인이 유일한 예로, 그 태반은 2차 세계대전 중 전선으로 나간 일인노동자의 보충으로 일본에

3. 고　립　37

끌려온 한국인 가운데 일본에 잔류하기를 결정한 사람들이다. 그밖에 수만에 이르는 중국인이 있지만, 그 대부분은 상인으로 구일본령(領)인 대만 또는 중국대륙 출신들이다. 그밖에는 구미인, 아시아의 먼 곳에서 온 외국인 수천명이 있을 뿐이다. 이들을 전부 합친다 해도 총인구의 1%에도 미달하고, 소수 민족문제가 존재한다손 치더라도 그것은 한국인뿐이다.

다만 그들은 육체적으로 일본인과 동일하고, 언어적으로도 가깝기 때문에 문화적으로나 인종적으로 용이하게 일본인에게 동화할 수 있을 것이다. 사실 일본에서 태어난 한국인은 조상의 언어를 잊어먹기가 일쑤이다. 그것은 마치 미국에서 태어난 비영어국민이 언어적으로 미국에 동화하는 것과 비슷한 현상이다.

다만 자기 문화중심주의를 고집하는 일본인은 한국인을 자기 민족으로 수용하려 들지 않는다. 한국인 자신도 일본인의 이러한 사고나, 과거의 모국 지배에 대한 반감으로 자신들의 민족적 일체감을 고집한다. 뿐만 아니라, 재일 한국인사회는, 일본사회나 정치에 대해서 어려운 요소를 주입한다. 남한과 북한의 정권이 적대관계에 있는 것은 주지의 사실이지만, 재일 동포사회도 편이 갈라져 있을 뿐만 아니라, 이들을 지지하는 일본의 정책도 남북한으로 갈라져 있기 때문이다.

그러나 이렇게 복잡한 한국인문제도 최근 신이민법이나 외국인 공업노동자의 유입이 문제화되고 있는 북구라파 나라들에 비하면 사소한 문제에 불과하며, 하물며 미국이 안고 있는 인종·민족의 다양성이 자아내는 문제에 비하면 그것은 정말 문제가 되지 않는다.

일본이 안고 있는 「고립」에 대해서 끝으로 한 마디 할 일은, 그것이 이제는 완전히 사라지고 말았다는 점이다.

사실, 세계에서 일본만큼 고립하고 있지 않는 나라는 없다고도 말할 수 있을 정도이다. 생존을 계속한다는 그것 때문만으로 일본만큼 세계적 규모의 재(財)의 교류에 명백히 의존하고 있는 나라는 없다. 일본이 세계의 거의 모든 지역과 통상관계를 유지하고 있는 것은 그 때문인 것이다.

옛날에 일본을 세계에서 단절시킨 대양도 이제는 일본을 세계 각지와 연결시키는 역할을 하고 있다. 한 인간이 같은 날에 뉴욕과 도꾜에 모습을 나타낼 수 있게 됐다. 맘모스 탱커나 콘테이너선(船)의 도래와 더불어 해상 운임은 육상운임에 비해서 현저히 싸졌다.

I. 무 대

　산맥이나 사막, 열대의 정글이나 북극의 툰드라(凍土帶)는 오늘날에도 통상에 있어서 일대 장벽이고 그것 이상의 인위적인 장해도 사라지지 않고 있다. 허지만, 대양이 이제 세계를 경제적으로 하나로 연결하는 접착제의 역할을 하고 있는 것은 의심의 여지가 없다.
　내가 내 나름대로 라이샤워식 인구와 GNP 지도를 작성할 때, 크고 작은 해양을 단호히 압축하고 나라와 나라, 대륙과 대륙과의 구별을 할 수 있을 정도로 그친 것은 이 때문이었다. 일본을 이 지도의 주변에 놓지 않고, 구래의 관행을 깨고, 감히 중심에 위치하게 한 것도 일본과 같이 지구적으로 통상에 종사하는 나라에는 그렇게 하는 것이 어울린다고 생각했기 때문이다.
　완전한 고립에서 100% 참여의 변화는 불과 1세기 동안에 이루어진 것이다. 이것은 역사적인 자로 측정하면 극히 급격한 변화이다. 경제나 군사, 문화나 사상의 면에 있어서의 외부로부터의 충격은 전에는 커다란 거리와 확고한 인위적인 장벽에 의해서 그 강도가 완화되어 있었다. 고립이 초래한 심리적인 영향은 아직도 일본인 사이에 남아 있고, 타국민의 일본관에 대해서도 같은 말을 할 수 있을 것 같다. 언어적으로도 일본인은 극히 특이한, 그리고 어려운 표기법과, 다른 언어와는 유사성이 없는 말을 가지고 있는 점에서 고립하고 있다. 그러나 지리적인 고립이라는 원점과, 비교적 근년에 이르러 스스로 부과한 인위적인 고립은 이미 과거의 것이 되었다.
　이 변화는 참으로 거대하고, 일본인에게는 불안의 씨가 아닐 수 없었다. 이전의 일본의 지위에 적합한 사고나 기능은, 오늘날에는 이미 무용지물이 되었다.
　이와 같은 새로운 사태에 대한 대응은 결코 쉬운 일이 아니었다. 실제로 일본인의 가슴에는 세계 속의 자신들의 지위에 대해서는 더 말할 나위도 없고, 자기네가 도대체 무엇이고, 누구인가에 관해서조차 심각한 불안감이 있는 것이다.
　오늘날의 시대에 있어서마저 일본인이라는 것이 무엇을 의미하는 것이고 또한, 오늘의 세계 속의 일본의 역할은 어떤 것이어야 하는가 하는 의문이다.
　그들 일본인은 자주 이런 문제에 대해서 자문한다. 이 책의 끝 부분에서 이 문제를 다루고자 한다.

II
역사적 배경
HISTORICAL BACKGROUND

고 대 일 본

4

　일본의 지리적인 위치나 천여(天與)의 조건이 그 진로를 결정 지은 것은 사실이다. 그러나 그와 같은 물리적인 특징만으로 오늘날의 일본인을 완전히 설명할 수는 없다.
　일본인이 어떤 경험을 쌓고 오늘에 이르렀는가를 알지 못하고는 현대의 일본인과 그 잠재적 능력을 진정으로 이해할 수 없다.
　일본의 역사를 회고하는 의의는 또 있다. 그것은 미국과는 달리, 일본인이 동 아시아의 다른 민족과 마찬가지로 역사를 강하게 의식하고 있기 때문이다. 일본인은 스스로를 역사적인 자로 바라본다. 현재의 자신들을 어떤 특성을 가지고 있는가를 분석하기 위해서는 1천년이라는 세월을 거슬러올라가는 것도 망설이지 않는 것이다.
　일본을 알고, 일본인의 문화적 특징을 이해하기 위해서는 아무래도 일본의 역사적 배경을 알아야 한다. 따라서, 현재의 시점에 초점을 맞추고, 시계(視界)가 나쁜 미래를 원망(遠望)하는 데 있어서는 일본의 과거를 간단히 되돌아보는 것이 편법일 것이다.
　세계의 고도의 문명이 일본열도에 도달한 것은, 시대적으로는 비교적 후의 일이었다. 세계 최고(最古)의 도자기류가 발굴되고 있다고는 하지만, 일본에서 농경이 시작된 것은 구라파나 중동, 인도아대륙(印度亞大陸)이나 중국에 뒤지길 수천년, 청동이나 철의 사용도 수백년 후의 것이다.
　이러한 금속류는 기원 전 2~3세기 경 농경의 전파와 때를 같이 해서 일본에 유입된 것으로 생각된다.
　일본인이 명확한 형태로 역사에 처음으로 등장하는 것은 3세기의 중국의 사서(史書)에서이다. 그 기술에 의하면, 당시의 일본인은 명확한 계급구분을 가지고, 농경과 어업으로 생활을 영위하고, 절반은 종교적인 지위를 가지는 수장(首長)을 우두머리로 하는 백이 넘는 부족국가로 나뉘어 있었다.
　수장 중에는 여자도 있고, 그 가운데서도 「여왕국」은 가장 유력하고, 다른 나라들을 지배하고 있었다. 여성의 지배자가 존재했다는 기술은, 원래 일본에는 여가장(女家長)제도가 있었을 법한 사실을 풍겨 줄 뿐만 아니라, 황실의 계보를 여신 아마데라스 오미가미(天照大神) 이래의 것으로 규정하는 신화와 일치한다.

일본은 3세기 전후부터 한반도를 거점으로 하는 기마민족의 몇 차례에 걸친 침입에 의해서 유린당한 듯하다. 적어도 문화적인 영향을 한반도에서 받고 있었다는 것만은 의심의 여지가 없다. 그 후 3세기 동안에, 일본열도의 서방의 3분의 2에 해당하는 지역에는 거대한 고분이 연이어 조성되었다. 이것은 무력을 가지는 일부 특권계급에 권력이나 부(富)가 상당히 집중하고 있었다는 것을 의미한다.

6세기까지에는 야마도(大和, 즉 나라분지〈奈良盆地〉)를 본거지로 하는 한 호족(豪族)이 서부 일본의 대부분의 지역에서 명확한 지배권을 확립했다. 이미 정치조직이나 경제기구는 상당히 복잡해졌다고는 하나, 발전단계에는 이르지 못하고 있었다.

국토의 태반은 「우지(氏)」라고 불리는 반자치적인 부족국가의 관리하에 놓여 있었다. 이들 「우지」 집단은, 신화차원의 연결이나, 실제 또는 가공의 친연(親緣)관계에 의해서 전술한 야마도를 중심으로 한 지배적인 일족과 결합되어 있었다.

「우지」집단은 각기 「우지노가미(氏上)」와 「우지노야시로(氏社)」를 모시고 그 밑에 일군의 종속적 우지집단과 농민・어민・직공(織工) 등, 직업별 의제적(擬制的) 가족집단을 거느리고 있었다.

고대 일본이 가진 종교의례는, 외래의 불교와 구별하기 위해서 후에 「신도(神道)」라는 이름이 붙여졌다. 신도는 8백만의 신들에 대한 예배를 중심으로 하는 것이지만, 일본인에게 있어서의 신이라는 것은, 자연현상이고 신화상의 조상이었다. 후자의 경우에도 그것은 자연신인 경우가 많고, 태양신으로서의 아마데라스 오미가미도 그 일례이다.

인간과 자연과의 관계는 명확히 구분되지 않고, 비범한 인간이나 공경이나 두려움을 느끼게 하는 인물은 용이하게 신으로 받들어졌다. 통솔자라는 것은 속세의 지배자임과 동시에, 높은 지위의 신관(神官)이었던 것이다.

실제로 일본어에서는 「마쯔리(祭祀)」와 「정치」, 야시로(神社)와 「궁전」에는 각기 같은 말이 사용된 것이다.

그들의 종교적 의식에는, 윤리적인 이념은 수반되지 않았다. 그곳에 있는 것은 자연에 대한 두려움과 의례적인 「청명(淸明)」이라는 감각에 지나지 않았다. 그러나, 일부의 논자들은 바로 이 점에 일본인의 보통 이상의 청결성과 목욕애호의 한 원인이 있다고 주장한다.

6세기 말까지는 일본은 문화면에서 이미 이웃 중국 대륙에서 적지 않은 영향을 받고 있었다. 청동이나 철기와 마찬가지로 그것은 농업에 대해서도 역시 그러하다. 그러나, 6세기 중엽에 이르러 이문화(異文化)의 전래속도가 빨라짐에 따라서 일본인에 의한 대륙문화의 수용방식은 종래와는 다른 취향을 띠기 시작했다.

그것은 재래식 신도와, 그 영험(靈驗)에서 엇비슷한 매력적인 신앙체계로서 불법과 불상을 믿을 것인가의 여부를 둘러싼 논쟁이라는 행태로 시작되었다. 결과는 불교 초래파(招來派)의 승리로 끝나고, 그후 593년에서 622년까지 숙모인 여제(女帝)의 섭정역을 수행한 쇼도꾸태자(聖德太子)의 시대에는 이 새로운 종교와, 그에 부수적으로 전래한 대륙문명이 크게 번성한 것이다.

쇼도꾸태자는 스스로 불경의 주석서를 쓰고, 사찰을 건립했다. 특히 나라에 있는 호류지(法隆寺)는 세계 최고(最古)의 목조건축과, 당시 만들어진 수많은 우아한 불상으로 유명하다. 쇼도꾸는 또한 중국의 서울로 사절단을 보내어, 그 고도의 문명을 직접 배우게 하는 한편, 중국의 정치제도의 모방에 착수하고 불법이나 중국식 사상을 모체로 하는 「십칠조헌법(十七條憲法)」을 기초했다. 이어 「다이가개신(大化改新)」(645년)에서 조정내의 실권을 장악한 혁신 그룹은 중국의 기술이나 제도를 보다 정력적으로 모방하고, 2세기에 걸쳐서 그 노력을 계속했다. 그 세력이 쇠퇴한 것은 9세기에 들어와서의 일이다.

이와 같은 노력의 결과, 일본은 부족 단위의 후진성에서 탈피하고, 세계의 고도문명사회로 참여하게 된 것이다. 그것은 불완전하기는 했지만 중국을 모범으로 삼은 것이었다. 그리고 스승인 중국은 그후 1천년의 장구한 시기에 걸쳐 정치·경제의 양면에서 세계에서 으뜸가는 존재로서 출발하려는 참이었다.

구미의 역사에는, 이 문화를 차용하는 데 있어서 이처럼 의식적으로 노력한 사례는 찾아볼 수 없다. 다만 피터(Peter) 대제의 예가 있을 뿐이다. 그러나 그것마저 시대가 훨씬 후일 뿐, 그 어려움이나 노력은 일본에 비한다면 현저히 떨어진다고 하지 않을 수 없다. 하긴, 한국인이나 만주의 여러 부족처럼 중국문명의 영향하에 있은 민족 가운데는 일본인과 비슷한 모방의 노력을 시도한 것도 전혀 없지는 않았다.

서구와의 차이는, 일본인 또는 중국 주변의 여러 민족의 특성이라기보다 중국문명 자체의 영광이나 매력 탓이었는지도 모른다. 이에 비하면, 당시의 로마는 비참할 정도로 쇠잔해 있었다.

아뭏든 일본인은 6세기에서 9세기에 걸쳐서 문학·예술·과학기술·정치적·사회적 각 분야에서 종전의 결정적인 후진성을 극복하고 북 구라파의 여러 민족을 능가하기에 이른 것이다. 동시에 일본인은 일본문화에 있어서의 재래적인 요소를 분명히 식별하는 의식을 터득했다.

그 결과, 타국으로부터 배우는 중요성을 극히 초기부터 인식함과 동시에 「모방 참피온」이라는 유례없는 신화를 낳기에 이르렀다.

고대 중국인은 문명이란 정치적 통합체 속에서 번성하는 것으로 간주했다. 일본인도 다른 동 아시아 민족과 마찬가지로, 통일된 정치제도를 최우선 하는 이 중국적 사고를 수용했다.

이 사고는, 통합상의 요소로서 종교를 강조한 남·서 아시아나, 로마 붕괴 후, 정치적으로는 다양성을 보이면서도 종교적으로는 단일적인 것을 허용한 서양의 사고와는 현저히 다르다.

동 아시아의 민족들이 이와 같이 정치적인 통합체를 강조한 것을 염두에 두면, 현재의 세계의 각국 중에서 오늘날과 거의 같은 정치적 통합체를 남보다 앞서서 형성한 것이 기원 전 3세기의 중국과, 7세기 경의 한국, 그리고 일본이었다는 역사적인 사실을 이해하기 쉬울런지도 모르겠다.

일본인은 또한, 중국식의 강력한 군주정치의 개념을 도입하고, 종래의 반종교적인 지도자를 중국형의 세속적 비종교적인 지배자로 변용시키려고 시도했다.

그 이후, 일본의 천황은 명분상 신도라는 재래종교의 오미가미(大神主)와 중국형 국가의 세속적 군주라는 두 가지 성격과 기능을 아울러 가지기에 이른다. 그러나 실제로는 후자의 권능을 천황이 행사한 것은 극히 드물었다. 천황이 정복자로서 권력의 좌에 앉은 것은 선사시대라면는 몰라도 역사시대에 있어서는 단 한번도 없었다.

뿐만 아니라, 이미 7세기까지에는 천황은 개인적인 권력을 행사하는 존재라기보다는 오히려 상징적인 권위의 측면이 강해지고 있었다.

물론 시간이 흐름에 따라서 강력한 천황이 나타나서 상징으로서만 군림한 것이 아니고 통치에 눈을 돌린 인물도 없지는 않았다. 그러나 많은 경우, 천황은 일부의 황족이나 궁정내의 정신(廷臣), 또는 봉건영주의 손에 의해서 조종된 것에 지나지 않았다.

이러한 상황하에서는 번잡한 의례에 가려서 실권을 행사하는 만족을 느끼지 못한 채 유야무야로 끝나고 만 것이다. 따라서 조기의 퇴위(退位)가 9세기 중엽까지 관례화된 것도 놀랄 것이 못된다. 현재의 천황의 지위는,「일본과 일본 국민의 통합의 상징」이라는 맹목적인 것에 불과하지만, 이것은 현대에 있어서의「변칙」이라기보다는, 실은 1천년이 넘는 역사적인 배경의 소산인 것이다.

이런 천황을 모시고, 일본인은 중앙집권국가, 중국의 정치기구를 모방한 것이다. 국토는 여러 행정단위로 분할되고 중앙에서 파견되는 관리에 의해서 통치되었다. 중국의 법률은, 한 자(字) 한 귀절 빠뜨리지 않고 거의 그대로 모방했다.

중앙에는 정교한 관료기구가 만들어졌지만, 일본의 실정에 맞추어서 약간의 수정을 가했다. 가령, 중국의 정부기구가 6성(省)으로 성립된 데 반해서 일본에서는 궁내성(宮內省)과 중무성(中務省)을 포함하는 8성이 설치되었다. 이와 함께 정치를 관장하는 다조간(太政官)과의 밸런스를 취하기 위해서 신기간(神祇官)이 설치되었지만, 이것은 천황이 가지는 종교적인 측면을 대표하는 것이었다.

이러한 조정내의 정밀한 위계제도는 궁정의 귀족이나, 지방의「우지(氏)」에 고유한「씨성제도(氏姓制度)」를 넘어서기 위해서 설치된 것으로, 그 결과 수많은 관직이 생겼다. 모방한 중국의 제도──특히 7세기 후반에 발전한 것──에서는 많은 정부고관은 까다롭고, 학문적 수준이 높은 국가시험에 통과한 관료들이었다.

이에 대해서 일본에서는 아직 이런 종류의 관료자격 인정제도는 충분히 발전하지 않고 있었다. 뿐만 아니라, 이런 제도는 고도로 귀족화한 일본에서는 결국 너무나도 외국적인 것이었다. 따라서 일본인이 받아들이는 제도가 되지 못한 것이다.

사실 일본의 관료정치에 있어서의 신분이나 지위는, 그 후 급속히 문벌에 의해서 결정되고, 비세습적인 개인의 능력에 따라서 결정되는 것은 점차 사라지고 만다.

4. 고대 일본

　중국으로부터 차용해 온 가운데 가장 놀라운 것은, 복잡하기 이를 데 없는 토지제도와 세제의 도입인 것이다.
　이 제도하에서 모든 토지는 「공지(公地)」로서 중앙정부에 소속됐다. 그리고 그 대부분은 정기적으로 모든 농가에 평등하게 할당된다는 취지였다. 그렇게 함으로써 각자의 조세부담의 평등화가 도모된 것이다.
　세금은 인두(人頭)에 따라서 부과되고, 농작물(租)·직물(庸)·부역(調)의 세 종류로 나뉘었다.
　이 제도는 번잡하기 이를 데 없고, 중국에서조차 충분히 기능을 발휘하지 못하고 몇 번이고 실패한 것이었다. 이 사실을 생각하면 중국보다도 뒤진 일본에서 이 제도가 어설프게나마 가능했다는 자체가 놀라운 일이다. 토지의 재분배는 그후 실시된 일이 없었지만, 이 제도가 많은 토지에 분명히 적용되고, 수세기에 걸쳐서 적당히 실시되어 온 것만은 사실이다.
　그러나 이 제도의 또 하나의 측면은 실효를 거두지 못하고 말았다. 그것은 세부담에 있어서의 부역제공의 일부로서 강제적으로 사람을 모집하고, 군대를 만드는 작업이었다. 천연(天然)의 요새(要塞)에 의지하는 일본에서는 그다지 많은 보병은 필요없는 일이었다. 병역의 의무는 대개 귀족이 할 일이었던 것이다.
　집권화한 정치행정제도는 수도(首都)를 필요로 했다. 그런데 당시의 일본에는 마을도 존재하지 않았다. 그래서 광대한 천황의 거처나 정부관청의 주변에 마을이 모인 중국식 서울의 건설에 착수했다.
　최초의 항구도시는 헤이조(平城 ; 奈良)였다. 이 도시는 나라분지에 세워졌고 거리는 중국의 서울을 모방해서 장기판 모양으로 되어 있었다. 710년에서 784년에 이르기까지 정부가 헤이조에 소재했기 때문에 8세기는 일반적으로 「나라시대」로 알려져 있다.
　제2의 수도는 794년, 야마도(大和) 북방의 협소한 분지에 조성되었다. 이것이 곧 헤이안(平安)이다. 그 이름에 따라서 그후 수세기는 「헤이안시대」라고 불리운다.
　이 곳도 헤이조와 마찬가지로 중국식으로 거리가 만들어지고 장기판 식의 거리는 지금도 쿄또(京都)의 중심부에 남아 있다.

　중국문화를 차용한 주목적은 정치의 쇄신이었지만, 일본의 고금문화의 모든 것이 영향을 받은 것도 사실이다.

중국의 학문·사상·문학이 일본인의 연구의 대상이 되고, 그 결과 중국의 영향을 받은 사고방식과 생활관습이 태어났다. 직물·칠기공예·야금술 등 여러가지 분야에서 대폭적인 기술진보가 이루어졌다.

중국이나 한국에서 배운 궁중내의 아악이나 무용은 세계에서 가장 오랜 전통음악·전통무용으로서 아직도 전승 보존되고 있다. 미술도 완전히 탈바꿈했다.

건축·조각·회화의 각 분야에서 일본인은 중국식 예술작품을 창조했지만, 이것들은 중국의 제일급 작품과 그다지 손색이 없는 것이었다. 대부분의 미술작품은 불교라는 새로운 종교와 관련이 있는 것이었다. 신도와는 달리, 불교는 보편적인 호소력을 지닌 고도로 지적인 종교였다.

그때보다 1천년 이전에 인도에서 창시된 불교는, 인간의 생애는 육체의 죽음으로 끝나는 것이 아니고, 무한으로 재생, 즉 윤회(輪廻)를 거듭하고, 고해(苦海)와 같은 현세를 살아가기 위해서는 끊임없는 수행(修行)에 의해서 열반(涅槃)의 경지에 도달함으로써 해탈할 수밖에 없다는 것이 그 사상의 중심이다. 즉, 개(個)가 우주와 합체하는 환희 속에서야말로 구제가 있다는 종교이다.

불교는 수세기 동안에 동 아시아 일대에 전파되고, 이에 따라서 장대한 사찰이 건축되고 불전과 문헌, 풍부한 예술과 다양한 교의(敎義)와 신앙형태를 낳았다.

처음에 일본의 조상들의 마음을 사로잡은 것은 초기 불교의 엄격한 교의가 아니었다. 오히려 신앙에 따르는 주술적(呪術的)인 측면이나 불교예술의 장엄성이었다. 불교신앙은 당초에 있어서는 조정관계자에 국한되어 있었지만, 8~9세기에 이르러서는 전국에 보급되기에 이르렀다.

당시 세계에서 가장 오랜 문명을 자랑하던 중국이 일본의 스승격이 된 것은 큰 혜택이었다. 그러나 중국인의 표기방법을 일본인의 필요에 따라서 그것도 불충분한 형태로 받아들인 것은 크게 불운한 일이었다. 만일 그것이 이미 중국 서부 영역에 전파한 표음문자류(表音文字類)였다면 일본어의 표기에 쉽게 적용됐을 것이다.

그런데 중국어의 표기는 한자(漢字)라는 독특한 기호이고, 수만개에 달하는 각 단어에 한자가 해당되고 있다. 따라서 한자를 중국어 외의 언어, 특히 일본어처럼 현저히 어미가 변화하는 것에 적용하는 일은 쉬운 일이 아니었다. 그 때문에, 일본인은 기록을 남기는 데 있어서도 정부관계의 문서를 취급하는 데 있어서도 중국어라는 외국어에 의지하지 않을 수 없었던 것이다.

근대에 있어서의 일본문화의 장족의 진보는, 사실은 전혀 이질적인 언어, 그리고 까다로운 표기방법을 매개로 해서 달성되었다는 점에서, 다른 분야에 비해서 현저한 실적이라 하지 않을 수 없다.

이와 같은 핸디캡에도 불구하고 당시의 일본인은 많은 문헌을 남겼다.

본래, 중국인은 과거의 경험을 현재를 인식하기 위한 유용한 단서로 간주하고, 정확한 사기(史記)를 편찬하는 것은 정부의 중요한 직책으로 생각했다. 일본인도 이 전통을 충실히 계승하고, 자신의 빈약한 역사를 기록에 남기고, 우선 믿을 수 있는 한도까지의 옛날로 되돌아가려고 노력했다. 기원전 660년까지 거슬러 올라갔다.

이러한 노력에서 『고사기(古事記)』(712년)와 『일본서기(日本書記)』(720년)라는 사서(史書)가 만들어졌다. 이 초기의 사서들은 당시의 정사(正史) 외에 신화류(神話類)를 소박하게 그리고 솔직하게 기록하고 있다.

이와 같이 7세기에서 9세기에 걸쳐서 중국문화가 일본을 석권했음에도 불구하고, 일본인은 간신히 스스로의 아이덴티티를 보존하려고 한 것 같다. 그것은 과거 1세기 동안 서구문명의 노도(怒濤) 앞에 그 독자성을 잃는 일이 없었던 일본인의 자아의식을 상기시킨다. 어느 경우에 있어서건 지리적인 위치와 언어의 문제가 그 이유가 될 것이다.

일본은 그 지리적인 조건으로 해서 중국의 침략을 한번도 받은 일이 없었다. 이 점은 한반도와는 좋은 대조를 이루고 있지만, 그것은 타인과는 다르다는 일본인의 사고를 매우 예리한 것으로 만들었다.

일본어도 또한 일본문화가 중국문화에 흡수 합병당하는 것을 방지하는 데 크게 공헌했다. 일본어와 중국어의 차이야말로 영어와의 그것과 비등하기 때문이다. 뿐만 아니라, 당시의 일본인이 사용한 것은 틀림없는 일본어뿐이었다. 글자에서는 중국어에 크게 덕을 보았는데도 말이다.

일본인은 또한 자신들의 언어로 그 시정(詩情)을 표현했다. 중국어를 사용해서 시작을 하지 않은 것은 아니었지만, 당시의 일본인의 최고(最古)의 시집은 『만엽집(萬葉集)』으로 이것은 759년 경에 완성된 것이지만, 4,516수(首)에 달하는 일본 고유의 시가(詩歌)가 수록되어 있다. 그 표기에는 한자의 음을 발음대로 사용하고, 음절마다 쓰는 노작(勞作)이다.

일본인은 단순히 중국문화의 홍수에 견디어 났을 뿐만은 아니라, 9세기에 들어서면서부터 그것을 재래의 문화와 융합하고 새로운 통합체를 이룩하는데 성공하고 있었다.

중국에서 전래한 제도나 문화는 수세대를 거치는 동안 일본적 환경으로 길들여지고, 이미 일본인의 생활 속에 뿌리를 박고 있었다. 그리고 그것이 일본 고래의 특성에 의해서 채색됐을 때, 거기에 탄생한 것은 의젓한 새로운 문화였다. 물론 그것은 구성요소로서 분명히 중국에서 기원한 것이었지만, 이 새로운 문화는 중국 본토의 그것이나, 종래의 일본문화와는 그 근저에서 차이가 있었다.

이 새로운 문화의 출현을 시사하는 확고한 증좌는 9세기에 이르러 일본어 표기의 편리한 방법이 발달을 보게 된 것이다. 가나(假名)가 그것이다. 가나는 한자를 간략화하고 그것을 표음적으로 사용함으로써 일본어의 음절을 나타낸 것이다.

이것으로 인해서 방대한 양의 화가(和歌)──그 대부분은 31음절의 단가(短歌)──를 쉽게 기록할 수 있었다. 그것들 가운데 우수한 것은 칙선집(勅選集)에 수록되었다.

그후부터 산문으로서도 많은 것이 쓰여지기 시작했다. 궁중에서 시중드는 여성들은 열심히 일기를 쓰기도 했다. 그래서 일본인은 세계에서 가장 열심히 일기를 쓰는 국민이 되었다. 세계 최초의 소설이 탄생한 것은 실은 이러한 일기를 모체로 삼은 것이었다.

기원 1,000년 경 무라사끼 시끼부(紫式部)가 쓴 『겐지 모노가다리(源氏物語)』는 단순히 세계 최고(最古)의 장편소설일 뿐만 아니라 고금을 통한 세계 걸작 가운데 하나이다.

이 작품은, 궁중내의 생활을 놀랄 만큼 상세히 그리고 미묘하게 묘사하고 있다. 묘사된 생활은 중국의 궁중생활과 대차있는 것은 아니고 당시의 구라파의 생활과도 엇비슷한 것이었다.

궁중내에서의 여류작가의 유일한 관심사는, 심미적인 감수성, 궁중인들의 행동이나 의상, 그리고 시가(詩歌)였었던 것 같다. 요컨대, 정치상의 갈등이나 경제면에서의 어려움, 그리고 일반인들의 세계는 관심 밖이었다.

그들 상류 귀족계급의 한가로운 생활에 있어서는 그런 것은 있으나 마나 한 일이었다.

그러나 이와 같은 평화롭고 세련된 궁중생활과는 달리, 중국 도래의 정치 경제제도를 크게 변용시킨 일련의 심대한 사회변화가 이미 진행되고 있었던 것이다. 10세기에서 11세기에 걸쳐서 이러한 문학작품의 뒷무대는 실은 다음과 같은 것이었다.

즉, 많은 토지의 관리권이 국가의 손에서 서서히 개인의 손으로 넘어갔다. 이와 같은 사유지의 소유자 가운데에는 조세부담을 완전히 면한 자들도 없지 않았다.

이 경향은 이미 8세기에 시작되고 있었다. 당시 황무지를 개간하고, 관개용의 수로에 대한 대규모의 투자를 유도하기 위해 처음에는 일정기간 동안, 그 다음으로 영구히 경작지의 사유가 인정된 것이다. 9세기에 귀족들이 정부의 요직을 독점하고, 자신들의 이익에 부합하도록 마음대로 법을 제정하자 이 경향에는 더욱 박차가 가해졌다.

중앙의 귀족이나 조정과 결탁한 유력한 사찰은 영대사유지(永代私有地)를 속속 손에 넣고, 면조특권(免租特權)을 획득했다.

한편, 지방의 작은 토지 소유자는 자기 땅을 중앙의 귀족이나 유력한 사찰에 기증함으로써 조세의 의무를 면제받았다. 이렇듯 12세기에는 대부분의 농지는 세금이 면제된 장원(莊園)으로 분할되어 있었으나, 그 중 많은 부분은 원래 농민이 내놓은 것이었다.

지방관리의 임면권이 특정귀족의 세습적 특권으로 화했기 때문에 나머지 과세대상의 토지마저 사유지의 형태를 취하고 있었다.

이 결과, 토지 소유의 패턴은 복잡해졌다. 제일 저변에는 실제로 경작하는 농민이 있었다. 그 위에는 부재지주를 위해서 장원의 관리운영을 대행하는 지방 호족(豪族)이 있었고, 또 그 위에는 명의상의 소유권을 가진 중앙의 귀족이나 대사찰이 있었다. 그리고 그 정점에 있는 것은, 장원의 면세특권을 보장할 수 있는 입장에 있는 아마도 가장 유력한 비호자(庇護者)였다.

이와 같이 각 단계의 인간들이 장원으로부터의 수익을 각각 나누어 가진 것이다. 장원제도가 확립됨에 따라서 조세대상이 되는 농작물이 줄고 지방의 장원에서 중앙의 소유자나 비호자에게 상납되는 연공용(年貢用)의 농작물이 증가해 갔다.

이러한 동향은 자연히 중앙정부의 세입결함을 초래했을 뿐만 아니라, 그 기능도 저하시켰다. 이것이 그토록 빈틈없던 중국식 중앙집권제도를 쇠퇴케 만든 것이다.

얼마 후, 보다 단순한 기구인 「지방정부」가 발달하고, 중앙정부에 대신해서 그 세력을 행사하게 된다. 그렇지만 구제도가 완전히 소멸한 것은 아니었다. 위계(位階)나 관직은 여전히 존속하고 있었다. 다만 그것은 이미 본래의 힘을 상실하고, 다만 권위의 상징으로서 궁중내의 의식에 채색 구실을 하는 데 불과했다. 『겐지 모노가다리』가 외면만의 아름다움을 현란하게 묘사할 수 있었던 것도 이와 같은 상황이 있었기 때문이었다.

한편, 중앙의 귀족이나 유력사찰을 비호한 사적인 행정기관은 각 지방에서 실권자로서의 기반을 점차로 굳히고 있었다.

중국식의 제도의 변화라고 하면 9세기에 어떤 특정한 귀족집단이 황실에 대한 지배권을 확립한 것을 들 수 있다. 후지와라씨(藤原氏)가 그러했다.

다이가개신(645년) 때, 한 리더를 조상으로 하는 이 일가가 타가에 대해서 우위를 자랑하게 된 근본적인 원인은, 장원의 보유고가 가장 크고, 정부고관의 지위를 독점하고 있었기 때문이었다.

후지와라씨는 역대의 씨장(氏長)을 섭정직으로 일하게 하고, 또 그 딸들을 천황가로 차출함으로써 천황의 외가로 세력을 행세하는 수단을 취했다. 후지와라씨에게 대항할 수 있었던 것은 재위 중의 의례적인 군림의 중책에서 해방된 상황(上皇)뿐이었다. 11세기에서 12세기에 걸쳐서 어느 정도 성공을 거둔 예가 있었지만, 이것들은 모두 후지와라씨의 딸을 생모로 하지 않는 상황의 손에 의한 것이었다.

이와 같은 경위는, 일본의 제도를 모범으로 삼은 중국의 제도와는 상당히 거리가 먼 것으로 변용시켜 나갔다. 일본처럼 지리적으로 고립한 나라이기 때문에 가능했던 것이다.

만일 중국에서 이와 같은 권력의 분산화가 일어난다면, 주변의 유목민족에 유린당하거나 또는 현재의 황제보다 유능하고 강력한 인물이 등장해서 새로운 왕조를 수립하고 왕위를 찬탈했을 것이다. 일본은 외부의 압력이 비교적 적은 나라이기 때문에 황통(皇統)이 바뀌지도 않고, 지배권의 분산이나, 궁중 내부에서의 실권의 이양이 가능했던 것이다.

이미 실체가 상실된 구식 제도나 형식에 일본인이 고집할 수 있었던 것도 일본의 지리적인 고립(孤立) 때문이었다. 그 결과, 일본에서는 낡은 문화가 다른 추종을 불허할 정도로 보존되었다. 즉, 여러가지 제도나 문화적 경향이, 역사가 있는 시대로부터 전혀 양상을 달리하는 다른 시대로 연면히 살아 남은 것이다.

9세기에서 12세기에 이르는 일본사회의 변화는, 단순히 정치·경제 레벨이나 궁중생활에 국한하지 않고, 당시의 일본문화의 모든 측면에 미치는 것이었다.

　일본 문학은 간단없이 독창적인 수법의 개척에 노력하고, 그 원형인 중국 문학과는 전혀 이질적인 것으로 독립했다. 예술분야에서도 일본인은 특이한 재능을 보여 주었다. 예를 들면, 회화에서 그들은 여전히 중국 전래의 수법을 사용했지만「야마도에(大和繪)」라는 일본적인 화풍을 개발했다.

　일본인은 이 새로운 화풍에 의해서, 대담한 배색과 구도를 시도했다. 이것은 아직도 일본인과 중국인의 예술적 기호를 크게 나눌 만큼의 영향을 남기고 있다. 이처럼 일본인은 단순히 스스로의 문화적 아이덴티티를 유지했을 뿐만 아니라, 비범한 독창성도 보여준 민족인 것이다.

Ⅱ. 역사적 배경

봉 건 제 도

5

    12세기, 일본은 이미 동 아시아적인 규모에서 벗어나고 있었다. 그것을 초래한 것은 봉건제의 발달이었다. 일본의 봉건제는 그 후 7세기에 걸쳐서 단계적인 발전을 이룩하게 되는 것이지만, 그 과정은 구미의 봉건제가 9세기에서 15세기에 걸쳐서 경과한 과정과 현저한 유사성을 띠고 있었다.
    당시 이 양자 간에 아무런 접촉도 없은 것을 생각하면, 구미와의 유사성이 상호간에 영향을 주고 받은 결과가 아니라는 것은 분명하다. 오히려, 이것은 두 개의 영역──부족사회와 상당히 진보한 정치경제의 구조──에서 서로 혼합된 사회적·문화적 요소가 우연히 유사한 결과라고 봐야 할 것이다.
    구미의 경우, 게르만계 민족들이 로마제국에서 승계한 것은 행정기관과 토지제도의, 말하자면 찌꺼기였다. 한편, 일본은 고대중국의 정치제도와 토지제도를 도입했다. 어느 경우에도 정치기관과 토지제도라는 두 개의 요소는 비교적 분리된 형태로서 서로 장기간 작용하고 있었다.
    그후, 양자는 결합했다. 그리고 그 결합을 모체로 복잡한 정치제도가 출현했다. 그것은 군사적인 귀족사회에 있어서의 개인적 충성심을 유대로 해서, 공적인 권위와 개인의 토지소유권이 혼합해서 생겨난 것이다.
    일본에서는 중앙정부의 권위와 권능이 쇠퇴함에 따라 유력한 지방호족이 집단화하고, 상호방위를 위해서 단결해 나갔다. 이러한 집단은 구제도하에서 행정에 종사한 지방관리나 장원의 관리자 또는 그 소유자로 구성되어 있었다. 당초 이와 같은 집단은 신망이 두터운 카리스마성을 지닌 인물을 따르는 혈연이나 지연의 인사들을 그 성원으로 하고 있었다.
    그러나 세습권력을 강력히 요구하는 일본인의 감각으로 본다면 황통(皇統)만큼 성망(聲望)이 높은 것은 없었다. 따라서 이 집단들은 대부분 중앙의 권위의 대행자로서 지방으로 내려가고, 그곳에서 성공한 황통의 후예──미나모도씨(源氏) 또는 다이라씨(平氏)──에 의해서 지배되어 갔다.
    스스로의 이익을 지키기 위해서 조직된 이상, 이 집단들은 자경단(自警團

을 그 본질로 삼고 있었다. 그 성원은 소규모의 지방 귀족사회를 형성, 갑옷으로 무장하고 말을 잘 타는 점은 서양의 봉건시대 초기의 기사와 비슷했다. 그 주요 무기는 활——마상에서 쏘는——과 세계 제일의 칼날이 예리한 검이었다.

갑옷은 서양식과는 상당히 다르고, 무게가 훨씬 가볍고, 행동하기가 편리해서 서양의 갑옷보다 전투에 편리한 것으로 생각된다. 갑옷은 화려한 색채의 가죽끈으로 묶여진 쇠뭉치의 단편(斷片)으로 만들어지고, 신체를 완만히 감싸고 있었다.

이러한 무사집단은 지방에서 서서히 세력을 구축하고, 12세기에는 교또의 중앙정부에서의 갈등에 휘말리기에 이른다.

후지와라가(家)의 본가와 황실내에서 각각 계승문제를 둘러싸고 대립상태에 들어갔는데, 양자는 지방의 자기 장원과 관계가 있는 무사집단에 각각 원조를 구한다. 양자는 1156년에서 1160년에 두번에 걸쳐서 짧은 전쟁을 전개하고, 그 결과 다이라는 조정내에서 군사적인 지배권을 확실히 장악하게 되는 것이다.

다이라써의 기둥격인 다이라 기요모리(平淸盛)는 교또에 입성하여 후지와라써와 마찬가지로 정부의 고위층을 독점하고, 자기 딸을 황제에게 출가시키고, 태어난 손자를 왕위에 앉게 했다.

한편, 미나모도 요리도모(源賴朝)는 패전한 미나모도가의 리더로서 관동지방에서 반기를 들고, 1185년까지는 다이라써 일가를 소탕하고, 일본의 군사적 지도자로 등장했다.

그는 교또의 조정에서 고위의 문관의 자리에 앉는 대신에 관동의 가마구라(鎌倉)에 본거지를 두고, 천황의 군대의 최고사령관을 의미하는 「정이대장군(征夷大將軍)」의 타이틀만을 얻었다.

부하들에게는 옛 다이라가 영토 또는 다이라가 관리하의 장원을 상으로 내렸다.

또 새로운 관리직으로 지도(地頭)를 설치하고 지도를 일단화(一團化)해서 경호의 임무를 맡게 하고, 그것을 슈고(守護)의 감독하에 두었다.

명목상 요리도모는 구중앙정부에 손을 대지 않았다. 따라서 조정의 귀족들은 아직도 정부의 요직을 독점하고, 자기네의 장원에서 수입을 거두어들이고 있었다. 그러나 환골탈태된 구천황제 속에서 요리도모는 자기에게 충성을 서약하는 부하들을 각지의 장원에 파견했다. 그 수는 많지 않았지만,

그들을 파견함으로써 사실상 모든 영지의 지배권을 확립하고 있었다.

　가마구라에 본거지를 둔 막부(幕府)는 요리도모를 중심으로 하는 가족적, 그리고 단순한 기구였다. 그 기구가 모든 집단에 지령을 내리고, 또 법의 집행에 있어서는 조정에 있어서의 낡은 중국식의 법전에 따르지 않고 각자 지방의 습관적인 규정에 따르기로 했다.

　허지만 전(前)봉건적인 낡은 정부체제나 경제체제의 많은 부분은 변화가 없었다. 그런 의미에서는, 가마구라 막부의 제도도 단순히 원(原)봉건적이었다고 할 수 있다. 그러나 이 제도는 그 후 약 1세기 반에 걸쳐서 유효하게 존속했을 뿐만 아니라, 두 가지 중대한 도전을 훌륭히 뚫고 나간 것이다.

　최초의 도전은 이 봉건제도의 기반인 개인적 충성의 대상인 미나모도가 일찌감치 사라지고 만 것이다.

　요리도모가 혈육에 혐의를 둔 사건이나, 요리도모의 미망인과 그 생가인 호조씨(北條氏)――아이러니컬하게도 다이라씨의 후예――의 음모가 계속되는 동안에 미나모도씨의 가계(家系)는 1219년에는 완전히 끊기고 말았다. 이러한 경위로 호조씨에 의한「집권제도」가 탄생하게 된다. 후지와라씨나 황통의 출신자를 단순한 장식물로서의 장군으로 추대하기는 했지만, 실권은 호조씨에게 넘어갔다.

　이것은 최고의 권위를 순전히 상징적인 것으로 내세우는 일본인의 특성을 또 한번 웅변으로 보여준 예이다. 동시에 일본인이 개인적인 영도력보다 집단에 의한 영도력을 전통적으로 좋아한다는 것을 여실히 보여준 것이다.

　일본의 경우, 권력은 둘 내지 그 이상의 집단에 의해서 분담하는 것이 상례였다.

　또 하나의 커다란「도전」은, 유사 이전부터 2차 세계대전까지의 기간 동안 일본이 단 한번 경험한 외적의 침공이었다.

　당시 몽고족의 원(元)나라는 이미 한국·중앙 아시아·중동·동 구라파를 석권하고, 강대한 중국본토의 왕조까지도 서서히 수중에 넣으려 했었다.

　원은 계속 일본침공을 획책, 1274년과 1281년, 두번에 걸쳐서 전대미문의 대원정군을 일본에 보냈다. 두 번 다 실패에 돌아갔지만, 이것은 몽고군을 격퇴하려는 일본 기사들의 저항보다도 악천후에 의한 것이었다. 특히 1281년의 몽고군 내습의 경우, 마침 일어난 강풍――「가미가제(神風)」라고 불렀다――이 침공군을 물리친 것은 일본인들에게「일본은 신국이다」라는 사상을 고취시켰다.

5. 봉건제도

　가마구라 막부하의 봉건제도는, 전국에 산재한 추종자들의 개인적인 충성심에 바탕을 두고 있었지만, 그것은 시간의 경과와 더불어 시들어 갔다. 즉 세습재산으로서의 영지의 거듭된 분할의 결과, 지도(地頭)의 자손들은 생활이 어렵게 되고, 마침내는 지방의 유력자를 의지하게 됐다. 이 유력자들은 왕왕 그 지방의 슈고(守護)의 말예(末裔)들이었다. 뿐만 아니라, 권위의 상징의 중심인 가마구라 막부에 대한 충성심은 점차 사라지고, 지방 유력자에 대한 충성심으로 대체되었다.

　이러한 흐름 속에서 모든 제도가 돌연 무너지고 만다. 14세기의 일이다.

　1333년, 당시의 다이고천황(醍醐天皇)――당시로서는 파격적인 존재였다―― 은 정치의 실권을 막부의 손에서 천황 친정(親政)으로 회복하려 기도했다. 가마구라 막부는 한 영수(領袖)를 교토에 보내고 천황을 문책하려 했으나 그는 막부를 버리고 천황편에 섰다. 이미 무가(武家)에 의한 집권정치는 사분오열하고, 많은 무사집단이 지방호족화했다.

　가마구라 막부에 반기를 든 아시까가 다까우지(足利尊氏)는 얼마 후 다이고 천황과도 결별하고, 황실내의 다른 인물을 천황으로 옹립, 자신도 스스로 「정이대장군」으로 불렀다. 그러나 한 사람의 지배자 밑에 무사계급을 통치하는 것은 이미 불가능했다.

　그래서 다까우지와 그 자손――교토에 살면서 1573년까지 장군의 칭호를 유지했다――은 3층 구조를 가지는 봉건제도를 수립하려고 했다. 즉 막부가 우선 각지의 봉건영주를 지배하고, 다음 각 영주에게 지배권한을 위탁함으로써 그 산하의 무사들을 간접적인 가신으로서 지배한다는 것이었다.

　그러나 이와 같은 투명한 제도는 실제로는 탄생을 보지 못했다. 1392년까지 고다이고제(後醍醐帝)와 그 후예들은 교토 남쪽 산 속(吉野)에 조정(南朝)을 세우고, 교토의 조정(北朝)과 대립했다.

　또한 먼 곳의 무사들도 표면상으로는 남・북조의 어느 편을 지지하는 것을 표방은 했지만, 실제로는 자신의 이익의 옹호를 위해서 서로 싸웠다.

　얼마 후, 남・북조는 합체되고, 그 후 수십년간 아시까가씨는 교토를 중심으로 상당한 세력을 행사했지만, 그러나 중앙에서 멀리 떨어진 지방 영주는 아시까가 일족의 명목상의 위세에는 거의 아무런 관심도 보이지 않는 상태가 계속됐다.

　1467년, 교토의 장군가 내부의 유력 영주들 사이에 내분이 발생하자, 천하는 난마(亂麻)와 같았고, 전국이 장기간에 걸친 무질서한 전란을 벌이게 됐

Ⅱ. 역사적 배경

다. 그 후 1세기 동안 일본 도처에서 전화가 그칠 새가 없었고, 그와 동시에 권력의 거의 완전한 이양이 실시된다.

아시까가 장군가의 위세는 완전히 땅에 떨어지고, 먼 곳에서는 기성영주의 태반이 무력이 강한 신흥세력에 의해서 멸망된다. 아시까가 초기의 많은 지방영주는 가마구라 시대의 슈고에 임명된 무사의 후예였지만, 그들은 통상 실제상 관리지배의 손이 미치는 이상의 영지의 지배권을 주장했다. 1467년에 발발한 장기간의 전란의 결과, 이 대부분의 영토는 크지 않지만, 튼튼한 지배권을 확보하고 있던 즉, 군소영주를 지배하고 있던 신흥지도자들에 의해서 대체된 것이다.

후에 일본의 봉건제도에서 「다이묘(大名)」가 된 것은 이러한 신흥지도자들이었다. 자기의 부하와 영토를 절대적으로 지배하고 있던 이들 다이묘들의 모습이 16세기에 일본에 도래한 구라파인의 눈에 작은 나라의 왕처럼 보인 것도 당연한 일이다.

14세기 이후 일본을 폐허화시킨 전란 속에서 지방의 유력한 무장들은, 전부터 상납해 오던 조세를 슬쩍하거나, 아예 15세기 말에는 완전히 납세를 거절하고 나섰다. 그 결과 궁정귀족들은 위계와 보직을 간직하고 의식을 행하는 데 열중했지만, 점차로 가산이 쪼들려 자태를 감추게 된다. 한때, 권세를 마음대로 부리던 후지와라씨의 말예도 이제는 교또의 상업 길드(조합)로부터의 상납금에 생활을 의지하게 되고, 천황마저 호구지책으로 친필(親筆)을 파는 신세가 되었다. 사실상 천황제가 그 모습을 소멸하게 되자, 일본은 이제 어쩔 수 없는 봉건국가가 되고 만 것이다.

봉건제도하의 일본문화는 많은 기본적인 점에서 중국보다 구라파의 그것을 닮았다. 무사――총칭 「사무라이」라고 불린다――는 용감성·명예·자기수양·죽음을 두려워하지 않는 극기심과 같은 것을 중시했다. 자살을 금하는 종교적인 속박이 없었기 때문에 사무라이는 일단 싸움에 패하면, 적의 포로가 되어 수치나 고문을 당하느니 차라리 스스로 목숨을 끊는 길을 택했다.

자신의 배를 가르는 가슴이 메시꺼운, 또 심한 고통을 수반하는 자살방법은 의지의 힘을 과시하고, 명예를 유지하기 위한 일종의 의식이 되었다. 일본어에서 「하라기리(腹切)」라고 부르는 것이다.

이 형식의 명예로운 자살은 근대에 이르기까지 계속되었다. **또 하라기리** (할복)만큼 어려움을 수반하지 않는 자살행위도, 참을 수 없는 상황을 피하기 위한 수단으로서 아직도 기본적으로는 이름을 존중하는 행위라는 취급을 받고 있다.

일본의 봉건제도에 있어서의 첫째 미덕은 구라파와 마찬가지로 충성심이었다.

봉건제도를 살리거나 죽이는 것은 오로지 개인적인 충성심에 의한 유대에 달려 있었기 때문이다. 물론 실정은, 충성심이라는 것은 어떤 경우에 있어서 건 가장 약한 유대에 지나지 않았다. 일본이건 구라파이건, 중세의 역사는 배반이나 반역행위로 가득 차 있다.

구라파에서는 로마법의 영향도 있고 해서 군신관계는 상호의 계약관계, 즉 법률 존중정신에 의해서 지탱되어 있었다.

한편, 중국의 제도에 입각한 일본에서는, 법률보다 도덕이 강조되고, 법은 지배자의 도덕관에 종속되는 것으로 간주되었다. 이것은 지배자의 지배권의 근원을 그의 영지와 도덕과의 양면에 있어서의 우위성에 구하고 있기 때문이다.

따라서 군주와 신하와의 관계는 단순히 양자간의 법적인 계약관계로서가 아니라 신하로부터의 무한정하고도 절대적인 충성으로 파악되고 있었다.

이렇듯 일본에서는 서양과는 달리 정치질서라는 개념이 태어나는 여지는 있을 수도 없었다.

중국의 유교체제에 있어서도 지배자에 대한 충성심은 중요했다. 그러나 많은 경우, 그것은 가족에 대한 충성심 앞에는 미약해질 수밖에 없었다. 유교가 말하는 다섯 가지 기본적인 인륜(人倫)에 관한 가르침 가운데 셋이 효도(孝道) 등 가족간의 「충성」에 관한 것이었다.

한편, 일본에서는 군주에의 충성이 봉건제도의 중심이고, 가족이 경시된 것은 아니지만, 군주에 대한 충성심에 뒤진 것만은 부정할 수 없다.

초(超)가족집단이 가족 그 자체보다 기본적인 것으로 일본에서 일찍이 확립된 것은 이와 같은 연유에 의한 것이다. 그것은 그 후 근대에 이르러 국가와 같은 비혈족집단에 대한 충성심이 선행하는 것을 용이하게 했다.

그렇다고는 하지만, 중세의 일본사회에서는 가계(家系)나 가명(家名)은 매우 중요했다. 재산뿐만 아니라, 권력이나 위신을 결정하는 것은 상속이었기 때문이다. 그 때문에 일족의 존속은 사람들의 큰 관심사였다.

일본인은 가계를 계승시키는 데 있어서 자기 자식들 가운데서 가장 적합한 자를 선택하고, 적당한 후계자가 없을 때에는 양자를 취함으로써 구라파의 세습제도의 많은 문제점을 회피할 수가 있었다. 사위나 집안의 젊은이뿐만 아니라 전혀 혈연이 없는 사람을 후계자로 맞이하는 것은 하나도 기이할 것이 못됐기 때문이다.

현대의 일본에서는 이미 가계의 상속은 그다지 중요한 것은 아니지만, 이런 종류의 양자입양은 아직도 흔히 실시되고 있다.

일본의 봉건사회는 이밖에도 다음의 두 가지 점에서 서양과는 판이했다.

하나는 일본에서는, 여성을 열등한 허약한 존재로 취급하면서도 로맨틱한 연애의 대상자로 받드는 기사도가 존재하지 않았다. 뿐만 아니라, 일본무사는 여성에 대해서 자기와 같은 강인성을 기대하고, 군주나 일족에 대한 충성심이라면 여성이 자살하는 것도 받아들였던 것이다.

다음, 서양의 봉건귀족이 학문이나 예술을 비하하는 경향이 있었던 데 반해서 일본무사는 이런 경멸감을 품지 않았다. 오히려 그것을 능사로 삼는 것을 자랑으로 삼았다.

이것은 아마도 궁중문화가 지방에서 생성한 무사사회와 장기간 공존한 결과 학예가 충분히 전파하고, 전자의 생각이 후자에게 옮겨진 탓일 것이다.

중세 일본의 정치사회기구는 현대의 일본사회와 크게 다르다. 그러나 중세에 싹튼 이런 종류의 심적 태도는 그 후의 일본의 봉건제도 가운데 많이 보존되고, 형태를 바꾸어서 근대에 이르기까지 계승되었다.

때문에 무사기질이나 그 가치관은 근대의 일본군대의 손에 의해서 손쉽게 부활이 되었다. 강한 충성심이나 의무감, 자기 단련이나 자제심은 당시부터 오늘에 이르기까지 계속 유지되고 있고, 현대 일본인의 개성(個性)의 원형을 형성하고 있다.

교토조정의 장기간에 걸친 쇠퇴경향은, 봉건시대가 마치 중세 구라파의 「암흑시대」와 마찬가지인 듯한 이미지를 낳고 있었다. 그러나 이 이미지는 구라파에 해당되지 않는 이상으로 일본에 대해서 맞지 않는다.

이 시대에 문학・예술・학문은 눈부신 발전을 보이고 전에 중앙에 편재했던 고급문화도 전국에 널리 퍼졌다. 그 결과, 문예의 분야에서 새로운 테마나 방식이 나타났다. 피를 끓게 하는 전기물(戰記物)은 12세기 당초의 군공담(軍功談)을 주제로 삼은 것이다. 전투의 상황은 불교사원의 역사나 고승전(高僧傳)과 마찬가지로 화려한 구름두루마리에 생생히 묘사됐다.

13세기는 또한 일본 조각의 빛나는 르네상스였다. 세계 최대의 청동상의 하나인 가마구라의 대불(大佛)은 이 시대를 상징하는 건조물이라는 것을 아직도 잃지 않고 있다.

14세기에서 15세기에 걸쳐서 하나의 세련된 연극형식이 교또의 아사까가 장군가를 중심으로 발달했다. 「노오(能)」가 그것이다.

노오는 마스크와 의상을 걸친 소수의 연기자가 장중한 이야기로, 느린 무용 가운데 펼쳐 나간다. 노오의 주제는 역사상의 이야기나 고대신화에서 얻었지만, 대부분은 인생의 허망함을 설교하는 불교의 사고나, 8백만의 신(神)을 통해서 인간과 자연이 서로 침투하는 신도의 관념을 중심으로 하고 있었다. 그리고 악기연주를 수반하는 코러스를 사용함으로써 이야기의 여백을 메꾸어 나가는 노오의 양식은 고대희랍의 연극을 방불시킨다.

지방무사의 지배하에서 각지의 농민은 이미 납세자의 신분에서 노예의 입장으로 영락하고 있었다. 그러나 그러한 과정 때문에 오히려 개인의 안전은 보장됐는지도 모른다. 여하간 일반대중이 예술이나 문학의 영역에 그 모습을 나타낸 것은 이 시대의 일이다. 불교가 정신적으로 부활하고 광범위 보급됨으로써 민중은 자기 표현의 새로운 방법을 발견한 듯하다.

궁중귀족들이 가장 흥미를 보인 것은 비법이나 의례에 중점을 두는 불교의 일파였다. 그러나 11세기에서 12세기에 걸쳐서 특히 서민들 사이에 새로운 측면을 강조하는 신흥불교가 발달했다.

그것은, 인간은 아미타여래(阿彌陀如來)의 자비에 의지함으로써 구원을 받고 극락세계로 갈 수 있다는 신앙이었다.

이와 같은 타력의존은 「도통하기 위해서는 고행을 통해서 자아를 우주에 몰입(沒入)해야 한다」는 불교의 근본교의와는 정반대 사상이다.

그러나 새로운 불교의 선교사들은 서민 속을 파고 들어가서 이미 「말법(末法)의 세상」을 맞이한 이상 이미 자력으로 도통한다는 것은 불가능하다고 설교하고, 타력본원(他力本願)의 사상을 전파한 것이다.

이 타격사상은 12세기에서 13세기에 걸쳐서 새로운 종파운동을 낳고, 드디어는 일본 최대의 종파가 되었다. 서방극락세계에의 귀의(歸依)를 설교하는 정토교(淨土敎)의 여러 파가 이것이다.

그 종파 가운데 하나인 조도신슈(淨土眞宗)는 출가주의(出家主義) 대신에 재가주의(在家主義)를 주장하고 승려의 대처(帶妻)를 허용했다. 이 습관은 곧 다른 종파에도 퍼져 나갔다.

한편, 호가교(法華經)를 신앙의 중심사상으로 삼은 종파는 창시자의 이름을 따라서 일반적으로 니찌렌슈(日蓮宗)로 알려져 있다.

니찌렌의 사상은 독특한 국가주의적인 경향을 띠고 있었다. 인도와 중국에서 이미 불교가 쇠퇴한 이상, 그 중심은 이제 일본에 있다는 것이 그의 주장이었다.

이 종파들은 15~16세기에는 한층 교세를 넓히고 관계교단 가운데는 봉건 무사단과 정치권력을 다투기도 했다.

그러나 많은 무사가 즐긴 것은 다른 불교였다. 선(禪)불교가 그것이다. 선불교는 가마구라시대의 초기에 종파의 형태로 중국에서 전래되었다. 선이 중시한 것은 명상・간소 그리고 자연과의 친화였다. 승원에서의 간소하고도 엄격한 생활은 스파르타식 생활을 영위하는 무사에게는 매력이 컸다. 그들은 좌선(坐禪)을 통해서 엄격한 자기 수업 속에서 당시의 무사사회가 부과하는 극기심이나 건실한 인격을 함양하기 위한 방도를 발견한 것이다.

봉건영주의 보호하에 교토나 가마구라의 선종사원(禪宗寺院)은 중세의 일본에 있어서의 학문연구의 중심이 되었다.

선승(禪僧)은 아시까가 장군가의 고문역으로 등용되고, 특히 중국과의 접촉에서 활약했다. 이러한 경위로 중국의 학문이나 문학에의 흥미가 부활하고 한문을 잘 하는 승도 나타났다.

선승은 또한 당시로서는 아직 새로운 송(宋)나라 양식의 단색(單色)의 풍경화를 일본에 도입했다. 일본의 예술가는 그 이전의 중국화풍을 자기 것으로 만든 것과 마찬가지로, 이 새로운 화풍을 또한 곧 자기 것으로 만들어버렸다.

선승이 중국에서 도입한 것으로는 이밖에도 끽다(喫茶)의 습관이나 조원술(造園術) 등이 있다.

중세기 말엽에 이르자, 선문화의 영향하에 미적 체계가 형성되고 그 후의 일본문화에 확고한 뿌리를 내렸다. 가령 작은 정원은 자연의 거치른 웅대성을 작은 세계 속에서 표출하도록 디자인되었다. 마찬가지로 지형(地形)에 거역하지 않고 간소하고 불균형한 건물이 엄숙하고 균형이 잡힌 중국식 건축보다 존중되었다.

이것은 기하학적인 양식을 사랑한 서양인의 기호와는 두드러지게 대립하는 것이다. 교토 류안지(龍安寺)의 석정(石庭)이 유명하지만, 우리는 그것에서 일본인의 기호를 알 수 있다. 이것은 19세기에 조원된 것인데, 흰 모래가 깔리고 몇 개의 바위가 놓인 소공간 속에 장대한 대해원(大海原)이 부각하는 구도이다.

  이와 같이 선불교의 미의식은 중세 일본의 고아하고 장식이 없는 생활과 잘 어울렸다. 이상하게도 오늘날처럼 물자가 풍부하고, 과학기술이 발달한 시대에 있어서도 크게 매력적인 것이다.

  선승이 중국과 긴밀한 관계를 가지게 된 것은 대륙과의 무역이 증진된 때문이다. 무역의 증대는 일본의 기술이 상당히 발전하고, 경제가 신장한 것의 반증이다.

  부채·병풍·칼 등의 수공예제품의 수출이 증대한 것은, 일본의 기술면에서 중국의 수준에 접근하고 있었다는 것을 말해 주고 있다. 또 상공업자의 길드조직의 발달은 곧 상업 자체의 발전의 증좌였다.

  구라파의 봉건시대와 마찬가지로 이와 같은 조직은 거래에 수반하는 여러 가지 제한, 가령 중과세에서 상공업자를 보호하는 것을 목적으로 하고 있었다. 9세기 이후 중국대륙과의 접촉은 거의 없었으나 13세기에는 다시 해외무역이 등장했다. 15세기의 한 시기에 막부는 중국에의 조공이라는 형식으로 해외무역의 독점을 기도하고, 그 때문에 당시의 중국황제로부터 「일본국왕」의 지위를 부여받는 일도 불사했던 것이다. 이 사건은 두고 두고 일본의 애국자들이 수치로 삼은 점이다.

  당시의 외국무역에는 또 한 가지 특기할 일이 있었다. 그것은 무역이라는 당초의 목적을 달성하지 못했을 때, 일본의 상인들이 해적으로 돌변하고 무력에 의한 겁약(劫掠)을 자행함으로써 목적을 달성하려 했던 일이다.

  이런 일본해적(倭寇)은 초기에는 한반도의 연안을 무대로 삼았지만, 점차 중국대륙의 연안지역에도 출몰하고, 16세기에는 동남 아시아 각지에서 악명을 날렸다.

중앙집권적 봉건주의

6

16세기를 통해서 조직체로서는 세력이 미약한 소국가군이 차례로 정복 합병당하는 과정 속에서 효능적인, 견고한 조직을 가지는 신형의 봉토(封土)가 나타나고 같은 세기 말까지 일본은 다시 정치적인 통일을 이룩하게 된다.

그 구조는 집권적 봉건제도의 전형으로 구라파의 분권적 봉건제도와는 좋은 대조를 보이지만, 그러한 확고한 제도가 이미 완성하고 있었던 것이다.

기본적으로는 최상위에 있는 군주가 많은 추종자를 엄격히 통솔하고, 한편 그 추종자들은 다시 저마다 많은 부하를 거느리고 지배하는 형태를 취했는데, 이것은 아시까가(足利) 막부가 시도했다가 실패한 것이었다.

구라파인이 내항한 것은 바로 이런 시기였다. 이방인의 도래는 아무래도 일본의 재통일이라는 과정에 무엇인가 기여한 듯하다. 그것은 구라파인의 도래와 더불어 신형 군사기술이 도입됐기 때문이다.

아프리카를 우회해서 1498년에 인도에 도달한 포르투갈인은 다시 동으로 나가서 1542년경에는 그 일대가 구주 남단의 작은 섬에 표착(漂着)했다.

그들이 목적한 것은 교역이었다. 그러나 일대 속에는 캐톨릭 예수회의 신부도 끼어 있었다. 그들은 즉시 포교활동을 개시하고 17세기 초엽에는 50만 명에 육박하는 일본인을 천주교로 개종시키고 말았다. 이것은 당시의 일본의 인구로서는 어마어마한 숫자이다.

그러나 일본인은 포르투갈인이 가지고 온 총에 더 큰 관심을 보였다. 총은 순식간에 일본 전토에 퍼지고 봉토를 한층 효율적으로 만드는 데 크게 기여했다.

성곽의 건조가 되는 것도 아마도 구라파의 영향이었을 것이다. 흰벽의 목조건축으로 된 이 시대의 성곽은 거의가 장식적인 것이었다. 그래도 당시의 대포의 공격에는 어느 정도 견딜 수 있는 것이었다. 그 점은 당시의 일본의 성채(城砦)는 구라파 중세기의 성보다 오히려 16세기 경의 성채에 가깝다.

14세기 초엽에 축조된 많은 성은 아름다운 히메지성(姬路城)을 비롯해서

6. 중앙집권적 봉건주의   63

현재도 끄떡 없이 남아 있고, 도꾜 중심부에 있는 황거(皇居)의 부지는 그 당시 만들어진 거대한 성곽의 기초 부분을 오늘날까지 전해 주는 좋은 본보기라 할 수 있다.

일본의 정치적인 재통일은 대개 3대에 걸친 군사지도자의 역할에 의한 것이다.

그 초대 인물은 오다 노부나가(織田信長)였다. 그는 1568년 교또를 수중에 넣고 표면적으로는 아시까가 장군가의 최후의 장군인 요시노리를 지지하고 그 후에 일본의 중앙부의 여러 다이묘(大名)들을 지배하고, 그리고 강대한 불교사원의 권세를 뿌리째 뽑았다.

노부나가는 1582년에 암살당했는데, 그의 뒤를 이은 것은 그의 부하 장군 가운데 가장 유능한 도요도미 히데요시(豊臣秀吉)이다.

그는 천민출신으로, 때문에 처음에는 가명(家名)도 없었으나 노부나가의 아시가루(足輕)(보병의 졸병)로 근무한 것이 출세의 계기가 되었다.

그는 1590년까지 전국을 통일하고, 그에 대항하는 다이묘들을 정복했다.

히데요시는 장군의 칭호는 쓰지 않았지만, 구래(舊來)의 조정의 고위를 장악하고, 그의 비호 아래 조정은 겨우 숨을 돌리게 된다.

그는 또한 외국과의 교역을 장악했다. 외국과의 교역은 이미 상당한 이익을 가져 왔기 때문이다. 그는 이밖에도 전국토를 측지하고, 경지면적이나 농업생산고의 정확한 지식에 입각해서 봉토의 할당을 했다. 또 그는 「가다나가리」라고 해서 농민으로부터 모든 무기를 몰수하고, 무사와 농민 사이에 명백한 선을 그었다. 무사계급은 점차로 토지를 떠나서 각각 주군(主君)이 사는 마을에 거처를 옮기고 봉급생활을 하는 싸움의 전문가로 변용한다.

1592년, 히데요시는 세계제패——그의 경우 세계라는 것은 중국에 한정된 것이지만——의 첫걸음의 명목으로 한반도를 침공했다. 그러나 그의 원정군은 한반도 북부에서 중국군의 제지를 받고, 오랜 교착상태 끝에 1598년에 히데요시의 사망과 함께 철수하고 말았다.

이 일본인의 침략은 한국인의 역사적 기록에서 끊임없이 역설되고, 한국인과의 관계에서 오늘에 이르기까지 쓰라린 국민적 감정을 투영하고 있다.

히데요시에게는 계승할 성인(成人)이 없었다. 그래서 그의 사후 계승자 다툼이 벌어졌다. 1600년에 벌어진 일대전투에서 승리를 거둔 자는 히데요시의 가신의 일인자 도꾸가와 이에야스(德川家康)였다.

에도(江戶)에 봉토를 부여받고 있던 그는 교또에 가지 않고 세력의 기반을 동일본에 부식하고, 이미 히데요시에 의해서 확고하게 수립된 주종관계의 패턴에 따라서 세력을 강화했다.

이에야스는 정이대장군의 칭호를 받고 일본 전국을 자신의 직할지와 신하의 영토로 분할했다. 그는 우선 자신을 위해서 전 농토의 4분의 1과 주요도시・항만・광산을 확보했다. 한편, 다이묘──그 수는 245명에서 295명으로 시대에 따라서 달랐다──의 영토는 불과 1만석의 소번(小藩)에서 100만 여석의 대번에 이르기까지 여러가지였다.

영토는 세 종류로 나뉘었다. 첫째로, 일부가 이에야스의 자식이나 근친자──친번(親藩)──에게 분여(分與)되었다. 다음 비교적 작은 영지의 대부분이 이에야스의 지휘하에 있었던 여러 다이묘──후다이(譜代)──에 할당됐다. 그리고 1600년 전투에서 동배나 적・아군으로 갈라진 자──도자마 다이묘(外樣大名)──에게는 일본의 서부나 북부의 원격지에서 상당히 광대한 영지의 지배를 인정했다. 그러고도 장군가는 여러 다이묘와 마찬가지로 많은 직속부하를 거느렸다.

막부의 중앙행정기관은 에도에 두었으나, 그것은 후다이 다이묘나 장군직속의 막신(幕臣)을 스태프로 하는 일대 관료기구로 발전했다. 그것은 기능이나 권한을 분담하고, 집단적인 의사결정을 하는 종래의 경향을 새삼 보여주는 것이었다.

수뇌부는 로주(老中; 처음에는 도시요리〈年老〉라 했다)와 와까도시요리(若年老)의 두 개의 평의기관으로 구성되고, 그 밑에 두 명 내지 네 명의 관료가 막각(幕閣)의 여러가지 부분의 운영을 관장하고 전국을 감독했다.

그러나 장군직도 시간이 흘러감에 따라서 장식적인 것이 되고, 기본적으로는 천황과 마찬가지로 권위의 상징으로서만 기능하게 됐다. 허긴 에도 막부라는 것은 이론상으로는 천황의 이름에 의해서 정사를 대행하는 것이 그 명목이었다.

이와 비슷한 패턴은 여러 번(藩)에서도 볼 수 있었다. 즉 여러 다이묘는 단순한 장식적인 존재가 될 때가 많았고, 지배의 실권은 관료가 각종 평의기관이나 집단적인 재결에 의해서 그 수중에 장악하는 경향이 생긴 것이다.

이론상 각 번은 독립된 존재이고, 중앙의 막부에 대해서 세를 납부할 필요는 없었다. 그러나 실제로는 막부에 의해서 엄격한 구속을 받고 있었다. 다이묘는 막부의 성곽이나 관(舘)의 보수, 연안경비 등 다액의 출비를 필요로 하는 작업을 의무적으로 수행해야 했다.

6. 중앙집권적 봉건주의

다음 산긴 교대제(參勤交代制)가 실시되고, 모든 다이묘는 격년(隔年)으로 에도에 와 있어야 했고, 영구적으로는 인질로 그 가족을 에도에 남겨 놓아야 했다.

막번(幕藩)체제의 안정을 위해서 이에야스와 그 후예들은 모든 반막부(反幕府) 운동을 제거하기 위해서 혈안이 되었다.

그들은 구라파인의 캐톨릭교 선교사의 활동과 일본인 개종자들이 외래의 권위나 충성심의 대상을 일본에 도입하는 것으로 보고 매우 위험시했다. 그 결과 천주교는 히데요시에 의한 탄압에 이어, 도꾸가와 막부로부터도 박해를 받고, 1638년 사실상 전멸상태에 빠지고 만다.

외국과의 무역도 반천주교의 광란 앞에 희생되었다. 해외에 거주하는 일본인은 천주교의 해독을 도입할 우려가 있다는 이유로 1636년, 일본으로의 귀국을 금지당했다. 또 선박의 건조·보유도 대양항행에는 부적당한 연안항로용의 내항선에만 한정됐다.

한편, 외부세계와의 관계도 한국과 오끼나와를 통한 중국과의 사이에 약간의 접촉이 남겨진 외에는 화란인을 위한 나가사끼(長崎)와 중국상인에 국한되었다. 그것도 엄중한 감시하에 겨우 명맥을 유지한 것에 불과하다.

이렇게 해서 일본은 그 후 2세기여에 걸쳐 스스로 과한 쇄국에의 길을 걷게 된다.

그 후 2세기 동안, 구라파에서는 근대과학이 일어나고, 세계무역에서는 상업활동의 대개혁이 실시되면서 산업혁명이 일어났다. 그 때문에 17세기 초엽에는 당시까지 세계의 최선진국이었던 일본도 19세기까지 기술면에서 훨씬 후진국이 되고 말았다. 다만, 지리적으로 고립됐었기 때문에 국내적으로는 안정하고 2세기 이상에 걸쳐서 완전한 평화가 유지되었다. 당시의 정치사를 보더라도 거기에는 겨우 정기적인 개혁운동과 이따금 발생한 피압박농민에 의한 폭동이 있었을 뿐이다.

여기에서 흥미있는 정치적 사건은 1703년의 「47의사(義士) 사건」이다. 이것은 영지를 몰수당한 그들의 주군의 복수를 갚기 위해 에도의 관료에 반기를 든 47명의 로닌(浪人 ; 주인이 없는 무사)의 의거로서, 목적을 달성한 이들은 한 사람을 제외하고 하라기리(할복)에 의해서 자결의 길을 택했다.

아무리 봉건제도하라 해도 17∼18세기의 일본은 당시의 구라파의 어느 나라에 비해서도 질서의 유지를 비롯한 많은 점에서 보다 효과적으로 통치되어 있었다. 이것은 의심할 여지가 없는 사실이다.

장기간에 걸친 평화와 안정은 스스로의 풍부한 문화유산을 계승, 완성시키는 데 이바지했다. 일본인이 문화적으로 종전보다도 더욱 동질화하고 강력한 민족의식을 배양한 것은 실로 이 시기였다. 동시에 이와 같은 봉건제도 외의 아무 것도 아닌 제도가 19세기까지 살아 남았었기 때문에 다분히 시대착오적인 중세적인 심경——예컨대 군사적 리더쉽이나 절대적인 충성에의 찬양, 집단기구의 존중 등——이 오늘에 이르기까지 살아 남은 것이다.
뿐만 아니라, 일본인의 집단지향성이 종전보다도 더욱 강화된 것은 확고히 조직화된 봉건영토가 장기간 지속된 것이 그 원인이었다.

17세기 초엽의 수십년간에 확립된 정치 패턴은 19세기 중엽까지 기본적으로 불변이었다.
그 패턴은 16세기 말의 일본에 알맞는 패턴이었지만, 그 후 여러가지 조건이 변화함에 따라서 실정에 맞지 않게 되었다. 그러나 그와 같은 교착하고 경직한 정치구조 속에서도 경제·사회·문화의 각 분야에서는 변화가 어김없이 일어나고 있었다.
가장 중요한 변화는 경제의 현저한 발전이었다. 17세기, 생산면에서 우선 커다란 약진이 있었지만, 그 최대의 유인(誘因)은 평화와 안정이었다. 그리고 경제발전에 박차를 가한 또 하나의 원인은 앞에 말한 산긴 교대제이다. 이 제도는 다이묘에 대해서 에도에서 최저 하나의 큰 세대를 가질 것을 강요하고 그렇게 함으로써 다이묘의 매년 수입의 상당부분을, 에도와의 왕복여비나 관저의 건축·관리에 사용토록 한 것이다.
그 때문에 각 다이묘는 에도에서의 살림이나 왕복에 필요한 현금수입을 얻기 위해서 부득이 쌀의 증산에 힘쓰고 지방의 특산품을 만들어서는 도시주민이나 국민에게 널리 판매하지 않으면 안되었다.
그 결과, 생산면에서 지방색이 풍부해졌을 뿐만 아니라, 당시의 아시아에서는 구경도 할 수 없는 진보된 형태의 화폐경제가 전국적으로 퍼졌다.
이러한 조건은 또한 대도시의 출현을 촉진했다. 많은 가신단(家臣團)을 안고 있는 에도는 백만 이상의 대인구를 가진 도시로 발전했다. 서(西)일본의 상업중심지였던 오사까와, 황실의 소재지이고 세련된 수공업의 도시인 교또는 각각 수십만의 인구를 가지고 있었다.
전 공업사회에서의 경제성장은 통상 거기에 어울리는 인구증가를 가져오는 법이다. 17세기의 일본도 마찬가지여서 경제가 크게 신장함과 동시에 인구는 일거에 2천 5백만 내지 3천만으로까지 팽창했다.

그러나 그 이후는 기술이나 생산이 계속 신장되었음에도 불구하고 인구는 비교적 안정됐다. 그 결과, 일본인의 대부분은 생활수준이 상승하고 하루살이의 수준을 탈피했다. 그 점은 근대 초기의 구라파인과 마찬가지로 일본인도 말사스(T.R. Malthus)의 이론에 한 걸음 앞서고 있었다고 할 수 있다.

그 이유는 분명치가 않지만, 생각할 수 있는 하나의 요인은, 후계자를 한 사람으로 국한시킨 봉건적인 상속양식과 일본인의 양자취득의 관습이 잘 어울렸기 때문인지도 모른다.

이 때문에 일본인은 경제적인 보장이나 가계(家系)의 존속을 위해서 많은 자식을 낳을 필요가 없었던 것이다.

사실 대가족은 플러스보다 마이너스면이 더 많았던 것이다.

여하간 도꾸가와시대의 농민은 호구(糊口)를 줄이기 위해서 영아 살해를 한 것으로 알려져 있다. 인구는 1세기 반에 걸쳐서 경제신장과는 달리 거의 정지상태에 있었다.

생활이 향상하고 하루살이를 면한 사실은, 19세기의 일본인이 이미 상당 수준의 교육률을 보유하고, 경제적·사회적·정치적으로도 상당 정도까지 통합되어 있었고, 그들의 활력이나 강인성의 비결을 말해 주는 단서가 될 수 있을 것이다.

봉건사회의 토지에 대한 개념은 기묘한 역설(逆說)을 낳았다. 정치지도자는 농업을 중시했기 때문에 오히려 농업에 중과세를 했다. 그런데 상업은 이것을 경시했기 때문에 간접세──그것도 가벼운 것──에 지나지 않았다는 것이 이 역설이다.

이러한 상황은 전국 차원에서의 경제통합의 진행과 함께, 막부의 직접적인 지배와 보호하에 있는 대도시의 부유한 상인계급의 대두를 촉진했다. 17세기를 통해서 양조업이나 직물상의 소매업, 그리고 금융 등의 경제활동을 통해서 몇몇 호상(豪商)이 탄생했는데, 미쓰이가(三井家)는 그 좋은 예이다.

다이묘도 가신과 마찬가지로 연공미(年貢米)라는 일정수입에 국한되어 있었기 때문에 그들은 대부분 도시의 상인에게 빚을 지고 있었다. 이 사태는 실은 도꾸가와 막부의 존립기반 그 자체를 침식하는 것이었다. 왜냐하면 당시의 사회는 형식상으로는 사농공상(士農工商)의 네 계급으로 분류되어 있었고, 지배자인 무사와, 생산에는 일체 종사하지 않고 남에게 기생하는 존재로 간주된 상인 사이에는 엄연한 구별이 있었기 때문이다.

사회를 넷으로 나누는 이 사고는 원래가 고대중국의 사상을 차용한 것이었지만, 봉건제도로서는 극히 당연한 것이었다.

막부도, 다이묘도 경비절감에 힘쓰고, 상인을 상대로 검약령(儉約令)을 실시하기도 했다. 궁여지책으로 전매사업까지 실시하기도 했다.

그러나 아무런 효과도 없었다. 이론적으로는 최하층에 있는 상인에 대한 지배계급의 빚은 늘기만 했다.

히데요시가 무사와 농민 사이에 명확한 선을 그은 일은 전술한 바 있지만, 이것조차 농민을 봉건영주의 엄격한 감시의 눈으로부터 격리시키는 역할을 하기에 이르렀다. 농촌출신의 무사에 대한 히데요시의 방법은 주군을 따라서 에도에 와서 살든가, 아니면 자기 땅에 머물러서 농민의 길을 택하든가의 양자택일을 강요하는 것이었다.

이에 대해서, 잃을 많은 토지를 가진 자는 후자를 택하고 농촌사회에서 지도적인 지위에 남게 된 것이다. 따라서 농촌에도 무사계급의 윤리관을 가진 영도력이 존재하게 되었다. 이들 지도자는 일상생활의 규범이나, 연공의 부과·징수 등을 관장하는 대폭적인 자치권을 행사하게 되었다.

도꾸가와시대, 한 나라 경제가 전국 수준에서 발전함에 따라서 고도로 발전한 중앙지역에 사는 농민의 생활양식은 제한된 불가결적인 경쟁에서 환금 상품작물의 재배육성으로 서서히 변화해 갔다.

그 가운데서도 유복한 농민은 자기 소유의 농토의 대부분을 소작인에게 빌려주는 것이 훨씬 유리하다는 것을 깨닫고, 스스로는 식료품이나 견직물 등 농산물의 가공에 전력하게 됐다.

18세기 말, 일본 농촌에서는 이런 「기업활동」이 문자 그대로 폭발적으로 발달했다. 그리고 빈농은 유복한 농민이 영위하는 사업에 종사하거나, 부근 마을에 나가서 수입을 보충하는 형태에 익숙해진 것이다.

이와 같이 도시뿐만 아니라 농촌도 크게 발전했지만, 그 활동은 봉건사회의 상식의 틀을 훨씬 넘어선 것이었다.

도꾸가와시대의 장기간에 걸친 태평시절에는 무사계급도 많이 변화했다.

이 계급은 그 하급무사를 포함해서 겨우 전 인구의 6%에 불과했다. 막부의 초창기에는 그것은 전투집단으로서의 기본적인 성격을 띠고 있었지만, 시간의 경과에 따라서 상비군으로서의 기능을 상실하고, 세습적인 문관조직으로 변질해 갔다.

그들은 그가 소속하는 계급의 상징으로 옛날처럼 두 개의 칼을 허리춤에

6. 중앙집권적 봉건주의   69

꽂고 있었지만, 현실적으로는 이미 칼을 붓으로 대체하고 있었던 것이다.
 무사는 거의 빠짐없이 읽고, 쓰는 능력을 갖추고 있었다. 그것은 대부분의 상인이나 부농도 마찬가지였다.
 중국식 학문은 평화시의 일본에 다시 매력을 되찾고, 17세기에는 이미 12세기의 중국에서 집대성된 유교의 교의의 탐구에 손을 대기 시작했다. 유교학자는 이름을 날리기 시작했고, 중국어의 숙달이 번졌다. 그리고 8세기 이래 일부에만 알려졌던 인쇄술이 비로소 널리 알려졌다.
 산긴 교대제는 17세기의 지적・학문적 활동의 급격한 발전에도 크게 기여했다. 왜냐하면, 이 제도는 전국적인 지적인 「상호교배」를 가능케 했기 때문이다.
 전국 각지의 지도자층은 부단히 접촉하고, 학자나 교사의 왕래도 에도와 각 지방간에 빈번히 행해졌다.
 일본은 경제적으로 하나의 통합체를 이룩했을 뿐만 아니라, 지적으로도 하나의 통합을 성취한 것이다. 그것은 다른 아시아 국가에서는 볼 수 없는 예였다.
 그러나 중국의 유교사상과 그에 유래한 사적 학풍은 봉건제도를 전복하지 않으면 안되는 지적 요소를 내포하고 있었다. 왜냐하면, 중국의 이상은 학덕 겸비(學德兼備)한 사람에 의한 정치적인 지배이지 단순히 가문(家門)만이 좋은 범재(凡才)에 의한 지배는 아니었기 때문이다.
 그런데 도꾸가와 봉건제도하의 지위나 신분을 결정하는 것은 근본적으로는 가문이었고, 개인의 진가는 단순히 제이의적인 역할뿐이었다. 즉 이 두 개의 체계는 분명히 모순당착이기 때문이다.
 19세기에 이르러 실력이 있는 자야말로 중책을 맡을 자격이 있다는 요구가 대지(大志)를 품은 하급무사 사이에 퍼진 것도 이러한 배경에서 이루어진 것이다.
 유교사상이나 사적 학풍도 또한 중국을 지배하는 것은 봉건영주가 아니고 군주라는 사실, 그리고 일본도 한때는 같은 제도를 가지고 있었다는 사실에 눈을 돌리게 했다. 그 결과 천황에 대한 관심이 점점 높아지고, 장군의 천황과의 관계에 대해서도 의념(疑念)을 품기 시작했다.
 일반 서민 사이에도 일종의 운동이 일어났다. 「국학(國學)」이 바로 그것으로서, 고대의 시가(詩歌)나 『겐지 모노가다리』・『고사기(古事記)』 등의 연구를 필두로 18세기에 시작된 것이다.

국학은 일본의 진정된 영광이 그 국체의 성스러운 기원과, 그 후에인 만세일계(萬世一系)의 황통(皇統)에 있다는 사상을 서서히 강조하기에 이르렀다. 이와 같은 사상이 잠재적으로는 도꾸가와가에 의한 지배에 있어서 위험사상이었다는 것은 두말할 필요도 없다.

지리적인 고립은 문화적인 침체를 연상시키는 것이 상식이지만, 일본의 경우는 도꾸가와 막부의 장기에 걸친 평화와 안정, 그리고 경제의 발전이 오히려 본격적인 문화의 개화(開花)를 촉진한 것이다.

유학을 필두로 하는 여러가지 철학에는 몇 가지 학파가 있고, 다채로왔다.

또 나가사끼에서 화란상인과 접촉한 사람들은, 18세기에 이르러 서양의 과학, 특히 의학·야금학·포술(砲術) 등에 관심을 가지게 됐다.

이러한 지식은 화란어의 서적이나 백과사전을 기초로 고심한 끝에 간신히 획득한 것이었다. 「난학(蘭學)」이 바로 그것이다.

이처럼 일본인은 고립하고 있었지만 지적으로는 활기에 차 있었던 것이다.

도꾸가와 막부 초기, 화려한 장식의 건축물이 차례로 건조되었다. 회화는 많은 유파로 분파되어 있지만, 어느 파도 중국의 양식이나 재래식 조형감각을 승계하는 것으로 장군가나 다이묘들의 비호 아래 융성을 거듭했다.

한편, 18세기 말, 서양의 유화구(油畫具)나 원근법을 도입한 유파가 탄생했는데, 이것은 난학의 영향 때문이었다.

도자기가 일본에서 처음으로 예술의 경지에까지 도달한 것도 이 당시였다. 이외에도 칠기·직물·금란(金襴) 등이 예술의 면모를 갖추었다.

그러나 도꾸가와시대의 문화융성 속에서 가장 흥미로운 것은 지배 계급의 무사문화와는 전혀 이질적인 도시의 상인문화가 탄생한 것이다.

이 문화는 도시의 환락가를 중심으로 융성했다. 본질적으로는 근면하고, 이식(利殖)의 재능에 뛰어난 가정인(家庭人)인 상인이 이런 장소에 출입하면서 손님을 상대로 하는 여성——후에 게이샤(藝者)로 불리게 됐다——과 시간을 즐긴 것이다. 그 곳에는 가장(家長)으로서의 책임, 일의 중압감 그리고 지배자의 압박과는 다른 별세계의 자유가 있었다.

무사가 육성한 것과는 다른 이질적인 예술이나 연극·문학이 성장한 것은 사실은 이러한 화류계에서였던 것이다.

이 신흥 상인문화는 17세기 말, 먼저 오사까와 교또에서 성숙하고, 후에 에도를 중심으로 번창하게 된다.

상인문화를 그린 회화는 우끼요에(浮世繪)로 알려졌다.「우끼요(浮世)」는 원래 우세(憂世), 즉 덧없는 세상이라는 불교의 개념이었지만, 얼마 후에는 당세풍(當世風)을 의미하기에 이르렀다.

「우끼요에」의 양식은 그보다 7세기 전의 야마도에(大和繪)가 강조한 색조나 구도를 연상시키지만, 화제(畵題)가 되는 테마는 매우 달랐다. 그것은 주로 고급 창녀나 인기연기자, 또는 흔히 있는 일상적인 것을 묘사한 것이었다. 여기에서 다색판(多色版)의 판화가 생겼는데, 이것 역시 우끼요에로 불렸다. 판화는 번영하는 도시주민의 예술적 욕구에 대응한 것이다. 이러한 판화는 어느 의미에서는 세계 최초의 대중예술이고, 그림엽서의 선구자라고 할 수 있다.

상인문화가 낳은 연극은 최초에는 대부분 인형극이었다. 얼마 후에는 사람이 연기하는 가부기극(歌舞伎劇)이 인기를 빼앗았다.

가부기는 가부기 일류의 양식화를 낳기는 했지만, 중세의 노오(能)에 비하면 훨씬 생생하고 사실적인 것이었다. 가부기는 매우 정교한 사실적인 무대장치를 창출하고, 장면의 전환을 위해서 회전무대까지 등장했다.

무사의 문예활동은 대체로 학문적 그리고 철학적이었다. 그러나 시가, 특히 하이꾸(俳句)는 다른 집단에 있어서와 마찬가지로 무사들 사이에서도 유행했다. 그의 새로운 문예사조의 태반은 상인문화에 유래하고 있었다.

이렇듯 일본은 외계의 자극으로부터 거의 완전히 절연되어 있었음에도 불구하고, 의외로 깊이 있는 다양성이 풍부한 탓으로, 그 사회는 창조적인 문화를 향유하고, 활기에 가득 차 있었다. 그들은 결코 침체도 정지도 하고 있지 않았던 것이다. 대도시나 인구가 많은 시골에서 착잡한 억압적인 봉건제도의 구속을 받으면서도 일본인은 사회적·정치적 조직의 측면에서도 집단내부의 협력이라는 점에서도 훌륭한 기량을 발휘하고 있었다.

전반적인 정치 패턴은 엄숙하고 완고하게 변화를 거부했었지만, 한 껍질 벗기면 거기에는 유교사상과 봉건적 가치관의 사이, 그리고 경제성장과 경직한 계급사회와의 사이에 숨길 수 없는 긴장관계가 존재하고 있었던 것이다.

이토록 고립하면서도 침체된 사회로 빠져 들어가지 않은 일본은, 움직이는 가능성을 비장하고, 그 잠재적인 능력은 19세기 후반에 실증하는 것이다.

명치유신

7

도꾸가와 막부의 중앙집권적인 봉건제도──막번체제(幕藩體制)──는 적지 않은 문제와 긴장을 안고 있었다. 그럼에도 불구하고, 19세기 전반까지는 붕괴의 징조는 나타나지 않았다. 만일 일본이 고립을 계속할 수만 있었다면 더욱 장기간 존속할 수도 있었을 것이다. 그러나 구미에 있어서의 기술의 장족의 발전이 그것을 불가능하게 했다.

공업화나 증기기관은 선박에 적용되고, 구미의 경제력과 군사력을 일본 주변에 접근시키게 했다. 그 압력은 17세기 초엽의 그것과는 비교도 할 수 없을 정도로 강했다. 막부도 당시라면 물리칠 수 있었겠만.

19세기 중엽에는 구라파의 해운대국은 이미 인도아(印度亞) 대륙을 제압하고 있었다. 또 동남 아시아의 태반을 수중에 넣고, 중국의 문호를 두들기고, 반식민지적인 불평등조약을 강요하고 있었다. 러시아도 이미 시베리아 전토에 그 세력을 부식하고 일본의 북변(北邊)을 계속 남하하고 있었다.

한편, 미국선은 중국과의 교역 도상에 일본 주변을 통과하고, 고래를 잡으려 일본 근해에 출몰했다.

구미 각국은 일본인에게 문호개방을 설득했다. 1853년에 미국은 그 해군력의 4분의 1을 페리(Perry)제독 지휘하에 일본에 파견, 일본의 모든 항구를 개방할 것을 강요, 일본은 압도적인 군사력 앞에 굴복하지 않을 수 없었다. 일본이 불응할 경우, 페리 제독은 에도만(江戶灣)을 봉쇄함으로써 식량의 반입을 막는 것은 식은 죽 먹기였다. 근대적인 함포로 에도를 잿더미로 만드는 것도 문제가 없었다.

1854년에 체결된 조약은 부분적인 성과에 지나지 않았지만, 그 결과, 타운젠드 해리스(Townsend Harris)는 초대 공사로서 일본에 거주하도록 허용되고, 1858년에는 전면적인 통상조약의 교섭에 성공했다. 그리고 구라파의 주요국들은 미국의 예를 따라서 같은 조약을 일본과 체결했다.

이들 조약이나 이에 부수하는 협정을 통해서, 중국에서 이미 실험이 끝난

7. 명치유신

불평등 조약체제가 일본에도 적용됐다.

외국 상인은 새로운 개항장으로서의 요꼬하마나 다른 항구에 초치되고, 구라파의 군사력이나 치외법권하의 재판제도의 비호 아래 영업에 종사할 수 있었다. 범죄를 저질렀을 때에는 모국의 법률에 따라서 동국인의 재판관에 의한 재판을 받을 특권을 가지고 있었다.

한편, 일본의 관세는 조약에 의해서 제한을 받고 있었기 때문에, 일본 경제는 구미의 기계생산 앞에 꼼짝할 수 없게 됐다.

일본경제는 아직 전근대적인 것에 지나지 않았고, 각 번(藩)의 봉건적인 자치제도가 남아 있었다. 그러한 일본이 구미 열강의 제국주의적 확장정책 앞에 놓이게 된 것이다. 이미 그들의 신출 앞에 굴복한 아시아의 다른 나라와 마찬가지로 일본의 입장도 풍전등화격으로 보였다.

통상은 구미 각국이 기대한 만큼 급속히 진전하지 않았다. 도꾸가와 막부는 되도록 장벽을 쌓고, 한편 일반 일본인도 진기한 외국 제품에 대해서 그다지 집착하지 않았다. 더우기 구라파의 명주의 부족이 일본 제품의 명주의 수요를 늘리게 하고, 그것이 일본 무역의 수지에 유리하게 작용했다.

허지만 급작스런 개국은 국내 시장이나 금융제도에 마이너스의 효과를 초래하고 정치면에서의 영향은 더 큰 문제였다. 장군에 의한 군사독재는 명목상 국토의 수호자로서의 역할에 그 근거를 두고 있었다. 그러나 이 역할을 현실적으로 수행할 수 없다는 것은 이제 사실로서 증명되었다. 현상에 불만을 품은 측에서는 장군을 몰아세웠다. 1600년 이후, 도자마(外樣)의 지위에 놓여 있었던 다이묘 중에는 이런 분자들이 있었다.

에도 막부는 페리 제독의 요구를 받고, 각 다이묘의 의견을 청취하는 전대미문의 조치를 취했다. 그러나 이 조치에 대한 반응은, 찬부가 엇갈렸지만 대체로 부정적이었다. 전례가 깨지고, 더욱 국가 전체의 위기가 겹쳐서, 에도 막부에 대한 비난은 밀물처럼 쏟아졌다.

1858년, 에도 막부는 통상조약을 부득이 체결할 수밖에 없었다. 이때에도 여러 다이묘에게 상의하고, 칙허(勅許)를 얻게끔 노력했지만 실패로 돌아갔다. 개국에 대한 일반 국민의 반대는 컸다. 한편에서는 외국의 위협에 대처하기 위해서는 국민 전체가 통합의 당연한 상징인 천황을 중심으로 뭉쳐야 한다는 감정이 높아졌다.

온건파는 「공무합체(公武合體)」, 즉 교또와 에도의 일체화를 주장했다. 그러나 과격파의 일부는 막부타도로 천황친정의 옛날로 돌아가야 한다고 주장했다.「존황(尊皇)」의 깃발이 그것이고,「양이(攘夷)」의 소리가 높았다.

일본인 가운데는 구미에 대해서 자신을 지키는 유일한 수단은, 그들의 앞선 군사적 기술을 채택하고 온건한 형식으로 「양이」를 해야 하는 것이라고 간파한 사람들도 있었다.

이대번(二大藩)인 사쓰마(薩摩)와 조슈(長州)는 구미 열강의 해군력의 세례를 받은 일도 있고, 이 견해를 수용하고 있었다.

즉, 사쓰마 무사들이 요꼬하마의 근교에서 영국인을 살해한 것이 계기가 되어, 영국 함대는 가고지마(鹿兒島)를 완전히 파괴했다. 1863년의 일이다. 한편, 조슈도 마관해협(馬關海峽)을 통과중인 구미선박에 포격을 가한 데 대해서 영국과 프랑스의 연합함대의 반격을 받고, 포대가 파괴당하는 사태를 초래했다.

한편, 또 하나의 구호가 들리기 시작했다. 「부국강병(富國强兵)」이 그것이다. 난학(蘭學)의 연수를 통해서 구미의 기술을 알고 있던 일본인은 여기에서 유용한 능력을 발휘했다. 이윽고 개국할 때에는 바로 「이인(夷人)」 자체가 기용되게 되고, 그후에는 증가일로에 이르렀다. 1853년 이후의 경위는 도꾸가와 체제를 뒤흔들어 놓았고, 점차로 낡은 기구는 시들고 말았다. 모든 정책은 전국 도처에서 논의의 대상이 되었다.

드디어 조슈는 공공연히 막부와 대립하고, 1864년에는 조슈를 치기 위한 정부군이 두번에 걸쳐서 출동했지만 흐지부지하고 말았다.

이윽고, 사쓰마·조슈와 도자마·후다이의 각 번은 조정을 제압하고, 1868년 1월 3일을 기해서 천황친정의 부활이 천황의 이름으로 공포되었다. 에도 막부와 일부 막부파벌은 저항을 시도했지만, 에도는 「관군」의 손에 함락되고, 250년 여에 걸친 도꾸가와가에 의한 지배에 종지부를 찍었다.

명치(明治) 신정부의 명목상의 지도자는 황족·당상귀족(堂上貴族), 그리고 일부 다이묘 출신들이었다. 그러나 실질적인 정책의 발의와 실행의 책임은 한 무리의 지사들이 맡았다. 그들은 중류 또는 하류의 무사 출신으로 젊고, 유능하고, 그 대부분이 사쓰마와 조슈의 출신이었다.

그들은 권력을 장악하기 위해서는 「존황양이」도 유효한 구호였으나, 이제는 그것은 한낱 비현실적이고, 그대로 실천하면 오히려 파국을 초래할 뿐이라는 것을 잘 알고 있었다.

그래서 그들은 에도 막부가 체결한 외국과의 조약을 그대로 계승한다는 것을 즉각 표명했다. 허지만 그들은 봉건제도를 대체할 근대적인 집권기구를 창설하고, 기술면에서의 근대화 노선에 일본을 정착시킴으로써, 기회 있을 때마다 일본을 노리는 구미 열강으로부터 일본을 수호해야 하는 큰 책임을 지고 있었다.

신정부가 계승한 것은, 파산 직전의 장군 직할영토, 그리고 장기간 자치적인 봉건영주에 의해서 분할통치를 받아 온 국토, 또한 미숙한 공업화 단계에 있는 유치한 경제 등이었다. 이것이 그들이 계승한 유산의 전부였다.

천황 아래 통합한다는 것은 1천년 동안 명의 이상의 실질은 따르지 않았다. 다만 신정권이 불과 15세의 어린 천황을 받들고 있었다는 것은 더없는 강점이었고, 사실 그들은 이 점을 완전히 이용했다. 어린 왕은 1869년에 에도성으로 옮겨지고, 에도는 도꾜로 개명되었는데, 이것은 모두 그의 이름으로 행해진 것이다. 이 새로운 시대는「명치」로 불리고, 모든 개혁은 명치유신(明治維新)이라는 이름으로 알려지게 된다. 그는 1912년 서거하지만 명치천황이라고 사후에 불렸다.

부언하지만, 천황의 재위(在位)에 의해서 일시기를 획하는 방법은 아직도 일본에서는 실시되고 있다. 이것은 1868년 이후의 일로, 가령 2차 세계대전의 종결은 서기 1945년, 또는 소화(昭和) 20년으로 알려져 있다.

봉건시대의 다이묘의 영지를 보다 중앙집권적인 통치형태로 이행시키는 것은 의외로 용이했다. 다이묘의 역할이 대체로 상징적인 것에 지나지 않았기 때문이다. 이미 1869년에 신정부는 구영주에 대해서 지적(地籍)을 천황에게 돌려주고, 그 대신 구령(舊領)의 지사에 임명되도록 작용하고 있었다. 그 2년 후에는 구령 대신에 일본 전국을 거의 같은 규모의 현(縣)으로 분할하고, 중앙정부에 의해서 직접 임명된 지사가 그 행정을 맡도록 결정됐다.

구(舊) 다이묘는 정부공채의 형식으로 충분한 보상을 받았다. 이것은 그들의 번영을 그 후에도 보장했지만, 아울러 신질서의 성공과, 그들의 경제적 안정을 결부시키는 역할도 수행했다.

구제도의 신분차와 무사의 특권을 근절하는 것은 가장 큰 일이었다. 번영(藩領)의 소멸에 따라서 구사족(舊士族)은 번관료로서의 세습적 신분을 상실했다. 1873년에는 징병령이 공포되고 군무병역은 사족의 전권사항이라는 종전의 방식과 대체되었다. 1876년에는 폐도령(廢刀令)이 선포되고 사족의 권위의 상징인 칼도 몰수당했다. 사족에 대한 봉급도 크게 줄고, 1876년에는 다액이라 할 수 없는 일시금, 또는 정부공채에 의한 지불로써 끝냈다.

이렇듯 사족도 불과 9년만에 그 모든 특권을 박탈당하고 일본은 대개혁으로의 제일보를 내디딘 것이다. 이 대개혁은 그 후 1~2세대 사이에 일본 사회를 크게 변모시키고, 신분에 대신해서 교육과 실적이 개인의 사회적 지위를 크게 좌우하게 된 것이다.

그간 정부는 근대화하고 있었다. 그 교본이 된 것은 19세기의 구미 각국이었다. 구미 각국의 정부기구에 따라서 관청이 설립되었는데, 가장 강력한 것은 돈을 주무르는 대장성(재무부)이었다. 그밖에도 육해군의 성(省)이 생기고, 1878년에는 독일을 본따서 참모본부를 창설했다. 한편, 문부성(문교부)은 야심적인 의무교육제도의 보급에 착수했지만, 그것이 완전히 실현을 보기까지에는 30년이 걸렸다.

근대적인 사법재판제도도 처음에는 프랑스에 이어서 독일의 제도를 모범삼아 1899년에 이르러 겨우 완성을 보았다. 한편, 토지의 소유권을 명확히 하고 조세수입의 안정을 도모하기 위해서 종래의 지조(地租) 대신에 금납에 의한 조세제도가 1873년에 설치되고, 납세자는 농민일지라도 토지의 소유를 정식으로 확인받은 것이다. 봉건제도 후의 구라파의 경우와 달리, 일본은 구 봉건계급에 의한 농지의 소유문제에 골머리를 앓지 않아도 된 것이다.

경제를 근대화하는 노력도 진행되었다. 근대적인 은행제도가 만들어지고 「엔」이 통화의 단위로 채택되고 통화제도도 개정되었다. 1엔은 미화의 약 1달러의 절반으로 정해졌다. 등대도 설치되고, 항만시설도 정비되고 통신망이 전국에 퍼졌다. 철도부설공사가 실시되고 1872년에는 도꾜·요꼬하마 간의 노선의 완공을 보았다.

명주의 생산도 개선되었다. 간단한 기술혁신이 그 주된 원동력이었지만, 이 기계적인 장치를 가능케 한 것은 주로 민간자본이었다. 그 외의 공업이 수지를 맞추게 되기까지에는 긴 세월이 필요했다.

무기·탄약의 생산 등 전략산업의 육성에는 정부가 직접 손을 댔다. 지하 개발도 같았다. 또 실험공장이 다른 여러 업종 분야에 착수되었다.

러시아의 북해도 진출에 대비해서 정부는 대규모적인 개척계획에 착수하고, 그곳에 서민과 농업의 진흥을 꾀하기 위해 사일로를 설치하고, 소의 다두사육(多頭飼育)을 도모하는 등 미국을 본땄다.

이러한 일련의 개혁안을 실시하기 위해서는 구미의 기술적인 지식이 필요했다. 그래서 정부는 여러 외국에 유학생을 보내서 선진국의 새로운 기술을 습득시키는 한편, 구미의 전문가를 높은 보수로 초빙했다.

각 분야에서 제일 일본에 적합하다고 생각한 나라의 모범을 본따는 과정에서 일본은 신중을 기했다.

외국에서 원조를 받는다 해도 그것은 결국 자신의 호주머니가 축나는 일이기 때문에, 고마운 마음은 한결 더했고, 최근의 피원조국들이 공짜 원조를 받는 것보다는 훨씬 유효한 활용상황이었다.

그러나 무상원조가 없는 것은 아니었다. 구미 각국과의 접촉에서 불가결한 영어의 교육은 주로 신교의 선교사에 의해서 제공됐다. 선교사의 대부분은 미국인이었다.

정부나 경제의 재편에는 물론 혼란을 피할 수가 없었다. 시행착오도 많았고 심각한 좌절감을 맛보거나, 심한 반대에 봉착하기도 했다. 가장 심하게 반대한 것은 구사족계급이었다. 잃은 것이 제일 많았기 때문이다. 구사족에 의한 무력봉기가 몇 번이고 발생하고 마침내 서남전쟁(西南戰爭)으로까지 확대했다. 1877년의 일이다.

신정부는 일반 징병에 의한 군대로 이에 대응하고 간신히 진압한다. 그 결과 이제 국내의 무력도전에 대해서는 문제가 없다는 것이 판명됐다.

그간 신정부는 재정파탄을 겪고 있었다. 구사족에 대한 은급의 지불·무력봉기·진압, 그리고 여러가지 대형시책은 1870년 후반에 심각한 인플레를 유발하고, 마침내 1881년 정부는 긴축재정정책의 채택을 강요당했다. 관영공장·관영광산, 그리고 북해도의 사업체의 매각을 강요당한 정부는 헐값으로 개인에게 이관하기로 결심했다.

이러한 대담한 조치의 결과, 나라의 재정은 겨우 한숨을 돌리고 민간에 이관된 신산업도 자립의 길을 걸어나갈 수 있었다. 1880년대 초기, 방직업은 다른 업계를 앞질러 성공을 거두고, 그 후 10여년을 거치는 동안에 어느덧 구미 각국과 함께 국제무역시장에 참가하기에 이르렀다.

이어 다른 업계도 방직업의 뒤를 이어 나갔고, 20년에 걸친 위태로운 초창기를 거친 신정부는, 겨우 구내의 군사적·재정적 안정을 이룩하고, 구미로부터의 안전확보를 위한 제일보를 내디딘 것이다.

이상이 명치유신의 개관이지만, 어찌 보면 역사의 필연적인 발전에 지나지 않는 것처럼 보일런지도 모른다. 명치유신도 근대 구라파에 있어서와 마찬가지로 소위, 「역사의 발전법칙」의 일환으로, 필경은 「필연적인 경위」로서의 「브르조아 혁명」에 지나지 않는다고 간단히 말하는 전문가들도 적지 않다.

그러나 1850년대에서 80년대에 걸친 일본의 걸음을, 일본 이외의 비구미 각국의 그것과 대비하면, 그것이 얼마나 보기 드문 체험이었는가를 알 수 있다. 우세한 구미의 경제력이나 군사력의 도전에 대해서 일본만큼 과감하게 그리고 성공적으로 대처한 나라는 없다.

가령 1840년대에 청조(淸朝)의 몰락을 초래한 중국이, 통일적인 정치제도를 안정시키기 위해 그후 1세기가 넘는 긴 세월을 필요로 했고, 오늘날에 있어서도 여러 면에서 전근대적인 경제를 보유하고 있는 것에 불과하다.

그밖의 아시아 국가들은 대부분이 식민지지배에 굴복하고, 노일전쟁(露日戰爭)에서의 일본의 승리를 기다렸다가 겨우 민족적 각성을 체험했던 것이다. 정치적인 독립의 회복도 20세기 중엽까지 지연되었다.

이들 나라의 경제는 절반 정도 공업화된 것에 불과하며, 여러 제도나 기구도 완전히 근대화했다고는 말할 수 없다. 일본의 성공이 비교적 단시일에 이루어진 것을 단순히 외부적인 요인에 찾는 것은 정확지 않다. 확실히 구미의 충격의 성격이나 일본의 국토규모가 일본에 유리한 것은 부인할 수 없다. 그러나, 같은 체험과 규모를 가진 나라로 일본과 크게 상이한 반응을 보인 나라도 한두 나라가 아니었던 것이다. 요인은 오히려 국내적인 특징에서 찾아야 할 것이다. 일본인의 고도의 동질성, 강렬한 자의식 등이 그것이다. 외국에 전례를 찾는 것을 명확히 의식하고 있는 점도 명백히 그들을 이롭게 했다. 도꾸가와 후기의 사회적 긴장마저 대개혁에 직면한 나라로서는 일종의 플러스 요건이었다.

또 하나 유의할 점은, 설령 경제는 전근대, 정치양식은 봉건적이었다고 하지만, 일본의 정치경제기구가 고도로 정밀한 것이고, 그 관료지배의 효율과 정직성이 구미에 비해서도 손색이 없었다는 점이다.

남자의 45%, 여자의 15%가 읽고 쓸 수 있었다는 사실은 구미의 주요국과도 차이가 없었다. 일련의 대개혁이 일본인의 머리로 충분히 납득할 수 있었다는 사실도 중요한 것이었다. 그것도 민주주의라든지 (후에) 공산주의와 같은 차용물을 매개로 한 것이 아니고, 일본 고래의 천황친정이라는 제도를 통해서였다. 고유의 이데올로기를 기용함으로써 대개혁의 고통이 완화되고 악몽을 가볍게 겪었다고 할 수 있다.

19세기의 일본과 다른 비구미 국가와의 현저한 대비를, 일본인의 어떤 특징과 대비, 설명해야 할 것인지는 아무도 명언할 수는 없다. 그러나 근대화의 스타트가 빨라서 혜택을 얻었다는 데는 의심할 여지가 없다.

구미와의 기술 격차는 20세기에 있어서만큼 벌어져 있지 않았다. 그러나 보다 중요한 것은, 비구미 국가가 구미의 생활수준을 필적한다는 전례도 없었고, 그것이 가능할 리가 없다는 것은 일반적으로 생각된 사실이다. 그 때문에 인스탄트의 공업화나, 설익은 민주주의의 달성이라는 현실과 유리한 과도의 기대를 걸지 않고, 서서히 그리고 확고한 실험을 행할 수 있는 여유가 생긴 것이다.

19세기까지는 다른 비구미 각국과의 격차는 더욱 확대되고, 선발(先發)의 우위성은 명백히 되어 갔다. 그 결과 일본은 아시아의 식민지 내지 반식민지보다도 오히려 구미의 열강과 어깨를 나란히 할 수 있게 되었다.

입 헌 제 도

8

　1880년까지 일본은 이미 신체제의 탄생에 따르는 고통을 뚫고 나가고 있었다. 이제 중년의 침착성을 보이기 시작한 지도자들도 20년간에 걸친 미봉책의 성과를 항구적인 제도로 정착시키려 노력하고 있었다. 그들의 죽음과 함께 모든 것이 수포로 돌아가는 일이 없도록 하기 위한 필사적인 노력이었다. 안정된 에도시대에 태어났기 때문에, 누구나가 납득하고 수용할 수 있는 확고한 질서를 회복하려는 원망이 강했던 것이다. 구미 각국의 전래에 따라서 그들은 이와 같은 질서의 제도를 헌법으로 수립하기를 결의하고 있었다.
　그보다도 한층 놀라움을 금치 못하는 일은, 새로운 헌법제도 속에 구미식의 입법부를 창설한다는 것이었다. 일본에서는 민중차원의 정치운동은 위험한 존재로 간주되고 있었다.
　한편, 구미에서는 일반선거에 의한 의회는 널리 국민의 지지를 얻을 수 있다는 점에서 행정부의 강화와 연결되고, 적어도 국민의 불만에 대한 더없는 안전판의 역할을 수행할 수 있다고 경험적으로 믿어지고 있었다.
　일본의 지도자들도 또한 국회의 개설은 구미 열강의 평가를 얻는 데도 유리하다고 생각했다. 불평등조약의 속박에서 벗어나기 위해서는 이것은 필수적인 요건이었다.
　또 하나의 배려는 정부의 기반확대의 필요라는 점이었다. 구제도하에서는 무사계급의 태반이 장군가나 각 번의 행정에 관계하고 있었다. 그러나 신제도하에서 대부분의 구지도자들은 정부에서 추방되었으므로 참여의 기회를 요구하고 있었던 것이다.
　명치유신의 지도자의 한 사람은, 시고꾸 도사(四國土佐)의 출신으로 이다가끼(板垣退助)라고 했는데, 1873년 동료들과 상의해서 정부에서 은퇴하고 도사에 들어가서 정당을 일으켰다. 이윽고 도시의 상인이나 농민 납세자들이 당에 들어온다.
　이 신정당은 프랑스의 자유주의 사상에 따른 「자유민권운동」으로 알려졌

8. 입헌제도

다. 다음 제 2 의 정당의 탄생을 본다.

오꾸마(大隈重信)를 창설자로 하는 이 신당은 신흥공업가의 대폭적인 지지를 받았다.

오꾸마도 신정부의 요인이었지만, 영국의 의회제도를 급속히 채택해야 한다고 주장해서 동료의 손에 의해서 정부에서 추방당한 경력의 소유자였다.

이 두 개의 운동은, 그 후 일본의 정계의 2 대 조류가 되고 오늘날에도 아직 그 흔적이 남아 있다.

1881년, 오꾸마의 퇴진과 때를 같이해서 정부는 천황 이름으로 공약을 발표, 1890년까지에는 국회를 개설한다고 언명했다. 조슈번(長州藩) 출신인 이또(伊藤博文)는 구라파 각국의 제도, 특히 보수적인 독일의 제도를 연구할 것을 자진 제안했고, 아울러 헌법에 담겨질 몇 가지 요소에 대해서 신중한 실험을 실시했다. 이렇게 용의주도한 준비작업 끝에 1889년에 드디어 헌법이 반포되었다.

헌법이 천황과 그 기능을 축으로 구성된 것은 당연한 일이었다. 천황친정의 옛날로 돌아간다는 것이 적어도 막부타도의 명목이었기 때문이다. 그러나 현실에는 천황은 통치하지 아니하고 보필의 책임을 지니는 각료의 결정을 총괄하는 데 그치기로 되어 있었다. 각료의 임명권이 누구에게 있는지는 상당히 모호한 것이었지만, 당초에는 그렇게 인식되지 않았다.

1886년 이래 이 일에 관계한 지도자가 천황의 이름 아래 계속 이 권한―― 단 헌법에는 아무런 언급이 없었다――을 행사했기 때문이다.

이들의 오랜 지도적인 입장은 그들의 위신을 높이고 드디어 「원로」의 이름으로 총칭되기에 이르렀다.

「사쓰마·조슈번(薩摩 長州藩)」이라는 것이 그들에 대한 비판이었지만, 실체가 바로 그러했다.

천황과 원로 밑에는 수상을 필두로 각 대신으로 구성하는 구미식 내각이 결성됐다. 초기의 내각은 원로들이 돌려 가며 마음대로 요리했지만, 내각 밑에 근대적인 관료기구가 제도화되었다. 당시로서는 가장 근대적인 독일제도를 모방한 것이다. 최초에는 1887년에 창설된 도꾜 제국대학의 졸업생들이 자동적으로 고위고관의 포스트를 차지했지만, 이윽고 문관시험제도가 제정되고, 고도로 독립된 극히 효율적인 특권관료기구의 형성을 보게 된 것이다.

헌법은 국민의 광범한 권리를 규정한 몇 가지 조항을 포함하고 있었다. 그러나 어느 조항에도 「법률이 정하는 범위에서」라는 제한조항이 있었고, 헌법에 의한 권리보장을 크게 제한하고 있었다.

사법제도는 고도로 집권화되어 있었음에도 불구하고 물샐틈없는 자주성이 부여되고, 나무랄 데 없는 엄밀성으로 법률에 준거해서 법을 집행했다.

헌법의 여러 측면 가운데 가장 참신한 것은 양원제(兩院制) 국회의 창설이었다. 귀족원(貴族院)이라는 이름의 상원은 영국의 귀족원을 모방한 것이고, 의원의 대다수는 세습 또는 임명에 의해서 화족(華族)의 신분이어야 했다. 신화족제도는 1884년 구당상귀족·봉건영주 그리고 신지도자를 성원으로 만들어진 것이다.

한편, 중의원(衆議院)은 15엔 이상의 조세를 납부하는 성인 남자에 의해서 선출되었는데, 이것은 전인구의 1%에도 달하지 않는 극소수에 한정된 존재였다. 예산에 관해서는 양원의 3분의 2의 다수결이 필요했다. 법률이 항구화되기 위해서도 마찬가지였다.

이것은 민본정치로서는 극히 제한된 형태에 지나지 않고, 가끔 민주주의를 「배신」한다는 비판을 받았다. 민주주의의 일대후퇴라는 비판도 있었다.

그러나 일본인은 완전한 민주제도를 만들 의사는 처음부터 없었다. 당시의 구미의 소식통에는 「구미인만이 익숙한 방향을 지향해서 한눈 팔지 않고 달리고 있는 일본인」이라는 비판의 소리도 있었다. 「걷기 전부터 달리려고 한다」는 혹평도 들었다.

대중이 선거의 경험이 없고, 의원제에 대한 이해가 부족한 사실을 생각하면 1890년이라는 옛날에 그 이상의 민주적인 제도가 과연 다소나마 가능할 수 있었을까 하는 것도 의심스럽다고 하지 않을 수 없다.

여하간 일본의 의회는 불완전하나마 구미 이외에서 행해진 의원제의 실험의 최초의 성공한 예였다.

그리고 최초의 출발이 불안했음에도 불구하고, 장수했을 뿐만 아니라, 놀랄 만한 유연성을 보여 주고, 그후 서서히 발전의 길을 걷게 되는 것이다.

1894년 헌법 반포 얼마 후, 일본의 근대화에 감명을 받은 영국은, 모든 치외법권 특권을 1899년까지 철회할 것을 통고, 다른 나라도 그에 따랐다. 수년 후 일본은 관세에 대한 완전한 자주성도 회복했다. 이어서 두번의 대외 전쟁에서 승리했지만, 이것은 경제력과 기구상의 개혁을 지렛대로, 구미로부터의 군사적인 안전을 얻을 수 있는 목표를 훌륭히 달성하고 있다는 것을 보여 주고 있었다.

최초의 외국전쟁은 한반도(韓半島)의 지배를 둘러싼 명치(明治) 27～28년의 청일전(清日戰)이었다. 일본은 이 거대한 이웃을 패퇴시켜 세계를 놀라게 했다. 중국의 영향이 한반도에서 제거되는 한편, 일본은 중국령의 대만(台灣)을 얻었고, 구미 열강을 본따서 제국주의의 건설을 꿈꾸게 된다.

일본은 또한 남만주(南滿洲)도 일단 점령하지만, 그 전략적 가치를 눈치 챈 제정 러시아가 독일과 프랑스와 짜고 남만주의 포기를 강요, 일본은 하는 수 없이 반환을 하고 말았다. 일본인에게는 참을 수 없는 파워 폴리틱스의 체험이었지만, 3년 후 러시아는 이 지역을 수중에 넣고 말았다.

명치 37～38년(1904～5년)에는 일본은 러시아와 전쟁을 일으켰다. 또 다시 한반도의 지배권을 둘러싸고서였다. 이미 3년 전 일본은 영국과 영일동맹(英日同盟)을 체결하고 있었다. 이것은 구미의 한 나라가 비구미의 한 나라와 체결한 최초의 완전한 평등조약으로 구미 열강이 수를 믿고 일본을 넘보는 것을 막는 역할을 했다.

일본은 이 전쟁에서도 이겨 다시 세계를 놀라게 했고, 만주의 남단, 대만, 러시아 철도의 남반분(南半分), 그리고 남 가라후도(南樺太)를 수중에 넣었을 뿐만 아니라, 한반도의 지배권을 장악하고, 1910년에는 이를 강제합병하고 말았다.

이렇게 해서 일본은 식민제국의 일원이 되고 1차 세계대전 중에도 이 움직임은 계속되었다. 즉 구라파의 열강이 구라파에서 전념하는 동안, 동 아시아의 대국은 일본 한 나라뿐이었다. 일본은 이러한 틈을 타서, 1915년에는 중국에 대해서 21개조의 요구를 강요하고, 양보를 얻어내는 데 성공했다. 또 중국 산동성(山東省)의 독일 조차지(租借地)를 얻어내고, 북태평양의 독일령의 도서들을 위임통치령이라는 형식으로 영유하기에 이르렀다. 베르사이유 강화조약 체결시에는 5대국의 일원으로 참가함으로써 마침내 일본은 구미열강에 낀 최초의 비서구 국가가 된 것이다.

그 동안, 국내에서는 큰 변화가 진행되고 있었다. 1889년에 제정된 헌법은 항구적 불변의 제도를 체현(體現)하는 것이었지만, 그러나 외국의 예를 벗어나지 못하고 일본도 헌법에 대해서 부족감을 면할 수 없었다. 그것은 일본이 근대사회로의 끊임없는 변화를 수행한 때문이기도 했다.

헌법 **반포** 당시는, 공업화는 스타트했을 뿐이었으나 그 후로는 나날이 변화의 속도가 가속화되었다.

허지만, 어느 특정한 계급 출신자가 지도적인 입장에 선다는 종래의 관습이 교육이나 시험을 통한 지도자의 대두에 대체하기에는 많은 시일을 요했다. 6년간의 의무교육이 완전히 실시된 것은 겨우 1907년에 이르러서였다.

한편, 대학교육은 급속도로 보급되었다. 상당한 교육을 받은 화이트 칼러 계층이 통치자와 피통치자의 사이에 개재하기 시작했다. 신문은 그 규모와 영향력을 증대시키고 있었다.

헌법 기초자는 이러한 변화를 상상하지는 못했었다. 뿐만 아니라, 현상의 파악도 정확하지가 않았다. 국민 전체에서 보면, 소수의 유권자는 예상 이상으로 정치의식이 높고 만만치가 않았다.

국회개설에 대비해서 정부는 몇 가지 선거에 의한 지방의회를 통한 실험을 실시하고 있었지만, 이것은 반정부파의 정치가들에게 선거의 체험을 부여하는 절호의 기회를 제공하고 있었다.

그 결과, 1890년의 제1회 선거에서는, 그들 반정부파가 다수를 점하고, 1892년의 제2회 선거에서도, 정부가 총력을 다해서 경찰에 의한 탄압이나 뇌물작전을 전개했음에도 불구하고 같은 결과로 끝났다.

온건하고 무력한 토의장으로서 정부의 어용기관으로 전락하는 대신에, 의회는 「프란켄슈타인적 괴물」로 화했다. 모든 것을 사쓰마·조슈파가 좌우한다는 것이 그들 대정부 비판자의 취지였다. 이들의 세력은 당초 생각했던 것보다 강력하다는 것이 판명되었다.

독일 학자들의 조언에 따라서 이토는 헌법 속에, 의회가 예산안에 찬성하지 않을 때에는 다음 연도에도 그대로 유효하다는 조항을 삽입시키고 있었다. 그러나 이러한 비장의 무기도 거의 무력하다는 것이 판명되었다. 경제성장이 너무나도 급속도로 진전했기 때문에 전연도의 예산으로는 불가능했기 때문이다.

예산규모를 좌우할 수 있다는 것을 비장의 무기로 삼은 국회의원은 원로들의 손에서 어떻게 해서든지 그에 상응하는 구체적인 권한을 빼앗으려고 전력을 다했다. 내각은 정쟁(政爭)에 초연해야 한다는 헌법기초자의 사고는 그들이 수용하는 바가 아니었다.

의회개설 후의 최초의 4년간은 정부와의 공공연한 싸움의 시기였다. 청일전이 발발해서 애국심이 폭발하자, 그것은 가라앉았다. 그 후의 몇년 동안은 일종의 타협이 성립, 구원로로서 이제 정당인으로서 각각 지도적인 입장에 있는 이다가끼와 오꾸마의 한 사람이 입각을 했지만, 그때의 조건은 원내의 세력을 규합해서 정부에 협력시킨다는 것이었다.

이 타협안은 1900년, 이또가 그의 복심의 관료출신자들과 함께 이다가끼 노선을 따르는 정치가와 함께 정우회(政友會)라는 신당을 결성함과 동시에 한층 유효한 전개를 보게 됐다. 그후 12년 동안 정우회는 일종의 정부 여당으로서 기능하고, 당원을 위해서 몇 개의 각료 포스트나 정치권익을 확보했을 뿐만 아니라, 정책에 그 견해를 반영시키는 데 성공했다. 원내에서 내각을 지지한다는 것에 대한 반대급부였다.

이미 원로들은 늙고, 의회정치가 혼란을 거듭하는 데 대해서 지치고 있었다. 1901년, 이또는 제 4 차 내각에서 은퇴하고, 그 후로는 참의(參議)의 지위를 쫓긴 오꾸마를 제외하고는 내각수반의 지위에 컴백한 구원로는 한사람도 없었다.

그들을 대신해서 수상이나 대신의 자리를 차지한 사람은 관료출신이었다. 1901년에서 1913년에 걸쳐서 두 사람의 정치가가 수상 자리에 교대로 앉았다. 한 사람은 구당상귀족 출신의 사이온지(西園寺)로 젊은 시절을 프랑스에서 보냈기 때문에 자유주의적 사상을 품었고, 이또의 복심관료의 한 사람으로 이윽고 그의 뒤를 이어 정우회 총재의 자리에 앉았다.

또 한 사람은, 조슈 출신의 군인관료인 가쓰라(桂太郞)였다. 그의 비호자인 야마가다(山縣有明)는 조슈의 사족 출신으로 육군의 대원로로서, 원로 가운데 이또와 라이벌 관계에 있었다.

1900년에서 1912년에 걸쳐서 정치는 일단 진정상태에 접어들었다. 그러나 1912년 말에서 13년에 걸쳐서 정치적인 돌발사건이 발발, 평화는 깨졌다. 육군 측의 확장계획에 난색을 표명한 사이온지 내각에 대해서 육군이 군부대신을 퇴진시킨 것이 그 계기였다.

이것 또한 제도상의 불비가 표면화한 예였다. 그렇지 않아도 야마가다는 군부를 천황의 직할하에 둠으로써 시빌리안 통제로부터 벗어나서 불충(不忠)의 정객들이 기회만 있으면 군부의 약체화를 노리고 있는 것에 브레이크를 걸 셈이었다.

그러나 원로도 이제 그 수가 줄고, 무엇보다도 연로했다. 군부・민간을 불문하고, 천황의 이름을 빈 그들의 통제력은 쇠퇴하고, 군부가 내각의 주도권에 거역하는 사태를 낳게 한 것이다.

가쓰라가 다시 내각수반으로 복귀하고 타협이 시도됐다. 그러나 의회내부의 정우회계 의원들은 어명마저 무시하고, 가쓰라 수상을 비로했다. 가쓰라는 신당을 결성함으로써 다수파 공작을 도모했지만, 그 시도는 실패했다. 언론이나 일반 국민은 종래의「초연내각」에 대신해서 의회의 다수당에 의한 내각이 수립되어야 한다고 주장했다. 즉,「헌정의 정상화」란 이것을 의미한다.

그 결과, 무당파인 야마모도(山本權兵衛) 해군제독이 수상에 임명되고, 정우회 의원이 상당수의 유력각료 포스트를 차지했다.

이 정치사건은 마침 대정(大正)으로 개원(改元)됨에 따라「대정정변」으로 불렸으나, 당시 일본을 석권하고 있던 변화를 분명히 상징하고 있었다. 이 사건 이후, 내각은 정당에 의한 지배색이 짙어지고, 그 이전의 내각과는 좋은 대조를 이루었다. 가쓰라가 일으킨 신당은 이윽고 제 2 당으로서의 위치를 굳히고, 1914년에서 16년에 걸친 오꾸마 내각에서는 정권에 참가, 여당으로서의 기능을 수행했다.

1909년 이또는 한국인의 손에 의해서 살해되고, 남은 원로는 야마가다뿐이었다. 같은 해, 그는 정우회의 총재로 순수 당인(黨人)인 하라(原敬)를 내각 수반으로 받아들였다. 하라는 신분이 높은 사족이었지만, 동북지방 출신으로 사쓰마·조슈번벌(藩閥)과는 연고가 없는 아우트 사이더로서 정당정치 속에서 부각된 존재였다.

1921년 하라는 정신 이상의 젊은이에게 암살당하고, 22년에서 24년에는 비정당인이 내각수반이 되었다. 그러나 1924년에 구외무관료의 출신으로, 한편의 유력정당의 당수였던 가또(加藤高明)가 수상으로 임명되고, 그 후 8년간 정우회와 가또가 속하는 정당——27년에는 민정당(民政黨)으로 개칭되었다——의 당수가 각각 교대로 내각을 조직했다.

이렇듯 의회는 1890년 이래, 착실히 힘을 증대하고 드디어는 문민정부(文民政府)의 주도권을 장악하고「초연내각」을 배제하고 떳떳한 정당내각이 탄생되었다. 그간 유권자층도 그 규모와 힘을 증대했다. 유권자의 납세자격은 1900년과 1919년의 두번에 걸쳐서 대폭 완화되고, 그 수도 증가했지만, 드디어 1925년 모든 성인 남자에게 선거권이 인정되었다.

일본은 착실히 민주주의에의 길을 걸어가는 듯했다. 사실 1913년부터 32년에 이르기까지의 시기는 가끔「대정(大正) 데모크라시」의 이름으로 불릴 정도였다. 이러한 정치적 변화의 배경에는, 경제의 커다란 발전과 사회적·지적인 발전이 있었다. 구라파의 열강은 1차 세계대전 수습에 골몰하고 아시아의 기득시장(旣得市場)을 일본에 맡겼다. 일본은 크게 번창했다.

민주주의국의 승리는 구미식의 풍속이나 자유주의적인 사상의 유입을 **초래**

했다. 1925년의 참정권의 확대는 그 하나의 표상이었다. 도시에는 미국의 플래퍼(건달 아가씨)의 일본판 모던 걸이 넘치고 재즈(jazz)시대가 도래했다.

러시아 혁명 결과, 과격사상이 소수의 인텔리들에게 신봉자를 얻었고, 노동조합운동이 싹트고 소작농 사이에도 약간의 움직임이 보였다. 상공업자는 그 영향력을 더해 갔다. 정당에 대한 정치자금의 원조가 그 이유였다. 중산계급은 확대를 계속하고, 다음 세대의 기조를 결정하는 그들의 역할은 무게를 더해 갔다.

의회와 그 배후에 있는 상공업자의 역할이 증대함에 따라서, 일본의 대외정책도 종전의 군사우선주의를 떠나서 상공업자의 이익을 배려하는 방향으로 나갔다.

명치시대의 제국주의적 확장정책이 전략적인 이유에 기인한 것에 반해서 새로운 일본의 외교정책은 산업의 충실확대를 위해서 어떻게 하면 자원의 필요를 충족시키고 외화를 입수할 수 있는 시장을 확보할 수 있는가를 주요 목적으로 하고 있었다.

1921년 당시의 하라 내각은 미국의 요청에 의해서 워싱턴의 군축회의에 대표를 파견하고, 해군력의 확장제한을 통해서 극동의 안정을 도모하기 위한 방도를 토의했다. 미국·영국 양국이 각각 하와이·싱가포르 이원(以遠)의 기지불설치를 약속한 데 대해서 일본은 주력함의 영·미·일의 비율을 5:5:3으로 할 것에 동의하고, 아울러 산동성에 대한 독일의 권익을 중국에 반환할 것을 약속했다. 동시에 일본은 시베리아로부터의 철수를 수락했다.

공산혁명 직후, 독일의 위협에서 동부전선을 수호하려는 목적으로 일본은 영국·미국과 함께 이들 두 나라보다 많은 대군을 시베리아로 파병했었던 것이다.

이어서 1924년에는 상비군이 삭감되고 군사비가 대폭 줄었지만, 이것은 정당(政黨) 정부가 일본의 경제적 안전을 군사적인 확장에 두기보다 오히려 외부세계와의 통상에 구하려는 의도의 명백한 표현이며, 동시에 일본의 세력의 실상을 보여준 것이기도 했다.

군부의 반발

9

 이와 같은 여러가지 면에서 구미식 민주주의 규범에 접근하는 일본이었지만, 한 껍질 벗기면 심각한 문제가 엿보이고 있었다. 하나는 영국식 의원제의 일본판에는 몇 가지 두드러진 불비점이 존재했다는 것이다. 수상은 국회내의 다수화에 의해서가 아니고 몇 사람의 원로에 의해「성의(聖意)를 받들어서」라는 형식으로 임명되고 있었다. 수상을 임명한 후에 선거를 실시하는 방법이었다. 많은 경우, 선거에 이기고 의회내의 다수를 점했는데도 불구하고 말이다. 수상지명에 참여하는 주된「킹 메이커」는 명치의 원로 중의 생존자였다. 그 한 사람은 야마가다로서 그는 1922년에 사망할 때까지, 그 역할을 수행했고, 사망 후에는 사이온지공(公)이 계승했다.
 사이온지는 최후의 원로로 알려진다. 요컨대 의회가 수상 이하의 내각을 콘트롤한 것은 입헌제도의 정규적인 방법이 아니라, 정치적인 편의에 지나지 않았던 것이다.
 그러나 보다 심각한 미비점은 군부와 문관과의 대립으로서, 그것은「대정정변」이 웅변으로 말해 준 대로이다. 육해군 대신은 군부출신자로서 정당의 규율 밖에 놓여 있었다.
 확실히 의회에 의한 군부의 통제는 서서히 확립하고 있었다. 재정을 콘트롤하는 것은 역시 의회였고, 관계예산도 다른 예산과 마찬가지로 의회의 승인을 필요로 했기 때문이다. 야심적인 군부관계자 가운데는, 퇴관 후 정당에 들어가서 정치권력과 관련하는 자도 있었다. 비군부관료와 마찬가지로 말이다. 정우회의 당수로서 1927년에 수상이 된 다나까(田中義一) 대장이 그러한 일례이다. 여하간 군부는 이론상으로도, 또 그 내부적인 운영에 있어서도 문관지배가 미치지 못하는 곳에 위치하고 있었다.
 일본의 경제적인 지주도 결코 확고한 것은 아니었다. 1차 세계대전이 획기적인 공업성장을 초래한 것은 사실이지만, 대전 후, 구라파 각국으로부터의 경쟁이 회복함에 따라서 그 대책에 고민하게 됐다. 1920년대의 일본의 경제성장은 근대사상 가장 완만한 것으로, 유일한 예외는 2차 세계대전 중과 그 직후이다. 세계경제도 시원찮고 무역은 정체됐다. 일본의 농촌은 특히 심한 타격을 받고 있었다.

대만·한국이라는 두 개의 식민지로부터의 쌀의 이입(移入)과, 1929년의 주식폭락에 따르는 미국의 공황에 의해서 견직물의 대미수출이 완전히 사라지고, 쌀과 견직이라는 2대 환금농산물의 가격이 대폭적으로 흔들린 것이다. 경작면적의 45%를 점하는 소작농가의 상태는 극히 비참했다. 일본 각지에서 딸을 매매함으로써 간신히 아사를 면하는 참상도 볼 수 있었다.

도시에서도 경제상태는 심각했다. 신흥공업이 근대적인 기술에 의해서 지탱되고, 높은 생산성을 자랑하는 한편에서는 농업을 중심으로 하는 전통적인 산업은 기계화되지 않은 채 저생산성에 신음하고 있었다. 양자의 갭은 컸다.

이러한「이중구조」경제는 공업화 초기 단계에서는 어디서나 볼 수 있는 공통적인 현상이지만, 일본처럼 공업화의 속도가 현저한 곳에서는 특히 두드러졌다. 지도자가 공업화 시대의 이러한 문제에 익숙치 못하기도 해서, 사태를 개선하기 위한 사회입법은 늦추어졌다.

1920년대의 일본은, 또 하나의 약점을 안고 있었다. 의회제도를 지탱하는 사회적·정치적 토양이 고르지 못한 것이 그것이었다. 경제도 이중구조였고, 사회 전체도 마찬가지로 이중구조였다.

근대화의 속도도 도시에는 그런 대로 진행됐지만, 농촌에서는 느린 템포였다. 고등교육을 받은 일본인은 계속 그 지적 시야를 넓히고, 세계적 사조에 비해서 손색이 없었지만, 6년간의 의무교육이 전부인 대다수의 국민은 기껏 충성심이나 복종의 정신을 훈련받는 것이 고작이었고, 교육이라는 것은 제대로 받지 못했다. 새로운 것에 무조건 동경의 눈으로 부러워하는 반면 과거를 그리워하는 일본인도 적지 않았다.

경제의 실정이나 정당내각, 그리고 그것을 지탱하는 실업가에서 불만을 느낀 일본인은 옛날의 지도자를 그리워했다. 그들이야말로 가부장적이고 사욕이 없는 것으로 알려졌었다. 사리사욕을 추구하는 이권정치나, 그에 따르는 부패, 그리고 시끄럽기만 한 의회민주제도를 꼴사납게 생각하는 일본인도 적지 않았다.

그들에게 있어서 자본가가 정치를 좌우하는 것만큼 큰 해독은 없었다. 특히 재벌——원래는 모욕적인 호칭이었다——에 대한 비난은 높아만 갔다.

정당 정부에 의한 평화지향, 무역중시의 대외정책도 일부 일본인에게는, 경제계의 거물의 사적인 이익을 추진하는 것밖에 안되었고, 또한 일본의 전략적인 이익에 거역하는 것으로 생각되었다.

전통을 존중하는 일본인은 의회제도·대기업, 그리고 도시에 일어나고 있는 새로운 생활양식을 맹목적인 구미사상의 추종으로 받아들였다.

신흥 좌익세력도 같은 생각이었다. 이것은 묘한 부합이었지만, 그렇다고 해서 보수파의 그들에 대한 두려움이나 증오감은 사라지지 않았다.

1925년, 우연히도 보통 선거법의 성립과 때를 같이해서 치안유지법이라는 억압적인 법률이 통과된 이래 정치제도의 근본적인 변혁이나 사유재산제도의 폐지를 주장하는 것은 동법에 대한 위반으로 규정하게 됐다.

민주주의는 일견 일본에서 승리를 거두고 있는 것처럼 보였다. 그러나 실상은, 구미의 확고한 제도적 구조를 결핍하고 광범한 지지를 인식의 차원에서 획득하는 단계에는 이르지 못하고 있었던 것이다.

만일 대외정책상의 위기가 일본에 닥치지 않았다면, 과연 정치제도가 그대로 살아 남았을까 하는 여부에 대해서는 무어라고 단언할 수가 없다.

1929년, 세계공황이 휩쓴 후에 세계 통상은 축소의 방향으로 지향했다. 각국마다 자급을 목표로, 자국 중심적인 경제정책의 채택에 나섰지만 겨우 일본인도 그 공업형 경제가 얼마나 위험하게 신장하고 있는가를 깨닫게 됐다. 자그만한 섬나라가 지탱할 만한 것이 못된다는 인식이 생겨난 것이다.

영국·프랑스·화란 등 여러 나라는 거대한 해외식민지를 가지고 있었고, 미국과 소련도 광대한 대륙형 국토를 소유하고 있다. 이에 비해 일본의 지리적 기반은 오히려 작은 편이다.

일본국 건설사업은 너무나도 시기를 놓친 것이나 다름없다고 그들은 생각했다.

이 상황에는 인구문제라는 이름이 붙여졌다. 백색인종은 이미 인구가 과소한 서반구의 1등지나 호주를 장악하고 일본을 배제하고 있었다.

20세기 초엽까지 일본인은 미국과 영영(英領) 각지에서 셧아웃을 당하고 있었다. 인종적인 이유가 공공연히 들먹여지고, 실효를 올리고 있었다. 1924년에는 미국이 배일수정안(排日修正案)을 성립시키고, 나아가서 그것이 인종적 이유에 의한 것이라는 점을 분명히 했다. 단순히 굴욕적인 차별대우뿐만 아니라, 경제적으로도 코너에 몰리고 있다고 일본인은 생각했다. 이래

서 아시아 대륙의 진출이야말로 유일한 해결책이라고 생각하는 일부 일본인
도 나타났다.
 그 때의 목표는 당연히 중국이었다. 그러나 중국에서도 겨우 민족의식이
대두하고 있었다. 장개석(蔣介石)이 이끄는 국민당의 신정권은 만주에 대한
지배력을 회복하려고 시도하고 있었다. 그러나 만주는 이미 일본의 경제권
에 확고히 포함되고 있었다. 중국 민주주의의 대두는 지금 손을 쓰지 않으
면 중국 정복은 영원히 기회를 놓치고 만다는 양상을 띠고 있었다.
 일본의 군부는 어느 편인고 하니, 정치에서 독립된 존재였다. 그 때문에
그들은 이러한 국민적 감정을 지렛대로 대외정책을 구체적으로 변화시키고,
정치구조를 변화시킬 수 있었다.
 이미 1928년, 만주에 주둔한 일본군은 그 지역의 중국군벌의 영수의 한
사람을 암살이라는 형식으로 매장하고 말았지만, 군부 전체의 비호에 힘입
어 민간 정부의 질책을 벗어날 수 있었다.
 1930년에는 정부는 런던 군축조약을 수락하도록 해군을 설득했다. 워싱턴
에서 주력함의 대·영·미 비율이 5:5:3으로 결정된 후, 같은 비율을 중(重)
순양함에도 적용시키려는 것이 이 조약의 취지였다.
 해군은 부득이 이 결정을 수락했지만, 공공연한 반란 직전에까지 사태는
긴박했다.
 이어 1931년 9월 18일, 만주주둔 일본군의 일부는, 만주의 중심지 봉천
(奉天) 근교에서 열차사고를 조작, 이것을 구실로 전만주를 수개월에 석권
하고, 이듬해 2월에는 괴뢰정권 만주국(滿洲國)을 발족시켰다.
 군부에 의한 쿠데타를 두려워한 민간 정부는 사태를 수습하지 못한 채, 제
국주의적인 확장정책으로의 급전환을 받아들이고, 세계에 대해서 궁색한 변
명을 늘어놓았다. 국제연맹은 만주에서의 일본의 행동을 공식적으로 비난했
지만, 일본은 태연히 연맹을 탈퇴했다. 이것은 연맹의 그후의 운명을 결정
짓게 한 것이었다.
 대외정책의 전환과, 일본 국내의 풍조가 변화함으로써 얼마 후 정당 내각
은 막을 내린다. 소수의 군관내부의 극우주의자들은 이미 군부에 의한 쿠데
타를 사주하고 있었다. 1930년에 런던 군축조약을 강행한 수상은 광신적인
우익분자의 저격으로 사망하였다. 1932년 초엽에도 몇 명의 지도자가 암살
당했고, 같은 해 5월에는 일단의 해군장교의 손에 의해 수상이 암살당하는
사건이 발생했다. 원로 사이온지는 온건파인 해군제독을 그 후임에 임명하

고, 1934년에도 같은 인사를 취했다.
 당인(黨人)은 그 후도 각료의 포스트를 계속 점령하고 각 정당은 32년, 36년, 37년 선거에서 압도적인 승리를 거두었다. 36년에는 「의회정치냐, 파시즘이냐」의 슬로건을 내걸고 선거전을 벌인 민정당(民政黨)이 대승을 거둘 정도였다. 신흥 좌익정당들조차 득표수를 급속히 신장하고 있었다.
 그러나 의회는 그 세력을 감소하고 있었다. 대외정책을 사실상 좌우하는 것은 군부로서, 「거국일치내각」이라고 불리는 정부는 입헌제도 초기의 「초연내각」적인 색채로 다시 흘러가고 있었다.
 만주의 점유는 전국민의 박수를 받았고, 군부지도자의 위신을 높였다. 우익정당, 특히 젊은 장교들의 압력은 국정을 우경화시키는 구실이 되었다.
 극단적인 우익주의자들은 빈농을 지지했다. 병사의 대부분은 빈농 출신이었다. 그리고 부유한 실업가나 정계의 실력자 등의 특권계층을 비난했다.
 천황 측근의 간신배를 제거한다는 것이 그들 자신의 사명이라고 자처했다. 그렇게 하는 것으로서 군부에 의한 실권장악과, 「소화유신(昭和維新)」──그 실체는 모호한 것이지만──에의 길을 튼다는 것이 그들이 자칭하는 목표였다.
 1936년 2월 26일, 젊은 장교 그룹은 쿠데타를 단행하고, 많은 정부지도자를 암살, 도꾜의 중심가의 일부를 점거하는 폭거를 감행했다. 그러나 육해군 수뇌부는 겨우 반란군의 진압에 나서서 그 주모자를 처형했다.
 이어 군부내의 온건파는 장교에 대한 통제를 강화하고, 고급 장교간의 파벌항쟁에 종지부를 찍었다.
 이 2·26사건은 국회의 권한의 저하에 다시 박차를 가한 점에서도 기억해야 할 사건이다. 1937년에는 육군의 장성에 의한 내각이 탄생, 정당인의 내각참가에 찬물을 끼얹었다.

 그간 일본 육군은 내몽고와 북부 중국에 대한 세력확장을 멈추지 않았다. 1937년 7월 7일 밤에는 북경(北京) 근교에서 일본군이 군사행동을 개시, 2차 세계대전의 서막이 열린 것이다.
 일본군은 전쟁을 확대하면서 북부 중국과 중부 중국으로 진격하고, 중국정부를 타도하기 위해서 남부 연안지대까지 점령했다. 그러나 중국은 후퇴하면서도 저항을 계속하고 게릴라전과 늘어난 보급선은 비로소 일본군에 소모를 강요하기에 이르렀다. 중국에서의 전면전은 일본 국민의 광적인 애국심에 불을 붙이고, 31년 이후의 여러 경향은 겨우 표면화되었다. 군부의 정치지배는 더욱 강화되고 정부기구에 군부출신자들이 뚫고 들어갔다.

한편, 의회의 권능은 저하일로를 걸었다. 그 결과, 1940년에는 모든 정당이 해산되고 「대정익찬회(大政翼贊會)」라는 거대한, 터무니없는 조직으로 흡수당했다. 이것은 독일의 나치(Nazi)나 이탈리아의 패시스트(Fascist)와 유사한 전국 규모의 국민운동을 지향하는 것이었다.

교육이나 보도기관에 의한 국민의 교화계몽은 더욱 편협과 준엄성을 더하고, 이단적인 사상에 대한 탄압도 가중되었다.

사상의 자유가 전기를 맞이한 것은, 1935년 미노베(美濃部達吉) 도꾜 제대 교수가 그의 천황기관설(天皇機關說)로 말미암아 귀족원의원으로서의 신분을 정지당했을 때였다. 당시까지 인정되고 있던 천황기관설은 이제 불경죄(不敬罪)에 해당된 것이다. 이것은 사상의 자유의 전환점이었다.

이 사건은 1차, 2차 세계대전 사이의 구라파를 휩쓴 파시즘에 비유된다. 놀라울 정도의 유사점이 양자 사이에 발견되는 것은 사실이다.

그러나 독일이나 이탈리아의 경우와는 달리 독재자는 존재하지 않았다. 명확히 규정된 국민운동의 형태를 취하고 있지는 않았다.

상황은, 국민의 무드가 어딘가 달라지고, 엘리트 집단간의 힘의 밸런스에 변화가 생긴 결과 국책이 대폭적으로 이동한 데 불과하다. 그것도 1889년에 제정된 입헌제도의 틀을 벗어난 것은 아니었던 것이다.

혁명도 쿠데타의 성공도 정치제도의 형식상의 변경도 없었다. 1930년대 후반의 군부주도형 정권도 그 입헌적 합법선에 대해서는 20년대의 의회주도형 정권과 구별이 어려웠다. 헌법 기초자의 의도에서 벗어나기는 했지만, 이것은 20년대의 정권도 마찬가지였다.

시대의 대세에 대항해서 신념을 가지고 감옥에 들어가는 용기가 있는 일본인의 수는 적었다. 공산당원을 주축으로 하는 하옥자도, 그 많은 부분이 전향을 강요당하고 사실 전향하고 말았다. 그 밖의 반대자는 침묵을 강요당하고 신체제와의 동조를 하지 않을 수밖에 없었다.

중국대륙의 전투는, 그 후에도 교착되고 다시 전국을 확대됨으로써 생사를 결하는 일대 도박을 거는 외에는 별도리가 없다는 것을 알게 되었다.

1939년, 구라파에서 전쟁이 발발하고 소련이 전쟁에 휩말림에 따라서 구라파 열강의 외압(外壓)으로부터는 풀려 났지만 중국에서의 행동에 대한 미국의 반대는 오히려 증대했다. 종래 미국은 침략행위의 성과를 일본이 향유하는 것에는 반대라는 도의적인 입장을 취해 오기는 했지만, 문서나 구두에 의한 비난 이상의 실제행동에 대해서는 결정을 짓지 못하고 있었다.

그런데 이제 히틀러(A. Hitler)가 구라파 전체에서 득세하기 시작하고, 동부 아시아에서 일본이 패권을 잡자, 종래의 태도는 지양되어야만 했다. 소위 「대동아공영권(大東亞共榮圈)」이 그것이다. 또 독·이·일(獨伊日) 사이에 동맹조약이 체결되었다.

이러한 움직임은 구라파·동 아시아에 있어서의 위협이 아닐 수 없었다. 이것은 세계평화에 대한 위협이기도 했다.

프랑스가 항복하자, 일본은 북부 월남(越南)에 진격해서 이것을 점거했다. 1940년 여름의 일이다. 중국 남부를 제압하기 위한 의도였다.

이에 대해서 미국은 경제제재라는 형태로 대항하고, 이듬 해 일본이 월남 남부에 진주하자, 미국은 다시 석유금수의 조치로 나왔다.

석유비축의 고갈과 미국에 의한 공격의 가능성을 앞에 두고, 일본은 다음의 3자 택일을 강요당했다.

하나는 중국에서 철병하는 것이고, 또 하나는 미국과 협상하는 것이고, 끝으로는 전쟁을 계속해서 지금의 인도네시아의 석유자원을 탈취하는 것이었다.

정부는 첫째, 둘째의 안에 단을 내리지 못하고 세째안을 택했다. 1941년 12월 8일, 진주만(眞珠灣)을 기습하여 성공을 거두었다. 일본의 남진을 위해서 미국 해군을 무력화한다는 것이 그 목적이었다.

전쟁 개시에 앞서서, 군부는 국내의 정치적인 입장을 통합, 강화를 도모했다. 이에 따라 육군의 가장 실력자인 도조(東條英機)가 수상과 육상을 겸임하게 된 것이다.

군사력·경제력의 양면에서 미국이 일본을 크게 앞지르는 것은 일본도 잘 알고 있었다. 그러나 속전속결(速戰速決)하면 아무리 미국일지라도 전국만회(戰局挽回)의 어려움을 깨닫고 단념하지 않을까 하는 것이 일본측의 견해였다.

하물며 독일이 구라파에서 전승을 거두고 있는 마당에서는 이러한 관측은 더욱 가능성이 있어 보였다.

전쟁 개시 수개월 동안 일본은 모든 동남 아시아를 석권하고, 인도·버마 국경에서 뉴기니아, 가달카날도(島)에 이르는 광범한 지역을 제압했다.

그러나 진주만기습은 미국으로 하여금 좌시시키지 않았다. 일본을 능가하는 거대한 해군력이나 공군력을 증강함으로써 서전의 불리를 회복하는 작전을 지시했다.

그간 미국의 해군력·공군력은 일본 상선대의 태반을 침몰시키고 전초지점에 있는 일본군을 차례로 무력화함으로써 원료물자의 일본으로의 수송을 막아버렸다.

1944년 11월에는, 미국 공군은 일본의 남방에 위치하는 여러 도서에 배치를 끝내고 소이탄에 의한 공습으로, 가연성이 높은 일본의 도시들을 폭격하기 시작하고, 소모가 심한 각 공장에서 노동자들을 몰아냈다. 일본의 공업은 이렇듯 이중의 타격을 받고, 일본의 군사력은 쇠퇴일로를 걸었다.

상황은 절망적이었다. 그럼에도 불구하고 일본의 사회질서는 여전히 강인하고, 일본군부는 일본의 전통에는 항복은 없다고 강조하며 국민을 독전했다. 그러나 1945년 8월에 이르러, 히로시마(廣島)와 나가사끼(長崎)에 원자탄이, 6일과 9일에 연달아 투하되었다. 8일에는 빈사상태에 빠진 일본에서 한몫 보기 위해 소련군이 만주에 진입하자, 일본정부는 그만 백기(白旗)를 들고만 것이다.

8월 15일, 일본 정부는 「무조건 항복」의 요구를 받아들였다. 이에 앞서, 7월 26일, 소위 「포츠담 선언」은 미국에 의한 명확하고도 가차없는 조건을 명백하게 밝히고 있었지만, 「무조건 항복」은 이 선언에 따른 것이다.

일본은 모든 것을 얻었다가 모든 것을 잃은 것이다. 80년간의 근대화의 노력과, 그 놀라운 성과는 수포로 돌아가고 있었다. 외국 정복자의 군화소리를 그들은 들었다. 역사상 처음있는 일이었다.

점령군에 의한 개혁

10

2차 세계대전에서의 일본의 패전은 일본에 커다란 급격한 변화를 초래케 했다. 이에 비견할 만한 변화는 명치유신이 있을 정도이다. 첫째, 전쟁 그 자체가 악몽과 같은 체험이었다. 패전 당시 일본의 제조공업은 사실상 정지상태였고, 농업생산마저 3분의 1로 감소했다.

교또를 유일한 예외로, 거의 모든 대도시, 중소도시가 전파에 가까울 만큼 파괴되었고, 폭격으로 인명피해는 67만에 달했다.

치명적인 타격을 입은 경제는 통상적인 무역의 흐름에서 절단되고, 외국 군대의 지배하에 있다는 불안까지 겹쳐서, 전화를 입은 구라파의 경우보다 훨씬 부흥이 부진했다. 1인당 GNP가 1930년대의 수준에 도달한 것은 패전 후 10여년이 지난 후였다.

일본인이 입은 심리적 상처는 그 이상으로 깊었다.

보통 섬유는 대용섬유로 대체되고, 모든 소비재가 서서히 모습을 감추었다. 식량도 바닥이 나고, 주택도 화염에 싸여 잿더미로 화했다. 도시주민은 살아남기 위해서 암시장을 헤매야 했다. 그들의 사기가 땅에 떨어진 것도 당연지사였다. 준법정신은 온데간데 없어졌고, 위법행위는 일상다반사가 되어 버렸다.

전쟁지도자들은 일본인의 정신력의 우위성이 승리를 안겨줄 것으로 굳게 믿었다.

국민도 이 기대에 응해서 전력을 다 했으나 허사였다.

전쟁이나, 그들을 전쟁으로 몰아넣은 전쟁지도자에 대한 국민의 원망은 컸다. 죄의식은 없었다. 속았다는 생각뿐이었다.

아시아의 해방군으로 환영을 받으리라는 일본군은, 어디에 가든지 증오에 부딪쳤을 때 그들의 놀라움은 컸다. 천황의 보필자로서의 군부에 대한 존경은 분노와 경멸로 바뀌었다.

패전 직후의 일본인의 대부분은 먹고 사는 일에 온 정신이 빠졌지만, 이

10. 점령군에 의한 개혁

목전의 관심사의 바탕에는 평화에 대한 강한 희구와, 이러한 대참사가 다시는 되풀이되어서는 안된다는 결의가 흐르고 있었다. 무참한 실패로 돌아간 낡은 일본의 새로운 무엇인가를 희구하고 있었다.

확실히 혼란은 있었지만, 변화를 수용하려는 자세가 정비되어 있었다. 1952년 봄까지 계속된 미국의 일본점령이 효과적인 변화를 초래할 수 있었다는 것은 일본인측에 이러한 수용태세가 있었기 때문이다.

일본의 군국주의자의 숨통을 끊으려는 미국의 결의는 전후의 일본을 위해서 미리 계획을 수립하는 것이었다. 그래서 1945년 9월 2일, 일본에 도착한 미점령군은 발본적인 개혁을 목표로 정책상의 지령을 휴대하고 있었다.

연합군의 총사령관은 맥아더(D. MacArthur) 장군이었다. 장군은 미국뿐만 아니라 연합군의 총사령관으로 일본에 왔다. 그 개인과 그의 사령부는 SCAP라 불렀다.

명목상은 전연합국에 의한 점령이지만, 실체는 미국의 단독작업이었다. 영 연방은 호주군을 파견했지만, 중국은 국공내전(國共內戰)에 정신을 빼앗기고 있었다. 한편, 소련은 단독점령지역의 요구가 수락되지 않자, 미국인의 지휘하에 자국군대를 놓을 수는 없다고 하여 점령군을 파견하지 않았다.

모든 전승국에 의한 극동위원회가 1946년에 워싱턴에 설치되고, 점령정책 전반에 관해서 책정하기로 하였다. 또 도꾜에는 주요 4개국을 구성원으로 하는 대일이사회가 설치되고, 점령정책의 실시 방법에 대해서 권고를 하기로 했다. 그러나 미국은 어느 기관에도 그다지 영향력의 행사를 인정하지 않았다. 따라서 일본 점령은 미국 1개국의 전권사항이었고, 일본도 그렇게 받아들였다.

맥아더는 대단한 자신가였고, 활력에 가득 찬 카리스마적인 지도자였다. 워싱턴으로부터의 일반적인 지시는 불가불 받아들였지만, 다른 연합군의 지시는 일체 아랑곳하지 않았다. 그의 구세주적인 발상이나 성명은 일본인에게 잘 받아들여졌다. 초조한 일본인은 그저 고무되고 지도받기를 바랄 뿐이었다.

일본인은 또한 미국군이 보복적이 아니고 선의와 관대로 대해 주는 데 놀라움을 금치 못했다. 미국의 우위는 패전결과 어느 일본인의 눈에도 명백한 사실이었다. 그들은 일본의 미래의 교사로 지목되는 데 주저하지 않았다. 점령군이나 그 지도자를 백안시하거나 저항하는 그런 태도는 없었다.

미국인은 또 미국인대로 일본인의 교육수준이 높고, 자율심이 강하고, 온화한 것을 깨달았다. 일본의 개혁을 위해서 미국과 협력하리라는 태도를 읽을 수 있었다. 거기에는 전쟁 당시의 광신적인 그림자는 찾아 볼 수 없었다. 지도자들도 일본의 독립을 얻는 길은 미국의 의사에 따르는 것 외에는 없다고 체념하고 놀랄 만큼 협조적이었다.

미국인다운 강한 설득조의 자신감과 관대한 태도와, 일본인의 협조 자세와 지도자에 대한 충성이 훌륭히 어울린 것이다. 선린적인 근대국가를 타국이 점령한다는 것은 참담한 실패로 돌아가기 쉽다고 예상한 측도 많았지만, 뚜껑을 연 결과 예상 외의 성공을 한 셈이다.

미점령군의 초기의 제일 큰 목적은 일본을 비군사화하는 일이었다.

일본에는 점령군 장병이 넘쳐 흐르고 있었다. 북해도의 북부에 있는 도서는 소련군에게 빼앗기고, 미군은 오끼나와를 확보했다. 일본의 군인이나 민간인은 동 아시아와 태평양 전역에서 추방되어 650만이 넘는 일본인이 고국으로 돌아 왔다.

육해군은 완전히 해체되고, 함선과 기재는 그 일부가 파괴되었다. 잔학행위로 기소된 군부관계자는 처벌되고, 도조(東條)대장 이하 7명의 군사지도자는 다른 한 명의 민간출신의 전수상과 함께 전범으로 처형당했다. 전쟁 발달에 앞서서 개인으로 공동모의에 참여했다는 것이 그 근거였다.

전후의 평화주의 무드와 맥아더 자신의 「일본은 극동의 스위스가 되자」는 편달로 말미암아 일본지도자들도 새로운 헌법에 모든 전쟁수단의 포기를 명기하는 조항을 삽입하는 데 동의했다. 그러나 1951년, 평화조약이 마침내 교섭 테이블에 올라왔을 때, 조약조문 속에 일본에 대한 군사적인 제약을 언급하지 않는 것이 보다 실제적이라고 생각되었다.

한편, 경제면에서는 비군사적인 일본의 필요를 충족시키는 이외의 잉여공업력은 일본이 유린한 이웃 나라들에 대한 배상지불에 쓰여지기로 했지만, 이 계획은 실제로 거의 아무런 성과를 낳지 못했다. 그 이유는 다음 세 가지가 있다.

하나는 이러한 공업시설을 어떻게 분배하는가에 대해서 합의에 도달하지 못한 것이고, 둘째는 전화로 황폐한 일본에는 타국에 이송해서 조립할 만한 시설이 남아 있지 않았다는 것, 그리고 끝으로 국민의 필요를 충족시키기에도 불충분한 여유밖에 없었다는 것이다. 일본이 살아 남은 것은 전적으로 미국의 원조 덕분이었다.

미국의 점령정책이 단순히 비군사화에 그쳤다면, 과거의 전후 처리와 그 다지 다를 것이 없었을 것이다. 그러나 점령정책은 이 점에 멈추지 않았다.
　비군사화정책은 단순히 일본의 군국주의적인 죄과에 대한 응급적인 조치에 불과하다는 것이 미국측의 생각이었다.
　정부 그 자체를 민주화하면, 장래 전쟁의 가능성은 없어질 것이다. 그를 위해서 모든 초국수주의 집단은 금지되고, 모든 억압적인 법률은 철폐되고, 정치범――태반은 공산주의자였다――은 석방됐다.
　또한 구(舊)육해군부와 정계·실업계·교육계의 최고 지도자급은 책임 있는 지위에 앉을 수 없게 되었다.
　그러나 민주화 정책 가운데 가장 중요한 측면은 신헌법과 그에 부수하는 일련의 법안의 채택이었다.
　일본정부내의 혼란이 수습될 수 없고, 맥아더의 뜻을 반영할 만한 헌법개정안을 제출하는 데 소극적이라는 것을 알자, 그는 자기 스태프에 명령해서 신헌법의 기초에 착수케 했다. 1946년 2월의 일이다.
　이 초안(草案)은 약간의 수정을 거쳐 일본정부가 수락하게 되고, 1889년의 헌법의 칙령에 의한 수정이라는 형식을 취해서 1947년 5월 3일에 효력을 발휘했다.
　기초자가 미국인이라는 사실이 그 타당성과, 영속성에 대해서 의념(疑念)의 발생의 여지가 있다는 것은 이해할 수 있다.
　그러나 미국인 기초자가 미국의 정치제도를 본따지 않고, 영국의 의회제도에 따른 것은 매우 타당성이 있는 것이었다.
　1920년대, 이미 일본은 영국의 의회제도를 지향하고 있었던 것이다. 이렇듯 신헌법은 일본인의 정치체험에 합치한 것이었고, 대다수의 국민이 환호 속에 받아들인 것이다.
　신헌법은 1889년 헌법의 모호성과 약점을 수정하는 데 중점을 두었다.
　천황(天皇)은 국민의 상징이고 실제적인 권력을 소유하지 않는다는 점이 명확히 규정되었다. 사실 천황은 장기간에 걸쳐서 그러한 존재였던 것이다. 국권(國權)의 최고기관은 국회로 규정됐다. 그밖의 모든 권력의 원천으로서 국회와 경합하는 존재는 모두 제거되거나 국회 밑에 있는 것으로 규정됐다.
　내각도, 수상이 중의원(하원)에 의해서 선출된다는 의미에서 국회에 대해서 책임을 져야 한다고 규정됐다.
　귀족원은 참의원에 의해서 대체되었다. 다만 국회의 운영방식이나 선거제

Ⅱ. 역사적 배경

도는 부인참정권의 신설을 예외로 하고, 1920년대 후반과 거의 변화가 없다.

헌법은 또한 새로운 기본적인 인권조항을 포함하고 있다. 미국 헌법에 있는 모든 조항이 포함되었고, 남녀의 평등, 근로자의 단결권, 단체교섭권, 누구나가 받을 수 있는 교육의 권리, 그밖에 근년에 와서 제창된 많은 권리가 제정되어 있다.

사법부는 가능한 한 행정부와 독립된 존재로 규정되고, 신설된 최고재판소에는 새로 위헌심사권(違憲審査權)이 부여됐다. 지방공공단체의 권한도 확충강화되고 현(縣) 지사는 종전의 시장직과 마찬가지로 관선에서 민선으로 변경됐다.

점령은 단순히 정치적인 개혁에 멈추지 않았다. 한 걸음 더 나아가서 일본사회나 일본경제를 개혁함으로써 종전의 사회・경제질서보다 민주적인 기구가 효율적으로 기능하는 데 기여할 수 있는 새로운 상황을 창출하도록 지향했다.

기묘하게도 점령군 당국은 일본 제국주의의 원흉은 재벌의 손에 너무나도 거대한 공업력과 부가 집중됐기 때문이라는 마르크시즘의 해석을 취하고 있었다. 재벌이야말로 일본으로 하여금 침략적인 대외정책을 취하게 한 원흉이라는 것이 그 해석이었다.

전전의 일본 역사는 이 설의 타당성을 수용하지 않았지만, 맥아더와 그의 스태프는 이 해석을 채택하고, 그 결과 사회주의적 정열을 발휘했다. 혁명적인 변화는 외국인이 실시하는 한 용이하기도 하고 재미있기도 하다.

전쟁이 초래한 재앙은 경제 레벨의 평균화에 크게 기여했다. 누구나가 다 어려운 상태에 있었기 때문이다. 한 걸음 더 나아가서 점령군 당국은 남은 개인재산을 재산세의 명목으로 몰수했다.

동시에 재벌기업은 해체되고, 재벌의 오우너나, 그 가족은 재산을 몰수당하고 재벌을 구성하는 제조기업이나 금융기관의 해체가 시작됐다.

그러나 사회적・정치적 목적으로 일본경제에 이 이상의 수술을 가한다는 것은 지나치다는 의견에 따라, 이 계획은 중지되었다. 따라서 산업의 활성화로 방침이 바뀐 것이다.

일본은 소작농가의 높은 율에 항상 고민했다. 19세기 말 그것은 총면적의 45%에 달하고 있었다. 소작의 율을 낮추는 방법에 대해서 이미 여러가지로 강구되었지만, 점령군의 강권이라는 외부적인 압력이 가해짐으로써 비로소 발본적이고도 효과적인 토지개혁안이 실행되었다.

　농지에 관한 부재지주제도는 완전히 금지되고, 재주지주도 자기가 경작하는 농지 외에는 극히 소규모의 보유가 인정되었을 뿐이다. 소작인에 대한 토지의 양도도 소작인에게는 매우 유리한 조건으로 실시되었다. 전전의 지가(地價)를 기준 삼았기 때문에 공짜나 다름 없었다. 그 결과, 소작면적은 전체의 10% 이하로 격감되었다.

　점령군은 또한 도시에 거주하는 노동자에 대해서도 유효적인 몇 가지 법안을 준비하여, 노동조합의 탄생에 이바지했다. 사용자측의 힘에 대한 저항력으로서였다. 이 결과, 1920년대에서 살아 남은 조합지도자들이 즉각 조합조직에 착수하여, 무려 1,200만을 넘는 노동조직을 만들었다.

　다만 미국 당국자가 놀란 것은, 일본의 노동운동이 미국 본토보다 과격한 노선을 선택했다는 것이었다.

　패전 직후의 어려운 경제 정세하에서는 임금인상 교섭을 단체교섭에 의해서 결정하는 가능성은 적었다. 그래서 적지 않은 조합들이 경영권을 장악해서 자주 경영을 할 것을 목표로 삼았다. 뿐만 아니라, 많은 일본의 노동자는 철도·교직원 등 소위 관공노동자로서, 그들의 급여체계는 정부에 의해서 정해지고 있다. 임금협상보다 직접 정치활동을 하는 편이 손쉬운 방법으로 생각된 것이다.

　점령군의 개혁은 다른 분야에도 파급되었다. 여자는 참정권을 인정받았고, 완전한 법의 평등을 부여받았다. 본가의 호주의 분가에 대한, 그리고 호주의 성인자제에 대한 권한에는 종지부가 찍혔다.

　의무교육은 9년으로 연장되고 국민학교 이상의 학교제도는 미국식에 따라서 개정됐다. 이 기계적인 변혁은 커다란 혼란과 불만을 야기했지만, 그러나 점령군이 철수할 즈음에는 재개혁이 어려울 정도로 제도화되고 있었다.

　이처럼 점령군의 개혁안은 성과가 시원치 않은 것도 있었으나 대체적으로 일본인의 좋은 평가를 받았다.

　그러나 전후의 일본의 변화 중 태반이 외국인의 손에 의해서 이루어졌다고 보는 것은 정확하지 않다.

　일본제국의 확립을 희구했다가 뜻을 이루지 못하고, 그 결과 국가로서 붕괴한 전쟁의 체험은, 설사 일본에 점령군이 진주하지 않았더라도 점령하에 있었던 것과 같은 방향으로의 선택을 강요당했을 것이다.

　평화적인 국제무역에 의존하는 외에 경제적으로 살아남는 방법은 있을 수 없었다.'의회민주주의는, 그 결함은 일단 덮어 두고라도 전체주의적인 정치와 그 폐허와 대체할 유일하고도 확실한 선택이었다.

군국주의자나 극단적인 국가주의자들은 15년간에 걸쳐서 사회개혁에 찬물을 끼얹었고, 그 방향을 그르쳤다. 그러나 일단 이런 장해가 제거되면, 사회변혁이 일본 전토를 씻는 것도 시대의 흐름이라고 해도 좋았다.

점령군의 개혁이 상승의 효과를 얻은 것은, 지향하는 방향이 일본의 내부에 존재한 세력이 추진한 것과 동일했다는 사실에 크게 기인하고 있다. 외부의 지도자가 이러한 세력을 좁은 방향으로 수렴하고, 그 결과, 그 흐름이 한층 힘을 얻은 측면은 있었을 것이다. 그러나 일본의 추이(推移)를 결정한 것은 결코 점령군이 아니었고, 다만 그들은 그것을 용이하게 만든 것에 지나지 않는 것이다.

전후의 일본

11

전장에서 기술한 이후의 전쟁사에 대해서는 간략화하기로 한다. 이 책의 후반은 주로 이 시기를 취급하고 있기 때문이다.

일본인은 전쟁・점령이라는 악몽과 같은 시기를 용케 돌파했지만, 그때, 그들이 보여준 사회적 규율은, 약 1세기 전에 봉건제도나 고립에서, 집권제도나 국제적 접촉이라는 아마도 보다 발본적인 개혁에서 보여준 것과 같은 종류의 것이었다. 충분한 언어기술과 직접 통치를 위한 인적 자원을 결핍한 미국은 일본 정부를 통해서 그 권능을 행사했다.

당초에는 혁명으로의 길이 막힌 것도 아니고, 어느 정도 그것을 기대하는 측도 있었다. 그런데도 혁명은 일어나지 않았다. 혼란은 없었지만 법과 질서의 붕괴는 일어나지 않았다.

과격적인 그룹이 폭력에 호소해도 대부분의 일본인은 이를 피했다. 공무원은 그 직분완수에, 학생은 공부에 열중했다. 누구나가 새로운 상황에 적응하려고 노력했다. 변혁의 바람 속에서도 일본사회는 과거 수세기와 마찬가지로 질서 속에서 기능했다.

20세기 초엽, 이미 그 싹을 보이기 시작한 변혁에의 입김은 전후에 다시 대두했다. 군벌의 지배・전쟁・패전・외국군의 점령 등, 모든 것이 없은 듯했다. 그것이 가장 현저하게 나타난 것은 정치에서였다. 1945년 가을에는 전전의 모든 정당이 재건되었지만, 선거 때마다 나타난 경향도 20년대, 30년대의 거의 직선투사법적인 연장과 다름 없었다.

전전의 2대 정당도 부활했고, 좌익정당의 대두에 직면해서 1955년에는 보수연합전선이 결성되고, 그 이름을 자유민주당(自由民主黨)으로 호칭했다. 자유당과 민주당의 합동임을 표시한 것이다.

그 당원들은 전전의 리버럴파였다. 그러나 전후의 상황에서는 보수파로 간주됐다. 야당인 공산・사회・민사의 3당은 전전에 존재했던 각당의, 말하자면 전후파이다. 순수한 전후파 정당으로서는 고메이도(公明黨)가 있을 뿐이고, 이것은 신흥종교의 하나인 소가각까이(創價學會)의 정치부문으로 발족한 것이다.

고메이도와 다른 좌익 3당은 야당표를 분산시키는 면에서, 결당 이래의 자민당의 일당지배를 결과적으로 초래하는 데 기여한 셈이다.

패전 직후에는 정치뿐만 아니라, 경제·사회적으로도 불안과 혼란이 두드러졌었다. 조직노동조합은 제조공업을 장악하고, 직접적인 정치권력을 수중에 넣는 것을 지향하고 있었다.

사회·공산 양당은 맥아더가 관대한 탓도 있어서, 완전한 사회주의적 또는 공산주의적 사회의 수립을 위해서 활동을 전개하고 있었다. 군국주의자에 의해서 가장 억압을 당했던 좌익주의자·인텔리, 그리고 도시의 화이트 칼러는 정권을 잡은 보수파의 의도에 대해서 짙은 의혹의 눈으로 바라보고 있었다.

정치적인 의견을 말할 때에도 이성적으로 토론하는 것보다 전면대결을 불사하는 자세를 취했다. 그리고, 이와 같은 대결 무드는, 선거전이나 원내투쟁에서뿐만 아니라, 가두에까지 넘쳐 흘렀다.

자극적인 슬로건을 내걸고, 다수의 대중이 어떤 테마를 중심으로 「절대반대」를 외치는 데모 광경은, 정치과정의 일부로 화했다. 민주주의를 부르짖지 않는 사람은 없었다. 그러나 전후 가장 사람의 입에 오르내린 정치용어는 「데모」는 데모크라시의 데모가 아니고 데먼스트레이션의 데모였다.

점령군과 일본국민과의 밀월(蜜月)은, 점령 당초에는 그럴싸했으나 점점 소원해졌다. 불필요한 타격을 일본경제에 주는 것으로 우려한 보수당은 초조감을 더해 갔다. 한편, 좌익세력도 점령군에 대해서 완전히 환멸을 느끼고 있었다. 1947년에서 49년에 걸쳐서 점령정책이 철저한 개혁의 수행에서 경제부흥으로 기어를 전환했기 때문이다.

이 전환은 당연한 추세였다. 당초의 개혁안은 완성을 가까이하고 있었고, 최대의 장해는 일본경제가 언제까지나 약체로 남는 것이라는 인식이 일어나고 있었다.

그러나, 일본 이외의 세계정세에 대한 미국측의 인식의 변화도 여기에 한 몫 끼었다. 냉전이 막을 열고 있었고, 중국은 공산주의의 손에 들어가고 있었다. 일본은 동 아시아의 평화에 대한 특이한 위협임을 중시하고, 이 지역에 있어서의 민주주의와 미국의 군사적 존재에 있어서 기대를 걸 수 있는 근거지로 지목되기에 이르렀다.

점령군에 대한 좌익세력의 인식 변화에는 몇 가지 전환점이 있었다.
그 하나는 노조가 1947년 2월 1일, 전국적인 총파업을 기도했다가 실패한 것이다. 정치력을 장악하기 위한 이 총파업계획은 일본경제에 대한 타격과 스스로의 개혁계획에의 지장을 우려한 맥아더에 의해서 중지명령을 받은 것이다.
또 하나는 1949년초에 점령군이 관민 쌍방에 대해서 엄격한 재정긴축을 명령한 것이다. 이것을 기화로 보수당 정권은 일거에 성가시게 구는 좌익분자들의 대량 해고에 나섰다. 세칭「레드 퍼지(Red Purge)」가 이것이다.
1950년 6월 25일, 돌연 북한(北韓) 공산군이 남한(南韓)에 무력침공을 개시하자 재일 미군기지로부터 반격이 시작됐다.
그 결과, 정책을 180도(度) 전환한 미국점령군은 이제 수호자가 아니라 적이라는 결론이 좌익의 입에서 나오게 됐다.
그 이후, 좌우의 정치대립은 주로 대미관계를 축으로 해서 이루어졌다. 일본의 생존은, 외국의 자원이나 시장에 의존하고 있고, 국내 문제보다 대외관계의 귀추에 의해서 좌우되는 것이 훨씬 크다는 것을 생각하면 이것도 무리는 아니다. 미군의 결정적인 역할은 점령체험과 방위상의 보장을 계속 미국에 위임하고 있는 사실, 그리고 해외무역의 30%가 대미무역이라는 사실에 의해서, 더욱 확대된 형태로 일본인의 눈에는 비쳤다.
좌익의 주장은, 미국에 크게 의존함으로써 자본주의와의 인연을 끊을 수 없고 사회주의의 달성을 방해한다는 것이었다. 재일 미군기지가 냉전의 위험에 일본을 끌어 넣을 뿐만 아니라, 군국주의와 결별할 수 없다는 것이었다. 미군기지나 미군병사의 잔류는 마찰의 씨를 뿌렸고, 야당이 정치목적을 위해서 이것을 이용하는 경우가 끊이지 않았다.
평화조약을 체결함으로써 점령을 끝낸다는 미국측 계획은 예정보다 크게 늦어졌다. 미국이 필요로 하는 내용의 평화조약을 소련이 무조건 받아들일 리 없었다.
그러나 미국은 드디어「단독강화」로 옮기고, 소련이나 중국의 참가 없이 평화조약에 조인함과 동시에「안보조약」을 체결하고, 재일 미군기지의 존속과 일본방위의 약정을 규정했다. 이 두 개의 조약은 1951년 9월에 체결되고, 이듬해 3월에 발효했다.
점령종결 초기에 정치분쟁의 불씨가 된 것은, 헌법을 개정하고 천황의 주권을 명확히 하고, 국방상의 제약을 철폐하자는 보수파의 의도였다. 전자는 주로 이론적인 문제점에 지나지 않았지만, 후자는 훨씬 현실적인 쟁점(爭點)이었다.

중의원·참의원을 합쳐서 3분의 2의 절대 대다수를 갖지 못하는 보수당은, 좌익의 맹렬한 공격 앞에 무릎을 꿇고 말았지만, 전쟁포기 조항을 암암리에 수정 해석하는 것은 실현했다.

즉, 1954년에 소규모의 방위군이 창설되고, 이를 자위대(自衛隊)로 불렀다. 이 밖에도 점령군에 의한 개혁의 수정이 이 시기에 진행됐다. 전시지도자의 추방에는 종지부가 찍히고, 경찰·교육의 제도도 중앙정부의 행정관할 하에 재통합되었다.

집권적인 행정으로의 회귀(回歸)에 대한 야당의 저항은 만만치가 않았다. 이러한 움직임이 헌법에 의해서 새로 보장된 인권의 전면적인 환골탈태가 되는 것을 우려한 때문이었다. 여당이 행정의 효율화를 위해서 필요하다고 생각한 규제조치를 둘러싸고 이 이래로 좌우 양진영의 싸움은 격화의 도를 더해 갔다.

전전의 제도로 지향하는 역(逆) 코스의 길을 트지 않을까 하고 좌익은 겁을 먹은 것이다.

이 동안 일본정부는 외부세계와의 관계를 정비하고, 국제사회로의 복귀를 시도하고 있었다. 1954년에는, 일본이 손해를 입힌 나라들과 배상협상을 개시했다. 1956년에는 소련과 정규적인 평화조약 직전의 전쟁종결 선언을 체결하고, 소련에 의한 거부권 발동이 취하된 결과, 일본은 UN에 가입했다.

이웃 나라 한국과 중공과의 관계는 미결 상태로 남아 있었다. 한국과의 관계가 정상화된 것은 실로 1965년의 일이다. 일본의 재정지출이 하나의 기초가 되었다. 한편, 중공과는 1972년 미국과 중공과의 화해를 기다렸다가 겨우 외교관계의 정상화가 이루어졌다.

전후 최대의 정치위기가 찾아 온 것은 1960년, 미일안보조약(美日安保條約)의 개정을 둘러쌌을 때였다. 이 개정은 일본의 위치와 자신의 증대가 초래한 것이었다. 정치적인 소요가 발생하고 대규모적인 데모가 벌어졌다.

그러나 안보조약은 개정되어 흥분은 진정되고, 그 이후 수년간은 정치적으로 가장 조용한 수년을 기록했다.

새로 등장한 이께다(池田勇人) 수상은 「저자세」정책을 추구하고 야당의 맹렬한 저항을 무릎쓰고 정치결정을 강행하는 방식을 피하고, 그 대신 일본인의 관심을 경제적인 성공으로 돌리고 10년간에 소득증대를 공약했다.

한편, 미국의 케네디 대통령은 특히 일본의 젊은이들에게 카리스마적 존재로 받아들여지고 대미관계의 격화를 완화하는 데 도움이 컸다.

1965년 이후 미국이 월남전(越南戰)에 깊이 개입함에 따라서 긴장은 다시 높아갔다. 일본인의 태반은 월남에서의 미국의 입장에 반대하고, 미국의 군사적 모험에 일본이 말려 들어가는 것을 두려워했다. 이러한 종류의 인식은 1960년대 후반, 안보조약을 둘러싼 감정의 고조와도 겹쳤다. 이 조약의 최초의 기한은 1970년 6월까지였고, 그후는 미·일 어느 나라건 개정 또는 폐기를 통고할 수 있었다.

다른 나라와 마찬가지로 1968년 절정에 이른 학원분쟁도 정치적 혼란에 박차를 가했다. 오끼나와(沖繩) 반환요구도 그 격렬성을 더하고, 대미관계에 대한 비판은 국수주의적인 색채가 짙었다.

그러나 1960년과 마찬가지로 대외정책면에서의 위기는 또 다시 사라졌다. 그리고 일본은 놀랄 만큼 전진을 거듭하고 있었다.

미국은 서서히 월남에서 손을 떼기 시작하여 안보문제가 크게 부각되지도 않았다.

미·일 양국정부는 다같이 안보조약의 폐기나 개정을 요구하지 않은 채, 조약은 효력을 계속 유지해 나갔다.

그리고 1969년 11월, 일본에 대한 오끼나와 반환이 발표되고, 1972년에는 그 실시를 보았다.

일본은 종전에 없던 안정된 자세로 1970년대로 순조로이 이행했다.

점령종결 이후의 일본정치가 비교적 안정된 배경에는 소위 「경제적 기적」이 있었다. 1970년대를 맞이할 때에는 일본은 세계 3위의 경제력을 보유하고 일본인 개인도 종전에 꿈에도 생각지 않았던 풍요를 구가하고 있었다.

당초 경제부흥은 지지부진했다. 그러나 50년대 초반부터 고개를 들기 시작했다. 1949년에 점령군이 시행한 긴축정책에 의해서 재정기반은 건전화하고 한국전쟁에 따른 미군의 물자조달이 강력한 자극이 되었다.

일단 소생하기 시작하자, 일본경제는 가속화하기 시작하고, 1950년대 중반에는 1인당 GNP는 전전의 수준으로 회복되고,「진무(神武) 붐」이라는 말이 들릴 정도였다. 기원 전 660년에 일본을 건국했다는 전설적인 존재인 진무를 일컬은 것이다. 즉, 건국 이래 최대의 경기(景氣)라는 뜻이다.

1950년대 말 일본경제는 전진을 계속하고 그후 10여년에 걸쳐 연율(그것도 실질로) 10% 이상의 성장을 달성했다.
  이 성장율은 어느 주요국도 아직까지 달성한 일이 없는 기록적인 고도성장이었다.
  1960년, 이께다 수상이 공약한 10년간 소득배가계획도 7년만에 계획을 달성한 것이 판명될 정도였다.
  1960년대에는 일본인은 풍부해진 것을 피부로 느낄 수 있었다. 소비 무드가 전국을 휩쓸었다. 경향을 가리지 않고 고급 카메라·스테레오·냉장고·세탁기·냉방기 그리고 자동차까지 범람하기에 이르렀다.
  일본인은 자국에 대한 자랑에 빠졌다. 세계 각국도 칭찬은 하지 않았지만 크게 놀랐다. 1964년의 도쿄 올림픽, 1970년의 오사까 만국박람회는 자랑스레 외국인에게 일본을 소개했다. 레저 붐이 일어나고, 골프·스키·보울링 등이 성행하고 외화의 규제가 풀리자, 관광객이 해외로 쏟아져 나갔다. 1인당 GNP가 남 구라파 수준을 상회하고, 미국의 3분의 2에 접근했다.
  1일당 GNP의 신장은 인구증가가 하강하고 있는 결과이기도 했다.
  패전 직후에는 전쟁으로 이별한 부부들이 재결합하고, 그 결과「베이비 붐」이 일어났다. 세계 모든 나라에서 볼 수 있는 현상이다.
  그러나 50년대에서 60년대에 걸쳐 출산율은 급격히 줄어들고, 연간 인구증가율은 1%를 약간 웃도는 정도로 안정하고, 서기 2,000년에는 1억 3천 5백만 정도로 정지할 것으로 추정된다.
  출산제한은 종교적 제약이 없는 가운데 관민 쌍방에 의해서 제창되고, 유명무실한 낙태금지법과 아울러 인구증가율 저하에 이바지했다.
  그러나 최대의 이유는 다른 나라와 마찬가지로 일본사회가 급격히 도시화한 사실일 것이다. 도시의 가정은「자식 둘 낳기」가 유행했다. 작은 아파트에서는 그 이상의 아이는 무리인 것이다. 아이들을 대학에 보내려면 둘이 고작이다.
  그런데, 도시의 인구증가보다도 더욱 하강한 것은 사실은 농촌에서였다. 아이를 낳을 수 있는 연령층은 모두 농촌을 버리고 도회로 나갔기 때문이다.
  그 이유야 어떻든 간에 1930년대에, 인구증가를 위기로 받아들인 일본인은 이제 인구문제를 하나도 문제시하지 않기에 이르렀다. 다소의 인구증가는 보다 급격한 경제성장에 있어서는 아무런 타격도 되지 않기 때문이다.
  그간, 일본공업의 성과는 카메라·라디오·TV·자동차·선박·철강 등 여러 공업제품의 형태로 세계시장으로 흘러 나갔다. 1960년대 말기에는 동 아시아・동남 아시아・서 태평양의 각국에게는 일본은 최대, 또는 두번째의 무역 상대국으로 되어 있었다. 공산권의 나라들을 포함해서 말이다.
　멀리 구미 각국에 대해서도 거대한 직접투자가 시작되고 있었다. 개발도상국에게 있어서 일본의 경제협력은 중요한 것이 되었고, 국제기관에의 일본의 참가도 중요성을 더해 갔다.
　경제적 불안이 약화됨에 따라 그때까지의 정치대립도 그 열기가 식어 갔다. 농촌은 확실히 활기가 돌고 있었다.
　민간기업의 블루 칼러 노동자들도 경제 이익을 추구하는 단체교섭에 기어를 전환하고, 직접적인 정치행동은 화이트 칼러나 관공(官公) 노조에 일임하는 경향을 보여 주고 있었다. 좌익세력에 의한 메이 데이(May Day)의 데모도 대중차원의 화기애애한 제전으로 화했다. 「이중구조」의 모순은 완전히 부식된 것은 아니었지만, 전체적인 번영과 노동시장의 활기로 그다지 표면화하지는 않았다.
　뿐만 아니라, TV를 중심으로 한 통신수단의 폭발적인 발달과 풍요의 증대는 전전의 농촌과 도시 사이의 사회적・지적 차이를 완전히 제거하고 말았다. 근대적인 도시와 비교해서 전전의 농촌은 정체와 피폐가 그 특징이었던 것이다.
　이와 같은 현저한 경제적 진보가 없었다면 전후의 일본이 이처럼 정치적으로 안정하고, 그 민주적 기구가 이만큼 원활하게 기능하지 못했을 것이다.
　경제면의 활력만큼 두드러지지는 않았다손 치더라도 사회나 문화면에서의 진보도 현저했다. 그들 자신의 말을 빌면, 일본은 「밝은」 사회라는 생각이 일반화되어 있었다. 헌법에 의해서 엄연히 보장된 권리는 침범당하는 일이 없었다.
　도시인구가 격증했음에도 불구하고 범죄율은 낮은 채로 머물었고, 구미의 주요 선진공업국의 절반밖에 되지 않는다.
　마약범죄는 없는 거나 다름없었다.
　교육수준은 급상승하고 사회적인 건전성이라는 면에서는, 아마도 세계 1위의 위치를 점할 것이다. 의무교육에서의 중도탈락은 없는 거나 다름없고, 12년간의 엄한 교육과정을 마치고 고교를 졸업하는 같은 연령층의 비율은 90%라는 높은 율에 달했다. 아마도 이것은 세계적으로도 높은 율일 것이다.
　고교졸업 후 고등교육을 받는 사람은 일정 연령층의 30%를 넘고 있으며, 이것 역시 서구의 거의 모든 나라의 진학율을 앞지르고 있다.

문화적으로도 일본은 붐을 이루고 있었다. 문학·예술·음악 등의 분야에서는 활력이 넘치고, 독창성이 두드러졌다.

그 저류에는 전통적인 문화의 저력이 있었다.

전통음악도 수십년래의 활기를 떠었지만, 양악의 분야에서도 일본의 지휘자나 연주가가 세계무대에서 호평을 받고 있었다. 도꾜에는 다섯 개의 풀멤버를 가진 전문적인 교향악단이 있다. 일본 영화도 좋은 평가를 받고 있고, 작가 가와바다(川端康成)는 1968년에 노벨문학상을 수상했다.

일본을 둘러싼 국제환경도 부드러움을 더해 갔다. 냉전이 후퇴하고 미국과 공산권의 해빙 무드가 70년대 초기에 일어났다. 이러한 상황에서 일본국내의 정치적 긴장이 완화되고 세계 속의 일본의 지위에 대한 우려가 일부 이완된 것도 말하자면 당연한 추이였다.

허지만, 일본의 성공은 그 자체 일련의 새로운 문제를 야기시키는 원인이 되었다. 전후, 공업화 일변도로 주력한 결과 일본의 자연환경은 황폐화하고 도시화된 지역에 심한 혼잡과 오염이 만연했다.

이미 다른 공업국가들은 이러한 문제에 유의하고 있었다. 그러나 자기 나라가 세계에서 가장 심각한 오염을 안고 있다는 인식은 일본인에게는 청천벽력이었다. 이제 이 문제를 시정해야 할 판국에 이르렀다.

일본이 공업초대국으로 발전함에 따라서 다시 한 가지 새로운 사실은, 타국의 일본에 대한 기대감이 증대한다는 것이었다.

개발도상국, 특히 동 아시아나 동남 아시아 국가들은 통상이나 원조의 면에서 일본은 인색해서는 안된다는 요구였다.

일본의 경제발전에 비해서 이 면에서의 일본의 기여는 너무나 빈약하다는 것이었다.

한편, 선진 공업국, 특히 미국은 경제면에서의 호혜(互惠)주의의 확대를 요구했다.

일본경제의 급격한 발전과 대폭적인 무역흑자를 지탱해 준 종래의 보호주의적인 정책의 포기를 요구한 것이다.

요컨대 일본 자체의 성패가 달려 있는 자유무역제도에 대해서 종전보다 많은 기여를 하도록 요구한 것이다.

미국과의 관계는 전반적으로 변화하는 듯 보였다. 강대하고, 자신에 가득찬 미국이 미국을 의지하고 있는 약소 일본을 해롭히지는 않지만 협조적이라고는 할 수 없는 동맹국으로 당연시하고, 일본은 일본대로 미국의 보호와 대규모적인 원조를 당연시한 시대도 과거에는 있었다. 그러나, 일본의 파트너로서의 미국이 어디까지 신뢰할 수 있을 것인가 하는 것이 이제는 의문시 되었다.

월남에서의 실패로 동요하고 있던 미국은 도대체 어느 정도까지 아시아나 서 태평양지역에서 손을 떼는가 하는 것이 하나의 초점이었다.

그리고 미국에 대한 신뢰가 크게 흔들린 것은 1971년 7월 15일, 당시의 닉슨 대통령이 돌연 대중공정책을 발표한 것이었다. 일본정부에는 사전 상의 는커녕 통고조차 없었다. 사실은 그런 경우, 그러한 약속이 있었음에도 불구하고 말이다.

이 소위 「닉슨 쇼크」는 일본인의 마음에 전후부터 지금까지의 밀접한 협력관계도 언젠가는 기본적인 대립관계로 대체되는 것이 아닌가 하는 우려를 낳게 했다. 여하간 일본의 입장을 세계 속에서 신중히 재검토할 시기가 분명히 도래하고 있었다.

이보다 더 큰 쇼크는 1973년 10월, 아랍(Arab) 각국에 의한 석유금수가 방아쇠가 되어, 세계자원의 유한성이 갑자기 인식된 것이다. 일본은 그 에너지 수요의 4분의 3을 수입석유에 의존하고 있다. 때문에 석유가격이 4배나 앙등한 것은 일본경제에 큰 타격이었다.

세계 각국을 대폭적으로 웃도는 고율의 인플레가 일본경제를 건드린 것이 그 상처의 심각성을 말해 주고 있다.

위협은 석유앙등에 수반하는 인플레에 그치는 것이 아니다. 이 위기가 몰고 온 일본의 타격은 생존에 불가결한 다른 원자재도 공급이 차단될 가능성이 있다는 인식이었다.

이미 몇몇 전문가는 자원과 환경의 양면에서의 궁극적인 제약을 지적하고 있었다. 그러나 아랍에 의한 석유위기는 전세계에 대해서 하나의 잠재적인 취약성을 깨닫게 한 것이다. 그러나 일본만큼 이 취약성이 두드러진 나라도 없다.

갑자기 검은 구름이 일본의 장래를 가로 막은 듯했다. 실정은 냉정히 사태를 재음미할 것을 요구하고 있었다.

국내에서는 종전의 정치균형이 깨어지는 듯했다. 자민당의 득표는 점차로 줄어들고 있었다. 어느 당도 멀지 않아 국회에서 다수를 점하는 것은 불가능한 듯한 조짐조차 보였다.

Ⅱ. 역사적 배경

이것은 전후 독립을 회복한 이래, 일본인이 직면한 일이 없는, 전혀 새로운 국면이었다. 아무도 전도를 예측할 수 없었다.

나 자신의 사적 기술도 너무 현시점에 가까와서 명확한 전망을 내리기에는 어려운 실정이다.

그래서, 오늘의 일본인의 주소와 미래에 대해서 약간 분석적, 그리고 폭넓은 성찰에 옮기기로 한다. 여기에서 언급된 여러 문제의 보다 상세한 관찰은 광범한 시점을 설정하고 난 후에도 늦지는 않을 것이다.

III
사 회
SOCIETY

Ⅲ. 사　회

다양성과 변화

12

이제까지 나는 일본의 역사적인 유산에 관해서 그런 대로 스케치를 해 온 셈이지만, 이것으로 일본이 상당한 다양성을 가지고 끊임없이 변화를 거듭해 왔다는 것을 알 수 있을 것이다. 적어도 외부 세계에서 일본에 대해서 설명할 때 사용하는 간편한 스테레오타이프의 몇 가지는 수정되었을 것으로 생각한다.

이와 같은 스테레오타이프가 일본에 관해서 거리낌 없이 사용되어 온 하나의 이유는, 일본이 고립하고 일본인 자신이 그 특이성을 강하게 의식해 온 점에서 찾을 수 있을 것이다. 일본인이라는 것은, 그 반점(斑點)이 절대로 변하는 일이 없는 표범과 같은 존재로 간주되어 왔다.

무엇이 그 반점인가 하는 것은, 어느 시점에서, 어느 각도에서 일본을 관찰하는가에 따라서 다르기는 하지만, 이 대일본의 이미지는 너무나도 자주 외부세계의 일본관을 채색해 왔다.

일본인을 미의식의 화신(化身)으로 간주하는 관찰도 존재했다. 즉,『겐지모노가다리』에 등장하는 풍류정신(風流廷臣)이나 더없이 섬세한 궁중부인, 또 중세의 선(禪)의 풍미를 띤 예술가, 그리고 19세기에는 저 라프카디온 헌(Lafcadio Hearn)이 심취한 우아한 사람들——그러한 사람들의 말예(末裔)가 일본인이다——이라는 견해이다.

한편, 현대 일본인도 하는 수 없이, 도구가와 막부시대의 딱딱한, 응통성이 없는 무사와 다를 것이 없다는 견해도 있다. 동 아시아의 나라 국민들에게는 후자에 대한 이미지가 일반적이다. 일본은 장기간 막부의 지배하에 있었고, 또한 근대에 있어서도 군부의 잔인한 군사적 지배하에 있었다는 것이 그 이유이다.

극히 최근의 스테레오타이프는, 내용에서는 군국주의와는 다르기는 하지만 광신적인 집중주의라는 의미에서는 다를 바 없는 「에코노믹 애니멀」이 바로 그것이다. 그 조직은 다른 데서 볼 수 없을 만큼 능률 제일주의로 자신

12. 다양성과 변화

의 경제적 이익을 위해서는 다른 모든 것을 희생하는 것도 불사하는 맹렬성은 이전의 군국주의와 동공이곡(同工異曲)이라는 것이다. 내가 기술한 설명에서 일본인도 시대의 변천에 따라서 크게 변용했다는 것, 그리고 그 변용도 다른 많은 국민을 웃돈다는 것이 명백해졌을 것이다. 외적 조건의 변화에 대한 일본인의 대응은 매우 컸다.

물론 일본문화에는 고도의 일관성・계속성도 있고, 성향에 따라서는 불변하는 것도 존재한다. 그러나 이것은 비단 일본인에 한한 것이 아니다.

봉건제도하의 무사, 도꾸가와 시대의 사무라이 계급, 전전의 군국주의자의 작태는 이미 현대 일본인을 구속하고 있지 않다. 그것은 마치 현대의 스웨멘인・독일인・미국인이 바이킹(viking)의 전통이나 근대 초기의 군사적 약탈, 근대 이전의 정치적 분열이나 나치(Nazi)의 체험, 청교도(清教徒)의 유산이나 고립주의의 전통에 구속당하지 않고 있다는 것과 마찬가지이다.

오늘날의 일본은, 1930년대의 일본과 기본적인 여러가지 점에서 크게 다르다. 그것은 80년대의 일본이 반 세기 이전의 일본과, 19세기 후반의 일본이 그 이전의 일본과 현저히 다른 것과 마찬가지이다. 그리고 일본 역사를 더 거슬러올라가도 역시 그러하다.

또 내가 기술한 일본사의 개략은, 일본의 사회가 결코 단순하고 단조로운 것이 아니고 매우 복잡하다는 것을 밝힌 것으로 생각한다. 문화적으로는 동질이다. 그러나 나이에 따라, 사회에서의 역할에 따라, 그 태도나 생활양식에 다양성이 엿보인다.

틴 에이저와 80세 노인, 하루벌이 노무자와 기업 간부, 은행원과 예술가 사이의 차이는 구미 각국의 경우와 비교해서 결코 작은 것이 아니다. 「일본인은 이렇다」라고 일률적으로 규정하면, 일언지하에 「천만에」라는 반론이 돌아오거나 그러한 일반론이 많은 일본인에게는 해당이 되지 않는, 둘 중 하나일 것이다.

이와 같이 다양성이 있고, 더우기 급격한 변화를 보여 온 일본이지만, 외국인 관찰자는 툭하면 일본인의 하나의 성향, 또는 일련의 몇 가지 관련성 있는 성향의 예를 들어서 그것을 돌파구로, 오늘의 일본 내지는 과거의 일본을 설명하는 편의로 삼아 왔다. 일본인도 자의식이 움직이는 대로 같은 작업을 계속해 왔다. 일본이란 유니크한 존재라는 생각은 일본인도 외국인도 공유하는 것이고, 그 특이성을 풀기 위한 속시원한 설명을 얻기 위해서 다들 혈안이 되어 온 것은 이런 데 이유가 있을 성싶다.

옛날의 일본인은 자주 만세일계(萬世一系)의 황통으로 일본의 모든 것을 설명하려고 했다. 그러나 이미 보아 온 것처럼, 황통의 일계성과 일본에서의 추이(推移) 사이에는 거의 아무런 관련도 없었다.

루드 베네딕트(Ruth Benedict)는 그의 『국화와 칼』에서, 도꾸가와시대의 무사계급의 윤리와 1930년대에 표면화한 일련의 태도를 짝지음으로써 일본인에 대한 통일된 초상을 그리려 했다. 1946년에 출판된 이 책은, 이 방면에서 선구적인 일을 한 훌륭한 책이고, 일본인의 심리의 몇 가지 측면의 통찰에도 예민한 것이 있지만, 오늘날의 일본인을 완전히 설명한 것으로는 미진한 것이다.

최근에 와서 나까네(中根千枝)는「종적 사회」·「횡적 사회」라는 이분법(二分法)을 내세우고 일본을 종적 사회라고 규정하고, 계급적 집단이 수행하는 역할의 규모를 통해 일본사회를 설명하려고 했다. 한편, 도이(土井健郞)는「응석」의 감각이 일본인의 대응관계에 있어서의 결정적인 요소라고 말했다.

이 책들은 모두 시사하는 바가 크고, 일본인에게는 어떤 특정한 관점에서 일본 사회를 해석한 것으로서 지적인 자극이 될 것이다. 오해를 불러일으킬 염려도 그다지 크지는 않다. 일본 사회가 사실은 훨씬 착잡한 것이고, 이 연구들도 그것에 대한 하나의 성찰에 불과하다는 것을 알고 있기 때문이다.

그러나 사정에 어두운 외국인에게는 이들의 일면적인 해석은 자칫하면 변형된 일본상을 그리게 할 우려도 있다.

일본 사회도 실로 다양한 요소로 성립된 복잡한 사회이고, 그 요소·가운데는 서로 불균형도 있고, 또한 변화하고 있기 때문이다. 변화의 속도도 예리한 분석을 어렵게 만들 정도이다. 오랫동안 일본을 관찰하고, 일본에 관한 책을 써 온 나로서는 이러한 어려움을 통감할 수 있는 것이다.

어떤 10년간을 관찰할 때, 정확하기 짝이 없는 일반론이 다음 10년간에는 무너지기 시작하고, 다시 다음 10년에는 흔적조차 없는 경우가 있다. 1930년대의 일본의 두드러진 특징은 20년대의 그것과는 크게 다르고, 1950년대나 70년대에는 그 차이가 더욱 두드러진다.

2차 세계대전 이후에 그 교육의 모든 것을 받은 젊은이들은 전전파의 일본인과 비교하면 신종(新種)이 아닌가 싶을 정도로 다르다.

장래의 일본인이 어떤 것일지에 대해서는 아무도 예측할 수 없다. 남북전쟁(南北戰爭) 이후, 미국인이 10년마다 얼마나 변천을 거듭해 왔는가를 상기한다면, 같은 시기에 일본인의 변용이 어떤 것이었는가를 이해할 수 있을

12. 다양성과 변화 *117*

것이다. 외부 환경의 변화는 그들의 경우도 급격하고도 거대했음에 틀림없고, 국내의 변천도 훨씬 충격적이었기 때문이다.
　일본을 분석할 때 제일 큰 문제는, 우리의 시좌(視座) 자체가 흔들리고 있다는 것이다. 이러한 종류의 연구는 비교, 대조적이 아닐 수 없다. 아무런 판단의 기준도 없이 일본의 어떤 사물에 대해서 위대하다거나 비소(卑小)하다거나 평할 수는 없다. 그러나 그럴 때의 기준, 즉 자(尺)는 어떤 것을 사용해야 할 것인가.
　동일한 태도나 기준을 나누고 있는 미국인이 있을 리가 없다. 거기에 다른 구미인을 합치면, 다양성은 더욱 복잡하다. 더우기나 미국의 규범 자체가 끊임없이 변하고 있다. 다른 나라들도 마찬가지이다.
　가령 19세기에는 구미인은 일본인이 사람들 앞에서 거리낌없이 알 몸을 드러내는 일에 이마를 찌푸렸던 것이다. 그러나 오늘날에는 그러했던 구미인 자신이,「왜 일본인은 사람 앞에서 육체를 보이는 것을 그렇게도 조심스러워 할까」라고 이상하게 생각할 정도이다. 1930년대의 호전적인 일본인, 평화애호적인 미국인이라는 이미지는 시대에 따라서 오히려 반대가 되고 있다. 그것은 마치 급격이 이동하고, 변용하고 있는 한편의 뜬 구름과 마찬가지로 변용할 수 있는 또 하나의 뜬 구름을 고정시키려는 작업과 비슷하다. 크게 틀리지 않는다면 그것으로 만족해야 한다.
　그렇더라도 일본인이 매우 유니크한 국민이라는 사실은 그대로 남는다. 구미나 일본도 같은 근대기술을 공유하고 있고, 양자가 서로 교차하고 있는 사실에도 불구하고 말이다.
　일본에 있어서의 기본적인 움직임이 구미의 그것과 같은 방향으로 흐르고 있는 것에는 의심할 여지가 없다. 그리고 그 커다란 흐름 속의 개인차는, 그경향과 너비의 양면에서 구미의 경우와 대차가 없다. 가령 대담성과 소심성, 무모할 정도의 적극성과 수동적인 소극성 등에서 볼 수 있는 개인차는 구미에 있어서와 마찬가지로 다양성을 보이고 있다.
　그러나 어떤 성향에서는, 일본인의 일반적인 규범은 구미의 그것과는 크게 다르다. 더우기 이 구미와 크게 다른 규범 속에는 역사적인 이유가 장기간에 걸쳐서 고정하고 그런 만큼 장래에 대해서 상당한 정도로까지 살아남을 수 있다고 밖에 생각할 수 없는 것도 있다.
　1세기 반 전에 프랑스의 투크빌(Toqueville)은 당시의 미국인을 구라파인에게 설명하기 위해서 몇 가지 일반론을 전개했다. 그 가운데에는 오늘날

III. 사 회

아직도 미국인에게 해당하는 것도 있다. 물론 당시와는 달리 현대는 변화무쌍한 시대이고, 일본의 움직임의 규모를 생각하면 투크빌식의 성과는 기대할 수 없을 것이다. 그러나 있는 그대로의 오늘의 일본 사회를 묘사함으로써 앞으로도 타당성을 유지할 몇 가지 특징은 밝힐 수 있을런지도 모른다.

다만 한 가지만은 확실하다. 일본 사회의 복잡성과 변화의 스피드를 생각하면 물샐틈 없는 하나의 틀 속에 일본을 넣을 수는 없다는 것이다. 성향에 따라서는 맞아 떨어지는 패턴도 있겠고, 또는 터무니없이 빗나가는 것도 있을 것이기 때문이다.

그래서 나는 우선 맞아 떨어지는 특징을 분석하고 이것들의 핵이 되는 요소를 출발점으로 삼아, 그 외격인 표현에 이르는, 안에서 밖으로의 방법을 택하기로 한다. 그리고 맞아 떨어지지 않는 특징에 대해서는 일본 사회의 눈에 띄는 몇 가지 측면을 분석하기로 한다.

교육·상공업의 활동·종교 등이 그것이다.

그렇게 함으로써 일본문화의 복잡다기한 다양성을 부각시키고 아울러 그 내부에 있는 구조를 부각하는 것이 나의 바램이다.

이와 같은 이면적인 접근은 한편에서는 서로 모순당착하는 여러 요소를 미정리상태로 독자에게 노정시킬지도 모르지만, 또 다른 한편에서는 현대 일본의 착잡한 실체에 보다 훌륭히 접근할 수 있는 계기도 되지 않을까 생각한다.

집   단

13

일본사회를 분석함에 있어서 가장 좋은 계기가 되는 것은 개인과 집단의 관계일 것이다.

인류는 개인으로 성립된다. 그러나 개인은 태어난 이래로 집단이라는 맥락 속에서 그 생의 대부분을 보낸다.

다만 개인과 집단의 어느 쪽에 보다 큰 역점을 두는가 하는 것은 사회에 따라서 다르다. 일본인과 미국인(또는 구미인 일반)의 차이점 가운데 가장 현저한 것은, 일본인은 집단을 중시하고, 때로는 개인이 희생되는 수도 있다는 점이다.

일본인은 구미인보다 집단으로 행동하는 경우가 많고, 적어도 일본인 자신이 자기들을 그러한 존재로 간주하고 있다. 구미인이라면 형식적이라도 개인의 독립이라는 자세를 보이고 싶어하지만, 일본인의 경우는 집단의 규범에 따르는 것에 만족하는 경우가 많다. 의복·행동·생활양식이 다 그러하고, 때로는 사상도 그러하다. 원래는 중국어로, 지금은 세계 중에서 사용되고 있는 관념에 「멘츠(面子)」라는 말이 있는데, 멘츠를 유지한다는 것은 끊임없이 일본인의 의식 속에 있고, 더우기 그들이 제일 신경을 쓰는 것은, 자신이 소속하는 집단의 구성원에 대한 멘츠이다. 일본과 구미의 이 면에서의 차이로 알려져 있는 것 가운데에는 실체의 뒷받침이 없는 단순한 신화에 지나지 않는 것도 있다. 우리 구미인은, 종래 독립적인 개인이 신이나 법, 사회 앞에 의연히 서는 자세를 이상으로 삼아 왔다. 그런 만큼 자신을 실제 이상으로 자유롭고, 독립독보(獨立獨步)의 개인으로 간주하는 경향이 있다.

한편, 일본인은 구미인과는 반대로 자신들을 실제 이상으로 집단의 포로로 간주하는 경향이 강한다.

일본에서는 확실히 집단과의 결합이 중시된다. 그러나 일본인은 이 점을 현실 이상으로 강조하고, 그 결과 모든 것, 예를 들어 정치에서의 파벌, 가족간의 유대, 학문세계의 학벌, 또는 개인적인 연줄이나 추천에 의해서 해석하는 경향이 있다.
 개인의 능력이 아니고 코넥션, 즉 연줄이 중요하다고 그들 스스로 내세우는 것을 자주 듣는다.
 그러나 일본과 구미의 차이는, 현실에서는 그다지 대차가 있는 것은 아니다. 적어도 미국의 론 레인저(고독한 삼림 경비대원) 신화나, 일본의 집단을 위해서는 생명도 내동댕이치는 이상(理想)에서 상상할 수 있는 그런 차이는 오늘날에도 없다.
 개인과 집단의 관계는 구미의 경우와 마찬가지로 일본에서도 흔들리고 있다. 일본과 구미가 합류하고 있는 징후조차 보일 정도이다.
 구미의 근대 기술은, 보다 많은 개인의 가족이나 다른 집단과는 별개로 경제적 자립을 가능케 하는 여러 조건을 낳았다. 이 경향은 근년에 이르러 더욱 첨예화되고, 그 결과 구미인은 이제 현대 도시생활이 초래한 고독이나 애노미(사회적 무질서) 앞에 한숨 쉬고, 집단차원에서 보다 밀착된 인간관계를 모색하고 있는 실정이다.
 일본에서의 근대기술의 영향은 구미만큼 극단적이 아니다. 그러나 정도의 차이는 있을 망정 서구에서와 같이 영향을 미치기에 이르렀고, 집단은 그 종전의 위치를 개인에게 내어주고 있는 것이 실태이다.
 구미의 선진기술에 접한 당시의 일본인은 「화혼양재(和魂洋才)」로 대처했다. 구미의 과학은 받아들여도 동양의 윤리는 계속 유지함으로써 스스로를 납득시킨 것이다. 중국인을 비롯한 다른 아시아 국민들도 대체로 같은 사상이었다. 그러나, 일본인은 기술・기구・가치 사이에 확연한 선을 그을 수 없다는 사실을 인식하게 된다. 이것들은 같은 뿌리라는 인식이 생긴 것이다.
 1860년에서 70년에 걸쳐서 구미에 대한 지식의 보급・계몽에 크게 기여한 후꾸자와(福澤 諭吉)는 개개인의 독립독행이야말로 구미의 성공의 열쇠라는 것을 역설했다. 새뮤엘 스마일즈(Sawuel Smiles)의 『자조론(自助論)』과, 존 스츄어트 밀(J. Stuart Mill)의 『자유론』이 번역되어 큰 영향을 주었다.
 명치의 지도자들은 개인을 중시하는 필요성을 인정하고, 계급차별이나 봉건제도를 서둘러 전폐하고, 개개인으로 하여금 세금을 물게 하고 의무교육을 받게 하고 병역의무를 치루게 했다.
 법률의 엄중한 제한하에 있었다고는 하나 개인의 권리는 1889년의 헌법에 규정되고, 공업화의 진전은 개인의 경제적 자유를 서서히 구미 수준으로 접근시켰다. 그리고 1947년의 신헌법은 몇 가지의 개인의 권리에 대해서 이것을 명확히, 그리고 무제한으로 규정하고 법정도 이것을 엄격히 집행해 왔다.

이렇듯, 과거 1세기 동안에 집단과 개인의 관계는 크게 변화했다. 그럼에도 불구하고 발상(發想)과 현실의 양면에서 일본과 구미의 차이는 아직도 남아 있다.

과거에는 이러한 차이는 가족 속에 명확히 구체화되어 있었다.

근대 이전의 일본의 가족은 「이에(집)」라는 이름으로 불리고, 본가(큰집)를 중심으로 분가(작은 집)나 먼 친척, 그리고 혈연관계가 없는 성원도 포함되어 있었다. 또 개개의 성원에 대해서 가부장(家父長) 또는 가족회의가 절대의 권리를 가지고 있었다. 이런 종류의 가족은 주로 고명한 무사계급, 부유한 상인, 그리고 특정한 농민계층에서 볼 수 있었다.

이러한 「이에」제도의 잔재는 현대에도 계승되었지만, 전후 신헌법이 채택됨과 동시에 거의 사라지고 말았다. 허긴, 이런 종류의 「이에 제도」는 근대 이전일지라도 일부 일본인에게 한정되고, 일본인의 대부분은 훨씬 단순한 가족 구성에 바탕을 두고 있었다. 부부와 자식으로 구성되는 핵가족이 이것이고, 보다 엄밀히 말한다면 기간(基幹)가족이라 해야 할 것이다.

즉, 자식 가운데 하나 많은 경우, 장남이 그 배우자와 함께 가옥과 논밭, 또는 가업(家業)을 인계받고 동거 중인 양친의 은퇴를 기다려 실권을 이양받는 그런 방식이다.

오늘날의 일본의 가족구성은 미국식 핵가족과 거의 차이가 없지만, 기간 가족의 부활은 현저하다. 일본인은 또한 조상숭배는 지향하지 않았다. 이 표현은 차라리 중국인에게 적용되어야 한다.

그러나 최근 고인의 위패(位牌)를 불단(佛壇)에 모시는 일은 있고, 그것이 자녀, 보통의 경우, 장남에게 승계되고, 장남을 통해서 「이에」의 계속성이 상징된다. 장남 외에는 타가(他家)에 들어가거나, 다른 「이에」를 창설하는 것으로 간주되는 것이다.

은퇴한 양친은 위패를 모시는 자식과 동거하는 것이 보통이고, 이것은 가업이나 논밭의 유무와는 관계가 없다. 여유가 있으면 노인 부부용으로 별채를 짓고 그곳에서 거주할 수도 있다.

이것은 낡은 습관 탓도 있지만, 퇴직금이나 연금이 불충분하다는 사정에도 기인한다. 일본의 퇴직자는 구미의 경우보다 자식에게 의지하는 도가 높은 것이다.

그러나 도회지의 좁은 아파트에 양친이 동거한다는 것은 현실적으로 어려운 일이다. 장남의 아내로서는 정말 귀찮은 일이고, 이것을 공공연히 입밖에 낸다. 사실 양친을 부양하는 일에 대한 반발은 높아가고 있다.

그럼에도 불구하고 은퇴한 노인의 4분의 3은 자녀와 동거하고 있다. 대도회의 인구증가에 따른 혼잡이 격화하는 한편, 총인구에 대비하여 노인의 수도 1975년에는 8% 가까이 달한 일이 있고, 노령자의 고독한 생활이나 양로원의 문제는 일본에서도 심각화하고 있다.

현대 일본의 핵가족은 미국만큼 퇴색하고 있지는 않다. 양친의 권위는 아직 세고 가족끼리의 관계도 아직은 가깝다. 그러나 이 미·일간의 차이는 절대로 구조상의 차이에 유래하는 것은 아니다. 한편, 핵가족 이외의 친척관계는 미국에 있어서와 마찬가지로 일본에서도 각양각색이다.

대체적으로 말해서 현행 일본의 핵가족은 50년 전의 미국의 핵가족의 양식에 가깝다. 양자의 차이는 질의 차이라기보다 차라리 정도의 차이이고, 경향으로는 비슷하다. 양자가 다같이 작은 단위의 보다 구속력이 적은 것으로 지향하고 있기 때문이다.

구미와 일본의 차이가 더욱 현저한 것은 가족 외의 집단에 관해서이다. 근대 이전에도 그것은 왕왕 가족에 선행하는 비중을 가지고 있었다. 다만, 가족관계의 용어가 이들 가족 외의 집단에 적용된 것은 주목할 만하다.

가령, 지배자 또는 군주는 「파더(father ; 군주)」라고 불렸다. 지금도 폭력배 세계에서는 「오야붕」, 「고붕」이라는 용어가 사용되고 있다. 일상회화에서도 자기가 소속하는 기업을 「우찌(within)」라고 부르는 것은 보통이다. 원래 「안(內)」을 의미하는 이 말은, 자기의 가정이나 가족도 지칭하고 나아가서 직장까지도 원용(援用)하게 된 것이다.

그러나 중요한 것은 근대 이전이라 할지라도, 주요한 귀속집단이 반드시 혈연적인 것은 아니었다는 점이다. 가령 논을 위한 수자원을 공용하고 조세, 그밖의 사무적인 면에서의 협력을 하기 위한 농촌, 그 이상으로는 봉건제도 하의 군신의 단위가 그것이었다.

오늘날에 있어서도 각 집단이 수행하는 일본 사회에서의 역할은 정말 큰 것이지만, 이 집단들은 가족을 기준으로 삼기보다는 오히려 전술한 그런 종류의 집단의 모방이다.

개인보다 각 세대를 단위로 조직된 촌락집단은 아직도 강력하다. 단 종전에 비해서 사회 전체에서 차지하는 비율이 훨씬 줄어들었고, 농촌에 있어서조차 다른 큰 조직에 가리고 말았다. 거대한 농협조직이 그런 것 중의 하나이고, 자연부락이 몇 개씩 모여서 만들고 있는 행정단위로서의 「무라(村)」도 그런 것이다. 더우기 오늘날에는 무라라는 명사는 행정상의 것을 의미하고, 원래의 자연촌은 「부락」이라는 이름의 존재로 후퇴하고 말았다.

대다수의 일본인은 농촌의 거주자가 아니지만, 그들에게 있어서 도시의 이웃 조직(반상회)은 별다른 의의가 없다. 다만 1930년부터 전시 중에 정치적·경제적인 통제수단으로 정부가 그 육성을 도모했을 때만은 예외적으로 큰 존재──도나리구미(隣組)──로 부각되었다. 그러나 이것 외에 그들에게 중요한 집단은 몇 개나 있다. 그중 가장 중요한 것은 아마도 그들이 고용당하고 있는 기업체일 것이다.

일본인에게 있어서 직업이라는 것은 급료를 받기 위한 계약관계가 아니고 보다 큰 존재와의 일체화, 즉 거대하고 유력한 것의 일부를 구성하고 있다는 감각이다. 노사(勞使)는 다같이 일단 고용되면, 퇴직 때까지 종신고용을 받는 것이 통례이고, 이것이 애사(愛社)정신과 함께 안정감을 안겨 준다. 큰 기계의 극히 사소한, 갈아치울 수 있는 일부분이라는 것이 구미의 감각이지만, 일본에서는 그렇지 않다.

따라서 노사가 함께 기업을 통해서 프라이드를 느끼기 때문에 자기가 매몰(埋沒)당했다는 감각은 없다. 특히 대기업의 경우는 더우기나 그렇다. 사가(社歌)를 열심히 부르고, 회사의 배지는 자랑스럽게 가슴에 달고 다닌다.

미국인이 세일즈맨·회계전문가·트럭 운전사·보일러공 등으로 자기를 한 특정한 기능의 소유자로 간주하고, 그 기능을 가장 비싸게 사는 고용주에게 기꺼이 파는 데 대해서 일본인은 자신을 미쓰이(三井) 물산이나, 미쓰비시(三菱) 중공업 등, 어떤 특정 기업체의 항구적인 일원으로 간주하는 경향이 강하다. 그 기능은 둘째 문제이다.

이와 같은 정신은 각 관청의 관료와 같은 다른 분야의 종사자에게도 해당된다. 후에 자세히 서술하겠지만, 근로자와 그 일의 일체화가 일본의 기업체나 경제의 운영에 미친 영향에는 참으로 큰 의의가 있다.

일본의 기업체는 다른 종류의 집단화도 받아들이고 있다. 가령 거리의 소매점 조합에서 대은행이나 철강 메이커의 전국조직에 이르기까지 광범하게 존재하며, 미국의 경우보다 중요한 특징을 형성하고 있다. 그러한 연합체는 피라밋형의 유력하고도 망라적인 전국조직을 형성하고 있고, 중소기업자의 집합체인 일본 상공회의소, 대기업의 연합체인 경제단체연합회는 그 쌍벽을 이루고 있다.
　의사·치과의, 그밖의 전문직에 종사하는 사람들도 같은 조직을 가지고 있고, 농협·노조의 연합체도 같은 패턴에 속하고 있다. 요컨대 일본인은 화이트가 말하는 전형적인 「조직 속의 인간」으로 불리기에 알맞다.
　개인이 집단과의 귀속감을 발견하는 또 하나의 중요한 영역은 학교, 특히 대학 레벨이 그것이다. 미국인도 모교를 회고하는 것은 사실이지만, 학창시대에 배양된 커넥션이 수행하는 역할은 일본에서 훨씬 크다. 기업체에서도 어느 대학 출신으로 사람을 채용하는 수가 많고, 주요 대학은 자기 대학 출신만을 교직원에 채용하는 것을 목표로 삼고 있고, 사실 그 목표 달성율은 놀랄 만큼 높다.
　복수의 대학에서 수학하는 학생은 극소수이고, 개인이 졸업한 대학과 스스로 일체화시키고, 삼자들도 그렇게 보는 색채는 전통을 자랑하는 미국의 아이비 리그(Ivy League ; 하버드·예일·프린스턴·컬럼비아·펜실베니아 대학 따위의 명문 대학)의 졸업생도 도저히 따르지 못할 정도이다.
　이제까지 서술한 것 외에도 가지각색의 집단이 일본사회에는 득실거리고 있고, 대체로 같은 종류의 미국의 집단보다 그 역할은 크고, 개인이 일체화를 느끼는 정도도 높다.
　부인조직도 다수이고 현(縣) 단위, 전국 단위의 피라밋을 형성하고 있다. 청년단체도 중요하다. PTA(사친회)도 조직이 완비되어 있고, 큰 영향력을 행사하는 점에서, 특히 농촌에서의 그것은 미국에 비해서 영향력이 엄청나다. 무술·꽃꽂이·다도(茶道) 등 여러가지 취미별 그룹도 헤아릴 수 없다. 이런 것들도 조직화되어 있고, 미국에서는 상상도 할 수 없는 큰 영향을, 회원의 개인 생활에서 수행하고 있다. 로타리 클럽도 미국과 영국 다음가는 대조직을 자랑하고 있고, 단순한 지방 소도시의 레벨의 운동에 불과한 미국과는 달리, 대도시에 거주하는 산업계의 거물도 포함하고 있다.
　대집단은 소집단으로 나뉘는 수가 있다. 같은 공장이나 기업체 내부에서도 같은 부나 과, 또는 팀에 속하면 일에서는 물론 사교면에서도 밀접한 관계를 갖는다. 촌락이건 기업체이건 관청이건 같은 세대의 연대감은 특히 강하다. 정당이나 관료기구도 파벌로 분파하는 경우가 많고, 서로 격렬한 대립항쟁을 전개한다.
　한편, 대학생의 생활은 서클 등 과외활동을 중심으로 전개한다. 각종 스포츠·사진반·영어회화반·정치활동 그룹도 있다. 학생에게 있어서 사교생활의 최대의 것은 이러한 서클에 속함으로써 얻을 수 있다.

　사회 전체로서도 일본인의 지적·예술적인 측면은 걸핏하면 작은 클럽형식의 집단에 파묻히는 경향이 있고, 각기 자비출판물을 간행하면서 서로 섞이려 하지 않는다.

　사회의 주변에 위치하는 사람들 속에는 이런 집단의 어느 것에도 귀속하지 않는 사람도 있다. 그 틈을 메꾸는 것이 소위 신흥종교이다. 이 점에 관해서는 후에 언급하겠지만, 미국에서는 교회나 교구를 통해서 종교가 집단생활에서 수행하는 역할은 적지 않다. 그 미국적인 상식의 견지에서는 일본에서의 역할은 적다.

　그러나 과거 150년간에 고도로 조직화된 신흥종교가 우후죽순격으로 나타난 것은 사실이다. 아마도 급격한 변화에 따른 불확실성, 불안에 촉발된 때문이겠지만, 다른 것에 귀속감을 느끼지 못하는 사람들에게 집단으로서의 귀속감을 준 것은 의심할 여지가 없다.

　전후의 가장 현저한 예는 소가각까이(創價學會)이다. 600만명의 회원이 있지만, 그 태반은 소기업의 주변적인 근로자이거나, 기존의 대조직이나 근로집단에 대해서 강한 귀속감을 느끼지 못했던 사람들이다.

　일본인의 집단 중시경향은 그들의 생활양식에 광범한 영향을 끼쳤다. 학교나 기업의 운동회이건, 조합 주최의 단체여행이건, 일본인이 집단활동이면 무엇이건 좋아하는 것은 그 하나의 표시이다. 대학생의 젊은 남녀도 하이킹이나 스키를 비롯해서 집단으로 행동하는 것을 좋아하고, 1대 1로 행동하는 것은 당연히 줄어든다. 같은 직장의 남성 직원들은 퇴근길에 바에 들러서 한숨 돌린다. 파티도 집단으로 마시는 것이 통례이고, 구미식으로 만찬회나 칵테일에서 상대를 번갈아가며 1대 1의 회화를 즐기는 일이 없다.

　집단활동이 제일 많이 눈에 띄는 것은 관광여행으로 중독증세까지 나타낼 지경이었다. 여기에서는 개인이나 가족은 집단 앞에 퇴색하고, 같은 학교의 생도나 기업의 동료·촌락조직·부인단체 등이 작은 깃발을 흔드는 가이드나 버스 안내양을 따라서 이곳 저곳을 쏘다닌다.

　해외여행이 성행함에 따라 일본 관광객의 모습은 세계 각지에서 일상적으로 볼 수 있게 됐다. 특히 동남 아시아로 향하는 농협관계의 관광객이 근년에 늘었기 때문에, 현지의 상인들이 일본 관광객을 보면 「노교상(農協씨)」이라고 부를 정도이다.

사람의 뒤를 따른다는 것은 세계의 모든 사람들에게서 볼 수 있는 본능적인 현상이지만, 특히 외부에서 볼 때는 그렇다. 그러나 일본인의 경우는 집단의식이 본능적으로 강하다는 것이다.

일본인이 유행의 물결이나 스타일에 민감한 것은 어제 오늘에 시작한 것이 아니다. 전후의 일본인은 끊임없이 그때 그때의 「붐」이나 「무드」라는 영어의 차용어를 사용해서 자기 나라의 추이를 평해 왔다. 어떤 비평가는 일본인을 작은 고기떼거리에 비유했다. 같은 방향을 향해서 헤엄치는 멸치떼에 돌멩이를 던지면 일단은 집단을 풀었다가 다른 방향으로 향하지만, 곧 원래의 종대로 되돌아간다는 것이다.

집단중시주의는 일본인의 대인관계 전체의 작태에도 영향을 미친다. 독불장군격인 스타보다 집단 플레이를 할 수 있는 인간 쪽이, 개인의 야심보다 팀 정신이 높은 평가를 받는다. 미국인이 개인으로서의 독창성을 구할 때, 일본인은 오히려 그것을 억제하려고 한다. 일본의 격언에도 있듯이 「머리가 나온 못은 두들겨 맞는다」는 것이다.

미국에서라면 지나치게 적극적이라 할지라도 정상적으로 취급되는 성격의 소유자도 일본에서는 신경질 증세로 배제당할 수 있다.

제일 존중되는 미덕은 협조성·이해성·친절 등이고, 개인의 적극성, 개인으로서의 자기 주장은 아닌 것이다.

일본인의 최고의 미덕은 조화이고, 그것을 그들은 거의 직관적이라 해도 좋을 만큼 형용할 수 없는 상호이해에 의해서 달성한다. 상이한 견해를 예리하게 분석하거나, 한 사람 또는 다수결로서 명확히 흑백을 가리는 형식은 취하지 않는다. 결정이라는 것은 한 사람이 할 일이 아니고 상호간의 의견교환이나 위원회에서 정해야 한다는 것이 일본인의 생각이다.

여하간 회의를 통해서 대체적인 동의를 얻었다는 컨센서스야말로 그들의 목표이고, 일단 컨센서스를 얻으면, 그것에 대해서는 심한 반론(反論)을 제기치 못한다. 한 사람의 결정은 그에게 어떤 권한이 있더라도 일본인은 좋게 생각하지 않는다. 다수결에 의한 결정에 대해서조차 그들은 석연치 않게 생각한다.

이러한 집단제를 잘 기능시키려면 공공연한 대결은 가급적 피해야 한다는 것이 일본인의 견해이다. 각자의 입장이 명쾌하게 제시되고, 각 입장간의 차이가 상세히 분석되고, 어디에서 어떻게 다른가 하는 것이 밝혀지는 일도 전혀 없다.

13. 집 단 127

　토의의 참가자는 신중히 언동하고, 자기의 의견에 대해서 남이 어떤 반응을 보이는가를 규명할 단계에서 비로소 그것을 발언한다. 노골적으로 발언하는 대신에 완곡한 표현, 또는 막연한 시사에 그친다. 이렇게 해서 날카로운 대결이 표면화되는 것이 미연에 방지되는 것이다.
　이러한 방식을 가리켜서 일본인은 「하라게이(腹藝)」라는 표현까지 준비하고 있을 정도이다. 즉, 명백한 형태로 구두(口頭)에 의한 상호관계 대신에 배와 배가 부딪힌다는 것이다.
　그들은 구설(口舌)의 재능을 명백히 비하한다. 인간의 속에 있는, 말하기 어려운 생각은 비언어적인 수단 또는 서로 눈으로 말하는 관계 속에서 비로소 교환할 수 있는 것으로, 언어에 의한 의사소통은 결국 얕은 지혜에 지나지 않는다는 것이 그들의 생각인 것이다.
　일본처럼 고도로 동질적인 나라에서는 이러한 비언어적 의사소통 수단도 비교적 용이하게 개발되었을 것이다. 그러나 남 아시아·서 아시아·구미처럼 문화적으로 다양한 나라에서는 언어기능의 필요는 크고, 따라서 그것에 대한 평가도 자연 높아질 수밖에 없었던 것이다.
　미국인에게 있어서 일본식 교섭은 참을 수 없는, 그런 속셈을 읽을 수 없는 것이다. 미국식 교섭이 그들에게 인정머리도 없는 단도직입적인 것으로 느껴지는 것과, 그것은 표리(表裏)를 이룬다.
　미국인 비즈네스맨이라면 처음부터 자기의 입장을 솔직히 말하고, 교섭조건의 한계선을 명시한다.
　그러나 일본인 비즈네스맨은 처음부터 이런 식으로 나오면, 상대방의 요구가 어디까지 에스칼레이트할런지 몰라 잔뜩 긴장하는 것이다.
　한편, 미국인은 일본인이 신중하고도 불투명한 교섭태도에 대해서, 단순히 진의를 알 수 없을 뿐더러, 자기를 속이려는 속셈으로 받아들인다.
　대결을 피하고 집단의 연대감을 유지하기 위해서 일본인은 중개자를 대폭 활용한다. 델리키트한 교섭에 임해서는 중립적인 입장에 있는 사람이 쌍방의 견해를 청취하고, 장해를 극복하기 위한 편법을 찾아내고 그것을 발견할 수 없을 때에도 공공연한 대결이나, 한편의 면목이 손상되는 일이 없도록 교섭을 수습한다.
　중개자는 약혼을 성립시킬 때에는 특히 이용된다. 그렇게 함으로써 다른 나라에서 일어나기 쉬운 프라이드나 감정이 상하는 결과를 완화시키는 역할을 수행하는 것이다.

일본인이 짜낸 집단생활의 전통과 지혜는 일본인의 성격을 표면적으로는 싹싹한 인상을 풍기는 온화한 것으로 만드는 데 기여했다. 그들과 비교하면 구미인은 감정을 꺼리낌없이 노출하기 때문에 어딘가 거칠고, 인간으로서 세련되지 못한 인상을 풍긴다.

구미에서는 한 인간이 어떻게 행동하는가를 모르는 경우, 그것은 오히려 원기왕성하고 인간적인 재미의 표출로 받아들여진다. 그러나 일본인의 경우는 오히려 예측불능으로 배격되어야 할 성향인 것이다. 일본사회는 미리 정해진 채널을 통과하는 경향이 강하고, 그런 만큼 적어도 표면적으로는 어느 편인고 하니 안정된 사회이다.

조합이나 정치관계의 데모는 예외로 하고, 고성을 지르는 일은 드물다. 집단에서 유쾌하게 떠드는 것은 물론 제외한다. 언성을 높여서 아이를 꾸짖는 어머니, 고성으로 떠드는 젊은이, 마구 욕설을 퍼붓는 어부의 아내와 같은 그런 광경은 외국에서는 찾아볼 수 있지만 일본에서는 드물다.

일본인은 노여움이건, 애정이건 감정을 노출하는 것을 혐오한다. 단, 습관적으로 우는 사람이나 감상주의자의 소란에 대해서 관대한 것은 예외이다. 흔해빠진 일본인의 미소도 사실은 감정을 표출화하지 않으려는 일본인의 자제심의 힘일런지도 모른다. 즐거울 때는 물론, 슬프거나 당혹할 때에도 일본인은 언제나 미소를 머금는다. 일본인이 냉랭하게 「노우」라고 하지 않는 것도 같은 이유일 것이다.

유아에 대한 경우는 예외이지만, 사람들 앞에서 육체적으로 애정을 표시하는 것도 피한다. 키스도 종전에는 성행위와 연관되어서 생각했다. 따라서, 그 외의 경우의 공공연한 키스가 사람의 눈에 띄는 일도 없고, 실행되지도 않는다.

성인인 딸에게 어머니가 키스하는 습관조차 없는 나라에서는, 구미나 중동에서처럼 의례화되고, 때로는 지나친 포옹이나 키스의 습관은 해괴망측한, 있을 수 없는 일인 것이다.

이러한 특징이 모두 일본인의 집단존중주의에 유래한 것인지는 단정할 수 없다. 많은 인구가 좁은 공간에서 살다보면 자연 그렇게 되는 것인지도 모른다. 일본인의 집단지향 자체가 그 귀결이라고도 할 수 있을 것이다.

특히 주거 장소가 협소하고, 벽이 얇은 칸막이고 보면 최저한도의 살림의 평안을 확보하기 위해서는 자연 한 사람, 한 사람이 자제하고, 다른 사람에게 배려하는 정신이 함양되었는지도 모를 일이다.

이런 상황하에서는 협력의 기술을 터득하고, 대결을 피하는 기술을 습득해야 하는 것은 불가결한 일이었다. 같은 것은 개인적인 버릇이나 생각을 억누르는 필요에 대해서도 말할 수 있다.

다만 그 이유야 어떻든, 일본인이 구미인보다 집단지향이 강하다는 것과, 모두가 협력해서 집단생활을 영위하며, 매우 유효한 슬기로움을 낳았다는 데 대해서는 하등의 의문의 여지가 없다.

상대주의

14

　독립적이고 평등한 개인으로 구성되어 있다고 자인하는 사회에 있어서의 조직원리는, 당연한 일이지만, 보편적이고 모든 개인에게 평등하게 적용된다. 개인의 지위가 무엇이건 선악의 판단은 법률에서나 윤리에서나 명확하고도 일정불변이다.
　적어도 이것이 구미의 자화상이고, 그것이 옳다는 근거로서는 기독교가 개인의 정신을 중시한 점이 상기된다. 가장 보편주의가 존중된 것은 봉건제도하의 경우를 생각해도 알 수 있듯이, 장기간에 걸쳐서 내주장하는 형태에서 온 것이기는 하지만.
　한편, 자신의 주된 귀속이 집단에 있다고 간주하는 사회에서는 집단간 내지는 집단 내부의 관계 쪽이 보편적인 원칙에 선행되기 쉽다는 것도 당연하다 할 것이다. 환언하면, 윤리는 보편적인 것보다는 오히려 상대적 또는 상황주의적이 되기 쉽다.
　그러나 이 점에 있어서의 일본과 구미와의 이분법(二分法)은 결코 뚜렷한 것이 아니다. 일본에 있어서도, 구미의 기독교와 같은 작용을 역사적으로 수행한 불교는 개인의 구제를 강조했다. 더우기 근대에 이르러 개인이나 그의 권리가 더욱 중시되고, 구미와 마찬가지로 사물을 보편적인 차원에서 보려는 경향이 높아 가고 있다.
　그렇다고는 하지만, 일본이 개별주의적인 관계나 상대주의적인 판단을 보다 중시하는 점은, 구미와의 기본적인 차이로서 이 차이는 아직도 뿌리깊게 남아 있다. 사실, 봉건시대의 일본의 사회조직은 전반적으로 이 방향으로 기울고 있었다. 그리고 그것이 19세기로 넘어간 것이다.
　중국 사상도 또한 개별주의나 상대주의의 방향으로 일본을 지향케 했다. 중국인이 보편적인 원칙을 인정하고 있는 것은 사실이다. 그러나 그것은 개별주의적인 색채의 강렬의 정도에 의해서 희박해지고 있었다. 중국의 다섯 가지의 기본관계는 모두 개별적·구체적인 것이고, 보편적인 적용은 불가능했다.
 그 다섯 가지란 통치자와 피통치자, 부와 자, 남편과 아내, 형과 동생, 친구와 친구의 관계였다.
 그 가운데에서도 가장 강조된 것은 효도·충성 그리고 사랑 내지는 인간다움이었다. 그러나 사랑이라는 것은 중국인에게 있어서는 타인과 친족에게 다같이 보편적으로 적용될 가치는 아니었다. 구체적으로 어떤 관계에 있는가를 살핀 다음, 그 단계에 따라서 적용되는 것으로 측정되는 것이었다.
 자신을 사랑하는 것과 마찬가지로 타인을 사랑해야 한다는, 그런 관념은 없었다. 가족과 마찬가지로 타인을 사랑한다는 것은 인륜의 길에 크게 어긋나는 것이었다.
 윤리는 우주의 조화적인 일부분이었지만, 그 우주의 핵을 이루는 것은 각각 특정한 관계를 수많이 안고 있는 인간사회 그 자체였다. 각 개인과 전혀 이질적인 전능하신 신 사이에는 분명한 구별은 없고, 신은 명확하고도 획일적인 법칙을 모든 인간에게 적용하는 데 지나지 않았다.
 동 아시아인과 구미인이 세계를 기본적으로 이분법으로 관찰한 것은 흥미롭다. 그러나 양자간에는 큰 차이가 있었다. 구미인에게 있어서는, 선과 악이 생명을 건 싸움을 벌이고 있는 것으로 간주했고, 동 아시아에서는 낮과 밤, 남과 여, 명(明)과 암(暗) 등은 음양(陰陽)의 차에 유래한다고 간주했다. 양자는 다같이 상호 보완적인 힘이고, 서로 교대하면서 밸런스를 취하고 있다는 것이다. 엄밀한 의미에서의 선악의 이분법은 존재하지 않았다. 있는 것은 조화의 감각이고 세력의 밸런스였다.
 이러한 중국적인 발상이나, 일본의 봉건제의 개별주의는 오늘의 일본에도 남아 있다. 그러나 그것은 단순히 희미한 색채로 흐르고 있는 것에 지나지 않고, 구미의 원측율이나 보편적인 도덕율에 비할 만한 확고한 사상체계가 규범으로 존재하는 것은 아닌 것이 분명하다.
 일본인의 태반은, 보편적인 말로 정의된 선악의 판단을 가지고는 있다. 그들의 원측율은 우리 서구인과 마찬가지로 보편주의에 의거하고 있다.
 1973년, 법정은 존속살인(尊屬殺人)에 대해 다른 살인사건보다 극형을 과해야 한다는 종래의 사고를 전복했다. 효도의 존중에 입각한 이제까지의 관행은 개인에게 경중(輕重)을 매기는 관점에서 차별적이라는 것이 그 이유였다. 오늘날의 일본인은 현행 헌법에 규정된 개인의 권리 앞에 마치 모세의 십계명(十誡命)처럼 무릎을 꿇는다.

그러나 일본사회가 기능하는 양식은, 그 기조와 감촉에 있어서 우리 서구 사회와는 가끔 다르다.
 일본을 수치의 문화로 규정하고, 이것을 서구의 죄의 문화와 대비시킨 관찰자도 있다. 즉 일본인을 조건 짓는 강력한 힘은 세상사람들을 판단 앞에서 수치를 느끼는 것이고, 절대자의 눈에 죄로 비치는 것에 대한 죄악감이 아니라는 것이다. 이 견해에는 수긍할 만한 점도 있다. 그러나 그것을 지나치게 내세우는 것은 잘못이다. 수치감과 죄의식은 인간이면 누구나가 쉽사리 감정 속에 혼합한다. 나쁜 일을 하는 그 자체보다 이웃이나 경관에게 발각되는 것을 겁내는 서구인은 얼마든지 있다.
 반대로, 가족이나 사회에 대해서 수치를 느끼는 반면, 기대에 부응하지 못하는 대로 죄악감을 더해 가는 일본인도 있을 것이다. 수치건, 죄이건, 목적지는 의외로 가까운 곳에 있을지도 모를 일인 것이다.
 그러나 일본인이 총체적으로 구체적인 상황이나 인간감정의 복잡성에 비추어서 사물을 생각하는 경향이 심하고, 구미인만큼 추상적인 윤리원칙 차원에서 생각하지 않으려는 것만은 엄연한 사실이다.
 구미인의 눈에는 일본인은 원칙에 약하고, 결여되어 있다고 생각된다. 한편, 일본인의 눈에 비치는 서구인은, 그 판단이 너무나 거칠고, 독선적이고 인간적인 정감이 부족한 것으로 느껴질 것이다.

 일본인과 서구인과의 이 거리감은 학교교육의 차이에 기인하는 것은 아닐 것이다. 일본의 학교에서도 선악정사(善惡正邪)에 대해서는 구미와 마찬가지로 교육을 한다. 그러나 육아법은 서로 다르다. 이것이 양자의 거리를 초래한 것이 아닌가 싶다.
 미국과 일본의 가족구조에 대차가 없다는 것은 이미 설명했다. 다만 내부의 관계에서는 상당한 차이가 있다. 2차 세계대전 중 구미의 심리학자들은 일본인의 성격(당시 그렇게 생각했던 것)은 배설(排泄)에 대한 엄격한 육아에 기인하는 것이라고 속단했다. 다만 이러한 이론의 불행한 점은 일본인의 배설훈련의 실체는 그들의 예상과는 정반대의 것으로, 일본인의 성격에 관한 편견의 존재를 입증한 것에 지나지 않았다. 그러나 배설에 대한 육아법 외의 다른 측면에서는 수긍할 만한 요소들이 있는 것으로 생각된다.
 일본의 유아나 어린이는 비교적 멋대로 자라고, 어머니와는 거의 예외 없이 함께 있고, 혼자 방치되는 일은 거의 없다.

14. 상대주의   133

　이것은 미국의 아이들이 수면이건, 식사건 시간엄수를 강요당하고 처음부터 혼자 자는 습관을 기르고, 독방에서 낯선 베이비 시터(bady sitter ; 집 지키며 아이를 보는 사람)의 손에 맡겨지고 육체의 접촉보다 언어를 통한 관계를 갖는 것과는 현저한 대조를 이룬다.
　일본의 유아는 상당기간 어머니에 의해서 포육(哺育)되고, 식사시간도 자유이고, 어머니는 그들의 응석을 받아주고, 전통사회에서는 어머니의 외출시에 등에 업고 상당한 연령에 이를 때까지 양친과 침실을 함께 쓴다.
　성장한 후에도 독방에서 자기보다는 몇 사람씩 한 방을 쓴다. 가정에서 교육을 할 때에도 벌칙을 시사하는 언어에 의한 일반화된 규칙보다는 부단히 접촉하고, 참을성 있게 실례를 제시하는 형식을 취한다. 요컨대, 일본의 어린이는 작은 어른이 아니라 유아취급을 받는 것이다.
　그 결과, 당연한 이야기이지만, 특히 어머니에 대한 의존도가 높아지고 구미에서는 볼 수 없는 상태가 발생한다.
　일본의 아이, 그리고 성인까지도 타인의 애정의 덕을 보려고 하는 것은 이 때문이다. 이런 감정을 일본말로는 「아마에」라고 한다. 이것은 「아마에루」의 명사형인데, 「스위트(sweet)」라는 형용사와는 같은 뿌리이고, 「애정을 타인에게 구한다」는 의미가 된다.
　이 감정은 원래 어머니에게 육체·정신 양면에서 의존하는 것으로 기쁨을 느낀다는 것이지만, 나아가서는 소속집단의 온정에 감싸여 그 용인을 받음으로써 정신적인 기쁨을 얻는다는 의미에서의 의존을 의미하게 됐다.
　아이는 어머니가 모든 것을 이해하고 관대하게 봐줄 것을 기대함과 동시에 그녀의 권리를 수용한다. 그리고 이 자세는 시간의 경과와 더불어 자기를 둘러싼 사회환경의 권위를 수용하고, 그 승인을 요청하고 거기에 의존하는 태도로 확대한다.
　이와 같이 일본의 아이는 유아기의 자유방임에서 양친이나 학교의 권위를 순순히 받아들이고, 드디어는 소속집단 내지는 사회전반의 판단에 순순히 몸을 맡기게 될 때까지 놀라울이만큼 쉽게 전위(轉位)한다.
　「사람들이 웃는다」는 결정적인 선고와 함께 양친이 머리를 가로 젓는 것은 아이에게는 대단한 제약이 되지만, 성인이 된 후에는 소속집단의 용인이 있고 없고가 같은 역할을 하게 된다. 전통적인 촌락사회에서는 「무라하찌부」라는 패각추방(貝殼追放)이 가장 엄한 벌칙이었다. 그리고 먼 벽지나 섬으로의 추방만큼 겁나는 판결이 없었다.

「아마에」의 감정은 중국의 철학이나, 일본의 봉건사회의 잔재로서의 「은(恩)」이라는 사고와 쉽사리 뒤섞인다. 「은」이라는 것은 원래 통치자・봉건영주 또는 어버이의 내리사랑이라는 뜻이지만, 여기에서 전화해서 이 은을 받은 사람이 그 수여자에 대해서 한 없는 감사 또는 부담을 느끼는 것을 의미하기에 이르렀다. 이쪽이 오히려 일반적인 용법이다.

전통적인 일본적 윤리체계 속에서, 특히 중시된 것은 이 측면이었다. 근대 이전에서의 「은」도 현대에서의 「아마에」도 일본인이 개인보다 집단을 중시하고 기존의 권위를 수용하고 보편적인 관계보다 개별적인 관계를 강조하는 점을 뒷받침하고 있다.

일본인의 발상에서 볼 수 있는 상대주의는 근대적인 일본사회에도 여러가지 형태로 그 모습을 드러내고 있다.

학교에서는 가르치는 데도 불구하고 일본인의 죄의식은 구미인의 경우보다 확실히 희박하고, 선악(善惡)간에 넘을 수 없는 선을 긋는 경향도 적다. 인간세계에는 원래 죄의 영역이 없다는 것이 그들의 사고이다. 거의 모든 것은, 그 자체 피해만 없으면 관대하게 봐준다. 「적당히」라는 것이 그들 사회에서는 중요한 것이고, 전면금지는 그들이 택하는 바가 아니다. 십계명식의 계율은 존재하지 않는다.

동성애가 허용되지 않았던 일은 없었고, 중세기에는 봉건 무사나 중들 사이에 공공연히 인정되고 있었다. 일본인은 어느 편인고 하니, 우울증 기미가 있고, 심리나 정신차원에서의 문제에는 크게 관심이 있음에도 불구하고 성과 죄의식에 경사한 프로이트(Freud)식의 정신분석은 관계가 없다고 보고, 이를 수용하지 않았다.

소수의 기독교 신자는 19세기 후반의 선교사의 영향을 받고, 음주나 주정에는 엄하지만 일반 일본인은 과도하지 않는 한 매우 관대한 태도를 취한다. 때문에 일본인은 극히 소량의 술에 취하고 만족한다. 효소부족과 지방부족 등의 생리적인 이유도 있겠지만, 술을 마시면 곧 얼굴에 나타난다. 그보다도 큰 이유는, 주정하는 것에 대해서 내면적인 제한이 없기 때문이다. 취중 운전은 예외이지만, 그 외의 것이라면 술에 취했으니까 라는 이유로 관대히 넘겨진다. 알콜 중독이 일본에서 큰 문제가 되어 있지 않은 것도, 이 맥락에서 보면 의미가 있다.

정치에서는 거칠고 극단적인 언사가 사용되지만, 국민 전체는 대체로 상대주의적이며 그리고 관대하다. 구미인이라면 참을 수 없을 정도로 노하고, 비난을 금하지 못할 경우에도 일본인은 오히려 정상참작의 여지나, 도적에게도 이치를 인정한다.

1930년대에 중신을 몇 명씩이나 살해한 청년장교나, 1960년대에 학원을 엉망으로 만든 학생운동가에 대해서 많은 일본 국민은, 그들의 젊은 혈기와 동기의 「순수성」을 들어 이에 관대했다. 일본의 법률이 시국이나, 그때그때의 사회제도에 비해서 오히려 관대한 것은 어제 오늘의 일이 아니다. 봉건제가 등장하기 전, 일본에는 오랫동안 사죄(死罪)는 없었다. 이것은 당시로서는 정말 놀라운 일이 아닐 수 없다.

오늘날에도 의견의 불일치를 해결하는 데 있어서는 쌍방이 손해를 보는 식으로 타협이나 조정으로 사태를 수습하는 데 큰 노력이 경주되고 있다. 어느 한편에 손을 들게 하는 법률식의 판정은 내리지 않는다.

법정의 판결마저 범죄의 동기와 마찬가지로, 개전(改悛)의 정이 어느 정도 참작된다. 만일 마음으로부터 전비를 뉘우치고 있다는 판단이 내려질 때에는 자비를 베풀지 않을 수 없는 것이다.

보편적인 원칙보다 개별적인 관계에 중점을 두는 이상, 소수의 명확한 윤리기준에 대신해서 수많은 구체적인 행동규칙이 존재하지 않을 수 없다. 윤리는 정중성이나 예의성과 뒤섞이는 것이다. 「광을 내지 않는 금강석」에 대한 평가는 낮다. 사람이 그 가치를 보이는 것은 개별적인 관계 하나 하나를 각 상황에 비추어서 어떻게 처리하는가에 달렸다.

수백, 수천의 규칙이 있지만, 그 모든 것이 어김없이 준수되어야 한다. 세계에서 제일 예의바른 인간이라고는 할 수는 없어도, 그들이 가장 엄숙한 존재임에는 틀림없다.

여러가지 다양한 행동규칙이라는 점에서는 근대 이전에는 오늘에 비할 바가 아니었다. 계급간이나 동일 계급에서도 여러가지 소집단 사이의 관계는 세세히 규정되고 준수되었다. 대중사회의 오늘날에 있어서는 그것은 대폭 간소화되고 보편화되었다. 그럼에도 불구하고 구미인의 눈에는 일본인은 긴밀하거나 친한 사이를 제외하고는 아직도 딱딱한 존재로 비친다. 동일 가족간에도 미국인이 볼 때에는 서먹서먹한 예의범절이 존재하는 듯하다.

인사를 지루할이만큼 나누는 예법은 구미인에게는 일본인의 예의범절 가운데 가장 눈에 띠는, 그러면서도 어색한 웃음을 자아내는 외적 표현이다. 그리고 머리를 숙이고 있는 시간의 길이나, 머리를 숙이는 각도, 서로의 상대적인 지위나 관계에 의해서 미리 정확히 규정되어 있다.
　공식방문할 때, 인생에서의 중요한 일들, 신년, 주겐(中元；한여름), 그 밖의 여러가지 가정행사에 선물을 교환하는 습관도 매우 복잡다단한 성가신 호혜적인 기술로 세련되어 있다. 일본말에는 정중성의 각 단계에 따른 경어가 무진장이고, 그때 그때의 상황에 따라서 조심성 있게 선택된다. 겸손한 말은 자신과 자신의 주변의 사람을 가리킬 때 사용하고, 보다 정중한 화법이 자기보다 신분이 높거나, 자기와 먼 관계에 있는 사람을 가리킬 때 사용한다. 허긴 요즘 젊은이들은 제대로 경어도 쓸 줄 모른다는 것이 연장자들의 끊임없는 불만이다.
　때와 장소에 맞는 행동양식이 상세히 규칙화되어 있기 때문에 일본인은 자칫 자의식 과잉에 빠지기 쉽다. 자기가 행하는 일이 타당한가, 남이 웃거나, 손가락질을 하지 않을까 하는 강박감이 바로 이것이다. 외국인을 상대할 때에는, 특히 이 강박감이 두드러지는 것 같이 보인다. 상대방의 습관을 잘 모르기 때문이다. 그러나 이것은 외국인 상대의 경우에 한하지 않는다.
　일본인은 예외 없이 남이 자기를 어떻게 보고 있는가에 신경을 쓰고 있는 것 같다. 여러가지 개인 관계에서 일본인은 「엔료」, 남에게 신경을 쓰는 경향이 있다. 「꺼리지 마십시오」 즉, 「엔료」하지 말라는 이 정중한 말은 그다지 효과가 없는 듯하다.
　일본인이 타인과의 관계에서 어색한 것은, 이러한 자의식 과잉이 원인이다. 적어도 연장의 일본인에 한해서 그들이 긴장하지 않고 있는 듯이 보이는 것은 다만 친한 인간관계에 있을 때만이다. 가까운 집단이 그들에게 몹시 그리운 것은 이 때문이다.
　일본인이 새로운 인간관계를 만드는 것을 꺼리는 것은 이와 같은 이유 때문이다. 모르는 타인끼리 지내는 것이, 알고 지내는 관계의 부담을 안는 것보다는 편하기 때문이기도 할까.
　구미인은 매우 손쉽게 사람을 사귀지만, 일본인은 그렇지 않다. 그렇기 때문에 처음 만나는 일본인의 딱딱함은 접근하기조차 숨막힐 지경이다. 회화의 간격도 적어도 구미인에게는 고통스러울 정도로 길다. 언어에 의한 코뮤니케이션에 낮은 평가밖에 주지 않는 일본인은, 이 일을 모르고 있는 듯하다.
　친구도 간단히 사귈 수 없다. 그러나 일단 친구가 되면 가벼운 사교나 교제에 익숙한 구미인이 어리둥절할 만큼의 지속성을 보인다. 일본인은 또한 구성된 집단과의 관계에 집착하는 경향이 심하고, 그 외의 인간은 모두가

14. 상대주의   137

타인이라는 분명한 범주 속에 처넣는다. 이래 가지고는 공공심이나, 타인의 문제에 가볍게 관계하는 기풍은 생겨나기 어려운 게 당연하다. 같은 경향은 구미의 도시에서도 높아가고 있지만, 일본에 비하면 약과이다. 추상적인 원칙보다 구체적·개별적인 관계를 중요시하기 때문에, 일본의 윤리체계는 미답(未踏)·미경험의 상황하에서는 명확한 방향을 지시할 수 없다.

미지의 사람에게 직면했을 때의 일본인은 자기 자신의 원칙의 보편적인 타협성을 맹목적으로 믿고 있는 사람보다도 자신(自信)을 가지기 어렵다. 해외에 나가 있는 일본인은 더욱 그렇다. 그러나 일본 내에서조차 상대주의적 윤리전통이 현대상황에 적응하기 어려운 측면도 발견된다.

한 예를 들면, 평상시는 온화하고 친절한 일본인이 일단 통근 전차의 혼잡을 만나면, 밀고 밀치는 광적인 소란을 연출하는 것이다.

전시하의 사병이 평시의 윤리관을 새로운 상황에 적응시키기 어려운 대로, 본국에서라면 변호의 여지가 없는 행동으로 나오는 것은 어느 나라에서도 공통적인 현상이다. 그러나 개별주의의 중시에 입각한 일본인에게는 이 문제는 유달리 큰 문제이다. 2차 세계대전 중의 일본군의 잔학행위와 온화한 국내의 질서간에 큰 차이가 있는 것은 두말할 필요도 없다.

그러나 포로의 취급이라는 면에서는 또 하나의 요소가 개재하고 있었다. 일본군은 항복이야말로 최대의 수치이고, 그 수치를 면하기 위해서는 목숨을 걸어야 한다는 교육을 받았다.

따라서 그들이 포로를 업신여기고 함부로 다룬 것은 자기를 그 경우에서 보았기 때문이지 그 이상도, 그 이하도 아니었다.

익숙치 않은 상황하에서, 윤리의 틀이 망가지지 말라는 법이 없는 가장 적절한 예는, 1923년의 관동대진재(關東大震災) 당시의 폭도화한 일본인에 의한 한국인의 대량 학살일 것이다. 그들 자신이 유포한 근거없는 데마가 이 참극을 빚었던 것이다. 여차할 때, 평소의 윤리감이 무너지는 가능성은 일본인의 경우가 일부 구미 세계의 국민보다 훨씬 클런지도 모른다.

그러나 원칙지향성이 높은 독일인이 자행한 잔학행위는 오히려 구미가 아니고서는 있을 법하지 않다는 점이 강하고, 일본에서는 가능성이 적을런지도 모른다(저자의 편견이지만, 그대로 역한다. 이하에도 그런 대목이 있을 것이다—역자). 여하간, 이러한 이분법적인 구별은 그렇게 확연할 수 없는 것이다. 17세기의 일본인은 천주교도를 아무렇지도 않게 씨를 말렸고, 그리고 미국인은 밀라이에서 학살을 감행했던 것이다.

개 성

15

일본인의 집단지향이나 상대주의적인 윤리관을 과대하게 받아들여서는 안 된다. 만일 그것을 과대평가하면 일본인이 마치 서로 순응하면서, 사회적으로 시인된 행동양식만을 끊임없이 되풀이하는 감정이 없는 콘트롤하기 쉬운 로보트격인 국민으로 보일 것이다. 그러나 일본의 역사는 이러한 일본인상(像)과는 정반대인 것이다. 일본인은 매우 활력적이고 신속하고 그리고 중대한 변화에 대응할 수 있는 국민이라는 것을 훌륭히 증명해 왔다. 그들의 예술은 일본인이 극히 섬세하고 독창적이라는 것을 증명하고 있다. 그들의 문학은, 일본인이 개인으로서 뼈아플 정도로 자의식이 강한 존재라는 것을 말해 주고 있다. 거기에 있는 것은 분명히 별종의 일본인의 실상인 것이다.

확실히 일본인은 구미인과 비교해서 개성을 집단에 종속시키고 있고, 적어도 그들 자신이 그렇게 생각하고 있다. 그러나 동시에 매우 강렬한 자아의식을 다른 방법으로 가지고 있다.

가령, 일본인은 자기를 정서적으로 표현하는 데 있어서 절대로 남에게 양보하지 않는다. 구미인의 경우보다 때와 장소를 가린다고 해도 그렇다. 그러나 무엇보다도 중요한 것은, 일본인이 구미인과 동등한가, 그 이상의 기상과 야심을 가지고 있는가 하는 점이다.

자아의 발로와, 사회에 대한 순응성과의 갈등은 세계 어느 곳에서도 볼 수 있는 것으로, 물론 일본도 그 예외는 아니다. 뿐만 아니라, 대세에 순응하는 경향이 강한 나라이니만큼 사회적 통념이 가지는 비중은 일본이 크다고 할 수 있고, 그만큼 일단 사회에 대한 반역이 불을 내뿜으면 자칫 극단적인 형태를 취하는 것도 사실이다.

단결이 완만한 사회에서의 반역의 경우보다, 일본에서 반역하는 편이 상당한 담대성과 결단을 필요로 한다. 그런 만큼 사회에 대한 반역은 거칠은 것이 되기 쉽고, 1930년대의 정치 테러, 60년대 후반의 폭발적인 학생운동, 그 이후의 적군파, 그 밖의 젊은이들의 산발적인 테러리스트 집단의 잔인성은 모두가 그러한 예이다.
 그러나 이러한 경우일지라도 한 사람, 한 사람의 반역자는 각자가 소속하는 소집단의 일원에 지나지 않고, 독불장군격인 활동가이거나 괴짜가 아니라는 점에 유의해야 할 것이다.
 노골적인 반역이라고까지는 하지 않더라도, 일본 사회에는 광범위한 초조감이, 특히 젊은이 사이에 존재하고 있다.
 이것은 딱딱한 틀에서 벗어나서, 숨막힐 듯한 사회의 제약에서 탈피하려는 몸부림인 것이다.
 일본의 젊은이는 일생에 한번이라도 일본을 탈출해서 외부세계의 보다 신선한(그들은 그렇게 생각한다) 분위기에 접하려 하고 있다. 그들은 교육이나 취직에 관해서 너무나도 답답한 제약이 가해져 있는 것에 분통을 터뜨리고 있다.
 선진 공업국 가운데 사회의 구조에 대해서 불만을 표명한 것은, 일본의 젊은이들이 단연 톱이었다.
 그들은 열렬히 마이 홈을 원하고 있지만, 땅값이 비싸서 그것이 결코 용이하지 않다. 그들은 또한 집단의 압력에서 탈출해서 자기만의 의의있는 생활을 하고 싶어 한다.
 이러한 경향은 「마이 홈 주의」라 해서 연장자들로부터 보다 중대한 책임을 포기하는 것으로 비난의 대상이 되고 있다. 이러한 초조감은 결코 어제 오늘에 시작된 것이 아니다. 적어도 20년대의 초기로 거슬러올라가 수 있고, 그 동안 기성 사회질서에 대해서 내뿜은 불평불만은 실제로 적지 않은 변화를 초래케 한 것이다.
 젊은 세대는 어느 시대에도 연장자의 눈에는 도덕심도 윤리성도 없고, 걷잡을 수 없는 존재로 비쳤지만, 특히 2차 세계대전 후에는 그러했다. 자아의 주장이 낡은 일본적인 규범을 어디까지 떠날 수 있는가는 아무도 알 수 없다. 그렇다고는 하지만, 아우트 사이더의 눈에는 구래의 사고나 방식은 아직 사라지지 않고 있다. 대학시절의 굽진파가 졸업과 동시에 그레이 플란넬 양복을 걸치고, 기업체의 간부로 탈바꿈하는 미국식 도식(圖式)은 일본의 경우는 더욱 심하다. 허긴 일본에서는 그레이가 아니고 다크 블루의 양복이라는 점이 다르기는 하지만.
 「개인주의」라는 말 자체가 일본에서는 아직 정립되어 있지 않다. 이 점은 최초의 서구파의 접속 이래 불변이고 일본에서는 개인의 책임보다 오히려 멋대로라는 뉘앙스가 강한 것이다.
　최근의 학생들은 자아의 주장이란 무엇인가를 모색하는 과정에서 개인주의라는 말을 쓰지 않고, 오히려 「주체성」이라는 말을 애용하는 경향이 있다. 인생이란 단순한 수동의 대상이 아니고, 적극적으로 개인이 선택하는 장(場)이라는 점이다.

　불만이 고조되고, 때로는 공공연한 반항이 있다고는 하나, 사회적인 순응이라는 일본 고래의 가치관은 아직도 그 타당성을 많이 남겨 놓고 있다. 그러나 이러한 관습상의 속박 안에서 일본인이 꼼짝 못하고 개미처럼 살고 있는 것은 절대로 아니다. 일본인은 그들 나름대로 자아의 함양을 습관화했다. 다만 사회적으로 수용될 수 있는 형태로의 자아일 뿐이다.
　그 하나는 개개인이 자연에 접근하는 형태이다. 자연에 접함으로써 자신을 둘러싸고 있는 억압적인 사회로부터의 도피를 모색하고, 자연의 미나 변화와 일체화함으로써 인간으로서의 불만을 충족시키는 형태이다. 구미인의 경우도, 자연이 같은 역할을 수행하는 경우가 간혹 있기는 하지만, 일본인의 자연애호의 강도와 일체감과는 거리가 멀다.
　인구의 증압과 근년에 있어서의 놀라운 경제성장 결과, 일본인은 세계에서도 유수한 자연 파괴자가 되었다. 그러나 일본인의 자연애호 습성은 자연의 축소판(縮小版)과 같은 마당의 영역을 떠나지 못한다고는 하지만, 그래도 아직도 남아 있는 것이다.
　일본인은 산책이나 산이나 바다를 즐긴다. 그러나 큰 정원이나 몇 헥타르에 달하는 황야를 소유하는 사람은 거의 없다. 그 대신 그들은 대자연의 웅대성을 모방한 좁은 마당을 정성껏 손질한다. 그들은 또한 자연을 주제로 화필을 즐겨 그리고 「본사이」(화분에 나무를 심는 것)를 즐긴다. 여성은 이것을 전문으로 하는 사람도 적지 않다.
　「이께바나」(꽃꽂이)는 여성의 전유물이다. 이런 취향은 금년에 구미에 적지 않은 영향을 끼치고 있다. 꽃꽂이와 조원술이 그러한 예이다.
　문학 분야도 자기 표현의 영역이고, 스스로 쓰지 않는다 해도 적어도 타인의 자아의 표현에 보상적(補償的)으로 참여할 수 있는 영역이다.
　20세기 초에 문예가 현저하게 부흥한 이래, 일본 문학의 특징은 시종일관 자기가 무엇인가 하는 데 대한 추구였다.
　그 추구의 많은 것은 구미 문화의 분류(奔流) 속에서 일본인의 아이덴티티

15. 개   성 *141*

를 규명하는 일이었지만, 한편에서는 개인으로서의 아이덴티티를 어떻게 유지하는가에 몰두했다.

일본 작가가 특히 즐긴 것은 그들의 소위「시쇼세쯔(私小說)」즉, 1인칭 소설로서 이것을 기본적으로 서로 적대하는 환경 속에서 작가가 무엇을 어떻게 느꼈는가를 놀랄 만큼 대담솔직하게 토론한 극히 내성적인 것이다.

사소설이 일본을 바라보는 눈은, 대체로 매우 일면적이고 또한 개인 레벨의 것이다. 거기에 묘사된 일본사회가 전부이고, 정곡(正鵠)을 찌른 것이라고는 생각할 수 없지만, 다만 개인의 변덕심이나 마음의 주름을 파악하는 데는 그만으로, 일본 독자가 흥미를 가지는 것도 이 점에 대해서인 것이다.

혁명 전의 러시아 문학이 크게 인기가 있는 것도 아마도 이와 같은 흥미가 작용하기 때문일 것이다. 개인의 성격이나 사회에 대해서는 일본과 러시아는 크게 거리가 있지만, 개인의 정신이 억압적 사회와 충돌하고 자기 표현을 모색하는 모습이 묘사된 러시아 문학은 분명히 일본인의 심금을 울렸다.

누구나가 작가로 대성할 수 없다는 것은 두말할 필요조차 없다. 그러나, 쓴다는 행위 속에, 어떤 형태로든지 자기 표현의 기술을 발견하고 있는 일본인은 수백만에 달한다. 시작(詩作)이 유행하는 것은 그 한 예이고, 일기를 적는 취미도 그 일환이다. 31음(音)으로 구성되는 전통적인 단가(短歌)이건 17음으로 구성되는 근세의 하이꾸(俳句)이건, 원래가 많은 제약을 받는 시형이고, 또한 무수한 약속이 가해져서 손발이 묶인 상태이다.

그럼에도 불구하고 이러한 시형을 통해서 자기 표출의 만족을 느끼고 있는 일본인은 헤아릴 수 없이 많다. 시의 전문지나 연구 그룹도 다수이고 일년에 한번 일정한 제목으로 시작의 솜씨를 다투는 단가 콘테스트도 있을 정도이다. 여기에는 천황 자신도 자작의 시를 쓰고, 입선된 일반작품은 천황 앞에서 읽는다.

또 수백만 명의 일본인은 여러가지 예술형식이나 음악・무용을 통해서 자기를 표현한다. 무용에는 여러 형태가 있지만 모두 근대 이전의 연극이나 게이샤(기생)와 관련이 있고, 유파마다 조직된 교습소에서는 그런 형식을 중심으로 가르친다. 이것은 모든 전통음악에도 해당하는 것이다.

양악기를 다루는 수는 더 많다. 2, 3세의 유아기부터 바이올린을 가르치는「스즈끼방식(鈴木方式)」──많은 인원수의 레슨의 경우가 많다──은 세계적으로 유명하다. 구미의 여러가지 예술양식이나 다도(茶道)・화도(花道) 등의 전통예술과 마찬가지로, 모든 유파의 회화나 도자기 만들기가 성행하고 있다. 유도나 가라데(무예)를 비롯한 무술도, 개개인의 기량의 숙달을 존중하는 일본인의 전통적인 의식에 알맞다.

여기에서 지적하고자 하는 것은 일본인이 이와 같이 각자의 취미를 문예·예술·예능 등의 분야에서 가지고 있다는 사실이다. 더우기 이것은 단순히 정서 레벨에서의 자기 표출의 수단에 그칠 뿐만 아니라, 자기 자신의 아이덴티티를 여차하면 발휘하기 위한 십팔번(비장의 무기)인 것이다.

민중 레벨에서의 예술활동은 일본에서는 오래된 것이지만, 미국에서는 근자의 일이라고 봐야겠다. 생각하면 미국 사회도 눈코 뜰 사이 없는 혼잡한 환경으로 탈바꿈하고 있다. 그것이 자기 표출과 자기의 아이덴티티를 분명히 밝히는 필요성을 높이는 데 일익을 담당했다고 말할 수 있을런지도 모르겠다.

우리 미국인은 이런 종류의 활동을 단순한 「도박」이라고 했다. 그러나 일본인은 그것을 「취미」로서 존중한다. 취미는 일본인이 스스로의 아이덴티티를 확립하는 데 기여할 뿐만 아니라, 점차로 그 중요성을 더해 가고 있다.

일본인은 파티 같은 장소에서 각자 십팔번을 과시하는 것을 즐긴다. 뿐만 아니라, 차례대로 예능을 과시한다. 이럴 때 당혹하는 것은 외국인으로, 하는 수 없이 학창시절의 노래로 얼버무리고 마는 것이다.

열심히 취미를 구한다는 것은 일본에서는 자존심을 유지하는 데도 필요하다고 봐야 한다. 나 자신 인터뷰를 할 때, 일을 하는 것이 취미이고 이렇다할 취미가 없다고 설명하는 데 애를 먹은 일이 한두 번이 아니다. 마치 자기가 정신적으로 불구인 양 답답한 심정을 금할 수 없었다.

일본인은 자기의 취미를 소중히 하고 그것을 자랑한다. 설사 그 취미가 그 사람의 지위로 봐서 당연하다고 간주되는 경우에도 역시 그러하다.

예를 들면, 실업계의 인사들은 골프에 열을 올리고, 입을 열기만 하면 핸디를 운운하는 것이 당연지사로 되어 있다. 스포츠맨 타입의 인간이라면 하루 반밖에 되지 않는 주말을 멀리 스키장으로 가서 8시간이나 즐긴다. 이런 기능은 취미를 위해서는 믿을 수 없을 정도의 각고(刻苦)를 자신에게 부과하는 하나의 예이다.

이런 종류는 미국에도 전혀 없는 것은 아니다. 그 동기도 대동소이할런지도 모른다. 그러나 개인의 기능이나 취미가 개인의 자의식에 접하는 정도는 아마도 일본만큼 높지는 않을 것이다.

15. 개　　성　*143*

　일본인이 어떤 방법으로 개인적인 기능을 습득하는가를 관찰하면, 그들이 어떻게 개성을 함양하는가를 엿볼 수 있다. 특히 전통적인 기능의 경우는 그러하지만, 그것은 분석이나 구두에 의한 설명에 의해서보다는 오히려 교본이나 모방, 즉 스승에게서 제자에 대한 개인적인 전달이라는 형식에 의해서 습득된다.
　사제간의 유대는 매우 중요한 것으로, 일본인의 집단지향성과도 관계가 있다. 동시에 학습의 과정이 합리적이라는 것보다는 오히려 직관적인 것이 또한 중요하다. 기능과 정신에서 일체화되는 것이 중요하며, 그것을 지적으로 억누를 수 없는 것이다.
　여기에서 상기되는 것이 원시불교의 도통(道通)이라는 것이다. 도통이라는 것은 대우주와 일체화하는 것으로서, 개인의 아이덴티티를 멸각(滅却)시키는 것이었다. 여하간, 하나의 기능을 습득한다는 행위는 의지(意志), 즉 자제와 극기를 영위하는 것으로 생각하면 된다.
　궁술의 교사는 눈의 날카로움이나 손놀림의 교묘성보다는 배——즉, 정서——를 뜻대로 콘트롤하는 것을 강조한다. 하나의 기능에 숙달하는 것은 외부의 근육보다는 오히려 내부의 자아를 신장하는 것이라고 간주된다.
　이와 같이 하나의 기능의 습득은 자기계발의 분야로서 단순히 사회적으로 인정되어 있을 뿐만 아니라, 열심히 장려되고 있다.
　이 어프로치는 전통예술에 머무르지 않는다. 인간으로서의 살아가는 양식에도 해당된다. 확실히 일본인은 협조적이고 집단지향이 강하고, 사물을 절대적인 자(尺)로 판단하지 않는 사람들이지만, 그렇다고 해서 사회적인 조건 여하에 따라서 개성을 완전히 잃은, 윤곽이 희미한 존재는 아니다. 오히려 내부의 자제심을 작용함으로써 비합리적·반사회적인 방향으로 나가는 자연의 충동을 억제하는 데 성공한 예인 것이다. 일본인은 결코 의지박약한 「이예스맨」이 아니고, 자기규제를 극한까지 체현한 존재인 것이다. 사회적 규제에의 순응은 구미에서는 나약성의 표현으로 간주되지만, 일본인의 경우는 내부의 강인성이 떳떳히 억제된 형태로 표출되었다고 말할 수 있다.
　자기 규제에 대해서 일본인만큼 고심해 온 존재도 드물다. 가령 혹한에 냉수욕을 하는 등의 엄숙한 고행(苦行)의 실천은 오늘날에도 일부에서 실시되고 있다.
　그것도 구미나 인도와 같은 신비주의적인 이유가 아니고, 의지력의 함양을 목적으로 하고 있다. 중세 이래 선불교(禪佛敎)가 설파하는 명상이 널리 일반에도 실시되어 왔지만, 그것도 초월적인 도통의 경지에 도달하는 당초의 의미를 떠나서 오히려 자기수양을 지향하는 것으로 전환되었다. 구미의 일부 젊은이들에게 선적(禪的)인 수행이 어필하고 있는 것도 여기에 이유가 있다. 그들도 또한 새로운 극기수단을 모색하고 있기 때문이다.

여하간 일본인은 자기수양이나, 의지력의 단련이라고 하면 혈안이 된다. 인생에 있어서 자기의 의무를 완수하려면 이것이야말로 불가결의 요소로 생각한다.

그들이 가끔 말하는 자계(自戒)라는 말로 판단하건대, 그들이라고 사회적 순응이나, 천명의 달성을 가만히 앉아서 전수하는 것으로는 생각지 않는다. 고진감래(苦盡甘來)로 간주하고 있는 것이 뻔하다.

많은 일본인은 가족・동료・사회일반에 대해 수행해야 할 의무를 과대히 짊어지고 있는 것 같다. 이 책임감──통상 의무라고 한다──은 매우 까다로운 것으로서 젊은이들 사이에 초조감을 자아냈다. 그러나 이것이 근대 이전에는 「의리」라는 이름으로 불린 것의 연장선상에 있는 것은 확실하다.

「의리」의 표출방법은 여러가지지만, 어찌됐건 인간으로서의 자연적인 감정──「인정」으로 알려져 있는 것으로, 자연적이기 때문에 사회적인 혼란이나 재앙도 초래할 수 있다──에 우선되어야 한다고 생각되었다. 인정의 발로로 의리를 결한다는 것은 허용되지 않았던 것이다.

고전문학(古典文學)에는 인정과 의리의 갈등이 자주 등장한다. 불륜의 사랑에 고민하는 남녀가 가족이나 사회에의 책임의 샌드위치가 되어서 그것을 해결하기 위해서 정사(情死)를 택하는 테마는, 적어도 문예작품에 관한 한 몹시 흔해빠진 것이었다.

그런데 일본사회의 자살의 역할에 대해서 언급할 필요가 있을 것 같다. 내외의 관찰자의 눈에 비친 자살은 일본사회의 특이한 현상이기 때문이다.

자살의 전통적인 형태인 세뿌꾸(切腹)는 그 대부분이 자기 규제의 결과인 의식이었다. 오늘날에도 자살은 절망적인 딜레마로부터 피하는 수단으로서는 납득할 수 있는 것이고, 때로는 찬양되기도 한다. 허긴 일본은 세계에서 으뜸가는 자살국이라는 정평은 통계적으로 뒷받침되어 있는 것은 아니고, 구미 각국에 비해서 두드러지게 많은 것도 아니다. 세뿌꾸는 연극이나 영화 속에서 자주 취급되는 것이긴 하지만, 실제로는 거의 자취를 감추고 말았다.

2차 세계대전 직후에는 상당한 유명인사, 특히 군인들이 차례로 할복자살을 했다. 이것은 구미인이 결코 이해 못할 만한 행위는 아니지만, 그 외의 케이스로서 제대로 할복을 한 예로서는 불과 노기(乃木)장군 부처가 명치천황의 뒤를 따라 1912년에 자살한 사건이 있을 뿐이다.

1970년 작가 미시마(三島由紀夫)의 할복자살은 연극적이기는 했지만, 포즈를 취한 면이 강하고, 정치에의 정면적인 항의를 목적으로 한 것이거나 의무감에서 한 것도 아니었다. 과연, 일본 국민은 그 무대장치에 흥분하기는 했지만, 서로 얼굴을 쳐다보고 어이없어 했던 것이다.

말이 나온김에 많은 고명한 문학자들이 평범한 방법이기는 했지만, 스스로의 생명을 끊었다는 사실은 반드시 일본사회에서 자살이 횡행하고 있다는 증거는 아니고, 오히려 근대 일본문학이 어디까지 내성적인가를 보여주는 것으로 봐야 할 것이다.

현대 일본에서의 자살은 그 이유와 수단의 양면에서 다른 나라와 비슷하다. 다른 동 아시아 몇 개국의 경우와 마찬가지로 여성의 자살율은 구미 이상으로 남성의 그것에 접근하고 있다. 이것은 아마도 동 아시아 나라들쪽이(일본을 포함해서) 여성에 대한 사회적 억압이 크다는 것을 시사하는 것이다.

한편, 15세에서 25세 정도까지의 청소년의 자살율은 구미보다 훨씬 높다. 이것은 일본의 교육제도의 중압이 구미를 웃도는 것의 반영일 것이다.

그러나 보다 중요한 것은, 현대의 일본의 자살율이 정치적인 긴장이나 경제상태의 변화에 따라서 대폭적으로 진폭을 보였다는 것, 그리고 근년에 이르러 자살율이 특히 젊은이 사이에 하강경향을 보이고 있고, 그 결과 오늘날에는 미국보다 약간 높은 정도이고, 반대로 몇몇 구라파 나라보다는 현저히 낮다는 사실이다.

그렇지만 미국인이 살인에 매력을 느끼고 있는 것과 마찬가지로, 일본인이 아직도 자살에 매력을 느끼고 있는 것은 사실로서, 실제로 각종 보도나 문학에는 많은 수의 자살사건이 등장하고 있다.

자기수양과 의지력의 화제로 되돌아가기 전에 다음과 같은 점만은 분명히 해야 할 것 같다. 그것은 어떤 필요성을 귀에 못이 박히도록 말을 한다고 해서 그것이 어느 사회의 특성으로 반드시 정착하는 것은 아니라는 사실이다. 때로는 이상과 현실이 거울에 비치는 영상과 실체의 관계처럼 좌우대칭(左右對稱)일 경우조차 있다. 그러나 일본인의 경우는, 양자간에는 고도의 상관관계가 있어 보인다.

대체적으로 일본인이라는 것은 강인한 성격을 가지고 있다. 그 극단적인 예가 전후 30년 이상을 남태평양의 고도에서 지내고, 단독 미국과의 항전을 계속한 일군 소위 오노다(小野田元)이다. 2차 세계대전 당시의 일본 군부는 일본인의 강인한 의지력을 자명한 것으로 받아들이고, 그것을 강요했다. 그 의지력이면 물량을 자랑하는 미국도 물리칠 수 있다고 생각한 것이다.

일본인은 충분한 의지력만 있으면, 어떤 장해물도 버티기만 하면 극복할 수 있다고 생각하고 있는 듯하다. 그러나 연장자들이 보기에는, 이러한 뱃심은 오늘날에는 무너지고 있는 듯이 생각한다. 그것은 어느 정도 사실일런지도 모른다.

그러나 표면상의 부끄러움이나 협조성도 한 껍질을 벗기면 많은 일본인이 아직도 상당히 확고한 성격을 가지고 있다는 것을 알 수 있을 것이다. 구미인이 스스로의 근로의욕이나 개인의 힘을 「신교윤리」의 이름 아래 자랑하고 있다는 것은 잘 알려져 있다. 그러나 기독교는 물론, 신교와 아무런 인연도 없었던 일본인이 오히려 이러한 특질을 풍부히 구비하고 있는 점을 많은 관찰자는 주목해 왔다.

이미 지적한 대로, 근로윤리라는 것은 기본적으로는 기상조건과 관련성이 있는지도 모른다. 허지만 일본인 일류의 집단지향이 그것을 약화시키느니 강화하는 방향으로 작용한 것은 거의 틀림없다. 집단으로의 협력을 아끼지 않는 것은 그 자신 근면의 증거이고, 집단노동에서 얻어지는 동료의식은 근대에서는 직업인적인 자랑이, 틀에 박힌 기계생산에 대체되었음에도 불구하고 절대적인 기쁨일 수 있다.

근면이라는 것은 일본인 자신, 자기네의 가장 현저한 특질의 하나로 인정하고 있다. 여하간 개개의 일본인이 스스로를 정치(定置)시킬 때, 우선 자기가 소속하는 근로집단을 들고, 실제로 그 활동에 열심히 그리고 기쁘게 참가하고 있는 사실은, 일본의 근로윤리가 아직도 사라지지 않고 있다는 증거가 될 것이다. 신교의 전통을 계승하고 있는 나라들의 현상과 비교해서의 이야기다.

자기 규제에 능하고, 강한 의지를 가진 개인으로 성립된 집단지향사회에 그곳에 긴장상태가 생기는 것은 당연하고, 그것이 일본인의 활력이나 야심의 원천이었다 해도 이상할 것이 없다. 조화를 지향하는 대세순응주의의 밑바닥에는 굉장한 억압이 언제나 휘몰아치고 있었다는 것이다.

근대 이전의 일본인에게는 명예나 면목이 일대 관심사였다. 그리고 그러한 심적 태도는 오늘날 아직도 일본인의 의식 속에 남아 있다.
 한편, 봉건제에서 근대로 옮기는 과도기였던 명치시대에는 「출세」가 캐치 프레이즈였다. 즉, 대망을 안은 개인의 성공이 명치기를 채색하고 있었던 것이다.
 매서추세츠 농과대학(후의 매서추세츠대학) 학장 클라크(William S. Clark)는, 1876년 사쁘로(札幌) 농학교(북해도 대학의 전신) 설립을 위해서 단기간 일본에 체류한 것에 불과하지만, 북해도를 떠나면서 학생들에게 남긴 말은 「소년이여, 뜻을 품어라」라는 것이었기 때문에, 이 말은 아직까지도 널리 일본인들에게 기억되고 있다.
 자식은 어머니의 기대에 어긋나서는 안된다. 잔소리가 많지만 잘 돌봐주는 것이 「유태인의 어머니」로 정평이 나 있다. 그러나 일본인의 어머니도 유태인 어머니와 일맥상통하는 것 같다.
 대체로 현대의 일본인을 몰고 가는 것은 개인적인 야심이나 충동 같은데, 이것은 구미인의 경우도 마찬가지다. 일본인 같은 집단주의적인 국민에게서 이와 같은 개인차원의 특질을 발견한다는 것은 서구인으로서는 납득이 가지 않을런지도 모른다. 그러나 때로는 비현실적일 만큼 야심적인 일본인이라는 것이 실상인 것이다.
 이와 같은 성향을 계량화할 수는 없지만, 미국에 있어서의 일본계 시민의 실적은 이에 대한 비교 데이타를 제공해 주는 것이다. 그들은 매우 이질적인 문화나 언어의 핸디캡을 안고, 또한 장기간에 걸쳐서 심한 편견과 차별에 시달려 왔다. 그럼에도 불구하고 그들은 2~3대간에 그것들을 극복하고, 이제는 교육 정도·소득수준·사회적 지위의 모든 면에서 모든 인종 민족집단 가운데 앵글로색슨계의 신교도나 유태인에 뒤지지 않는 위치를 차지하고 있다. 민족으로서의 일본인의 특성이 미국에서도 살아남게 한 것이라고 간주해야 할 것이다.
 일본인의 특성과 구미류의 신교윤리 사이의 유사점을 찾는다면, 그것은 후자의 출현에 따르는 역사적 사정에서 엿볼 수 있을 것이다. 즉 당시의 구미 사회에는 봉건시대를 방불케 하는 계급구분이 엄연히 남아 있었다. 그 때문에 봉건제하의 정치권력을 장악하는 것을 방해당한 상인이나 농민은 자연히 경제면에서의 성공에 눈을 돌릴 수밖에 없었던 것이다.
 사실은 마찬가지이지만, 도꾸가와시대의 일본에서도 그러했다. 당시 상인은 정치에의 참여를 완전히 봉쇄당하고 있었다. 그래서 무사계급의 정치에 대한 공헌에 필적할 수 있는 사회적 공헌으로서, 경제면에서의 성공을 정당화하고 합리화하는 철학을 발달시킨 것이다.

이렇게 생각하면 명치시대에 와서 무사계급 출신들이 상업활동을 보람 있는 당연한 분야로 간주하고 용이하게 전신(轉身)할 수 있었는가를 깨달을 수 있을 것이다.

중국이나 한국과 같은 나라에서는 직능별로 분화한 계급간의 벽이 그다지 높지 않았기 때문에 경제적인 성공자가 정치권력을 엿보는 것이 흔히 있었고, 그 때문에 오히려 경제적 성공 자체가 자기 목적화에 실패한 것이다.

이 분석이 정확한 것이라면, 소위 신교윤리에 따른 경제적 성공의 자기 목적화라는 측면은, 신교 자체의 소산이라고는 말할 수 없을 것이다. 오히려 봉건제하의 계급구분의 유제(遺制)야말로 그 주된 요인이라 할 수 있을지 모르겠다.

그것은 어쨌든간에 내가 여기에서 역설하고자 하는 것은, 일본인의 개인 레벨에서의 야심이나 활력이 집단지향사회에 있어서의 이변(異變)이 아니고 오히려 일본사회에 옛부터 있었던 기본적인 자질의 일환이라는 점이다.

하이어라키

16

일본과 미국, 이 두개의 사회를 대비할 때, 뚜렷히 나타나는 것은 일본쪽이 하이어라키(hierarchy)를 중시한다는 것이다. (그렇다고 구미 전체가 미국처럼 하이어라키를 경시한다는 뜻은 결코 아니다)

개인에 대한 권한의 부여가 미국에서는 분명하고 일본인에게는 전체적으로 생각될 때도 있다. 그러나 미국인이 강한 평등감각을 가지고, 적어도 평등을 가장해야 한다는 내부규제에 치열한 것이 있다는 것은 의심할 바 없는 사실이다. 지체 있는 사람이 아랫사람에게 「조우라고 불러 주게」라고 자기에 대한 경칭을 생략하도록 요구하는 것도 그 일례일 것이다.

한편, 일본인은 계급이나 지위의 차이를 당연하고 자연스럽게 받아들인다. 일본인의 대인관계나, 소속하는 집단은 하이어라키상의 상하관계는 있는 것이 당연하다는 대전제에 서서 조립되어 있다.

물론 대등자끼리의 집단도 없는 것은 아니다. 가령, 기업이나 관청의 동년배끼리의 집단이나, 여학생의 클라스 메이트끼리가 그것이다.

그러나 대부분의 집단은 전통적인 집의 격식에 따라서 누가 지도자이고, 누가 추종자인가가 분명하다. 교사와 생도, 사장과 평사원과 같은 명백한 서열이 없는 경우에는, 임원을 선출하거나 회원의 이력이나 연령차를 인정하는 형식으로 하이어라키 구조가 형성되는 것이 상례이다.

이와 같이 하이어라키를 존중하는 하나의 이유가 세습적인 권력이나, 귀족에 의한 지배가 장기간이었다는 역사적인 경위에 있는 것은 틀림없다. 일본역사를 채색해 온 것은 계급차이고, 세습적인 권위이고, 귀족의 특권이었다. 근대 이전에는 그러했다.

황실(皇室)이 그 좋은 예이다. 황실은 5세기까지 그 기원을 확실히 거슬러 올라갈 수 있지만, 그 이후, 그것은 국민통합의 상징이고, 극히 최근까지는 적어도 명목적으로는 모든 권력에 합법성을 부여하는 존재이기도 했기 때문이다.

7~8세기에 이르러, 일본인은 중국으로부터 관료에 의한 행정이라는 제도를 차용은 했지만, 교육이라는 형태로서의 개인의 메리트(장점)에 따라서 관료를 기용하는 중국식에 익숙하지 못한 채 일본식으로 되돌아오고 말았다. 모든 지위나 계급은 가문에 의해서 결정되어야 한다는 것이 그것이다.

이래, 일본의 봉건제도를 지탱하는 열쇠는 세습적인 권력이었다. 도꾸가와 막부에 들어설 때에는 무사계급과 그 외의 신분 사이에는 확연한 구별이 있었고, 무사는 무사대로 몇 가지 세습적인 계층으로 나뉘어 있었다. 개개의 무사가 어떤 직분을 얻는가 하는 것은, 오로지 어느 계층의 가문에서 태어났는가에 달려 있었던 것이다.

단, 무사계급 내부에서는 다소간의 유연한 운용의 여지가 남아 있었다. 고급 포스트는 한정되어 있고 후보자의 수는 많았기 때문이다. 그래서 유자격자 중에서 우수한 자를 개인의 메리트에 따라서 선발하는 것이 가능했기 때문이다. 얼마 후 하나의 제도가 생겼는데, 중요한 일에 대해서는 무자격자라도 최고 적임자를 발탁하고, 어떤 명목으로든지 추가 봉급을 주거나 승진에의 길을 열 수 있게 했다.

그러나 원칙상, 250여년의 도꾸가와가의 지배는 아마도 세계에서도 비길 데 없는 엄중하고도 억압적인 세습제도가 정교하게 실시된 예로 볼 수 있다.

예술조차도 세습제도의 틀에 박혀 있었다. 모든 예술적 기법은 비전(秘傳)으로서, 부자상전(父子相傳)의 대상이 되었다.

회화나 무대예술도 세습제에 따라서 파를 형성했다. 다만, 사제간의 관계가 부자간의 관계에 가까왔다는 것, 그리고 양자제도가 비교적 완만했던 탓으로 능력 있는 제자가 스승을 계승한다는 형식으로 기법이 후세에 끊기지 않고 전해졌다.

묘하게도 오늘의 일본에서 가장 강하게 숨쉬고 있는 것은 이러한 전통적인 세습에 의한 권위이다. 예컨대, 다도(茶道)나 화도(花道)는 이에모도 제도(家元制度; 가족 패턴)를 중심으로, 아직도 확고히 조직되어 있고, 최고의 권위의 전승은 오늘날에도 세습적으로 행해지고 있다.

계급차이나 세습에 의한 권위가 이토록 강력하고, 더우기 최근까지 존재한 것을 안다면 오늘의 일본이 확연한 계급차를 가지고 있다고 상상하는 것은 납득할 수 있는 일이다. 실제로, 하이어라키 중시의 자세가 변하지 않는 것을 보고, 일본이 아직도 계급사회라고 간주하는 외국인은 적지 않다.

그러나 이 관찰은 잘못된 것이다.

16. 하이어라키   *151*

　확실히 하이어라키는 당연한 것으로 간주되고, **지위는 확실히 중요하기**
는 하다. 그러나 계급의식은 약하고, **구체적인 계급차는 정말 적다.** 거의
모든 중요한 측면에서 일본은 매우 평등한 사회이다. 많은 점에서 미국과
비견할 수 있을 뿐만 아니라, 대부분의 서구 사회보다 훨씬 평등하다.
　도꾸가와시대 말기에 이르면, 세습제도의 경직성에 대한 불만이 고조되기
는 했다. 그러나 명치시대에 일본이 보여준 세습제도와의 단호한 결별은
그 자체가 놀라운 성과였다. 무사계급 내부의 격차나 사족과 그외의 계급과
의 구별은 몇 년 후에는 제거되고, 호적상의 사족이라는 신분도 단순한 역사
적인 의미밖에는 없었다.
　확실히 이 대변혁기를 살아 남은 사족은 기품과 자세에 있어서 다른 일본
인보다 두드러졌었다. 또 일본의 엘리트는 여전히 전인구의 6%밖에 점하지
않는 사족 출신이 많았다. 1930년대에 엘리트의 약 반은 사족 출신이고,
1960년대 말기에 있어서조차 5분의 1로 추정된다.
　그러나 사족의 대부분이 경제적인 대응에 실패, 급속히 평민으로 하강한
것도 사실이다. 그 몰락의 스피드는 구미의 봉건제도의 그것을 상회했다.
　그 이유의 일단은 아마도 이미 16세기 말에서 17세기 초에 걸쳐서 농지에
대한 직접 지배권을 상실한 데 있을 것이다.
　구미와는 달리, 봉건시대의 봉토(封土)가 현대에 부활하는 예는 일본에는
없었다. 그리고 1870년 초엽 이래, 일본의 농민은 토지의 전면적인 소유자로
서 확실한 권리를 계속 보유한 것이다.
　시간의 경과와 더불어 사족과 평민의 차는 그 의미를 잃어 갔다. 이윽고
사족의 신분은 완전히 소멸하고, 사족 출신 여부 자체가 일반 일본인에게는 거
의 무의미한 것이 되고 말았다.
　확실히 가정에 따라서는 누구누구의 후예라는 말을 하기는 한다. 그러나,
일부 미국인이 최초로 대서양을 횡단한 메이 플라워호(號)의 승객의 자손을
자칭하거나 남부의 대플랜테이션 소유자를 조상으로 자랑한 것에 비하면 그
회수는 훨씬 적은 것이다. 지금의 젊은 일본인에게는 동연배의 영국인이 켈
트계・색슨계・데인계・노르만계의 피가 자기의 혈맥 속에 어떤 비율로 흐르
고 있는가에 신경을 쓰는 것과 같은 일은 없다.
　현대까지 계승된 하나의 계급차는 귀족과 평민의 그것이었다. 교또 출신의
당상귀족, 도꾸가와시대의 봉건영주, 그리고 명치유신 때의 지도자의 일부
는 1884년에 화족(華族)이 되고, 신설의 귀족원에 의석을 차지했다.

152 Ⅲ. 사 회

　그후 60년간, 이들은 상당한 예우를 받았으나, 그후의 전면적인 전쟁노력은 그들에게 보다 평등지향적인 언동을 강요하고, 패전 후에는 점령군 당국이 그 폐지를 명령함에 따라서 완전히 모습을 감추고 말았다. 그것은 아무런 잡음도 없이 사라지고 말았다.
　황실관계의 미야노계(宮家)의 많은 사람도 신적(臣籍)으로 강하됐다. 역사를 존중하는 연장자들은 화족의 후예의 거취에 주의를 기울일 것이다. 사실 봉건영주의 후예가 조상이 지배했던 지역에서 출마해서 조상의 후광으로 당선된 예도 있기는 하다.
　그러나 오늘날에는 화족 출신도 단순히 아무개씨, 아무개 부인으로 불리는 데 지나지 않는다. 프랑스나 다른 구라파들과는 다른 것이다. 단, 예외는 재일 외국대사관의 일부로서, 미국대사관에서도 한때는 옛날의 존칭을 사용한 일이 있었다.
　일본인의 대부분은 화족에 아무런 감흥도 보이지 않고 완전히 묵살하고 있다. 설사 귀족이 존재하지 않고, 법제상의 계급차가 없었다 해도 계급의 구별은 물론 엄존할 수 있다. 그러나 일본인의 계급 구별에 관한 의식은 약한 편이다. 뿐만 아니라, 일본인이 강조하는 집단지향은 계급의식과는 오히려 역의 방향으로 작용하고 있다. 인도의 카스트(caste; 인도의 세습적 4계급, 즉 브라만·크샤트리아·바이샤·수드라)와는 달리 일본적 집단이라는 것은 여러가지 기능이나 지위의 인간으로 성립하는 것으로, 동일한 기능이나 지위의 인간에 의해서 구성되는 것은 아니다.
　물론 예외는 있다. 하나는 소위 미해방(未解放) 부락민이다. 또 다른 하나는 비교적 새로 일본에 온 한국인이다. 여하간, 일본적 집단은 한편에서는 눈에 뚜렷히 나타나지 않는 형태의 하이어라키 관계를 강조하고, 다른 한편에서는 같은 종류의 기능이나 지위를 가진 집단과의 횡적인 관계를 줄임으로써 구미에서 볼 수 있는 계급의식을 표출화시키지 않는 역할을 하고 있는 것이다.
　일본인은 계급 차이에서 자기의 위치를 정하려 하지는 않는다. 굳이 규정하라고 하면 90%까지는 자신을 중산계급이라고 모호하게 얼버무릴 것이다. 억지로 일본인을 계급별로 분류한다면, 상류가 3%, 중류가 69%, 나머지 28%가 미숙련, 내지는 반숙련의 하층노동자일 것이고, 실제로 그런 결론을 내린 조사도 있다. 계급의식이 희박한 것은 어떤 의미에서는 현실의 투영(投影)이다. 소득분포는 중간층에 관한 한 미국과 대차가 없다. 단, 상류와 하층의 양극에 관해서는 미국과 크게 차이가 있다. 미국과 같이 거대한 부의 집적도 없는 대신에「혜택받지 못하는」최빈자의 층도 미국만큼 두텁지 않기 때문이다. 최근의 한 조사는, 빈부의 차이가 가장 적은 선진공업 민주국가로서 일본을 스웨덴·호주 두 나라와 랭킹시키고 있다.

전쟁과 미국에 의한 전후의 개혁은 대부분의 부를 일소하고 말았다. 일본의 대기업의 최고 간부라 할지라도, 그 수입은 미국의 임원에 비하면 대수로운 것이 못되고 자기 회사 주식의 보유고도 극히 적다.

불로소득, 특히 부동산 가격의 현저한 앙등은 확실히 신흥부자를 낳기는 했지만, 누진과세제도와 가차 없는 증여세는 거액의 재산의 축적을 전전과는 비교가 되지 않을 만큼 어렵게 만들고 있다.

다른 극(極)에서는, 미국과는 달리, 문화적인 동질성의 높이와 지리적 환경의 획일성 때문에,「혜택받지 못하는」민족 집단이나, 지역 집단의 존재는 거의 없다. 허지만 폭력배로 전락하거나, 범죄자가 되는 자도 소수이지만 있기는 하다.

그러나 그것이 비교적 소수에 멈추고 있다는 사실은 1968년 생활보호를 필요로 하는 대상이 총인구의 1.43%에 불과하고, 그 태반이 미망인이나 그 자녀였다는 통계 숫자로도 분명하다.

일본이 상대적으로 무계급사회라는 또 하나의 증거는 계급간의 언어 차이가 적다는 것이다. 물론 지방차는 특히 교육수준이 낮은 일본인의 경우는 명확히 지적할 수 있고, 교육 정도에 따라서 화법에 차이가 나는 것도 당연하지만, 영국처럼 명백한 계급차는 물론, 미국의 일부 지역에서는 확실히 지각할 수 있는 계급의 말의 차이조차 없다.

1868년, 명치유신 때에는 일본의 계급차나 세습권력의 규모는 영국을 훨씬 상회하고 있었다. 그러나 일본인은 불과 1세기 동안에 영국보다 이러한 격차를 줄이는 데 성공했다. 이것은 정말 놀라운 일이다.

그 이유의 일단은, 일본사회에서의 집단귀속의 여러가지 특징에 기인하겠지만, 의식적인 계몽이나 교육의 결과, 그 공(功)의 태반을 돌려야 할 것 같다.

일본인은 서구의 보통교육의 이념을 채택하고, 적어도 이론적으로는 누구에게나 공통으로 개방된 교육을 지향하고, 개개인의 사회에서의 역할을 결정하는 척도로서 교육을 이용했다.

그 결과, 명치유신 이래, 일본사회 내부의 유동성은 증대일로를 걷고, 오늘의 일본은 미합중국이나 서구라파 각국에 못지 않는 유동성의 높이를 가지게 됐다.

교육이 수행한 역할에 대해서는 다음 장(章)에서 상세히 기술 하겠지만, 여기에서는 개인의 사회적 지위의 결정 요인을 세습에서 교육제도로 전환하는 작업은 거의 완전히 종결됐다는 데 그치기로 하자.

이제 개개의 일본인이 사회에서 어떤 기능을 발휘하고 어떤 지위에 서 있을까를 결정하는가는 상속이나, 소속 계급이나 출신에 의해서라기보다 오히려 어떤 교육과정을 밟는가에 있고, 또한 그후 계속되는 엄격한 자격시험을 통해서이다.

물론 낡은 제도가 되살아나는 측면도 없지 않다. 이것은 사회주의 국가에서도 그러한대 일본도 예외일 수는 없다. 교육수준이 높은 부모를 가진 자제가 가정의 환경이나 전통으로 말미암아 교육이나 입시의 전과정을 통해서 여러가지 혜택을 받는 일은 있다. 집의 가업이나 조상전래의 논밭은 보통 자제가 승계한다. 대기업이라 할지라도, 비교적 최근에 유능한 기업가의 손에 의해서 창업된 경우, 자식이 승계하는 경우도 있다.

마쓰시다(松下)──미국에서는 내셔널의 브랜드를 피해서 패나소닉의 이름으로 알려져 있다──가 그 좋은 예이다. 동사의 사장 자리는 창업자의 의붓자식에게 계승되었다. 그러나 이제까지의 같은 종류의 기업체의 예로 보면 상속은 기껏 부자 2대에 걸치는 것으로 그 이상은 드물다.

의사의 아들은 대개 아버지의 대를 잇는다. 어떤 종류의 예술은 지금도 부자상전을 원칙으로 삼고 있다. 사립학교나 신흥종교의 경우도 이런 종류의 상속형태가 가끔 있다.

그러나 겨우 그런 정도에 그치고, 미국과 비교해서도 세습재산은 오히려 적고, 서 구라파의 몇 개 나라보다는 훨씬 적은 것 같다.

그렇지만, 하이어라키가 일본사회의 여러 측면에 뿌리 깊게 공공연히 자리잡고 있는 것은 부정할 수 없는 사실이다.

일본사회에 그 특이한 형상과 성격을 부여하고 있다고 말해도 좋다.

일본은 무수의 집단으로 나뉘어져 있고, 각자 그것들이 복수의 지위계층마다 조립되고 있다. 나까네(中根千枝) 여사가 말하는 「종적 사회」는 바로 이 점을 말하는 것으로, 미국사회가 가지는 보다 「획적」구조와는 대조적이다.

이러한 수직적인 종적 구조는 정부관청이건 기업체이건 적지 않은 종류의 조직에 공통이다. 가령, 촌락단위의 조직도 이제 와서는 각 세대마다의 평등지향이 강하다고는 할 수 있을지언정, 전에는 분명한 서열을 가지고 대대로 부락의 장(長)을 내는 집을 정점으로, 밑으로는 소작농에 이르는 종적 계열을 형성하고 있었다.

농협이나 부인단체와 같은 근대 조직조차도 상하의 구별을 세우지 않는 일반회원의 상부에 종적 계열의 임원을 두고 연령에 의한 순위를 강조함으로써 일종의 하이어라키를 수립하고 있다.

정부관청이나 대기업에서는 연령에 의한 집단이 지위의 상하에 의한 하이어라키를 강화하는 형태로 기능하고 있다.

같은 연도에 취직한 동기생은 급여와 지위의 양면에서 근무기간의 대부분을 같은 열(列)에서 지나기 때문이다.

기업이건, 관청이건 다른 자격으로 취직해서 다른 길을 걷는 일은 물론 있지만, 그러나 어떤 일정한 진로에 관한 한 급여나 지위가 같은 에스칼레이터 위에 있기 때문에 누구나가 같이 승급하고 승진하기로 되어 있다.

가령, 공장 노동자는 원래 임금·지위의 두 가지 면에서 낮은 에스칼레이터로 입사한다. 한편, 간부후보자는 보다 높은 입사시험을 치루고 처음부터 높은 에스칼레이터를 타고, 궁극에는 최고간부가 되기도 하겠지만 각 범위 내에서는 급여와 지위를 결정하는 주요 요소는 연령과 근속연한이다.

미국인은 그의 대인관계를 연령이나 지위의 차이를 넘어서 되도록 평균화시키려고 노력한다. 한편, 일본인에게 있어서는 하이어라키의 여러 단계에 따른 대인관계를 수립하고자 하는 것이 보통이기 때문에 일본식이 훨씬 자연적이라 할 수 있을런지 모르겠다.

앞장을 서서 걷는 사람은 연장자이거나 지위가 높은 사람이다. 공식의 경우 누가 어디에 앉는가는 전례에 따라서 결정된다. 일본식의 방일 때, 가미자(上座)라고 하면, 입구의 정면이 도꼬노마(床の間)로 정해져 있다.

그 때문에 방 입구는 혼잡해지는 수가 많다. 제일 말석을 차지하려는 사람들 때문이다. 누가 웃사람인지 모를 경우도 있고, 자신을 비하시키는 데 정신이 없는 여러가지 이유가 있기는 하지만.

자기보다 슬기가 우위에 있다고 간주하는 사람에게는 「선생」이라는 경칭을 붙인다. 친한 사이의 남자끼리는 보통 군(君)이라는 호칭을 사용한다. 한편, 그 외는 남녀·기혼·미혼 여하를 불문하고 산(さん) 또는 그 친절어로서의 사마(樣)를 사용한다. 영어의 미스터·미세스·미스를 함께 묶은 것이

라고 생각하면 된다. 어린이끼리 가족내의 연소자, 그리고 죽마지우를 제외하고는 이름을 부르는 일은 절대로 없다.

뿐만 아니라, 서로 부를 때 예사로 쓰는 것은, 상대방의 지위를 나타내는 명칭을 사용하는 것이다. 가족끼리는 미국인에게도 낯익은 아버지·아주머니를 비롯해서 누님·형님과 같은 범주어가 사용된다. 또 친한 사이의 웃사람에게는 아저씨·아주머니 또는 할아버지·할머니의 호칭이 사용된다.

그러나 가장 일본적인 것은 부인·교장선생님·국장님·사장님 등으로 부르는 습관이다. 군대계급은 예외로, 미국인의 용어 가운데 이에 가까운 것은 대통령 각하·대사 각하 정도이고, 거의 태반의 미국인에게는 관계가 없다고 해도 과언이 아니다.

미국의 노인이 젊은 체를 하고, 사장이 평사원처럼 행세하려는 것과는 대조적으로, 일본인은 되도록 자기의 신분에 어울리게 행동하려고 한다. 옛날에는 이것도 자기의 세습적인 지위에 알맞을 뿐이었지만, 이제는 연령과 지위에 걸맞는 행동을 한다.

개인으로서의 자기인식의 상당부분은 자기가 접하고 있는 지위와의 관련에서 성립된다. 타인에 대한 취급이 그 사람의 사회적 지위에 의해서 결정되는 이상, 본인도 그에 따라서 걸맞게 행동하지 않으면 쑥스러운 것이다.

지위에 따른 질서를 깨뜨리는 것은 깨뜨리는 편이나, 깨뜨림을 당한 사람이나 다같이 언짢다. 외국인이 지위의 차이를 넘어서 평등을 나타내려고 하는 것은 외국인의 무지의 탓으로 관대히 봐 주지만, 일본인으로서는 당혹할 일이다.

일본인이 끊임없이 명함을 교환하는 하나의 이유도 종적인 관계나 지위의 중요성에 유래하고 있다. 영어의 「콜링 카드」가 이에 해당하는데, 이것은 영어에서는 이미 폐어에 속한다.

일본인의 성명에는 어떻게 읽어야 할지 모를 한자(漢字)가 있기 때문에 분명히 한자로 적혀 있는 명함은 편리하기는 하나 가나(假名)로 토를 달고 있는 것도 있다. 주소나 전화번호도 있어서 후에 편리할 때가 있다.

그러나 명함 교환의 주된 의미는, 그 사람이 어디에 속하고 어떤 지위에 있는가를 밝혀 주는 데 있다. 후지은행(富士銀行) 전무라든지, 외무성 조약국장이라든지, 도쿄 대학 경제학부 교수 따위의 식이다. 이것이 분명해지면 상대와의 관계의 성격이 용이해질 뿐더러, 어느 정도의 인사성으로 상대를 접해야 하는가를 알 수 있는 것이다.

16. 하이어라키

　사회가 이처럼 종적 형으로 구성되어 있다는 것은 옛날의 전통이 아직 남아 있다는 것을 의미한다. 어떠한 기구이건 계급질서의 최고에 있는 사람은, 그 이하에 있는 사람에 대해서 어떤 온정주의로 대해야 한다. 가령, 아랫사람에 대한 배려가 그것이다. 구미사회라면 자칫 프라이버시의 침해가 될 우려가 없지 않다. 결혼중매를 맡는 것도 그러한 한 예로, 관청이건 기업이건, 웃사람이 맡아야 할 임무로 되어 있다. 한편, 아랫사람은 이 온정에 경의와 충성을 다하기로 되어 있다. 옛날의 「은(恩)」과 「의리」의 뉘앙스가 그대로 풍기고 있는 것이다.

　집단 내부의 상하관계와 마찬가지로, 서로 다른 집단간에도 상하관계는 존재한다. 일본인은 툭하면 상하관계를 염두에 두기 일쑤이다. 가령 대학이라면 도꾜 대학을 정점으로, 다음이 교또 대학, 그 밑으로 그만큼 명문이 아닌 사립대학이 득실거리고, 제일 저변에는 단기대학들이 있다는 감각은, 거의 모든 일본인은 공유하고 있는 것이다. 기업에서도 마찬가지로서, 거대한 유명 기업을 톱으로, 약소기업이 저변에 있다는 것이 일본인의 머리에 박혀 있는 종적인 감각이다.

　미국인들이 어느 나라를 1등국·2등국·3등국 등으로 부르는 것은 막연한 하나의 비유에 지나지 않지만, 일본인에게는 훨씬 명쾌하고도 의미가 있는 단정인 것이다.

　확고한 상하관계라고 하면 구미인은 딱딱하고 억압적인 권력기구를 연상하기 쉽지만, 일본에서는 그렇지 않다. 상하관계를 중시한다고는 하나, 그 일부는 단순히 형식적인 심볼에 불과하고 국가라는 최대의 상하관계에 있어서의 천황의 역할은 그것을 여실히 말해 주고 있다.

　또 하나의 예로는, 일본인이 어떤 일을 꾸미는 데 있어서 거물을 내세워서 체면을 유지하려는 사실이다. 이런 일은 단순히 명예적인 것에 지나지 않고 실제로 일을 처리하는 것은 훨씬 연소한 실무가 레벨로 구성되는 위원회이다. 미국에서도 이런 형식은 결코 새삼스러운 것은 아니지만, 일본에는 미치지 못한다.

　상하관계의 상징적인 기능의 또 하나의 예는 조직의 톱에 있는 사람이, 그 실제의 권한이나 역할은 둘째 치고, 어떤 불측의 사태가 발생했을 때에는 책임을 지고 그 자리를 물러나는 관습이다. 명목적일지라도 그의 지도감독 하에 있었던 일이기 때문이라는 것이 그 이유이고, 구미인의 눈에는 본인에게 아무런 법적·도의적 책임이 없는 데도 말이다. 옛날이라면 자살을 했을 것이다.

　지도자가 단순한 상징에 지나지 않는 경우는 두말할 것도 없고 현실적으로 기능을 발휘하는 경우에도, 일본식은 미국과 비교해서 크게 다르다. 지도자는 끊임없이 타인의 감정을 배려하고, 제멋대로 자아를 내세우거나, 권력을 행사해서는 안되는 것이다.

　지도자로서의 적격성이 판단되는 것은 인정미가 있는가, 부하의 신뢰감이나 경애감을 얻을 수 있는가에 달려 있는 것이고, 그 견해가 날카롭다든지, 그 결정이 강력하다든지 하는 것이 아니다.

　미국에서라면 강력한 리더쉽의 발휘가 바람직한데도 일본에서의 이런 자질은 오히려 의심이나 반발의 씨앗이 된다. 실제로 리더로 간주되는 톱일지라도, 실은 위원회의 의장으로밖에 보여지지 않는 것이다.

　부하도 또한, 그 그룹의 종신 멤버나 다름없고, 연공에 의해서 언젠가는 보다 높은 지위로 승진할 것이 예상되고 있는 만큼, 결정에는 무조건 승복은 있을 수 없는 것이다. 따라서 연소의 동료――동지가 보다 적합할 때도 있다――로 취급되는 것이 당연하고, 보잘것없는 말단으로 취급당하는 것은 못마땅한 심정인 것이다.

　이 점에 대해서는 일본의 기업이나 행정기구와 관련해서 별도로 상세히 기술하겠지만, 여기에서는 일본이 한편에서는, 고도의 상하관계 중시의 나라로 간주되면서, 한편에서는 권한이나 의사결정이 널리 확산하고 있다는, 전혀 상반되는 사실을 강조하는 데 멈추기로 한다.

　끝으로 또 한 가지는, 지위의 차이가 큰 긴장이나 반감을 자아내는 구미사회와는 달리, 일본에서는 그다지 심하지 않다는 점을 지적하고자 한다.

　이것은 놀라운 일이 못되지만, 여기에는 몇 가지 이유가 있다.

　직장에서나 직업에서 상위에 있는 자는, 요컨대 자기보다 먼저 에스칼레이터에 탄 연장자에 불과하며, 부당한 경쟁에 몰두한 결과는 아니라고 간주하는 것이다. 때문에 자기도 언젠가는 같은 지위에 올라갈 수 있다고 생각하는 것이다.

　또 상대가 간부후보생으로서의 에스칼레이터에 타고 있을 때에는, 교육이나 시험결과가 자기보다 우위에 있다고 받아들인다. 일본과 같이 고도로 동질적인 사회에서는 교육면에서의 격차를 사회의 불공평으로 돌리는 일은 거의 없고, 오히려 개인의 능력의 차이로 체념하는 경향이 강한 것이다.

리더가 독재적인 권력을 행사하지 않고 의사결정의 권한이 널리 확산하고 있기 때문에 일본에서는 설사 부하직원일지라도 그다지 초조할 필요가 없는 것이다.

그룹 전체가 연대감을 가지고, 간부는 간부 나름대로 온정주의를 보존하고, 말단은 말단대로 충성심을 가지고 있기 때문에 어딘가 지위의 격차를 넘은 따스한 감정이 통하고 있는 것이다.

그리고 유종의 미를 장식하는 것이 귀속감, 즉 집단 속의 일원으로 자기 자신을 확인할 수 있다는 감각이고, 그 때문에 개인은 설사 그 지위가 어떤 것이건 간에 그것을 아무말 없이 받아들이는 것이다.

물론 상사에 대한 불만이 전혀 없다는 것은 아니다. 가령 1930년대 청년 장교들이 야기시킨 문제는 공공연한 반란 직전으로까지 일본을 이끌어갔고, 오늘날에 있어서조차 노인이 연소자의 승진의 방해라고 뇌까리는 소리는 이 곳 저곳에서 들린다.

그럼에도 불구하고, 일본인의 전통적인 종적 사회의식은 평등사회적 색채가 강한 오늘날의 일본사회에 훌륭히 어울리고 있는 것이다.

그리고 이것이 오늘의 일본을 원활하게 기능시키고 있는 하나의 유력한 특징인 것이다.

160 사 회

교 육

17

　사람이 생애에서 어떤 조직에 속하고, 어떤 궤도로 걷는가를 결정하는 것은 전에는 출신계급이고 문벌이었다. 그러나 근대 일본의 실력주의는 그것을 학교교육과 시험제도로 바꿔 놓았다. 이제 개인의 기능과 지위를 결정하는 것은 이 두가지이다.
　19세기에 일본이 과학기술면에서 우위를 자랑하는 구미의 도전을 견디어내고 드디어 세계경제에서 리더의 일익을 담당하게 된 것도 그 높은 교육율과 교육수준 때문이었다. 일본사회에서 뭐니뭐니해도 교육만큼 기여도가 높은 것은 없다.
　일본이 동 아시아의 문명을 바탕으로 하고 있는 이상, 교육을 중시하는 것은 당연하다. 중국인은 당초부터 학문의 중요성을 강조하고 지배자의 권위는 지배자 자신의 풍부한 지식과 그것에 유래하는 훌륭한 도의적 통찰을 원천으로 삼아야 했다.
　이윽고 이런 사고는 제도화되고 고급관리를 선발하기 위한 엄격하고도 정교한 시험제도가 창출되었다. 이 제도는 한국인에게도 그대로 승계되었지만, 일본인도 제도 자체만은 사회적으로 뿌리를 박지는 못했지만, 그 중국 정신만은 채택해서 도꾸가와 후반에는 중국이나 한국을 상회하는 교육능력과 교육제도를 발달시키고 있었다.
　도꾸가와시대의 교육의 많은 부분은 개인지도에 의한 것이었다. 그러나 19세기 중반 경에는 많은 번(藩)이 자기의 무사계급의 자제를 위해 번교(藩校)를 설립하고 있었다. 또, 천 개가 넘는 사숙(私塾)도 있었고, 사분(士分) 뿐만 아니라 평민도 입학시켰다. 그밖에 수만에 달하는 마을의 교육기관——보통 마을의 사원이 사용된 때문에 「데라고야」라 불렀다——이 있었고, 부녀자를 포함한 평민의 자제가 읽기・쓰기와 주판을 배울 수 있었다.
　이미 기술한 것처럼 19세기 중엽까지는 남자의 약 45%, 여자의 15% 가량이 읽고 쓸 수 있었다고 한다. 이것은 당시의 구미의 최선진국의 수치를 그다지 믿도는 것이 아니다.

이렇듯 일본인은 정규적인 학습을 전통적으로 중시해 왔다. 그런 만큼, 명치정부의 리더들에게 있어서 구미의 과학기술의 도입에 교육이 가장 중요한 역할을 수행한 것, 또한 일본이 열강을 따라 가자면 근대적인 학교제도의 도입이 불가결했다는 것을 이해하는 데 하등 어려움이 없는 것이다.

1871년, 신정부 발족 후 불과 4년만에 문부성(文部省)이 설립되고, 72년에는 프랑스의 제도를 모범으로, 고도의 중앙집권적이고 획일적인 학제가 교육능력의 보편화를 지향하는 야심적인 안으로 채택되었다.

이 계획의 실현은 결코 용이하지 않았다. 왜냐하면, 당시의 일본은 그 때문에 필요한 충분한 교사와 시설, 그리고 자금이 부족했기 때문이다. 계획은 몇 번이고 수정되고 실시는 지지부진한 상태였다.

다만 중요한 것은 이런 교육에 있어서의 재출발의 시초였다는 점이다. 도꾸가와시기의 번교나 데라고야, 그리고 사숙의 태반은 새시대 속에서 그다지 연명할 수 없었던 것이다.

이와 같이 명치시대의 일본은 19세기의 구미와는 달리, 그 이전의 귀족적·종교적인 색채에 구애받음 없이 오히려 세속적 및 평등주의적 성격을 습득한 점에서 대부분의 구미 각국의 교육보다 한 걸음 앞섰다고 할 수 있다.

1907년을 기다리지 않고 일본은 모든 아동을 학교로 보내는 데 사실상 성공하고 있었다. 이 해에 6년간의 남녀공학이 의무교육화되고 누구나가 무료로 취학이 가능해졌다.

국민학교 단계 이후의 교육에 대해서는 보다 엘리트 주의적인 제도가 만들어지고 있었다. 우선 5년제 중학이 이것이고, 남녀별 그리고 중학 수준의 공업학교나 상업학교가 병존했다. 그 위에는 3년제 고등학교(구제)가 있었고, 이것은 남자에 국한했다. 이것은 독일의 김나지움(Gymnasium)이나 프랑스의 리세(lycée)에 상당하는 것으로, 이밖에 고등전문학교가 나란히 존재했다. 고등학교 위에는 전문에 따라서 3년 또는 4년제 대학이 있었다. 고등학교는 대학입학을 위한 순전한 예비과정이었다. 장래의 리더격인 엘리트들이 서로 사귀고 깊은 유대를 맺는 것은 대학보다 오히려 고등학교의 3년간이었던 것이다.

제도 자체는 엄격한 평등주의에 입각하고 있었다. 적어도 남성에 있어서는 그러했다. 필요한 예비과정을 마치고, 입학시험에 패스만 하면 누구에게나 최고의 장래가 열려 있었다.

이처럼 일본의 교육제도는 국가의 중요인재를 선별하는 데 중요한 역할을 했다. 사실 20세기 초엽까지는 그러한 기능을 수행한 것이다. 이 제도는 또한, 그때 그때의 지도자가 무엇을 국가적 요청으로 간주하는 것과 일치하고 있었다.

이렇듯 읽고 쓸 수 있는 많은 사병이나 노동자, 주부나 중급 수준의 기술자──이것은 오늘날의 신흥국가가 충분히 평가하지 못하고 있는 일면이다──를 양산하는 반면, 정부나 사회의 지도적 지위에 앉을 극히 유능한 대졸자를 소수이기는 했지만 생산한 것이다.

교육의 대부분은 그 중추부를 비롯해서 정부의 수중에 있었다. 미션 스쿨이나 약간의 불교계의 종문학교, 그밖의 사립학교도, 특히 중학이나 전문학교 레벨에서는 존재하고, 특히 미션 스쿨은 여성교육에 중요했다.

그러나 이런 사립학교는 정부의 교육제도에서는 주변적인 존재에 지나지 않았다.

피라밋형의 교육제도의 정점에 있는 것은 도꾜 대학이었다. 이것은 도꾸가와시대부터 승계한 막부 창립의 세 학교──유교학교(후에 탈락)·의학교 그리고 가이세이(開成)학교──가 합병, 발전적으로 해소한 것으로, 몇 번의 개편 후, 1897년에 도꾜 대학, 1885년에 도꾜 제국대학으로 된 것이다.

그 졸업생은 당초 무시험으로 정부고관에 임용되고 자격이 부여됐다. 그러나 시간의 경과와 더불어, 공급이 수요를 상회하게 되자, 도꾜 대학의 졸업자도 차례로 신설된 타대학의 졸업자와 마찬가지로 일정한 관리임용시험을 치루게 되었다.

차례로 제국대학이 신설됐다. 1897년에는 교또에, 1907년에는 센다이에, 1910년에는 후꾸오까에, 1918년에는 사뽀로에 각각 설립됐다. 한편, 1918년에는 몇 개의 사립학교의 지위를 인정받았기 때문에 대학 졸업자의 수가 현저히 증대했다.

그 가운데에서도 가장 전통이 있고 평가가 높은 대학은 게이오(慶應)와 와세다(早稻田)이다. 게이오는 서양학문의 위대한 계몽가인 후꾸자와의 손으로 명치유신 전에 설립된 사숙이 발전한 것이고, 와세다는 1882년, 그 전년에 정부지배층에서 추방된 오꾸마에 의해서 설립됐다.

이 밖에도 몇 개 대학이 있지만, 이것들은 모두 근대적인 법률을 교수하는 것을 목적으로 설립된 것으로 대부분 도꾜에 소재했다.

2차 세계대전 후 일본의 교육제도는 점령군의 손에 의해서 미국식 사고에 따라서 엘리트의 색채가 엷어지고, 대중사회에 적합한 형태로 개혁되었다. 이미 일본은 대중사회화하고 있었던 것이다.

제도를 매만지는 것은 아마도 불필요한 것이었고, 당초에는 특히 모호했으나 그런 대로 오늘에 이르고 있다.

전전의 6-5-3-3제는 미국류의 6-3-3-4제로 개편되었다. 4년제 학부 위에는 대학원 과정이 설치된 외에도 2년제 단기대학이 함께 신설됐다. 고등교육 기관에는 모두 대학의 이름이 붙어 있고, 단기대학도 마찬가지이다.

학교교육의 최초의 9년간은 무료이고 의무화되어 있다. 남녀공학도 각 단계를 통해서 일반화되었다. 한편, 전전에는 대학진학과 고등전문으로 마치는 두 개의 길이 있었으나, 전후에는 대략 한 갈렛길에 따라서 단계를 따라 진학하게 됐다. 단기대학을 제외하는 유일한 예외는, 소수의 기술계 고등전문학교——고등학교와 단기대학 레벨을 합친 것——와 가지각색의 각종 학교이다.

이러한 틀 속에서 일본인은 세계에서 가장 높은 교육수준의 국민이 됐다. 교육은 물론 수학연한만으로 판단할 수 있는 것이 아니다. 교육체험이 어느 정도의 밀도를 가지고 있는가도 고려에 넣어야 한다. 이 점에서 대학을 제외하고 대체로 일본이 미국보다 우위에 있다.

하루의 수업시간은 일본이 많고, 토요일도 반나절은 수업이 있다. 휴가는 7월 하순에서 8월말 까지의 한달 안팎의 여름방학과 신년방학 그리고 4월 신학기 직전의 단기방학이 있을 뿐이다.

학교의 훈련은 엄하고, 아동은 열심히 공부한다. 그리고 국민교 1학년 때부터 매일과 같이 숙제가 과해진다.

같은 연대의 유아의 3분의 1은 부모의 의향으로 유치원에 간다. 교육과정에서 조금이라도 빨리 스타트를 끊기 위해서이다. 또, 학년을 불문하고 많은 아이들이 가정교사나 사숙에서 배우면서 면학에 열을 올린다.

가능한 한 최고의 교육을 열망하기 때문에 일본인은 학교의 우열을 강하게 의식하고 있지만, 그때 척도가 되는 것은, 그 학교 졸업생이 다음 단계에서 어느 정도의 성적을 올리는가 하는 것이다.

허지만 일본의 학교의 질의 면에서의 균일성은 놀라울 정도이고, 미국처럼 도시·농촌·교외에 따라서 학교의 질에 큰 차가 있는 일은 거의 없다.

이와 같이 일본인은 매우 고도로 교육을 받는다는 결론이 나온다. 대학단계에서는 질적으로나 수량적으로 미국에 뒤지기는 하지만, 아마도 그 어떤 나라에 비해서도, 일본인의 정규교육 습득의 율은 높을 것이다. 교육의 성과가 어느 정도인가를 언어를 넘어서 비교하는 것은 원래 어려운 작업이지만, 가령 수학처럼 그것이 가능한 영역에서는 일본인은 가끔 세계에서 톱이었다.

일본인이 교육에 큰 노력을 다하고 있는 것은 무리도 아니다. 그것은 정식교육을 존중하는 일본의 전통적인 사고에 부합할 뿐더러, 사회적인 역할이나 지위를 결정하는 데 있어서 교육이 중요한 몫을 차지하는 구조에 있어서 당연한 귀결이기 때문이다.

보다 여유 있는 미국의 제도하에서는 독학으로도 쉽게 성공할 수 있고, 대기만성형도 크게 두각을 나타낼 수 있다. 그러나 물샐틈없는 일본사회에서는 이러한 인간이 대성할 여지는 거의 없다. 물론 충분한 교육을 받지 않고도 성공한 실업인이 없는 것은 아니다. 1972년에서 74년에 걸쳐서 수상이 된 다나까(田中角榮)도 대학교육을 받지 않았다.

그러나 일본의 각 분야에서 지도자의 대부분은 명문대학의 졸업생이라는 것도 사실이다. 그들은 입학시험에서 고득점이었기 때문에 명문대학에 들어갈 수 있었고, 그 자체가 그 이전의 교육과정에서 좋은 성적을 올린 결과인 것이다.

학력과 성공도 사이에 밀접한 관련이 있다는 것은 일본에서는 만인이 인정하는 바이다. 어느 가정에서도 교육이라면 어지간한 경제적인 부담은 참아 나간다. 집은 협소하더라도 아이에게는 공부를 위해서 넉넉한 스페이스를 제공하고, 부모는 아이가 면학에 소홀함이 없도록 매질까지 서슴지 않는다.

부모, 특히 어머니의 역할에는 「교육 마마(mom)」라는 말까지 붙여져 있다. 교육에의 열의가, 산아제한의 하나의 원인이라는 설까지 있다. 아이의 수는 전원에게 고등교육을 시킬 수 있을 정도로 줄여야 한다는 것이 일본인 특히 도시인의 사고이다.

입시준비가 얼마나 중요한가를 안다면 일본에서 교육이 어느만큼 진지하게 고려되고 있는가, 그리고 왜 일본의 교육이 높은 수준을 유지하고 있는가가 분명해진다. 그러나, 입시가 중요시되고 있다는 것이 일본의 교육에 일종의 심각한 결함을 초래하고 있다는 것도 사실이다.

아이에게 중대하기 그지없는 입시가 다가오면, 그 가정의 생활 전체가 아이의 공부를 위해서 집중된다. 이러한 시험은 대학입시뿐만 아니라, 그 이전의 대학진학에 좋은 실적을 올리고 있는 명문 중학이나 고교에 입학하기 위한 것이기도 하다. 수험생의 중압감은 대단한 것으로「시험지옥」이라는 이름이 나올 정도이다.

일단 생도가 한 학교에 입학하면 일본인은 매우 교묘하게 생도간의 노골적인 경쟁을 피하고 능력차가 눈에 뜨이지 않도록 한다. 낙제라는 것은 드물다. 그러나 비정하기 짝이 없는 입학시험은 가장 영악한 경쟁으로, 아이의 장래에 어두운 그림자를 남긴다.

고교교육의 대부분은 학습 자체를 위한 것이 아니고, 본래의 목적을 떠나서 대학입시에 패스하는 것이 주목적이 되어 있다.

가령 영어와 같은 교과에서도, 입시를 위한 어려운 문법에 대해서는 만반의 준비를 기울이지만, 영어를 소화하는 능력을 등한시하는 경향이 있고, 하물며 듣고, 말하는 단계에서는 전혀 무시하는 것이다.

고교입시도 대학 입시의 경우보다 약간 가볍기는 하지만, 중학교 교육과 비슷한 그림자를 떨구고 있다.

청소년의 자살율이 비교적 높은 것도 하나는 이「입시지옥」에 기인한 것이다. 그리고 대학생의 불안이나 저항심도 그때까지의 중압에 대한 반동이라는 측면이 있다는 것은 의심할 여지가 없다. 대학이라는 안주(安住)의 땅에 도달한 것으로 그것이 표면화하는 것이다.

또 중등교육은 이외에도 문제가 있다. 미점령군 당국은 전전의 일본의 교육방법이 너무나도 기계적인 기억작업에 치중했다고 판단, 그것이 스스로 자각하는 시민을 낳지 않고 교조주의적인 추종자를 낳는 원인으로 보았다.

점령군 당국의 개혁노력이 어느 정도 성공했는가를 확정하기는 어렵다. 전전의 교육에 비해서 현재의 일본의 교육이 훨씬 활기를 띠고 있고, 학생의 창의가 요구되고 있는 것은 사실이다.

그러나 미국적 척도에 따르는 한, 약간「고풍(古風)」인 것만은 부인할 수 없다. 이것은 반드시 비판의 뜻이 아니고 오히려 칭찬이 될 수도 있다. 요컨대 그 미국인의 입장에 따르는 것이다.

어쨌든, 일본어의 표기방법이 매우 어렵고, 방대한 양의 기억작업이 필수적이라는 점을 생각한다면 일본의 교육을 이 방향으로 기울이는 것도 당연한 일인지도 모른다.

공립학교 교육을 누가 콘트롤하는가에 대해서는 전후 계속해서 정치논쟁의 대상이 되어 왔다. 전전의 교육이 군국주의적인 세뇌(洗腦)에 미친 역할을 감안, 점령군 당국은 교육의 관리권을 지방분권화하고 공선(公選)에 의한 자치제 레벨의 교육위원회에 위임하는 방식을 강력히 요구했다. 이것은 미국을 모방한 것이지만, 그후 일본인은 이 제도를 부분적으로 수정하고 문부성 관할하에 집권화하고 말았다. 현(縣)이나 시·정·촌(市町村)의 교육위원회는 형식상 남아 있지만, 위원은 이제 공선이 아니고, 이사나 자치제 책임자에 의해서 임명되게 되었다. 그리고 교육위원회는 사용하는 교과서를 선정할 권리를 가지고 있다.

교과서 자체도 민간인의 손으로 편집, 제작되기는 하지만, 모두 문부성의 검정을 받아야 한다.

국교·중고교의 교원의 대부분은 「니꾜소(日敎組)」의 멤버이다. 이 조합은 전후 이제까지 공산당을 비롯한 좌익세력의 지배하에 있었다. 그 지배하에 「니꾜소」는 문부성을 상대로 교육관리, 그밖의 문제에 대해서 공개토론을 도전했다.

이러한 상황하에서 교육은 위태로운 상태로 「정치화」되어 왔지만, 다행히도 수업의 내용이나 질에는 거의 영향이 나타나 있지 않았다.

니꾜소 내부에서는 교직이 「성직」인가의 여부를 둘러싸고 격론이 벌어지고, 현 지도부가 단순한 노동자에 지나지 않는다는 입장을 취하고 있는 데 대해서, 교육이나 교직자에 대한 옛날부터의 특수한 감정은 아직 그 여광(餘光)을 잃지 않고, 교사의 대부분은 그 전통에 긍지를 잃지 않고 헌신적으로 노력하고 있다.

새로운 입시제도를 비롯해서 문제가 없는 것은 아니다. 그럼에도 불구하고 일본의 초중등교육에는 다른 선진국의 선망의 적(的)이 될 만한 고수준의 효율과 사기가 존재하고 있는 것이다.

고등교육은 혼미의 도가 더욱 심하고 사회에서의 역할을 다하지 못하고 있는 점은 입시소동을 연상시키는 이상의 것이 있다.

그러나 입시시험은 대학이 수행하는 가장 중요한 역할의 하나인 것이 현실이다. 왜냐하면, 입시가 일본인의 일생의 행로를 결정하는 비중은 대학시절에 얼마나 공부를 했는가 하는 것과 같은 정도의 무게가 있기 때문이다. 사실, 대학에 들어간 후 수년간이라는 것은 미국의 경우와는 달리, 일본의 대학생에게는 그다지 중요하지 않다.

고교까지의 일본의 교육은 훌륭하다.

따라서 대학에서는 미국의 학부교육의 대부분을 차지하고 있는 것과 같은 보습적(補習的)인 과업을 필요로 하지 않는다.

입시에 합격한다는 것은 대개는 특정한 부문, 예컨대 법률·경제·인문과학·의학·공학·농학 등의 학부에 들어가는 것을 의미한다.

그래서 대학재학 중에 자기의 전공분야를 결정하기 위해서 방황할 필요도 없고, 그 기회도 부여되지 않는다. 그것은 학생이 어느 학부에 입학이 인정된 것으로 해서 미리 결정되어 있기 때문이다.

대기업이나 정부관청도 대졸자를 채용하지만, 채용 후에는 직장에서 훈련을 받게 한다. 이것은 외국에서의 대학원교육에 필적한다. 또는 대기업이나 정부는 조직 내의 인물을 선발하고 외국에서 다시 수학시키거나 국내 대학원에 보내서 석사나 박사학위를 취득케 한다.

그 이외의 학생에게 대학원이라는 곳은 대체로 학교생활을 하기 위한 준비과정으로 되어 있다. 연구활동에 있어서의 대학의 역할도 이제는 정부나 기업자체에 의한 연구에 비해 상대적으로 저하하고 있다.

대기업이나 정부가 인재를 채용하는 데 있어서는 시험을 보는 것이 보통이다. 대학에서 습득한 것은 채용시험에서 물론 결정적으로 중요하다. 다만 동시에 18세 때의 입학시험에서 명문대학에 입학이 인정된 자가 수년 후의 입사시험에서도 유리한 것은 분명하다. 대학 간의 서열이 이런 시험의 결과에 명료하게 반영된다는 사실은 명문대학의 교육 자체가 우수하다기보다는 오히려 그 곳에서 배우는 학생이 생태적으로 능력을 가지고 있다는 증거가 될 것이다. 또한 많은 기업체가 지정교 제도를 채택하고 있는 것도 사실이다.

그래서 명문대학에 입학하려는 압력이 가중된다. 명문교에 입학하는 여부가 생애를 결정하는 것으로 간주되는 것이다. 시험에 실패한 학생은 정상적인 교육과정에서 이탈해서, 무수히 많은 예비교의 하나를 골라 다니면서 다시 시험에 응시한다. 한번이 아니고 두번, 세번 되풀이한다.

그들은 봉건제하의 주군을 모시지 않는 사무라이(무사)를 본따서 그 이름도「로닌(浪人)」으로 휴머러스하게 불린다. 사립대학 가운데는 부속 중고등학교가 있어서 입시 없이 대학에 들어가도록 하는 데도 있지만, 학생을 뒷문으로 입학시키는 데도 있다. 그러나 이런 돈다발의 위세를 비는 루트를 통해서는 기껏 2류나 3류에 들어가는 것이 고작이다.

대학 간의 서열은 전전과 거의 변화가 없다. 톱은 역시 도꾜 대학이고, 그 다음이 다른 구제국대학(전후 제국이라는 말은 삭제되었다)과 경제학 분야의 히도쓰바시(一橋)대학과 같은 몇몇 전전부터의 국립대학들이다. 그 다음이 와세다·게이오와 같은 사립대학과 전후 구제 고등학교와 구제 전문학교를 병합하여 승격시킨 각 도·도·부·현(都道府縣)에 설립된 국립대학이다.

그 다음 서열은 다수의 사립대학으로, 이것도 사회적인 명성에 따라서 몇 단계로 나눠진다. 그리고 저변에 위치하는 것이 단기대학이다.

어느 대학 출신인가에 의해서 직장과 그후의 인생에 있어서의 지위가 결정되는 양자의 상관관계는 옛날에 비하면 서서히 무너져 가고 있다.

그러나 오늘날에도 역시 고급관리의 대부분은 유명 국립대학, 특히 도쿄대학 출신자로 메꾸어져 있다. 게이오는 기업경영자를 배출하는 곳으로, 와세다는 정치가나 저널리스트를 배출하는 곳으로 각각 알려져 있다. 그리고 그밖의 사립대학은 다수의「낙선자」를 사회에 배출한다. 이들 당선 탈락자들은 비즈네스맨이나 화이트 칼러 노동자로서 중간층을 형성한다.

사립대학에서 등록금은 주된 재원이기 때문에 아무래도 고액을 징수하지 않을 수 없다. 그에 대해서 공비(公費)로 운영되는 관공립대학의 경우, 학비는 적게 든다. 즉, 명문대학일수록 학비는 덜 들고, 그렇지 않은 대학일수록 비싸다는 얘기다. 이것은 미국의 전통적인 패턴과는 정반대이다.

그렇기 때문에 명문 국립대학은 가장 우수한 학생을 흡수할 수 있을 뿐만 아니라 사회의 모든 경제계층으로부터 학생을 모집하는 셈이 된다. 경제적으로 상위 5분의 1에 속하는 계층의 출신자는 예상과는 달리 37%라는 저율이고, 반대로 최하위의 5분의 1의 출신자는 10%로 의외로 높다. 나머지는 각각 17%로 거의 균등으로 나누고 있다. 비명문 사립대학 쪽이 상당히 유산계급의 자제의 비율이 높다.

명문대학에 입학이 허가된 학생도 비명문 대학에 들어가지 않을 수 없게 된 학생과 마찬가지로, 가끔 대학생활에 실망하고 불안 속에 학교에 다니는 수가 많다. 이것은 장기간의 수험준비 끝의 긴장의 완화이기도 하지만, 지적인 자극이 부족한 데 대한 당연한 반응이기도 하다.

그 이유의 일단은 일본의 대학제도가 경직하고 있어서 사회적인 뉴스의 변화에 강력하게 저항해 온 점에 있다.

이것은 특히 국립대학의 경우가 그렇다. 또 하나는 대학, 특히 사립대학이 안고 있는 심각한 재정난이 있다. 이것이 대량 생산수업이나 학생 대 교수의 형편없는 비율로 나타나고, 교수와 학생간의 개인적인 접촉을 어렵게 만들고 있다.

일본이 초중등교육에 할애하고 있는 노력은 GNP 대비로 다른 선진국과 거의 같다. 그러나 고등교육에 있어서는 대학진학율이 구미보다 상당히 높음에도 불구하고 오히려 지출은 훨씬 적다.

고등교육에 대한 투자의 부족은 사립대학이 많은 부담을 안게 되고 파산상태에 이르고 있는 점이 여실히 나타나 있다.

일본 외의 선진국에서는 학생의 전부 또는 태반이 국립 또는 국가가 재정 원조를 하는 학교에 진학하고 있고, 미국에 있어서조차 그 비율은 75%에 달하는 추세이다.

이에 비해서, 일본에서는 정부가 고등교육에 대한 요망의 확대에 응하지 않았기 때문에 사학에 재적하는 학생의 비율은 실로 80%에 달한다. 어느 사립대학도 튼튼한 기본재산을 가지고 있는 것이 아니어서 외부로부터의 알맹이 있는 기부를 목적으로 할 수도 없다.

그 이유의 하나는 극히 최근까지, 이러한 종류의 공공목적에 대한 기부가 세법상 하등 우대조치를 받지 못했다는 데 있다. 그러나 여하간 일본인은 자선목적으로 금품을 증여하는 전통이 결여되어 있는 것이다.

일본의 사립대학의 수업료는 국립대학보다 훨씬 높다. 그러나 미국의 사립대학의 그것에 비하면, 평균 4분의 1 내지는 3분의 1정도에 불과하다. 사립대학의 몇 군데가 재정파탄을 초래하지 않고 간신히 견뎌낸 것은 다수의 지원자에게 있어서는 버리는 돈이나 다름없는 고액의 수험료와 은행융자—— 최종적으로 정부가 부담해 줄 것을 계산에 넣고 있다—— 때문이었다. 이 문제를 해결할 수 있는 길은 국가의 융자제도의 확립 외에는 없을 것이다.

한편, 국립대학의 문제점은 재정이 아니고 오히려 기구로서 경직하고 있는 점에 있다. 이것은 19세기 후반, 일본이 독일의 대학을 본딴 때문인지도 모르고, 전전의 억압적인 정책에 대해서 학문의 자유를 수호하기 위해서 격렬히 도전한 결과인지도 모른다. 이 싸움은 타인의 개입을 일체 받아들이지 않는 확고한 자치의 전통을 대학과 그 외부기구에 남기고 있다.

일본의 대학은 대학원 이전의 단계에 있어서조차 몇 개의 학부로 엄연히 구분되어, 학부간의 상호접촉은 없는 거나 다름없다. 학부는 다시「강좌」단위로 나뉘고 저마다 교수·조교수, 그리고 약간 명의 강사와 조수로 성립되고 있는 것이 보통이다. 학부나 강좌도 약 100%에 가까운 자치이고 저마다의 전문영역과 예산을 확보하는 데 혈안이 되고 있다.

학생을 위한 커리큘럼은 자치 재량의 여지가 없을 만큼 빈틈없이 짜여 있고, 새로운 전문분야의 창설은 어렵고, 서로 다른 분야간의 상호교류는 불가능에 가깝다.
 학장이나 학부장은 호선제이지만, 그 직권은 극단적으로 제한되어 있다. 예산은 문부성에서 짜지만—— 그 방식은 몹시 기계적이다—— 예산의 사용에 대해서는 학부나 강좌의 발언이 강하고, 그 변경에 대해서는 사실상의 거부권도 행사할 수 있다. 따라서 개혁의 여지는 거의 없다.
 그 결과, 일본의 대학은 4분의 3세기 전, 오늘날과 전혀 다른 조건하에서 만들어진 패턴대로 아직도 그대로 운영되고 있는 셈이다.
 단, 하나의 문제점은 다음과 같은 것이 있다. 그것은 점령군 당국의 포고에 의해서 교육 레벨이 개혁됨에 따라서 구제 고등학교의 일반교육의 후기 2년간이 구제 대학의 전문교육의 최초의 2년간과 일체화된 결과, 전후의 일본 대학들이 나무에 대를 접목(接木)한 듯한 부자연스런 존재가 되어 있다는 점이다. 도꾜 대학에서는 이 두 개의 요소가 병존(併存)하고 두 개의 캠퍼스가 지리적으로, 내용적으로 격리된 상태로 남아 있다.
 사립·국립을 불문하고 대학생이 대학의 실정에 적지 않게 실망하고 그것이 반역이라는 형태로까지 높아지는 것도 그다지 놀라운 것이 못된다. 공부에는 거의 흥미가 없고, 스포츠·취미 그리고 과격적인 정치운동 등 학업 이외의 활동에 열중하는 학생들이 많다. 이것은 처음 2년간에 특히 현저히 나타나는 현상으로 3,4년이 되면 취직시험에 대비하기 위해서 약간은 학업에 전념하게 된다.
 학생자치회는 자치회비 ——수업료의 일부가 자동적으로 충당된다——에 의해서 운영되지만, 그 많은 것은 극좌집단에 지배당하고, 그간 극히 다양한 혁명주의적 분파를 낳았다. 이러한 학생 자치조직은 보통 「젠가꾸렌(全學聯)」의 이름으로 알려져 있다.
 학원분쟁은 순수한 학문적인 문제에 초점을 두기보다 등록금인상이나 학생시설의 사용료 인상반대의 형태를 취한다. 그러나 학생운동의 피크는 1960년의 안보소동이나 60년 후반의 대학분쟁시와 같이 국내외를 불문하고 사회 일반에 정치적인 긴장이 고조했을 때와 거의 때를 같이 하고 있었다. 대학생활 전부가 마비될 때도 있었다.
 사실 도꾜 대학의 일부는 1938년에서 69년의 1년간 완전히 그 기능이 중지되어 신입생의 모집도 정지됐다. 기타 대학도 장기간에 걸쳐서 큰 혼란상태에 빠졌다.

일본인은 고등교육이 안고 있는 문제점을 충분히 인식하고 있다. 1960년대 후반의 대학분쟁 이래 극복을 위한 노력이 계속됐지만, 그다지 성과는 올리지 못하고 있다.

개혁을 위한 노력은 우선 사립대학에 정부가 재정원조를 하는 형태를 취했다. 사립대학의 교육비의 절반을 국가가 부담한다는 것인데, 지금의 실적은 겨우 20% 정도였다.

이어서 1975년에는 사립대학의 신설이나 확산에 브레이크가 걸렸다. 또 입시에 따른 심리적인 중압감을 경감하기 위해서 여러가지 실험이 행해졌지만, 아직까지 이렇다 할 성과를 보지 못하고 있다. 정부가 시도한 실험에는 대학 내부의 기구개혁도 포함되어 있다. 이것은 미국대학의 학부구분이나 강력한 관리체제의 본을 딴 것으로서, 1973년에 신설된 쯔구바(筑波) 대학이 그 예이다.

그러나 이것도 대학 관계자들의 강력한 반대를 무릅쓴 결과이고, 쯔구바식 대학이 금후 현실적으로 퍼질 것인지는 미지수이다.

고등교육이 아직 일본사회의 문제영역의 하나임은 분명하다. 고등교육기관에서 배우는 학생은 2백만에 달한다. 대략, 그 반수는 도꾜와 그 근방에 집중되어 있고, 나머지 대부분도 관서지방의 대도시지역에 집중되어 있다.

이와 같이 고등교육에 문제가 많은 것을 생각할 때, 일본이 지금처럼 정연히 기능하고 있는 것은 일견 놀라운 일이다. 그러나 그 배경에는 대학 이전의 교육이 우수한 것, 그리고 기업이나 관청 내부에서의 신규채용자에 대한 현직 교육제도가 충실한 점이 있다는 것을 잊어서는 안될 것이다.

대학의 효율은 일본의 경우, 미국만큼 긴요하지 않을런지도 모른다. 여하간 혼미하는 대학문제를 안고 있으면서도 일본의 강점의 하나는 역시 교육에 있다고 해야 할 것이다. 교육이야말로 일본사회의 무엇보다도 결정적인 특성의 하나인 것이다.

비 지 네 스

18

　근대의 일본의 눈부신 성공 뒤에는 교육이 있다는 것은 사실이다. 그러나 그 성과가 가장 뚜렷히 나타난 부문은 비지네스와 제조공업이다.
　그러나 일본이 과거 1세기 동안에 급성장을 이룩하고 세계 3위의 경제대국으로 비약한 경위는 문제가 너무 방대해서 여기에서는 다 망라할 수 없을 정도이다. 그리고 일본경제에 관한 많은 분석이 있는 점을 생각하면 감히 여기에서 상세히 논할 필요도 없을 것이다.
　그 때문에 이 장에서는 비지네스가 일본사회 전체와 어떻게 조화하고 있는가에 대해서 간단히 설명하기로 하자. 이 테마는 이 책의 다른 부분에서 이미 언급했지만, 좀더 계통적으로 정리할 가치가 있다고 생각한다.
　2차 세계대전 후의 일본의 기적적인 경제성장은 세계 각국에 경이의 염(念)을 불러일으킴과 동시에 종신고용제・연공서열임금・개인적 충성심에 입각한 상부와 부하간의 온정주의, 정부와 경제계 간의 밀접한 협력관계 등 일본의 경제계에 특유한 몇 가지 특성에 관심을 집중시켰다.
　이러한 여러가지 특성은 보통 봉건제의 잔재로 간주되고, 도꾸가와시대의 관행(慣行)이 아직도 남아 있는 것으로 지목되었다. 특히 전후 얼마 동안 경제 상대로서의 일본의 두려움이 아직 분명치 않았을 때에는 일본의 사회적 미숙성의 표현으로서, 근대화의 진행과 더불어 언젠가는 탈피할 것으로 생각되었다.
　그러나 근년, 이러한 여러 특이성은 국제경쟁의 마당에서는 부당할 정도로 유리한 조건을 일본에 부여하고 있는 두려운 성질로 간주되고 있다. 사실 이러한 특질이 하나로 합치된 것은 극히 최근의 일로서, 옛날부터의 전통과 조화하는 형식으로 일본인이 육성해 온 것이다.
　아무리 일본일지라도 집단지향적인 기질이 약해지고, 개인중시의 기풍이 높아 감에 따라서 이 특성 가운데 어떤 것은 분명히 풍화작용을 일으키고 있다. 그렇지만 이런 특성들이 다른 공업사회에서의 비지네스 관행과는 다르다는 것을 생각하면, 그것은 사라진 일본에 특유한 과거의 파동이라기보다는 오히려 일본의 장래를 점치기에 족한 파동이라 할 것이다.

일본이 근대에 돌입했을 때, 경제는 「전공업적」이긴 했지만, 이미 복잡한 양상을 띠고 있었다. 시장은 전국적으로 통일되고, 금융기관도 제대로 발달되고, 미쯔이(三井)와 같은 거대한 족벌기업은 몇 개 지방에 걸쳐서 금융업·직물업을 널리 영업하고 있었다. 또 소매업도 흥정을 하지 않고 정가판매를 엄수하고 있었다.

도구가와 시대의 대기업 중, 새로운 시대에의 이행으로 성공한 것은 기껏 미쯔이를 헤아릴 뿐이었다. 그러나 농업 그리고 소매업의 태반, 전통적인 형태의 제조업은 거의 변화가 없은 채로 시종하고, 소위 경제의 「이중구조」의 하부를 형성하고 있었다. 그 한편에서 경제의 상부구조를 형성한 것이 대규모적인 근대산업이다.

전통적인 경제 부문은 이윽고 소인원수로도 조업이 가능한 기계생산의 태반을 포함하기에 이르지만, 그 중심은 여전히 가족단위의 소규모적인 것으로 거기에서는 불과 수명의 점원이 가족의 준성원(準成員)으로서 가족을 도와 주고 있을 뿐이었다.

이와 같은 영세기업이 일본의 경제에 차지하는 비율은 착실히 줄어들었다.

그러나 완전히 자취를 감춘 것은 아니고, 전근대적인 특징을 아직도 보존하고 있다. 허긴 일본경제가 외국에 경이와 두려움을 안겨준 것은 이 측면이 아니고 오히려 그 새로운 요소들인 것이다.

이런 요소들 가운데 우선 외국의 주목을 끈 것은 1920년대에 이미 성립된 재벌제도였다. 재벌이란 상공업의 쌍방에 걸친 거대한 기업연합을 말하며 경제의 상부구조에 놀랄 만큼 큰 부분을 그 속에 포함하고 있었다.

부(富)와 경제력이 재벌에 집중한 배경에는 1880년대 초기, 정부 지도자에 의해서 관리능력이 있다고 판단된 자들이 관영기업이나 정부자산을 공짜나 다름없이 불하받은 사실이 깔려 있다.

이 불하에 대해서는 마르크스주의 역사가들로부터 강력한 자본가 계급의 형성을 책동한 것으로 비판을 받아 온 터이지만, 실상은 어려운 처지에 빠진 정부의 재정상태를 구출하고, 산업진흥을 도모하자는 것이 그 목적이었다.

1920년대에서 30년대에 걸쳐서 재벌은 널리 비판의 대상이 되었다. 일본사회에 있어서의 서양적 퇴폐의 원흉이고, 의회제도를 부패시키는 악영향을 끼치고, 일본의 제국주의적 운명을 좌우할 탐욕스런 사기한이라는 것이 그 비판이었다.

　그리고 2차 세계대전이 종결되자, 이번에는 아이러니컬하게도 미군점령군으로부터 일본의 군국주의적 확장정책의 요인이 낙인 찍힌다. 그 결과 구재벌의 가문들은 재산을 몰수당하고, 소위 재벌해체가 실시된다.

　4대 재벌은 미쯔이·미쓰비시·스미도모·야스다의 네 가문이었지만, 그 밖에도 군소재벌이나 「신흥재벌」이라는 이름의 후발(後發) 재벌도 있고, 이것들은 주로 군수산업이나 만주(滿洲) 개발과 관련이 있었다.

　재벌, 특히 4대 재벌은 은행업·제조업·광산업·해운업 그리고 해외시장의 각 분야에 광범한 세력을 폈다. 재벌은 각 은행을 중심으로 해서, 이 은행들이 산하 기업부문에 자금을 공급한 것이다.

　재벌 이외의 주요한 제도로서는 종합상사가 있었다. 이것은 외국무역에서 출발해서 국내 상거래에도 활약하기에 이르렀다.

　종합상사라는 것은 바로 일본인 특유의 발명이라 할 수 있는 것으로, 이것이 일본에서 발달한 이유는, 일본경제가 외국 원자재와 해외시장에 의존도가 높다는 것, 개별기업이 매매에 필요한 네트워크를 전세계에 펼치고, 외국어의 능력을 정비, 충실화하는 것이 어렵다는 점에 있을 것이다. 그리고 상업자본의 부족도 겹쳐서 재벌 그룹이 직접 상사를 유지하기 위해서 자본과 인재를 풀(pool)하고 있었던 것이다.

　오늘의 종합상사는 이미 어떤 특정한 재벌에 구속당하지 않고 있다. 그러나 그 역할은 옛날과 다름없고, 일본의 제조공업의 많은 부문에 대해서 서비스를 제공하고 있을 뿐더러 전세계의 기업에 대한 서비스도 증대하고 있다. 상위권 10개 종합상사의 1974년의 총매상은 일본의 총 GNP의 물경 37%에 달하고 있다.

　그러나 총매상에서 차지하는 마진은 극히 낮은 상태이다.

　재벌의 구성은, 우선 중추기관으로 본사인 지주회사가 있고, 그 주식은 재벌의 가족들이 소유했다. 이 지주회사가 계열 산하의 대회사의 주식을 소유하고, 다음 이 대회사가 다수의 중소회사의 주식을 소유하는 형식을 취했다. 이러한 피라밋형 지배는 구미에서는 흔한 형태이다.

　그러나 일본의 재벌은 산하의 기업의 소수 주주였음에도 불구하고 주식 외의 테크닉을 사용해서 완전한 지배권을 행사했다는 점에서 독특한 것이다.

　그 테크닉의 하나는 산하기업에 대해서 같은 계열의 금융기관이나 운송관계 및 무역 관련시설을 이용하지 않으면 안되도록 만든 것이다. 그러나 그보다도 더욱 중요한 요소는 각 기업의 경영자들이 그룹에 대해서 표시한 개인적 충성심이었다. 각사에 걸쳐서 임원을 겸임하는 것은 흔한 것이었다. 그리고 경영자는 마치 하나의 조직체 내부인 것처럼 관련기업 간을 전전한 것이다. 젊은 경영자는 일생을 바치는 직장으로서 한 특정 그룹에 직을 구하고 그만큼 강한 귀속의식을 길러나갔다. 사용자나 노동자는 한 기업에 종신 고용된다.

이것은 재벌제도의 일대 특징이고 일본의 봉건적인 관행의 냄새를 아직도 풍기면서 전후의 제도 속에 강하게 숨쉬고 있다.

한 특정재벌이 어떤 분야를 독점하는 일은 없었다. A재벌과 B재벌계의 동업회사 간에서는 치열한 경쟁이 전개됐다. 다만 2~3개의 재벌은 일단 필요하면 용이하게 카르텔화하는 사실상의 과점체제를 많은 분야에서 형성하고 있었다.

재벌제도에 의한 부의 집중이 사회적 정치적으로 불건전한 결과를 초래한 것은 의심할 수 없는 사실이다. 그러나 경제적인 견지에서만은 신분야를 개척할 만한 대자본의 축적이 재벌에 의한 부의 축적의 덕분이었다는 것은 부인할 수 없고, 또 부의 소유가 일부에 한정되고, 거기에 일본인 관습의 절검(節儉)의 정신이 겹쳐서 재투자와 성장이 높은 율로 유지된 것도 사실이다.

전후 미점령 당국의 노력으로 재벌제도는 해체되었다. 그럼에도 불구하고 다시 소생한 것이 아닌가 하는 주장이 나오고 있지만, 이것은 옳지 않다.

확실히 본래 같은 재벌을 구성하고 있던 관련기업이 비공식적인 형식으로 하나로 뭉쳐 가고 있는 것은 사실이다.

그러나 그 소유권은 이전의 재벌 가족에서 일반 주주로 완전히 분산하고 말았다. 이제는 어떠한 형태의 집중관리도 없고, 대기업이 다른 대기업에 의해서 관리되는 일도 없다.

또 그렇다고 재벌계의 기업은 우선은 같은 계열의 은행에 융자를 원할 것이지만, 계열 외의 은행에 융자를 의뢰해서는 안된다는 규제는 없고, 실제로 융자도 받고 있다.

구재벌계 기업의 사장들은 정기적으로 사교적인 모임을 가지고 있기는 하다. 새로운 산업을 일으키기 위해서 협력하기도 하고, 신흥기업이 구재벌의 명칭을 사용하는 것을 체크하거나, 그룹 전체로서 공공목적에 기여하는 일도 있을 것이다. 즉 구재벌계의 기업 간에 어느 정도의 도움이 오가는 것도 사실이다.

그러나 이와 같은 관계도 결코 배타적인 것은 아니고, 그 중요성도 동업 타사와의 관계에 비하면 훨씬 적은 것이다.
오히려 옛날의 재벌에 의한 통합에 대신해서 출현한 것은 정부의 후원으로 신설된 업종마다의 카르텔 조직이라고 해야 할 것이다.

재벌은 전쟁과 그 후의 점령시대를 밀고 나갈 수는 없었지만, 재벌제도하에 처음 등장한 일본의 실업계의 많은 특징은 오늘의 대기업에 아직도 남아있다.
전전의 재벌계 기업에 있어서의 경영자의 종신고용에 대해서는 이미 기술했지만, 일반 근로자용의 종신고용제도가 정착한 것도 1차 세계대전 후의 일이었다. 따라서 근대 이전의 제도의 유물이라는 통설은 정확치 않다.
근대 초기의 일본의 기계생산의 대부분은 구미와 마찬가지로 섬유관계였다. 그 종업원의 대부분은 여성으로, 구미의 초기의 섬유산업의 경우와 마찬가지로, 그들은 일시적인 노동자에 불과했다.
그녀들이 기숙사에 수용되고, 엄중한 감시를 받고 있었다 해도——이 점에서도 구미의 경우와 유사하다——여공들은 학교를 마치고 불과 2~3년을 근무하면서 결혼지참금을 장만하면 충분했던 것이다.
종신고용제도가 발생한 것은 일본의 산업 발전단계에서는 훨씬 이후의 일이었나 보다. 고도의 기술이 요구되는 숙련공의 부족이라는 사태에 대처하기 위한 당연한 반응으로서였던 것이다. 숙련공은 제도적인 특권을 부여해서라도 온존할 가치가 있었다. 그 주된 특권이란 직장의 보장이다.
숙련공의 장악은 임금제도에 의해서 보다 확실한 것이 될 수 있었다. 이 제도하에서는 금전면에서의 보수의 태반은 기본급으로서 그것은 주로 취업연수의 다과에 의해서 결정되었다.
미숙련 노동자의 과잉으로 수요시장에서 고용된 젊은이는 저임금밖에 받을 수 없었다. 그러나 가능성이 있는 자는 회사의 경비로 전문기술의 훈련을 받고, 일감의 보장과 연공서열형의 임금체계를 약속받고 취직한 것이다.
이 종신고용제도는 관리직에 대해서도 그 골격은 변함이 없었다. 다만 그들은 급여 레벨을 높은 소요학력을 반영해서 처음부터 높은 수준이었다. 이와 같이 전전의 재벌계 기업에 처음으로 등장한 이 제도는 전후의 일본에도 계승되고 오늘에 이르고 있는 것이다.
장래의 고용형태는 노사가 다같이 종신적이 되리라는 대기업의 기대는 맞아 들어갔고, 현재에서는 더 이상 바랄 수 없는 강한 애사정신이 노사 쌍방에 태어났다. 실제로 기업은 애사정신의 함양에 열심이고, 최초의 직장교육에서 우선 기업정신을 철저히 고취하고, 또 일반사원에 대해서도, 젊은 사람의 직제에 대해서도 가부장적인 관심을 쏟는다. 선후배 간의 친근감과 신뢰가 가득 찬 유대가 장려되고, 선배는 가끔 후배의 개인적인 상의에도 응한다. 집세가 싼 사택이 일반사원이나 직제에 할당되기도 하고, 거의 대부분의 대기업이 사원이 윤번제로 사용할 수 있는 레저 시설을 가지고 있다.

종신고용이나 연공서열의 급여체계는 원래는 노동력 확보의 필요에서 생겨난 것이지만, 이것이 일본의 고유의 집단지향과 어울릴 것이다. 뿐만 아니라, 예상 밖으로 많은 이익을 부차적으로 초래했다.

나이를 먹음에 따라서 임금이 오른다는 구조는 일본사회가 가지는 필요성과 일치했다. 그것은 인생의 여러가지 단계——결혼·출생·고등교육을 위한 지출 그리고 본인들의 노후대책 등——를 거침에 따라서 근로자의 출비는 늘기 마련이기 때문이다.

이에 비해서 일본 이외의 공업국가에서는 기능이나 각자의 에너지의 필요에 따라서 임금이 결정되기 때문에 근로자의 수입은 대부분의 경우 나이를 먹음에 따라서 하강선을 걷거나, 현상유지 정도인 셈이다.

공장이건 회사이건, 종신고용을 받고 있는 근로자로서는 자기 직장과 그곳에 대한 오랜 귀속만이 자랑의 대상이 된다.

블루 칼러나 화이트 칼러도 오버 타임(잔업)을 꺼리지 않는다. 뿐만 아니라, 모처럼의 휴가도 취하지 않는 경우도 있다. 특히 젊은 직장인이나 화이트 칼러의 경우는 그러하다. 모두 근면하고, 그들의 자주성에 맡기더라도 자발적으로 일의 내용을 체크하고, 품질유지에 힘쓴다. 외부의 감독자를 필요로 하는 구미 각국의 공장과는 큰 차이이다.

근로자가 특정한 직능과 자기를 일체화시키지 않고 오히려 소속기업과의 유대를 중시하는 것은 이미 언급했지만, 이것은 노동조합의 자세에도 영향을 끼쳤다. 직능별이 아닌 기업별로 조직된 조합이 그것이다.

따라서 일본의 기업별 조합원은 자기가 가지고 있는 특정한 직능을 지키기 위해서 생산억제를 요구하거나 해서 그 결과 기술의 진보에 브레이크를 걸 필요는 전혀 없었다. 왜냐하면 설사 자기의 기능이 진부화한다 해도, 회사측에서 필요한 재훈련을 실시하리라는 것을 확신하기 때문이었다. 구미의 조합은 자주 기술혁신에 반대입장을 취했다. 그러나 일본의 조합은 그렇지 않았다.

　이와 같이 종신고용이나 연공서열식 급여체계는 많은 부차적인 이익을 낳았는데, 특히 결정적인 것은 산업의 주기적인 증대가 회피되었다는 점이다. 회사는 경영이 시원치 않더라도 사원의 고용의 안정을 위해서 전력을 다한다.

　실제로 이 20년간 일본의 실업율은 대체로 2% 내외로 억제되어 왔다. 그러나 일본의 실업율의 저하가 허위라는 사실은 지적해도 좋다. (미국에서라면 응당「실업중」이라고 보고된 사람들이 일본에서는 실업자의 범주에 속하지 않기 때문이다)

　사실 일본경제 전체로서도, 또 개개의 기업체로서도 불경기에 잉여노동력을 가지고 있다는 것이 장기적인 안목으로 볼 때 오히려 유리하다는 사정이 개재한다. 해고된 노동자의 생활을 실업보험수당으로 봐준다 해도, 결국 그 돈은 회사가 지불하는 세금이나 적립금이기 때문이다.

　또 근로자 자신으로서도 이런 형태로 직장에 보장되는 편이 자존심도 상하지 않는다.

　이렇게 기술하면 일본의 고용제도가 목가적(牧歌的)으로 비칠런지도 모른다. 그러나 그것도 그 나름대로 한계가 있다.

　첫째, 이러한 제도는 이중구조의 하부를 구성하는 대부분의 노동자와는 관계가 없는 것이기 때문이다. 여성(女性)의 태반은 일시적인 근무자로 간주되어 왔고, 영세소매점이나 군소공장에서 일하는 노동자에게는 종신고용의 보장도 없고, 연공에 따라서 임금이 정기적으로 상승하는 보장도 없다.

　대 메이커의 주변에는 많은 하청업자가 득실거리고, 생산공장의 극히 단순한 부분을 담당하고 있지만, 이러한 하청기업은 자기 회사의 노동자에 대해서 하등 제도화된 은혜를 베풀 수도 없는 것이다.

　대기업의 내부에서조차 임시공이라는 이름의 임시노동자는 설사 그 직무가 실질적으로는 종신적일지라도 모두 제도의 적용 외에 해당하는 것이다.

　이와 같은 여러가지 주변 업무에 종사하는 노동자는 경제면에서의 혜택이 거의 없고, 항상 실업의 위험에 놓여 있다.

　일본적 고용제도의 혜택을 완전히 받아 온 것은 대기업의 엘리트 사원뿐인 것이다.

　그런데 엘리트 사원들 간에서도 바야흐로 고용제도의「침식(侵蝕)」이 상당히 진행하고 있다.

　최근의 젊은 근로자는 이제 먼 훗날의 경제적 혜택에 대해서 그다지 매력을 느끼지 못하고 있을 뿐더러 일본적 온정주의에 다소 지쳐 있고, 차라리 더 많은 자유를 사생활 속에서 찾으려 하고 있는 것이다. 기업에 대한 충성심도 전면적일 수는 없고, 옛날보다는 훨씬 가벼운 기분으로 직장을 옮긴다. 복잡하기 짝이 없는 산정(算定) 상식을 가지는 임금제도도 연공에만 치중하는 것이 아니라 서서히 기능 레벨이나 생산성에 중점을 옮기고 있다.

그렇다고는 하지만 종래의 제도는 끄떡하지 않고 있으며, 일본경제가 발전일로를 걷고, 노동력의 부족이 현저해짐에 따라서 오히려 경제의 하부를 형성하는 중소기업이 대기업의 고용형태에 접근하는 조짐을 보이고 있다. 대기업이 중소기업의 고용형태로 이행(移行)하는 것은 아니다.

1973년에서 76년에 걸쳐서 석유위기에서 비롯된 불황하에서조차 산업계는 약간의 항구노동자의 해고가 있기는 했지만, 조기의 퇴직권고 등의 수단으로 해고를 피하는 데 노력하였다. 그 결과 석유위기의 와중에서도 실업율이 2%를 크게 웃도는 일은 없었던 것이다.

일생 동안 직장을 보장하고 그 필요에 따라서 임금수준을 맞추어나가는 제도는 앞으로도 신장은 해도 감소되는 일은 없으리라고 생각된다. 영국의 사회학자 로날드 도어(R. Dore)는 그의 『영국공장과 일본공장』에서 이와 같은 일본적 고용제도는 군대나 공무원의 경우와 같은 근대적인 고용제도와 같은 것이라고 지적했다. 이것이야말로 고용문제에 대한 20세기적인 접근방법이라고 강조하고, 수급원리를 지렛대로 경영자와 개개의 기능노동자가 단체교섭을 행하는 19세기의 고전적인 방식과 대조시키고 있다.

일본의 고용관행은 노동조합운동의 양식을 결정하는 데 영향을 끼쳤다. 최소단위는 기업내 조합으로서, 그것은 한 기업에 고용되어 있는 모든 종업원——화이트 칼러·블루 칼러 그리고 하위직제(下位職制)——을 망라하고 있다.

이런 조합은 「회사조합」으로 불리는 것이 적합하지만, 다만 이 용어는 이미 미국에서 사용되고, 「어용조합」이라는 뉘앙스를 풍기기 때문에 이 점은 유보를 필요로 한다. 일본의 상황은 어용조합적이 아니기 때문이다.

기업내 조합은 그 멤버가 생활을 걸고 있는 회사측에 대해서 자못 동정적이 되기 쉽다. 그러나 일본의 조합은 경영자측과는 독립된 존재로 임금이나 노동조건에 대해서는 맹렬한 교섭을 행한다. 특히 1년에 한번 실행하는 「슌또(春鬪)」에서는 임금 인상과 노동조건의 인상을 내걸고 소위 춘계투쟁을 전국적으로 전개하는 것이다.

오늘날까지 10여년 동안에 이르는 경제의 급성장은 매년 물가상승을 대폭 웃도는 평균 15%의 임금인상을 가져 왔다.

이것은 노사대결의 격화를 심화시키는 데 충분했다. 그러나 보다 중요한 것은 조합원 자신이 극히 자연스럽게 자기들의 경제이익을 종신고용주인 기업의 그것과 일체화시키도록 지향하고, 회사에 상처를 입힘으로써 자기의 목을 졸라매는 일은 일체 하지 않았다는 것이다.

실제로 조합원은 회사의 기술진보를 슬로우 다운시키거나 파괴적인 스트라이크에 호소하려고는 하지 않았다.

한편, 경영자측도 항구적인 종업원들과는 원만히 해 나가기를 원했다. 그 결과 스트라이크도 단순히 교섭시의 상징적인 힘의 과시의 범위를 그다지 벗어나지 않았다. 노사 쌍방 다 같이 전면대결과는 거리가 먼 것이었다.

오히려 보다 전투적인 것은, 특히 정치문제가 개재된 공무원의 조합일 것이다. 그들의 경우는 민간기업과는 달리 동업 타사와의 경합이 없기 때문에 자기들의 경제적 이익을 사용자의 그것과 연결시킬 필요가 없는 것이다.

그럼에도 불구하고 스트라이크에 의한 노동시간의 손실은 영국의 4분의 1, 미국의 3분의 1에 달한다.

개개의 기업내 조합은 보통 동업의 조합연합체에 소속하고, 나아가서 이 연합체들이 몇 개의 전국적인 상부단체로 횡단적으로 조직되어 있다. 이러한 상부단체는 정치적으로는 매우 활발해서 도합 1,200만 조합원은 전체 노동의 34%에 해당한다. 이 조직율은 서독과 비슷하고, 미국보다는 확실히 높다.

이 가운데 약 450만은 「총평(總評)」산하로 샐러리맨이나 공무원 가운데 가장 강력하고, 정치적으로는 사회당(社會黨)에 가깝다.

한편 「동맹」은 250만의 조합원이 있고, 대부분은 민간기업의 블루·칼러이고 사회당보다 훨씬 온건한 민사당(民社黨)을 지지하고 있다.

일본의 고용제도는 기업이나 관료기구 내부의 운영이념이나 형식에도 다소 기여했다. 그것은 미국의 실정과는 크게 다르다.

대학을 졸업하고 채용시험에 패스해서 취직한 하위직원들은 졸업연도별로 일괄 묶여져서 취로기간 중 급여와 지위의 양면에서 거의 함께 따라다닙니다. 단, 특히 유능한 인재의 경우에는 보다 바람직한 중요부서에 발탁되는 경우도 있다.

통상적으로 누구도 자기 후배는 물론 동기생 밑에서 일하는 일이 없다. 그

18. 비지네스 181

래서 한 일정연차(一定年次)가 간부의 지위에 도달하면, 이러한 사태를 피하기 위해서 간부 외에는 사퇴하게 된다.

가령 관청을 예로 들면, 동기생의 한 사람이 관료로서 최고인 사무차관으로 승진한다면——대체로 50대 초반—— 다른 동기생은 일제히 물러나야 한다. 한편, 대기업에서는 대부분 55세에 퇴사하지만, 각 연도조 가운데 일부만이 경영간부가 되고 고령에 이르기까지 그대로 눌러앉아 있는 예도 있다.

이처럼 비교적 일찍기 퇴직하기 때문에 관료들은 경제계나 정부 산하기관에 낙하산식으로 내려가고, 경제인은 관련된 자회사(子會社)에 재취직하는 패턴이 필요해지는 것이다.

이와 같은 고용제도는 연령이나 지위를 초월한 모든 경쟁의 존재를 삭제하고 만다. 부하는 설사 상사가 무능하다 해도 그를 뛰어넘을 수는 없다. 때문에 상부는 유능한 부하나 야심적인 부하로부터 위협을 받지 않는다. 누구나가 팀의 일원이기 때문에 자기의 재능이나 활력을 과시할 생각을 하지 않는다.

지도자는 부하와 충분히 상의해서 그들의 창의성이나 능력을 살리려고 한다. 한편, 부하는 서슴지 않고 의견을 말하지만, 상사에 대해서는 능력의 유무에 불구하고, 전면 협력을 아끼지 않는다.

그 결과 상하관계를 넘어서 터놓고 얘기하는 제도가 생기고, 창의는 상사만의 전매특허가 아니라는 기대가 생기는 것이다. 이것은 민간기업이건 관청이건 마찬가지이다.

「상의하달(上意下達)」이라는 독재적인 리더쉽에 익숙한 미국인에게는 이러한 일본식 제도에 적지 않게 당혹감을 느낄 것이다. 그 결과 일본인은 「린기」(稟議 ; 품의)제라는 「하의상달」의 불가사의한 리더쉽을 창출해 냈다.

이것은 문서를 다수의 관계자에게 회부하고 「문서를 읽고, 그것에 적극적으로 반대하지 않는다」는 증거로, 그 문서에 날인을 하는 제도이다.

이것은 미국인의 관료제도에서의 클리어런스(추인제도)나, 자료용의 메모랜덤의 배포와 유사한 방식이다. 일상적으로 루틴화한 사항은 이런 상식으로 비교적 하위의 레벨에서 기안된 문서를 기초로 결정되는 것이다.

그러나 이것조차 중요한 문제나 까다로운 안건을 결정하는 방법으로서는 반드시 일본 특유의 것이라고는 말할 수 없다.

일본인의 의사 결정과정에 무엇인가 특이한 것이 있다면, 그것은 결정이 내려지기 전에 미리 빈틈없이 광범하게 협의가 행해지고, 결정을 내릴 때에는 전원일치를 취지로 하는 방식이다.

일본에서는 최고간부가 개인으로 결정을 내리는 일이 없다. 그 대신 우선 부하들을 포함해서 비공식적으로 광범위한 토의를 한다. 여기에서 하나의 일치된 견해가 나오고, 그것이 부하의 한 사람에 의해서 기안되는 품의서 (稟議書)의 일부에 반영되기도 하는 것이다.

물론 최종결정이 소수의 간부들의 결단이라는 형식으로 내려지기도 한다.

여하간 스태프 전원이 미리 문제의 내막을 알고 있다는 점에서 아닌 밤중에 홍두깨식으로 상의가 하달되는 것보다 훨씬 능률적으로 그 결정을 실행에 옮길 수 있는 것만은 확실하다.

한편, 일본의 의사 결정과정의 노사협조적인 성격 탓으로 해외의 지점이나 관련회사에 있어서조차 외국인 간부의 등용이 어렵게 되어 있는 것은 부인할 수 없다. 일본식 제도하에서는, 회사의 전모에 정통하고 일본인 특유의 대인관계의 패턴을 이해하고, 외국인으로서는 어림도 없는 일본어의 묘미에도 통해야 하기 때문이다.

이와 같이 일본식 비지니스 제도가 전후의 경제성장에 이바지한 것은 틀림없다.

그러나 아마도 더 큰 역할을 수행한 것은 몇 가지 외적 요인이었을 것이나, 일본의 안전에는 개방적인 교역제도가 펼쳐져 있고, 풍부한 원자재를 마음대로 입수할 수 있었다. 한편, 전전과 전쟁 중을 통해서 일본이 고립하기 쉬웠던 시기에 구미에서는 새로운 기술이 차례로 개발되고, 이제 비교적 저렴한 코스트로 일본인의 이용을 대기하고 있었다. 그 중개역을 한 것은 주로 미국기업이었다.

뿐만 아니라 군비부담이 경감된 것, 사회보장이 빈곤한 것은 일본인의 조세 부담율을 비교적 낮게 유지하고 있었다. (1975년에는 23%로, 이것은 미국의 30%, 일부 구라파 국가의 50%에 비해서 낮은 부담율이다)

이러한 여러가지 요소를 과소평가할 수 없다. 그러나 일본의 시스템의 몇 가지 특색이 일본의 고도성장으로의 기어를 넣게 하고, 소위 「기적」의 실현에 크게 기여한 것도 사실이다.

그 하나는, 일본인이 끊임없이 보여준 높은 저축성향이다. 그것은 패전 직후의 경제난의 시기에서도, 그 후의 소비지출의 대폭적인 증대기에도 볼 수 있었던 성향이다. 그 저축율은 구미 각국의 2~3배에나 달하고, 1960년대에는 GNP의 거의 40%에 달하는 추세를 보였다.
  기업은 이익의 많은 부분을 재투자하고, 도시의 근로자들마저 가처분(可處分) 소득의 20% 정도를 저축했다. 이것은 다른 구미 각국에서는 볼 수 없는 높은 저축율이다.
  그 이유의 일단은 그들의 전통적인 검약기질, 그리고 소규모의 할부판매에서 찾을 수 있을 것이다. 그러나 시스템 전체와도 관련이 없는 것은 아니다.
  퇴직금도 적고, 사회보장금부도 적은 형편에서는 노후에 대비해서 열심히 저축하지 않을 수 없다. 그리고 급여의 지불방법 자체가 저축에 편리하게 되어 있다. 실제로 소득 전체의 20~30%의 액은 1년에 두번 보너스의 형식으로 지불된다. 이것은 생활비의 원천으로서의 월급 또는 주급과는 별도의 지급이다.
  그만큼 저축으로 돌리기 쉽다. 그래서 안전제일주의로 은행이나 우체국에 예금을 하는 것이지만, 단 그 이율은 물가상승을 따르지 못하거나 밑도는 수가 많다.
  연공서열형 임금체계도 경제성장에는 박차를 가하는 결과가 되었다. 고도성장기업에서는 신입사원이 점하는 비율은 비정상 정도로 높다. 그들은 생산성은 낮지만 급여는 싸구려이다. 한편, 침체 기미의 기업은 고령화하고, 인건비가 비싼 노동력을 앓게 된다.
  이와 같이 고도성장을 계속하는 것은 그 나름대로의 경제적 자극과 커다란 보상이 있었던 것이다. 성장은 다시 성장을 낳는 모체가 되었다.
  더우기나 인건비가 고정비이고, 불황시에도 덮어놓고 감소시킬 수 없는 사정이 얽혀서 수요의 다과, 경기의 여하에 관계 없이 생산은 떨구지 않는다는 강한 자세를 유지해 온 것이다.
  또 하나의 요인은 일본의 대기업의 재정적인 구조이다. 일본의 기업은 자기자본에 의하는 것보다는 오히려 은행융자로 경영하고 있다. 자기자본은 불과 20% 정도이고 나머지는 은행으로부터의 차입금이다.
  이것은 미국의 비지네스맨으로서는 도저히 이해할 수 없는 현상으로서 이렇게 낮은 자기자본율로써는 위험하기 짝이 없다는 것이 미국인의 상식이다.
  여기에는 몇 가지 이유가 있다. 첫째로는 점령 중 대형의 개인자산이 몰수당한 사정이고, 또 다른 이유는 이미 전전의 재벌제도하에 있어서마저 중심적인 역할을 수행한 것은 금융기관으로 그것이 아직도 영향을 남기고 있기 때문인 것이다.
 이유야 어떻든 이것이 전후 이제까지 대기업 금융이 정착한 패턴이고, 그리고 결코 위험한 것이 아니다. 왜냐하면 일본경제 전체를 대표하는 중앙은행인 일본은행(日本銀行)이 시중은행이나 융자선의 배후에 엄연히 도사리고 있기 때문이다.
 이와 같은 금융제도하에 일본의 기업가는 자못 성장지향을 하지 않을 수 없다. 높은 신장율을 보이면 더 많은 융자를 받을 수 있기 때문이다. 한편, 이익율은 은행이자만 갚으면 그만이라는 듯 그다지 신경을 쓰지 않는다. 이익을 높이면 주식에 의한 자본조달이 쉬워질 터인데도 말이다.
 이와 같이 이익 그 자체보다 성장율의 쟁취가 일본 기업의 주된 동기였던 것이다.
 이익보다 성장의 방향을 낳은 또 하나의 요인은 경제계의 거물들의 기풍에서 찾아볼 수 있다. 재계인이라는 이름으로 불리는 이들은 명치시대의「무사적 실업가」의 흐름을 계승하고 있다. 일본을 공업면에서 구미의 위협에서 구출한다는 것이 이들 사무라이 실업가의 기개였다.
 이미 재벌시대에 있어서조차 자본과 경영의 분리, 즉「경영혁명」은 충분히 진행하고 있었고, 오늘날에는 더 말할 필요도 없을 정도로 사실상 성취하고 있다.
 확실히 전쟁 직후 일본경제의 붕괴와 더불어 일시적으로 이 시스템의 틀이 무너진 일이 있고, 새로운 풍랑이 일면서 독불장군적인 기업가가 기세를 올린 일도 있었지만, 이제는 체제도 재정비하고 그 존재를 주장하고 있다. 경제계의 거물들은 사실은「비지네스 뷰러크래트」, 즉 기업관료라고 해도 과언이 아니다.
 일본의 경제인의 급여는 미국의 척도에서 보면 대수로운 것이 못된다.
 그들은 또한 미국의 비지네스맨처럼 자기회사 주식의 양도에 관련하지도 않는다. 단순한 경영자가 아니고 자기 회사의 부분적인 소유주가 되는 길은 그들에게는 닫혀 있는 것이다.
 그러나 그 포스트에 따르는 권한이나 위신 그리고 특권은 크다. 회사가 제공하는 주택, 운전수가 딸린 자동차, 호화판 오피스, 그리고 충분한 판공비 등 아쉬울 것이 없다. 세법상 판공비가 대폭적으로 인정되어 있는 덕분으로 많은 비지네스맨은 회사용으로 듬뿍 마음껏 쓸 수 있다. 화려한 일본의 밤의 생활, 그리고 고급요정을 지탱하고 있는 경제적 기반은 실로 이러한 판공비이고 사용족(使用族)인 것이다.
 그들의 낮은 급여로는 재산형성은 어림도 없다. 그리고 일본의 급여체계는 회사의 이윤과는 명백한 형태로 연결되어 있지 않다. 그래서 일본의 비지네스맨은 높은 수준의 이윤보다는 오히려 회사의 규모나 국민경제에 차지하는 중요성, 성장율의 규모 등에 만족을 느낄 수가 있다.
 확실히 이윤과 성장은 밀접한 관계가 있고, 그 동기부터 어느 것이 이윤동기이고, 어느 것이 성장동기인지 확연히 구별할 수 없다.
 그렇지만 일본과 구미의 비지네스맨 간에는 성장과 이윤의 어느 편에 중점을 두는가에 관해서 아무래도 기본적인 차이가 존재하는 것 같다.

 일본경제의 고도성장을 지탱한 가장 중요한 요소의 하나는 정부와 경제계의 특수한 관계이다. 아니 그뿐만 아니다. 서독이나 프랑스라면 또 몰라도 미국의 비지네스에 관한 한, 일본의 비지네스와의 최대의 차이는 바로 이 점에 있다고 해도 과언이 아니다.
 미국에서는 정부와 경제계는 상호간에 불신을 안고 있는 적대자의 관계에 있다. 그런데 일본에서는 친근한 협력관계를 맺고 있다. 양자의 차이가 너무나도 두드러지기 때문에 미국인은 이것을 과대로 표현해서 「일본주식회사」라고 호칭했다. 일본에서는 정부나 기업이 일심동체이기 때문에 정부가 완전히 기업을 장악하고 있든지, 아니면 불가사의한 단결을 보인 경제계가 정부를 뜻대로 좌우하고 있는지가 이 표현의 오전(誤傳)의 개략이다.
 근대 이전에는 상업활동은 봉건제도를 전복할 수도 있는 듯한 까다로운 현실로 간주되고 있었지만, 근대의 일본인에게는 정부와 경제계 사이에는 어쩔 수 없는 갈등이 있을 리 없고, 미국인처럼 행정의 개입이 적으면 적을수록 경제계로서는 바람직한 일이라고 생각지도 않았다.
 명치정부는 구미의 경제적 침략으로부터 일본을 수호하기 위해서, 산업의 육성에 힘썼다. 정부직영의 실험공장을 설치하고 재정곤란시에는 유능한 경영자에 불하하고, 조성금(助成金) 등 여러가지 특혜를 베풀고 일본산업의 육성에 힘썼다.
 한편, 신흥실업가들은 자기들의 노력을 국가적인 차원에서 파악하고, 정부의 원조나 지도를 환영했다. 1920년대에 이르러 재벌이 너무나도 거대화하고 배보다 배꼽이 더 커진 격이라고 비판을 받기도 했지만, 이윽고 군부주도하에 대기업도 또한 정부가 지향하는 목적에 이바지하게끔 재정비를 하게 된 것이다.
 전후 점령군 당국은 경제계에는 자유경쟁이 있어야 하고, 정치와 경제의 관계는 적대적이라는 미국식 개념을 도입했다. 그 결과 재벌이 해체되고 독점금지법과 공정거래위원회가 생겼는데, 이것들은 아직도 남아 있다.
 그러나 점령군 당국의 학(鶴)의 일성과 당시의 경제사정의 급박성은 정부와 경제계 사이에 종래에 볼 수 없었던 정도의 포괄적이고 델리키트한 관계를 낳았다. 미국 당국으로서는 일시적인 조치에 불과한 일종의 경로가 항구화되고, 정부가 경제계를 바람직한 방향으로 지도하기 위한 방법이 됐기 때문이다.
 이 방법을 보다 단적으로 표시하는 것은 전전의 상공부의 후신인 현재의 통상산업성(通商産業省)──영어로 MITI로 알려져 있다──이다. 광범한 경제목표나 경제예측의 책정은 경제기획청의 소관업무이지만, 개별업계의 목표를 설정하고 일본의 공업발전의 지휘를 한 것은 이 MITI였다.
 외화규제(外貨規制)나 외국의 기술도입의 인허가권을 통해서 MITI는 최고의 기술이 보다 좋은 조건으로 그것을 최대한으로 활용할 수 있는 업자의 손으로 넘어가도록 신중히 고려하는 한편 그것이 독점화되지 않고, 라이벌 기업간의 선의의 경쟁을 자극하도록 지도했다.
 MITI는 또한 카르텔이나 소위「자주규제」로 알려진 수출규제의 요구, 특히 미국의 그것에 응할 수 있는「수출 카르텔」등 여러가지 카르텔 창출을 원조하고, 약소기업이 강대기업에 합병되는 것을 권장했다.
 세법도 또한 기간산업을 중심으로 하는 고도성장을 촉진하는 것을 목표로 삼고 있다. 중앙은행으로서의 일본은행도 성장(成長)산업과 사양(斜陽)산업과 구별해서 융자방침을 세운다.
 한편, MITI를 포함한 여러 관계관청은 자주「행정지도」를 하지만, 민간도 그것을 받아들인다. 특히 경제의 페이스가 너무나도 빠르고 인플레의 위험이 다가오고, 국제수지의 악화가 현저할 때에는「행정지도」를 통해서 민간에 작용해서 투자를 진정시키고, 경제의 과열을 막는 효과를 거두어 왔다.
 이러한 조치를 통해서 정부는 국내의 자본이나 기술을 우선 제철·조선·전력·비료 등의 각 업계의 재건에 집중하고, 다음으로 화학·전자공업·자동차, 그밖의 중화학공업의 경이적인 발전에 힘을 다했다.
 현재 정부가 직면하고 있는 문제는 에너지가격의 상승, 원료의 부족, 환경오염 등이다. 이 때문에 공해다발형·다(多) 자원·다 에너지 소비형의 산업을 콤퓨터와 같은 「지식집약도(知識集約度)」가 높은 산업으로 대체하려 하고 있다. 이것들은 고도의 기술수준은 필요하지만, 에너지나 자원은 그다지 필요로 하지 않기 때문이다.

동시에 정부는 섬유산업처럼 노동집약도가 높은 산업의 상대적인 지위를 낮추도록 조작했다. 한국이나 중국·홍콩과 같은 개발도상국의 보다 낮은 임금수준에는 장기적인 안목에서 경쟁할 수 없기 때문이다.

노동자의 재훈련이나 융자면에서의 규제를 통해서 자본이나 노동력이 사양산업에서 성장산업으로 이관하는 것을 조장하는 것은 경제 전체를 보다 유익한 방향으로 끌어올리는 데 있어서 중요한 일환이다. 이에 비해서 미국의 경우, 정부의 개입은 유야무야로 끝날 때가 많다. 예를 들면, 자연사(自然死) 직전의 섬유산업을 억지로 수호하려 함으로써 오히려 그 임종을 늦추게 하고, 그 동안 보다 유망한, 따라서 조세수입의 대상이 될 수 있는 다른 산업이 희생되는 것이다.

경제면에서의 노력이 이처럼 타이밍을 맞추려면은 두 가지 조건이 필수적이다. 하나는 국민이 관료기구의 정직성과 우수성에 대해서 신뢰감을 갖는 일이다. 일본의 경우, 이 조건은 충족되고 있다.

또 하나는 기업관계자의 대정부 협력자세이다. 이 점에 있어서 일본사회의 집단지향은 플러스로 작용하고 있다.

각 업종의 대기업은 몇 개의 동업단체로 조직되고, 그것들이 일체화해서 경제단체연합회(經團聯)을 형성하고 있다.

특히 1950년대와 1960년대의 초기의 중요한 시기에 경단련은 일치한 견해를 대기업에 제시했지만, 이것은 정부가 비지네스 전력의 청사진을 책정하는 데 도움이 되었다.

그외에도 경제동우회·일본상공회의소·일본경영자단체연맹(日經聯) 등이 존재하고 있다. 동우회는 원래 경단련의 톱보다 젊고, 그런 만큼 정력적인 실업인에 의해서 결성된 것이지만, 현재는 경제계의 생각을 고도의 경제전략 책정에 도입하는 역할을 수행하고 있다. 한편, 상공회의소는 약간 소규모의 기업 간의 조정역으로서 일경련은 노사관계에 관한 비지네스 전략의 조정역으로서 저마다 기능을 다하고 있다.

사람에 따라서는 정부와 경제계와의 파트너쉽은 풍화작용을 일으키고 있고, 경제계에 대한 정부의 규제도 후퇴하고 있다고 보는 경향도 있다.

가령 MITI가 외국기술의 도입을 규제함으로써 일본경제의 향방을 좌우하는 정도나 그 유효성은 확실히 감소될 것이다. 그러나 오염방지에 관한 규제는 그 필요성을 더해 갈 것이고, 기타 경제면에서의 전반적인 규제가 점차로 그 복잡성을 더해 감에 따라서 관료의 개입은 심해질 것이다.

다만 한 가지 크게 변화한 것은 공업성장 최우선이라는 콘센서스가 이제는 사라져 가고 있다는 것이다. 이전에 이 사고는 정부와 경제계를 알맞는 팀메이트로 만들었던 것이지만, 이제 오염과 혼잡이 경제성장일변도의 틀에 암영을 던지기에 이르렀다. 양보다는 생활의 풍경의 증대를, 또는 사회복지나 소비자 이익에 보다 많은 배려를 요구하는 소리가 높아가고 있다.

전에는 영웅대우를 받던 비지네스맨도 이제는 그 위세가 떨어지고, 기껏 보통 정도의 평가가 고작이고, 사람에 따라서는 악인으로 취급도 한다.

정부는 정부대로 예산조치를 통해서 무시당한 사회적 서비스나 비참할 정도로 불충분한 도시 주택에 대한 자원전용을 도모하고 있다. 이렇게 보면 정부와 경제계의 종전의 관계가 변하고, 오히려 이해가 대립하는 동지로서의 위치를 생각할 수도 있다.

그러나 정부와 경제계와의 기본적인 협조관계는 일본 특유의 특색으로 금후에도 살아 남을 것이고, 일본의 보기 드문 경제적 성공의 주요 요인이 될 것이다.

뿐만 아니라, 이 패턴이야말로 고전적인 자본주의와 순전한 사회주의의 양극단을 연결하는 제 3의 길의 성공례로서 보아 넓은 평가를 받게 될런지도 모른다.

일본의 제도는 고용 비지네스 관료가 리더쉽을 장악하고, 이윤보다 오히려 국가에 대한 봉사와 성장에 중점을 두고 있다는 점에서 오히려 「탈(脫)자본주의적」이라고 불리는 것이 타당할 것이다. 그것은 시장경제의 「보이지 않는 손」에 100% 의존함이 없이 정부의 지도를 수용한다.

한편, 정부도 일부 사회주의국가처럼 일체를 계획화하고, 경제 전체를 관리함으로써 경제성장에 스톱을 걸지도 않는다. 자유기업의 여지는 충분히 있지만 정부에 의한 방향성의 지시도 동시에 존재한다.

근년에 있어서의 가장 성공한 경제 모델이기 때문에 타국이 연구할 필요는 넉넉히 있는 것이고, 가능하면 모방을 해도 될 것이다. 다만 일본의 성공의 이유의 일단이 일본의 기본적인 특수성에 있고, 남이 모방하려 해도 그것이 불가능하거나, 그것을 긍정하지 않거나 하는 둘 중 하나라는 점을 밝혀 둬야 할 것이다.

일본의 비지네스가 훌륭히 운영된 것은 확실하다. 그러나 앞으로도 반드시 그러리라는 보장은 없다.

1937년 이래, 일본의 주요 수입품은 에너지 자원이나 식량이나 다른 원자재에 이르기까지 적지 않게 가격이 인상됐다.

세계적인 부족시대의 도래라는 가능성도 일본의 국제경제 환경을 어둡게 만들고 있다. 그 결과 인플레가 일본경제에 큰 타격을 가할 가능성이 전혀 없는 것도 아니다.

사실 1974년에서 75년의 인플레는 두 자리 수로 뛰고, 한때는 26%에 달했다. 인건비도 노동인구의 고령화에 따라서 증대할 것은 필지의 추세이다. 그리고 언젠가는 노동력 부족에 허덕이게 될 것이다.

북구(北歐)처럼 외국인 노동자를 수용하는 데 대해서 일본은 단호히 거부하고 있다. 그러나 여기에서 지적해야 할 일은 퇴직연령이 젊다는 것, 그리고 상당수의 「잠재실업」——손님에게 인사를 하는 일이나 동료직원에게 커피를 따르는 일 따위를 내용으로 하는 여자노동자는 이의 좋은 예——이 존재하는 것을 생각하면 노동시장에도 약간의 여유가 있다는 점이다.

풍요가 지속됨에 따라서 노사관계에 틈이 생기고, 일에 대한 정열이 저하하는 등 풍요로 인한 마이너스가 표면화하리라는 것도 예상할 수 있다. 장래의 일본은 오늘과 같은 「경제 기적」으로는 비치지 않을런지도 모른다.

그러나 일본경제의 문제점이 국내경제의 構造보다 오히려 대외관계 여하에 달려 있다는 것도 어김없는 사실이다.

대 중 문 화

19

일본사회가 종적(縱的)인 하이어라키(계급제도)를 유지하고 있기 때문에 계급이나 직업의 횡적(橫的)인 유대가 약화되는 경향이 있다는 것은 이미 언급했다. 그러나 이 사실을 과대시하고 일본은 분열된 존재라고 속단한다면 이보다 사실과 먼 결론은 없을 것이다.

교육이나 경제활동의 획일성, 그리고 전국민이 전국적인 망(網) 속에 포착되고 있다는 사실에 눈을 돌린다면 그것은 명백한 것이다.

장래의 세계적인 방향으로서의 대중사회 현상에 대해서는 플러스와 마이너스의 평가가 얽혀 있고, 통상적으로는 미국을 그 기수로 간주하는 견해가 강하지만, 오히려 현대 일본이 보다 현저하게 그 경향을 보이고 있는 듯하다.

그 이유의 일단은 19세기를 맞이한 일본이 놀랄 만큼의 문화적 동질성을 가지고 있었다는 점에서 찾을 수 있을 것이다. 그러나 보다 중요한 이유는 근대에 이르러 정치가 완전히 중앙집권화하고, 정부가 획일격으로 통합된 국민의 형성을 지향해서 의도적인 노력을 경주한 사실에서 찾아 볼 수 있다.

일본에는 미국의 거대한 지역적・민족격인 다양성이 일체 없다. 인구는 서구라파 각국의 거의 2배에, 면적도 훨씬 넓음에도 불구하고 서구라파의 주요국들과 비교해도 다양성은 훨씬 적다. 오끼나와를 제외하고 생각하더라도 북은 북해도의 동북부로부터 구주의 남단에 이르는 최장거리는 이탈리아・프랑스 또는 영국의 최장거리의 2배에 가깝다.

한편, 오끼나와와 도꾜와의 거리는 런던과 아이슬란드 간의 그것과 비등한데, 방언・민족문화・역사전통, 그리고 심적 태도 등의 면에서 상당한 지방적 특이성을 보여 주는 예외적인 존재이다.

국민적 통일을 형성하는 데 있어서 주된 도구는 교육이었다. 전전의 일본에서는 거의 일제히 같은 달, 같은 날에 전국 방방곡곡의 국민학교 6학년 생도들이 같은 한자를 배우고, 같은 역사사건을 배우고, 같은 산술의 정리(定理)를 배우고 있었던 것이다.

오늘날에는 이제 그만한 획일성은 볼 수 없다. 각지의 교육위원회가 문부성(文部省) 검정필이기는 하지만 몇몇 교과서에서 선정, 채택한 것을 사용하고 있기 때문이다.

그러나 초급단계의 커리큐럼은 상세한 부분까지 미리 균정되어 있다. 고교 레벨에 있어서조차도 대학입시준비에 쫓기고, 획일성으로 치닫을 수밖에 없다.

대학의 경우도 대량의 학생을 안고 재정곤난에 허덕이는 경우도 있어서, 학부를 따지는 것이 겨우 할 수 있는 일이고, 그 이상의 다양성은 보여 주지 못하고 있다.

이렇듯 모든 일본인은 12년 또는 적어도 9년간의 획일격인 교육을 받고, 3분의 1이 고등교육기관에 진학한다 해도 마찬가지로 다양성이 희박한 교육을 받고, 학업을 마친 후에 이것 또한 정보와 심적 태도의 양면에서 고도의 획일성을 가진 사회로 돌입하게 된다.

그 획일성은 꽉 짜인 작은 원시사회 또는 현대의 전체주의국가를 방불케 한다. 뿐만 아니라, 매스콤이 대중사회의 형성에 크게 관련하고 있다. 일본에서의 TV의 역할은 미국의 그것에 가깝다.

전국의 네트워크를 가지고 있는 TV국은 거의 동일한 프로를 제공함으로써 획일성을 낳고 있다. 전전에는 확연히 분리되었던 도시와 농촌의 가치관이나 태도상의 기복(起伏)을 평균화시킨 것은 뭐니뭐니해도 TV였다. 오늘날 TV는 모든 가정에서 시청하고 있다. 그리고 TV는 미국에서는 텔레비전, 영국에서는 텔리, 일본에서는 데레비라고 속칭되고 있다.

일본의 TV는 미국보다 오히려 영국의 BBC(영국방송협회)를 모방해서 조직되어 있다. 단, 프로 자체는 미국의 그것에 가깝다.

전국 네트워크는 두 개 있고, 다같이 시청자로부터의 수신료, 즉 보유 TV 세트에 대한 특별부과금에 의해서 유지되고 있다. 하나는 교육 TV이고, 많은 어학학습 프로나 고도의 숫자 프로로 구성되고 있다.

또 하나는 종합 TV로서 뉴스 보도·드라마·코메디·퀴즈 프로 등 일반적인 관심을 끄는 내용을 제공하고 있는 점에서 민간방송과 경합관계에 있다. 민간방송국은 5국에 이르고, 거의 전국을 카버하고 있고, 미국의 TV와 마찬가지로 광고수입에 의존하고 있다.

민방과 NHK의 관계는 대체로 양호하고, NHK의 경제력과, 종합 TV 프로의 질은 민방의 질적 향상을 촉구하고, 한편 민방의 존재는 국영방송이 침체성에 빠지지 않도록 NHK를 자극하는 역할을 하고 있다.

　미국과 일본의 TV가 대차가 없는 데 비해서 두 나라의 신문은 현저한 차이가 있다. 지리적으로 광대한 탓도 있어서 미국의 신문은 자연히 로컬적이고 소규모일 수밖에 없다. 또 정치노선에 따라서 저마다 기치를 뚜렷이 차지 않을 수 없는 구라파의 신문에 비해서 일본의 신문은 대부분이 전국지이고, 정치적으로는 불편불당(不偏不黨)을 표방하고 있다. 이 의미에서 일본 신문이 구라파나 미국의 동업자들보다 「매스콤」이라고 불리는 데 적합한 존재라 할 수 있을 것이다.

　신문사의 수는 미국의 10분의 1 이하이지만, 일본의 1인 당 신문 구독수는 어느 나라보다도 높고 미국의 거의 2배에 달한다.

　3대 전국지는 아사히(朝日)・요미우리(讀賣)・마이니찌(每日)로서 조간을 발행하고 있지만, 가정에 배달되는 것이 대부분으로, 조간은 각각 720만, 800만, 440만의 부수를 자랑하고 있다. 또한 조간과는 전혀 별개의 석간이 각각 조간의 절반 정도의 부수를 판매하고 있다. 인쇄는 전국 4개소 정도에서 동시에 행해지고 100을 넘는 지방판을 발행하고 있다. 이밖에 산게이(產經) 외에 니혼게이자이(日本經濟)──미국의 「월 스트리트 저널」에 해당한다──의 두 개의 전국지가 있어서 170만의 발행부수가 있고, 또한 블록지의 이름으로 총칭되는 4대 지방지가 도합 410만부 매상한다. 도꾜신문, 삿뽀로의 혹까이도신문, 나고야의 주니찌신문, 후꾸오까의 니시니혼신문이다.

　일본의 신문은 그 형태와 내용의 양면에서 놀랄 만큼 획일적이다. 조간은 대체로 24페이지, 석간은 그 이하로서 미국신문에 비하면 페이지 수는 적다. 광고수입이 재원에 점하는 비율도 미국보다는 적고, 3행광고와 서적 잡지 광고는 예외로 하고, 광고지면도 좁은 편이다.

　주요 뉴스는 1면에 게재되고, 그 자세한 해설기사──정치・경제・외교의 각 분야에 걸친──나 사설・투서・특집기사・예술예능란・가정란 등 편집도 각지가 엇비슷하다.

　옛날 4페이지를 발행을 때 3면을 점했던 이유로 아직도 「3면기사」로 불리고 있는 사회란은 범죄・사고 등 흥미 위주의 뉴스를 게재하지만, 미국과의 하나의 차이는 소위 「사교란」이 없다는 것이다.

　취재를 하는 사람은 일본 전국, 세계 각지에 파견된 기자들이다. 워싱턴과 뉴욕에서 최대의 규모를 자랑하는 외인기자단은 일본이 파견한 특파원들이다.

뉴스는 요령있게 수집되어서 신중히 편집되고, 본사의 데스크에 의해서 면밀한 검토를 받는다. 서명기사는 극히 드물지만, 이것 또한 일본인 특유의 집단행동지향을 보여 주고 있다.

이렇게 해서 완성된 신문은 높은 질을 가지고 있다. 양과 보도의 질에서 일본의 전국지를 능가하는 외국신문은 그다지 많지 않다.

그러나 일본신문의 커다란 약점은, 취급하는 뉴스 종류와 그 취급방법의 양면에서 매우 획일적이라는 점이다. 객관보도를 취지로 삼고 있기 때문에 사건을 개성있게 분석하는 기사나 해설은 드물다. 각 신문마다 같은 제목에 같은 논설을 게재하고 있기 때문에 일견 서로 같은 말을 교환하고 있는 듯이 보인다. 그 결과 수천만의 일본인이 같은 TV와 같은 신문보도나 견해로 무장되고, 같은 사실이나 관심, 태도를 안고 매일 직장에 나가게 된다.

주요신문은 불편불당을 내세우고는 있지만, 사실은 중도노선보다 약간 좌경적이고, 정부에 대해서 다소 비판적이다.

여기에는 일부 역사적인 배경의 탓도 있다.

신문의 발생은 명치시대로 거슬러올라가지만, 새로운 정부에 불만을 품은 구사족계급(舊士族階級)의 항의의 장(場)이 그 기원이었다.

이러한 경위로 강대한 정부——적어도 전전에는 그러했다—— 비판한 것이야말로 신문의 역할이라는 사고가 조성되어 있었다.

1930년대에서 2차 세계대전 중은 예외로서 이 기간 중 신문은 어용보도기관으로서 정부의 뜻을 충실히 대변할 것을 강요당했지만, 전후에는 다시 비판자의 역할로 복귀했다. 그 동안 정부는 민주적으로 관리되고, 여론에 의존하는 정도가 높아 갔다. 그런데 그 여론이라는 것은 신문에 의해서 형성되는 면이 상당히 큰 것이다.

좌경의 또 하나의 이유는 신문제작자가 대도시에 거주하는 인텔리——영어의 원의(原義)와는 약간 거리가 있지만——라는 사실에 있을 것이다. 보수당 정권에 대한 반대는 대도시의 지식층에서 가장 현저한 것이다.

대신문 자체는 정치적인 중립을 지향하고 있다고 생각하고 있다. 그러나 TV에 비하면 그 정치적 중립도는 낮다.

그러나 전체주의사회의 신문처럼 정부에 의한 사상관리의 수단은 절대로 아니고, 또한 미국이나 서구라파에서 간혹 볼 수 있는 오우너(자본가)나 여당(與黨)의 주구(走狗)가 아니다. 자본가가 편집방침을 결정하는 일은 거의 없다. 편집방침에 영향을 주는 것은 전문의 편집 스태프 간의 파벌항쟁이고,

다음 노동조합의 힘이다.

　한편, 주간지나 월간지는 신문만큼 전국적인 역할을 하고 있지 않다. 그러나 신문에서 찾아볼 수 없는 다채로움을 가지고 있다. 몇 개의 월간 종합잡지가 있고, 여러가지 테마에 관한 논문이나 기사를 싣고 있지만, 그 발행부수는 그 대부분이 많아도 수십만부이다. 훌륭한 내용의 일간지가 널리 보급되고 있기 때문에 「타임」이나 「뉴스 위크」와 같은 시사지의 필요는 없지만, 그외의 주간지는 그 종류가 매우 많다. 50만을 넘는 발행부수를 내는 것도 10개를 넘는다.

　주간지는 센세이셔널하게 편집되고, 때로는 선정적인데, 월간지나 일간지에 비해서 종류가 많은 것도 사실이고, 스포츠에서 편물(編物)에 이르기까지 다양한 분야를 다루고 있다. 주간·월간을 불문하고 잡지류는 정치중립을 표방하지 않고, 특정한 정치적 입장이나 특수한 관심분야를 그 대상으로 삼는 것에 아무런 꺼리낌도 보이지 않고 있다.

　일본인은 그렇지 않아도 유사한 교육과 공통정보원으로서의 매스콤 탓으로 고도의 획일성을 공유하고 있는데, 더욱 이것을 부채질하는 것은 사회가 질서화되어 있고, 원활하게 기능하고 있다는 사실이다. 일본사회는 확고한 채널을 통해서 흐르고 있다. 개인이 어떠한 직업경력을 겪는가를 일본만큼 어김없이 예측할 수 있는 나라는 그리 많지 않다. 일정한 코스를 걷는 경우가 많기 때문이다.

　유행이나 열광(熱狂) 그리고 신사조(新思潮)는 순식간에 전국에 퍼진다. 다만 1970년대에는 사람들이 좀더 노성(老成)하고, 다양한 반응을 보이게 될 수 있을런지도 모른다.

　그렇지만 일본인이 전국적인 「무드」에 좌우되는 것에는 변화가 없을 것 같다. 또 1964년의 올림픽이나, 1970년의 만국박람회 같은 공적인 행사에는 수백만의 인구가 동원됐고, 1960년의 안보개정과 같은 정치 데모에도 수십만명이 거리에 쏟아졌다.

　대량생산된 상품은 이것 또한 대중소비자의 손으로 넘어간다. 전기제품이건 카메라건 TV나 잡지매체를 통해서 전국적으로 광고되고, 수만개의 점포를 통해서 판매된다. 95% 이상의 가정은 세탁기와 냉장고를 소유하고 있고, 자동차 소유세대도 전체의 반수 이상에 달하고 있다. 더우기 농촌이 도회를 웃돌고 있는 형편이다.

전후에 「삼종의 신기(三種의 神器)」라는 말이 가정생활의 성스러운 목표로 떠들썩했지만, 그 내용은 점차로 고가의 것으로 격상되고, 1960년대 후반에는 드디어 칼러 TV·자동차 그리고 일본식 영어인 「쿨러」(영어의 에어콘디쇼너)의 세 가지가 이 지위를 차지하게 됐다.
　「데빠또」라는 이름으로 알려진 대백화점도, 고객 대중을 대상으로 다양한 상품과 구미 백화점에서 볼 수 없는 서비스를 제공하고 있다. 가령 옥상에는 어린이용의 소동물원이나 유희장을 설치하고, 윗부분의 플로어를 대식당으로 하고, 극장이나 예술품의 전시용 홀을 구비한 백화점은 흔히 있다. 미술관이 그다지 보급되고 있지 않은 탓도 있어서 일반인이 고명한 예술작품에 접하게 되는 것은, 불교사원이나 아니면 백화점의 전시회장의 하나이다.
　일본은 또한 스포츠가 다수의 관객을 동원하고, 대중활동이 성황을 이룬다. 프로야구·경마·대학야구·고교야구의 전국대회 등은 어김없이 수만명의 관객을 동원한다. 프로구단의 오우너는 프랜차이즈의 구장(球場) 근처에 노선을 가지고 있는 전철자본 등의 기업이다. 구명단은 반드시 영어이고, 그 가운데는 요미우리 「자이안츠」와 같이 미국인에 익숙한 이름도 있다.
　거한(巨漢)끼리의 스모(씨름)는 신도(神道)와는 먼 친척관계에 있지만, TV방영을 통해서 다시 인기를 되찾았다.
　동계 스키장은 혼잡이 극심하고, 위험하기까지 하다. 또 도꾜 근교의 쇼난(湘南) 해안도 한여름의 주말에는 백만을 넘는 해수욕객이 몰려든다. 한편, 여름의 등산 시즌에는 후지산(富士山)을 타는 장사진이 개미의 대군처럼 덮고, 대중 스포츠로서의 등산의 지위를 말해 주고 있다.
　쇼핑이나 번화가는 언제나 혼잡을 이루고 있다. 미국의 중소도시에 처음 가보는 일본인은, 우선 놀라는 것은 거리에 사람이 적다는 것인데, 천지이변이라도 생긴 것이 아닌가 착각할 정도이다.
　대중사회로서의 일본은 당연히 어느 정도까지는 문화도 규격화하고 있다. 일본의 여성들은 다도(茶道)·꽃꽂이·전통무용 등의 취미를 집단으로 배운다. 수백명에 달하는 유아들이 스즈끼메소드로 바이올린을 배우는 광경은 이미 미국인의 눈에도 익숙한 장면이다. 클래식이건 포플러이건, 서양음악은 많은 청중을 동원한다. 거의가 젊은이들이다.
　이와 같이 대중화되고, 규격화되었다고는 하지만 이것이 현대 일본문화의 가장 중요한 측면이라고 간주하는 것은 옳지 않다. 하물며 이것이 전부라고 단정하는 것은 잘못이다. 보다 주목되는 점은 현대 일본문화의 활력이고, 독창성이고, 다양성이다.
 일본의 몇몇 오케스트라는 세계의 유수한 교향악단에 비해서 손색이 없다. 개개의 연주가나 지휘자도 그러하다.
 일본의 건축가는 세계적으로 유명하다.
 현대풍의 화가나 판화가도 대체로 다작이다. 전통예술이나 공예도 이제까지의 수십년간 볼 수 없었던 정도로 생채(生彩)를 띠고 있다. 일본의 전통 도예가 창출한 양식은 이제 전세계가 모방하고 있다. 모든 사람들이 예술적 창조성을 발휘하고 있고, 젊은이는 새로운 생활양식을 추구하고 있다.
 규격화된 대중문화만의 일본이라는 개념은 이렇듯 정확한 것이 아니다. 그럼에도 불구하고 대중문화가 현대 일본의 중요한 일환이라는 것은 틀림이 없다. 근대 대중사회의 창출이라는 점에서 일본인과 좋은 경쟁상대인 미국인에게는 일본의 대중문화의 많은 부분은 이미 낯익은 것이다.
 다만 몇 가지 점에서는 일본이 앞서고 있다. 현대 대중사회의 특색을 표시하는 풍경으로서 매일 도꾜와 오사까의 두 개 터미널에서 밀려 나오는 통근자의 물결처럼 흡사한 것은 없다. 실제로 그 수는 수백만에 이른다.
 비슷한 복장을 하고 있기 때문에 외국인에게는 구별하기가 어려운 사람의 메거리가 한눈도 팔지 않고 질서정연하게 각기 목적지를 향해서 걸어가는 모습——그것은 독특한 언어의 장벽의 수호를 받고, 외국인의 눈에는 자기들과 별개의 존재처럼 보이기 때문에 마치 우리를 기다리고 있을지도 모를 로보트적인 미래의 조짐처럼 비치는 것이다.

여 성

20

　일본사회에 있어서의 여성의 지위와 이성간의 관계는, 이따금 구미여성, 특히 미국여성의 분노의 대상이 된다. 대다수의 이스람교의 나라들에 비하면, 일본의 여성들이 향유하고 있는 지위는 구미여성의 그것에 가깝다. 그래도 남성 우위주의는 일본에서 표본적으로 나타나고 있다.
　여성에 대한 직업상의 차별은 심하다.
　어려서는 아버지에게 순종하고, 출가해서는 남편에게 순종하고, 늙어서는 자식에게 순종해야 하는 유교의 「삼종의 가르침(三從之敎)」은 오늘날에도 남아 있다.
　구미인의 눈에는 남편의 처에 대한 처우는 가끔 냉담하고, 모욕적으로 비칠 때가 있다. 여성은 대개 유화하고 남성과의 접촉에 있어서는 참을성으로 대하고, 소녀도 수줍게 웃는다.
　사교생활도 유부녀에게는 없다. 남편의 방탕은 관대하게 처리되지만, 아내의 바람기는 금물이라는, 성에 관한 「이중기준(二重基準)」은 아직도 유효하다. 이와 같이 성의 관습이나 애정, 결혼에 대한 자세, 사회에서의 여성의 지위 같은 면에서 미국과 일본과의 차이는 크다.
　성적 관계에 대해서 일본인은 구미인처럼 죄의식을 느끼지 않는다. 성이란 식사와 같은 자연현상이라는 것이 그들의 견해이고, 시간과 장소만 허용한다면 얼마든지 즐길 수 있는 것으로 간주했다. 성적 난맥이 큰 문제가 되지 않는 것은 동성애가 문제시되지 않는 것과 마찬가지이다. 성에 대한 일본인의 태도는 어떤 의미에서는 관대한 것이었다.
　단, 개인의 욕망도 주변의 사회적 환경에 종속해야 한다는 인식에 있어서는 오히려 구미인을 앞선다. 그들은 개인의 애정생활을 여기까지 규제하지 않아도 되지 않을까 하는 정도의 사회적 제약까지도 순종한다. 구미인에게 있어서 일본인이 방종하면서, 동시에 금욕적으로 보이는 것은 이 때문이다. 단, 전자는 일본남성에게, 후자는 일본여성에게 해당한다.

고대 일본인은 단순히 농업뿐만 아니라 인간에 있어서도 풍요를 존중했다. 실제로 극히 최근까지 농촌지대에서는 남성의 성기를 상징한 물체가 신앙의 대상이 되었다.

왕조시대에도 애정은 궁중생활의 주요한 문예 테마가 되어 있었지만, 궁중생활 자체가 놀라울 만큼의 성적 자유로 가득 차 있었던 것이다. 당시의 성적 자유는 그 후도 농촌의 일부에서 계속되고, 현대를 맞이했다. 혼전 성교에 대해서는 관대했고, 혼인도 여성의 수태능력이 사실로서 증명되기까지는 정식으로 인지하지 않았을 정도이다. 오늘날에도 성행위 그 자체에 대한 비난은 매우 약하고, 그 사회적 결과에 대한 우려가 존재할 뿐이다.

초기의 일본인의 또 하나의 특색은 모계사회의 색체가 결정적이었다는 점이다. 현재의 황실의 전설상의 조상은 태양모신(太陽母神)이었다. 한편, 중국측의 문헌에 의하면, 3세기의 일본에서는 여성의 지위는 보통이었다고 한다. 여제(女帝)도 8세기까지는 존재했다. 평안조(平安朝)의 궁중에서는 여성이 대폭적인 자유를 향유하고, 문학에서는 주도적인 지위를 차지했다. 봉건제의 초기에 있어서조차 여성은 유산(遺産)의 상속권을 가짐으로써 봉건제하에서 하나의 역할을 수행한 것이다.

그런데 후에 유교와 장기간에 걸친 봉건제가 얽혀서 여성의 자유는 제한되고 남성에의 복종이 강요됐다.

봉건시대에 여성이 남성보다 투쟁능력이 약한 이상 여성은 남성에 대한 보조적인 역할이라는 주변적인 존재로 전락한 것이다.

중국의 남계사회에서의 남성 우위주의의 소산으로서의 유교도 이와 융합했다. 유교에서는 여성은 무엇보다도 자손을 만들어 가명(家名)을 후세에 전하기 위한 존재로서 파트너라든지, 애정의 대상의 관념은 희미했다. 유교는 또한 금욕적이었다. 남녀간의 애정은 약한 것의 표현에 불과하고, 성은 단순히 가계를 끊지 않기 위한 기계적인 방편에 지나지 않았던 것이다.

농민층에서는 여성은 남성과 공동경작에 종사함으로써 서서히 비중을 얻고 개인으로서의 자주성——촌티를 면하지는 못했지만——을 확립해 나갔다. 한편, 상류사회에서는 여성은 완전히 남성에 종속하고, 하녀 내지는 노리개감으로 정착해 갔다. 도꾸가와 말기까지 이 도식(圖式)은 고정됐다.

딸은 정략결혼을 통해서 하나의 도구의 구실을 했다. 한편, 아내는 남편의 가족의 행복을 위해서 봉사할 것을 강요당했다. 시어머니의 심술궂은 감시를 받아 가면서 말이다. 가족단위 이외의 사교는 있을 수 없는 것으로 단정되고, 남편 이외의 남성과의 관계는 그것이 어떤 것이건 위험시되었다.

결혼은 가족끼리의 형편에 달렸고, 당사자들의 의사와는 무관하였다. 결혼식 당일에 처음 얼굴을 마주치는 일도 없지 않았다. 따라서 남녀간의 애정의 유무는 둘째였다.

이러한 제도하에서는 여성의 방종한 행동이나 부정(不貞)은 있을 수 없었다. 한편, 남성은 가장으로서의 의무에 지장을 초래하지 않는 한 자유를 구가하고 사교생활이나 성생활을 향유했다.

사실 유복한 남성은 2호, 3호니 해서 애인을 첩으로 삼을 수 있었다. 경제적인 여유만 있으면 얼마든지 직업적인 여성의 성적 매력을 만끽할 수 있었다.

봉건제 후기의 일본인 상태는 실은 구미에도 없은 것은 아니었다. 다만 일본에서는 19세기 중엽이 지날 때까지 그것이 공공연히 통했을 뿐이다. 오늘과 같이 급변하는 일본에서 당시 관습이나 태도가 아직도 남아 있는 것은 생각하면 당연한 일이다. 맞선결혼이 좋은 예이다. 1920년대 후로부터 구미류의 연애결혼이 늘고는 있지만, 맞선은 아직도 일본의 사회제도의 일부를 형성하고 있다.

현재 결혼을 둘러싼 상황은 혼돈상태이다. 연애결혼이 없는 것은 아니지만, 그래도 그럴싸한 상대는 역시 가족을 통한 결혼을 바람직한 것으로 생각하는 젊은이들이 많다.

물론 자기의 의지를 굽혀 가면서까지 가족의 의향에 따르려는 젊은이는 없다. 젊은 남녀의 최초의 만남은 양쪽 가족의 알선에 의하는 것이기 때문에 당사자가 좋다면 결혼에 골인한다.

뿐만 아니라, 결혼식에서 주역을 하는 것은 중매인으로, 설사 그 결혼이 연애결혼의 요소가 있다 해도 그것은 변함이 없다.

이러한 제도하에서는 남녀의 사랑이 움트는 것은 역시 결혼 후이고, 그 이전은 아니다. 뿐만 아니라, 몇 가지 외적 조건으로 해서 남녀간의 사랑은 구미만큼 부부생활의 중심적인 부분이 될 수 없다.

통근에 장시간을 요하고, 휴가도 짧고, 토요일도 반휴, 그리고 사교생활은 주로 남성위주라는 환경하에서의 일본의 부부는 구미에 비해서 함께 보내는 시간이 훨씬 적다. 또 일본인이 근무시간 연장도 꺼리지 않는 사정도 한몫 낀다.

또 대부분의 집이 협소하기 때문에 아이를 사이에 끼고 취침하는 일본적

습관도 남녀간의 애정에 장벽이 된다.

뿐만 아니라, 남녀간의 사랑을 경시하고 여성 열위(劣位)를 엄하게 **규정**한 근대 이전의 사고도 특히 늙은 세대에는 완전히 사라지지 않고 있어서 남녀간의 유대에 찬물을 끼얹기도 한다.

도덕면에서의 이중기준도 구미 각국보다 강하게 남아 있다.

소수의 상류사회의 경우에는 부부동반해서 외국인을 포함한 공식적인 파티에 구워 온 보리자루 모양으로 하는 수 없이 출석하기도 하지만, 이것은 어디까지나 예외이다. 또 손님을 자택에 초대하는 일도 없다. 집이 협소하다는 사정도 개재하기는 한다. 주부의 접촉범위는 남편과 아이, 가까운 친척, 동창 그리고 PTA의 활동 정도로 한정되어 있다.

한편, 남편은 동료들——그 가운데는 젊은 미혼여성이 낄 때도 있다——과 한껏 즐긴다. 1차, 2차, 바를 전전하면서 마음껏 흥취를 돋군다. 이러다가 드디어는 바의 호스테스와 탈선도 하고, 경우에 따라서는 2호 또는 주부의 자리로까지 승진하는 수도 있다.

주변의 환경은 달라졌다 하더라도 오늘의 바의 분위기는 봉건시대의 유곽(遊廓)의 그것과 흡사하다.

이제까지 기술한 것이 점차 변화를 일으키고 있는 것은 두말할 필요도 없다. 불과 수십년 전 일본여성은 가련한 존재였고, 지금도 구미인의 눈에는 그렇게 비치고 있지만, 오늘의 여성은 그렇지 않다. 겉모양만 봐서는 속을 알 수 없는 것이다.

부부는 사람들 앞에서 애정을 노골적으로 표현하지 않으며, 남편 가운데는 아내를 함부로 다루는 일도 없지 않지만 이것은, 말하자면 남편이 배우자를 「우처(愚妻)」라고 부르는 것과 다를 바 없다.

마찬가지로 자기 남편을 사람들에게 자랑하는 마누라는 생각할 수도 없다. 이런 것은 낡은 제도에서 이어받은 표면적인 관례의 측면이 강한 것이다.

그러니만큼 여성의 지위가 평등에 가까와지고, 부부간에는 강한 애정의 유대가 마땅히 있어야 한다는 사고가 머리를 쳐들므로 해서 실제로 커다란 변화가 진행하고 있다고 보는 것이 옳다.

이러한 경향은 여실히 보여주는 것으로, 1920년대에는 아내가 남편의 뒤를 한 걸음 떨어져서 걸었고, 또 애기나 짐을 드는 것은 여자였던 것이 이제는 처는 남편과 나란히 걷고 또한 애기나 짐을 드는 것은 오히려 남편 쪽이라는 현상이 나타났다는 것이다.

　마이카를 운전하는 것도 남편과 아내가 반반이다. 그리고 전에는 꿈에도 생각할 수 없었던 일이지만, 이제는 식사 후의 설겆이를 하는 남편의 수가 점점 늘어나고 있다. 술집에서 호스티스 상대로 서투른 유희는 절대로 봐줄 수 없다고 단호히 선언하는 아내의 수도 늘어나고 있다.

　이러한 경향이 어디까지 진행될 것인가는 아무도 예측할 수 없으나, 그 방향만은 확실하다. 즉 서로 방종을 인정하고, 또 서로 존경하고, 정조를 지킨다 해도 남녀에 공통한 단일기준이라는 방향이 그것이다.

　또 하나, 일본 여성의 지위에 대한 이미지가 반드시 정곡(正鵠)을 찌르지 못했다는 경우도 없다. 이미 언급한 것처럼 봉건제나 유교의 영향으로, 남성 우위주위가 득세했음에도 불구하고 원래 일본은 모계적인 사회이고, 모계사회의 요소는 그 후에도 오랫동안 남았다.

　이것을 엿볼 수 있는 것은, 중세기에는 여성도 남성과 같은 용감성과 의지력이 필요했다는 사실이다.

　현대에서는 여성이 남성보다 의지력과 심리적인 강인성이 강하다는 것은 이미 통설이 되어 있다. 현대의 일본 가정이 어머니를 중심으로 전개되고, 어머니에 의해서 지배되고 있는 것은 의심할 여지가 없다.

　경제면에서의 기둥은 아버지이지만 집안에서 남자는 일개 단역(端役)에 불과하다. 가계도 어머니의 전권사항에 가깝고, 아버지가 어머니에게서 용돈을 타서 쓰는 경우는 비일비재하다.

　「교육마마」가 생기는 것도 무리가 아니다. 남편은 거의 집에 있는 일이 없고, 따라서 자식의 성적에 신경을 쓰는 것은 어머니이기 때문이다.

　미국의 「브론디」만화를 비롯한 많은 영화나 코메디는 내주장하는 여주인공에 깔린 남편의 장면이 희화화되어 있지만, 일본에서도 이런 것은 큰 인기를 끌었다. 사회적 배경의 차이를 넘어서 일본인에게도 완전히 이해되기 때문이다.

　프로이트(S. Freud)의 정신분석에서 말하는 「압제적인 아버지」는 일본인의 심리구조에는 존재하지 않는다고 말할 수 있다. 그런데 프로이트가 거론한 또 하나의 문제, 즉 남아가 어머니에게 극도로 끌리고 기대는 현상은 심리적으로는 큰 문제이다. 이것이 소위 「아마에(응석)」의 증세라는 것은 이미 말했지만, 남편이 아내의 「큰 아기」처럼 응석을 부리거나, 옛날의 게이샤(기생)나 오늘의 호스테스 같은, 다른 여성으로부터 소중히 다루어 주기를 바라는 그런 심리가 그 구체적인 표현이다.

  가정내에서 문제의 불씨를 일으키는 것은 오히려 남자 쪽에 많다. 아내는 강한 성격으로「귀부인처럼」행세하고 가정의 위기를 밀고 나간다.

  이와 같이 일가의 중심은 어머니로서의 아내일지는 몰라도, 일단 넓은 세상에 나가면 여성의 지위는 압도적으로 뒤진다.

  의무교육을 마치고 고교에 진학하는 율은 90%에 달하고, 이 단계까지는 남녀 구별이 없지만, 그 이상의 교육에서는 여성은 형편 없이 떨어진다.

  단기 대학생(2년제)의 태반은 여성이지만, 단기 대학이라는 것은, 말하자면 결혼 예비학교 정도로 취급되고 있다. 그런데 4년제 대학에서는, 1950년의 예를 들면 남학생 대비 여대생의 수는 2%에 불과했다.

  여자대학──태반은 기독교 관계이다──도 몇 개 있지만, 다른 대학──오늘날에는 모두 남녀공학이다──에 관한 한 여대생은 남대생의 5분의 1이고, 일류 대학에서는 그나마 10%에 불과하다.

  결국 가정주부가 될 여자가 4년씩 대학과정을 밟는다는 것은 사치라는 사고 때문일까.

  일본인의 결혼은 대체로 미국인보다 늦다. 여성이 평균 24세, 남성이 28세로 미국에 비해서 3세 정도 늦다.

  따라서 여성의 대부분은 학업을 마치고 결혼까지 4~8년이 걸리고, 그 동안 노동시장에서 일하게 되는 것이다. 학력이 낮으면 경공업분야나 그렇지 않으면 웨이트레스나 상점 점원·엘리베이터 걸로 종사한다. 학력이 약간 높으면 비서나 회사의 OG이 되지만, 기껏 남성직원에게 차나 끓여 주는 것이 고작이다. 여하간 일시적인 일이기 때문에 남성처럼 종신고용·연공서열의 에스컬레이터에 타서 임금이 계속 올라가는 일은 없다.

  혼기가 늦고, 자식을 돌봐주는 정도가 심하기 때문에 일본의 가정주부가 재취직을 하는 예는 미국에 비해서 훨씬 적고 그나마 상당히 나이를 먹고 난 후의 일이다. 그런 경우라 할지라도 종신고용이나 연공서열의 은전에서 제외된다.

  그럼에도 불구하고 전 여성의 절반 이상이 노동하고 있고, 근로여성은 전 노동력의 40%를 웃돈다.

  농업에서는 원래 여성의 역할은 컸다. 그런데 전후, 농촌출신의 자녀들이 이농하는 예가 늘어나자 더욱 그 중요성은 높아 갔다. 한편, 조상의 가업을 계승하기 위해서 농촌에 남은 청년은 배우자를 구하는 데 어려움을 겪어야 했다.
　이러한 조건이 겹쳐서 농촌에서의 여성의 지위는 상대적으로 높아졌다. 더우기 가장 자신이 농업을 버리고 도시로 나가는 예가 많아졌다.
　이와 같이 가족이 분산하고, 농촌지대에 남성의 부족상태가 야기되자 어려운 사회문제가 발생했다. 동시에 주부가 농가의 주인이 되는 현상도 생겼다.
　고등교육을 받고 자신의 생활 설계를 지탱하는 여성도 없지는 않다. 다만 구미에 비하면 그 수는 훨씬 떨어진다. 중소기업에는 여성간부도 상당수 있지만, 대기업에는 거의 없다. 고급관료의 자리를 차지한 여성도 극소수에 불과하다.
　한편, 교육기관에 취직하는 여성은 꽤 많다. 국민학교 교사의 절반이 여성이고, 중고·단대·여자대학에도 상당수 있다. 여자의사의 수는 적지 않다. 여류법관도 특히 가정법정에서 볼 수 있다. 부인의원의 수는 구미와 거의 같다. 중의원에 7명(1979년 현재), 참의원에는 더 많은 수가 있다.
　문학·예술 분야에는 고명한 여성이 많고 언론계에서도 약간의 진출이 있다. 여성의 대부분은 부인회니 PTA 등 여러가지 모임에 참가하고 있다.
　PTA의 운영은 사실상 어머니들의 전권사항으로 PTA를 통해서 각종 시민운동이나 코뮤니티 운동을 활발히 전개한다. 다만 고차원의 활동이면 역시 남성들이 판을 친다.
　그러나 과거 1세기, 특히 2차 세계대전 후 여성의 지위가 대폭 변화한 것은 틀림 없고 앞으로도 변화를 거듭할 것만은 틀림이 없다. 1947년에 시행된 현행헌법도 남녀의 평등을 규정하고 있고, 평등과 여성의 존엄을 강조하고 있다. 이 점에 관한 헌법조문을 다음에 인용하는 것도 가치가 있다.

　모든 국민은 법의 아래 평등하고 인종·신조·성별……에 의해서 정치적·경제적 또는 사회적 관계에서 차별을 받지 아니한다. ……혼인은 양성(兩性)의 합의에 의해서만 성립하고, 부부가 동등의 권리를 가지는 것을 기본으로 상호 협력에 의해서 유지되어야 한다. 배우자의 선택·재산권·상속·주거의 선정, 이혼과 혼인 및 가족에 관한 기타 사항에 관해서는 법률은 개인의 존경과 양성의 본질적 평등에 입각해서 제정되지 않으면 안된다.

　이와 같이 여성은 이제 완전한 법에 의해서 평등이 부여되어 있다. 한 예를 들자면, 전전의 법률에서는 남성의 이혼은 용이했지만, 여성의 이혼은 불가능에 가까왔다.
　그런데 금일에는 이혼신청은 오히려 여성이 다수를 점하고 있다. 단, 미국의 이혼율에 비해서 훨씬 낮을 뿐만 아니라 50년 전의 일본보다 낮은 율이라는 것은 지적할 만하다. 사실 일본의 이혼율은 미국의 18분의 1에 불과하다.
　또 하나는, 일본의 노동시장에서는 나이 많은 여성에 대한 임금이 차별적으로 낮기 때문에 이혼한 부인이 자립하기에는 미국보다 어렵고, 또 재혼이 미국 보다 쉽지 않다는 이유 때문이다.
　근년에 이르러 여성의 지위의 향상에 현저한 것이 있다고는 하지만, 사회적인 제약이나 고용에 따르는 차별대우는 여전히 엄격하다. 1971년에 있어서조차 여성의 평균임금은 남성의 절반 이하에 불과했다. 사회적·경제적 평등에의 길은 멀다.
　이러한 상황하에서도 왜 「우먼 리브」의 운동이 일본에서는 현상에 머물러 있는지 구미인들 가운데는 기이한 눈으로 보는 측도 있다.
　근년에 획득한 진보향상이 너무나도 현저하기 때문에 그것을 미처 소화하지 못하고 있다는 것이 그 이유의 일단이 될 수도 있겠다. 2차 세계대전 전과 전쟁 중에, 그리고 전후의 경제호황 속에서 노동력이 부족했기 때문에 여성의 경제적 역할이 증대하고, 그 결과 경제적 자립에 대한 기회가 있는 것은 사실이다.
　주방이나 가정 전반의 기계화가 진행됨에 따라서 세탁기·소제기·전기취사기 등을 비롯한 가전품의 보급은 가정에서의 노동으로부터 여성을 해방시키고, 밖에서의 일이나 활동에 대한 시간적 여유를 준 것도 관계가 있을 것이다.
　이와 같은 요소가 전후의 법률면에서의 플러스나 거대한 사회변화와 함께 여성의 기회를 차례로 확대하고, 또한 현재도 확대하고 있는 실정이다.
　우먼 리브가 일본여성에게 그다지 환영받지 못한 최대의 이유는, 그것이 그녀들의 방식에 적합하지 않다는 것일 것이다. 「귀부인답게」 행동하라는 사고에서 벗어나지 못했기 때문이기도 할 것이다.
　그러나 보다 근본적인 이유는 구미의 여성이 종래 「약한 자」로 간주되었기 때문에 「궁지에 몰린 쥐」식의 반발의식이 발동한 데 대해서, 그것이 일본여성의 기호에 맞지 않는 사정이 있는 탓이 아닐까. 일본여성이야말로 가정에서 압도적 우위를 자랑하는 「강한 자」이기 때문이다.

종　교

21

　이 책이 남 아시아 또는 중동(中東)의 민족을 다루는 것이라면, 아마도 종교에 관한 고찰부터 기술하는 것이 타당할 것이다. 대부분의 나라의 경우에 있어서도 보다 이른 단계에서 보다 충분한 고찰을 종교에 가하는 것이 필요할 것이다.
　그러나 일본에서는, 종교는 극히 주변적인 위치를 차지하는 데 불과하다. 17세기 이전에 있어서는, 구미와 유사한 역할을 수행하고 있었지만, 구미에서는 최근에야 현재화(顯在化)한 세속화 경향이 이곳 일본에서는 이미 3세기 이상의 기간에 걸쳐서 착착 진행되고 종교를 주변적인 위치에 몰아넣은 것이다.
　일본 사회의 세속화 현상은 유교의 철학적 배경에 의해서 초래되었다. 이미 중국에서는 9세기 이후, 한반도에서는 15세기 이후 유교는 같은 영향을 미치고 있었지만, 일본도 그 예외는 아니었다.
　구미인은 유교를 동 아시아와는 달리 「콘퓨샤니즘(공자교)」이라 부르고 있었지만, 공자(孔子)는 551~479 B.C.에 생존한 고대 중국의 철학자이다. 다만, 유교가 그 형태를 갖춘 것은 12세기에 이르러서였다.
　유교가 강조한 것은 이법(理法)에 따른(합리적인) 자연의 질서이고, 인간은 그 조화된 일환으로 간주되고, 엄한 윤리적인 법에 입각한 사회질서가 존중되고, 국가는 학식과 훌륭한 윤리적인 지혜의 소유자에 의해서 통치되어야 한다는 것이었다. 사서오경(四書五經) 등의 문헌이 존중되었지만, 성직자는 없고, 종교적인 의식도 적고, 무엇보다도 「신(神)」이라는 관념은 존재하지 않았다. 예배도 없고, 있는 것이라곤 지배자에 대한 충(忠), 부친에 대한 효(孝)이고, 그리고 사회적 규범을 준수하는 것을 중심으로 옳게 생각하고, 옳게 사는 것이 강조되었다.
　유교의 고전, 충효지인애(忠孝智仁愛)의 5원칙, 역사의 중시 등, 유교의 특색이 일본에 도래한 것은 6세기에서 9세기에 걸쳐서의 일이고, 이것은 중국의 거대한 영향의 첫 물결이었다. 그러나, 유교는 불교에 가려서 17세기 중앙집권적인 도꾸가와(德川家康) 막부의 등장과 함께 정치와의 관련성이 종래에 없이 인식되고 겨우 무대에 등장하기에 이른다.

그 후, 유교 철학의 각 유파(類派)는 사상계에 군림하고 유교적 이념은 사회를 지배, 19세기 초엽까지는 일본인을 중국인이나 한국인에 필적할 공맹(孔孟)의 학도로 만들었다. 정치제도 자체가 매우 비유교적인 봉건제인 것과는 좋은 대조를 이루었다.

그러나 철학체계로서의 유교는 19세기의 일대 변혁기를 그냥 넘길 수는 없었다. 그 우주관은 구미의 근대 자연과학의 지식에 비하면 불정확한 것이었고, 그 도덕적 가치관은 고래의 사회, 정치제도에 밀착하고, 구미의 위협을 눈앞에 두고, 그 포기는 불가피 시대적 요청으로 간주된 것이다.

도꾸가와시대 이래의 교육기관을 도꾜 제국대학으로 개편할 때, 신정부(명치정부)는 유교학을 완전히 포기하고, 구미의 자연과학·의학에 관련된 부문에만 중점을 두었다.

물론 유교학도들은 이에 저항을 시도, 기회 있을 때마다 유교의 용어나 개념을 신제도에 삽입하려고 했다. 그들의 저항이 성공한 현저한 예는 1890년 헌법의 채택과 때를 같이해서 공포된 교육칙어(敎育勅語)였다. 교육에 관해서 언급하는 점이 극히 적은 이 문서도 유교의 영향은 역력히 나타나고, 국민의 황실에 대한 의무와 충효지인애의 덕목(德目)을 유교 용어로 강조했다.

이와 같이 낡은 세대의 후퇴와 함께 천하가 공인하는 사상체계로서의 유교는 완전히 자태를 감추고, 겨우 유교적인 사고만이 그대로 남은 데 그쳤다.

현대의 일본인은 도꾸가와시대의 선인들과는 달리 분명히 공맹의 학도들은 아니다. 그러나 그들의 가치관이나 윤리관은 아직도 유교적인 색채가 짙다. 전통적인 철학이나 종교 가운데 유교만큼 큰 영향을 남기고 있는 것은 없을 것이다.

일본인이 전폭적인 신뢰를 자연과학, 진보와 성장이라는 현대적인 이념, 보편적인 윤리 기준, 그리고 민주적인 이상이나 가치에 두고 있는 배경에는 유교적인 뒷받침이 아직도 산견(散見)되는 것이다. 정치는 도의에 입각해야 한다는 신조, 대인관계나 인간적 성실의 중시, 교육이나 근면의 신뢰 등이 그 구체적인 항목이다.

오늘날 공맹의 학도를 자인하는 일본인은 거의 없지만, 어떤 의미에서는 1억 인구 전체를 공맹의 학도라고 하지 못할 것도 없다.

일본의 종교 가운데 가장 기독교에 유사한 것은 불교이다. 죽은 후의 삶을 설교하고 개인의 구제를 문제시하는 점에서 그러하다. 동 아시아에서 벗어난 인도에서 발생했다는 사실로 보아도 그것을 알 수 있다. 철학이나 종교에 관한 한, 인도는, 오히려 구미에 가깝고 동 아시아와는 거리가 멀다.

역사적 존재로서의 석가모니(釋迦牟尼)는 공자와 거의 동시대의 사람이고, 인도 본래의 사상인 생의 무한의 유전(流轉)과, 전세가 현세를, 현세가 내세를 결정한다는 사고에서 출발해서, 생은 고(苦)이고, 고는 인간으로서의 집착이나 욕망에서 유래하는 것이라는 사고를 덧붙였다.

단, 이러한 욕망도 석가모니의 가르침에 의하면 극복이 가능하고, 이렇게 해서 인간은 해탈해서 무(無), 즉 열반(涅槃)의 경지에서 괴로움 없이 우주와 일체화할 수 있다는 것이다. 이 교의는 삼보(三寶)를 존중하도록 역설한다. 삼보란 불(佛)・법(法)・승(僧)을 말하며, 불은 불타, 법은 경전의 교의, 그리고 승은 승원을 가리킨다.

동 아시아에 퍼진 불교의 일파는「대승(大乘)」이라 불리고, 스리랑카나 동남 아시아 각지에 남아 있는 테라바다, 즉「장로파」와 대비된다. 대승불교의 일부는 극락사(極樂死), 즉 구제를 설교했는데, 이것은 원시불교에서 말하는「열반」보다는 오히려 서구의「천국」에 가까운 개념이다.

그것은 또한 역사적 존재로서의 석가모니뿐만 아니라, 여러 보살들을 예배하는 것을 가르친다. 보살이란 타인을 구제하기 위해서 해탈 일보직전에서 머물고 있는 존재이다.

일본에서의 대승불교는 그 역점(力點) 여하에 따라서 세 가지로 대별한다. 하나는 9세기에 출현한 밀교(密敎)이고, 둘째는 그보다 1세기 후에 나타난 법화경(法華經)의 믿음을 강조한 것이고, 12~13세기에 등장한 신불교는 조도슈(淨土宗)・신슈(眞宗)・니찌렌슈(日蓮宗) 등이 포함되어 있는데, 오늘날에도 최대의 교세(敎勢)를 확보하고 있다. 세째는 자기 극복과 명상을 통해서 구제를 지향하는 것이다. 선종(禪宗)은 좌선(坐禪)과 공안(公案)의 두개의 수도 방식을 창출해서 도통과 동시에 인격형성에 이바지하는 것을 지향하고 있다.

불교가 일본에 도래한 것은 6세기이고, 그 이후 북구(北歐)에서 기독교가 수행한 것과 거의 유사한 역할, 즉 고급문화의 전달자로서의 역할을 수행했다. 건축・조각・회화 등 여러가지 면에서의 그 후의 예술적 표현은 불교와 관련되어 있는데, 이것은 서구의 경우에 있어서의 기독교와 마찬가지이다.

사찰은 서구에서와 같이 유복한 지주가 되고, 정치・군사면에서 상당한 세력을 행사했다. 15～16세기에는 일반적인 평신도들의 모임에서도 정치적으로 활발히 움직였다. 여하간 9세기에서 16세기에 걸쳐서 불교의 침투력은 지적 세계・예술・사회・정치 등 일본의 각계각층에 미쳤다.

그런데 불교의 영향은 3세기에 걸친 세속화를 거친 오늘날에는 그다지 남은 것이 없다. 극락세계나 윤회사상 등 불교적인 관념은 민속적인 차원이나 설화로 남아 있을 뿐, 그것을 행동원리로 삼는 일본인은 많지 않다. 사찰은 일본의 풍경을 색채화하고 있지만, 사회의 배경에 조용히 숨쉬고 있는 것에 지나지 않는다. 그리고 전후의 토지개혁은 적지 않은 수의 농촌에 소재한 사찰로부터 대지를 몰수함으로써 큰 경제적 타격을 입혔다.

장례식은 거의 불교식으로 행해지고 사찰에 부속하는 묘지는 화장된 유골이 묻히는 장소가 된다. 화장의 습관은 인도에서 도래한 것이다.

가정에 따라서는 선조대대의 계명(戒名)을 쓴 패를 작은 불단 앞에 모시고 있다. 또한 도꾸가와 막부가 모든 주민을 불교 사원의 신도로 등록을 의무화시켰기 때문에, 일본의 가정은 모두 어떤 특정 종파에 속하고 있다. 이것은 숨어 있는 천주교 신도를 적발하기 위해서였지만, 지금은 그 가족의 묘소가 존재하는 사원이 무슨 종파에 속하고 있는가를 표시하는 것 이외의 아무런 뜻도 없다.

거의 대부분의 사원은 오늘날에도 의식을 행하고는 있지만, 그것에 참가하는 승려는 비참할 정도로 줄어들었다. 전전에는 군인, 전후에는 실업가들이 좌선을 했지만, 그 수는 극히 미미한 것이고, 더우기 그들의 주된 관심은, 불교식의 도통보다 인격의 수양에 있다.

이와 같이 현대 일본식의 생활에서 불교의 흔적은 백그라운드의 음악과 같은 형식으로 산견되기는 하지만, 불교를 지적 또는 정서적인 생활상, 라이트모티프(주목적)로 삼고 있는 일본인은 결코 많지 않다.

일본의 여러 종교 가운데 가장 일본적인 특징을 자랑하는 신도(神道)도 현대의 도시화한 일본에서는 후퇴하고 겨우 배경으로 존재할 뿐이다.

초기의 신도는 자연형성을 숭배하는 애니미즘이 중심이었다. 태양・산・수목・하천・암석 그리고 생식과정의 모든 것이 숭배의 대상이었던 것이다. 토템적인 조상은 신으로 불리고 숭배되고 인간과 자연간에 구별이 없었다. 신에 대한 숭배는 신사(神祠)에 헌물・기원 그리고 유쾌한 제사와 같은 형식을 갖추었다.
 신학체계도 없고 윤리적인 관념도 존재하지 않았다. 있다면 그것은 죽음으로나 더러움을 금기로 삼는 것이었고, 제사를 통해서 어지러움을 씻어버리는 것이었다.
 불교와는 달리, 사후의 생에 대해서 신도가 전혀 관심이 없었다는 것, 그리고 대승불교가 비배타적이고, 그 전파의 과정에서 토지의 토속신앙을 수용한 것이 겹쳐서 불교와 신도는 서로 공존의 길을 걸어나갔다. 신도의 신사가 불교의 사원의 공동관리하에 들어가는 경우도 자주 있었다. 구미는 물론, 남 아시아나 서 아시아에 공통하는 사람은 모름지기 하나의 종교에 절대적으로 귀의해야 한다는 사고는 일본인에게는 없었다. 근대 이전의 일본인은 불교도임과 동시에 신도 신자이기도 했다. 뿐만 아니라, 공맹의 학도의 측면도 충분히 가지는 경우가 많았다.
 근대 이전에는 신도는 명백히 불교에 종속하고 있었다. 불교의 진리나, 여러 신이 보편적인 존재인 데 비해서 신도는 그 로칼판(지방판)으로 간주되었던 것이다. 그러나 16세기 이후, 불교의 열은 식어간 데 비해서 일본에 고유적인 신도는 건국 신화나 황조황종주의(皇祖皇宗主義)와 결부함으로써 새로운 관심을 끌었다.
 일본이 민족주의에 기울어지고 천황 친정에 그 국가적인 통일의 근거를 발견하려 한 것이 여기에 박차를 가했다. 천황에 대한 숭배를 중심으로 하는 신도부활의 움직임은 근황운동(勤皇運動)의 일환으로서, 막부를 타도하게 되고, 1868년의 왕정복고와 이어지는 원동력의 일부를 형성한 것이다.
 명치유신의 지도자는 철저한 배불논자(排佛論者)들로서, 신도와 불교를 철저히 분리하고 신도 중심의 정치제도를 실시할 것을 일단은 시도할 정도였다.
 얼마 후, 그들도 그것이 구미식의 정치형태와 어울리지 않는다는 것을 깨달았지만, 역사적으로 유서깊은 신사에 대한 국가 부조제도를 창출했을 뿐만 아니라, 메이지신궁(明治神宮)이나 야스구니신사(靖國神社) 등의 새로운 관폐대사(官幣大社)를 창설했다. 전자는 명치황제를, 후자는 순국한 군인을 모시고 있고 도꾜에 있다.
 정부는 일본에는 완전한 신앙의 자유가 있다는 캐치프레이즈를 손상시키지 않기 위해서, 국수주의적인 「국가신도」는 종교가 아니고, 애국심의 **표명이라고 규정했다.** 어떤 의미에서, 이 주장은 옳았다. 왜냐하면 국가신도는 신사에서의 예배를 강요하고 어진영(御眞影)이라는 천황황후의 사진이나 교육칙어에 대한 존중을 규정한 점에서 형식적으로는 종교의 영역에 들어가 있었지만, 그 본질은 신도의 기본적인 자세와는 관계가 없는 인위적인 작위(作爲)에 불과했기 때문이다. 오히려 그것은 현대의 국가주의격인 것에 유래하고 2차 세계대전 전야의 국가주의의 광란 속에서 그 정점에 달했다.

전후, 미국의 점령군 당국은「국가신도」를 초국가주의의 위험한 존재로 단정하고 군국주의와 애국심에 대한 전쟁 전, 전쟁 중의 반발과 어울려, 국가신도는 자태를 감추고 말았다.

점령군 당국은 또한 엄격한 정경분리의 실시를 강요하고, 유서깊는 신사는 모두 국가부조를 잃고 옛날의 경제적 자립으로 복귀하지 않을 수 없었다. 유명한 몇 곳만 제외하고 많은 신사가재 정난에 빠진 것은 이 때문이다.

새로운 재원을 만든 신사도 있기는 했지만, 종교 관련체에 대한 국고보조의 중지는, 적지 않은 타격을 종교기관에 주었을 뿐만 아니라, 사립대학에 대한 정부의 보조를 늦추는 결과도 초래했다. 사립대학 가운데는 불교·기독교는 물론, 신도 관계의 것들도 상당히 있기 때문이다.

국가신도의 퇴장과 더불어, 신도는 더욱 주변격인 존재로 물러서지 않으면 안되었다.

자연의 경관(景觀)의 혜택을 받고 있는 경우에는, 많은 관광객을 끌어들이기도 한다. 가령 황조(皇祖) 아마데라스 오미가미(天照大神)를 모시는 이세(伊勢)의 황태신궁처럼 정부의 최고 수뇌가 전전도 무색할 정도로 메를 지어 참배하는 경우도 있다.

한편, 메이지신궁은 국민격인 존재로서 워싱턴의 링컨 기념관에 가까운 위치를 차지하고 있고, 야스구니신사는 무명전사의 묘소의 역할을 수행하고 있다.

어린이들의 신사참배도 기회 있을 때마다 있고, 신사에서의 결혼식도 성행한다. 또「가미다나(神棚)」를 가정에서 모시는 집들도 없지 않다.

전통적인 신도가 아직도 호흡하고 있는 가장 현저한 예는 이름있는 신사에서 일정한 날이면 행하는 행사일 때일 것이다.

이처럼 신도는 아직도 일본인의 생활의 일환을 형성하고, 민화·설화 따위는 신도기원의 여러가지 요소로 가득 차 있다. 일본인의 자연애호나, 자연과의 일체감은 신도의 사고에 기인하고 있는 것이 많다. 그러나 현대 일본인으로서 신도의 전통 속에 사회활동이나, 사교의 원천을 찾거나, 인생 그 자체의 바탕을 찾는 자는 극히 소수에 지나지 않는다.

불(佛)·야(耶)·신(神)이라는 말이 상징하듯이 기독교도 다른 두 종교와 함께 일본의 3대 기성종교의 하나로 간주되고 있지만, 불교와 다른 점은, 외래종교로 간주되고 있다는 것이다.

일본에 처음 기독교가 전래한 것은, 1549년 예수회의 성(聖) 프란시스 자비에르 선교사에 의해서였다. 그 후 약 10년간 기독교는 다른 어떤 비서구국보다 빠른 속도로 전파되고, 드디어 50만에 달하는 신도를 헤아리게 됐다. 당시의 인구를 생각하면 그 비율은 오늘날의 그것을 훨씬 넘는 것이다.

그러나 히데요시(秀吉)와 그 후의 도꾸가와장군들은 기독교를 정치적 통합에 대한 위협으로 간주하고, 가차없이 탄압함으로써 수많은 순교자를 낳게 하고, 1638년에 이르러서는 완전히 근절시키고 말았다.

기독교에 대한 맹렬한 적개심은 19세기에도 계승되었다. 그러나 기독교에 대한 구미 각국의 반발에 부딪히게 되자, 1873년에 정부는 암암리에 금령을 풀고, 마침내는 신앙의 완전한 자유를 인정하는 정책을 썼다.

그러나 교세의 확장은, 전에 비하면 느린 것이었고 오늘날에 있어서조차도 기독교는 전 인구의 불과 1% 이하에 불과하고, 그것도 신교도와 구교도가 거의 반반씩 나눈 숫자이다.

명치유신 직후, 주로 미국 선교사들이 전파한 개신교는 많은 사족계급의 젊은이를 끌어들였다. 특히 막부편에서 싸웠다가 패자가 된 우수한 젊은이들은 이미 그 권위가 땅에 떨어진 유교에 대신하는 새로운 윤리관이나 인생철학을 기독교에 구한 것이다. 그들은 자주독립의 기개를 기독교회에 주입했다.

당시의 지적 지도자의 한 사람인 우찌무라(內村鑑三)에 의한「무교회운동」은 그 좋은 예이지만, 그 계기가 된 것은 구미의 개신교 각 파별 간의 내부 항쟁이었다.

2차 세계대전 중, 정부는 통제를 위해서 개신교 각파를 통합했는데, 그 결과 일본 기독교단이 태어났다. 오늘날에도 개신교 운동의 40% 정도는 이 교단의 산하에 있다.

근대 일본에 있어서의 기독교의 영향은 신자수에서 생각할 수 있는 정도를 훨씬 웃돌고 있다. 숫자는 적지만, 기독교도는 교육수준이 높은 지도적인 계층에 속하고 있고, 그런 만큼 신도수를 넘어선 영향력을 일본 사회에 행사해 왔다.

　이 사정을 설명하는 또 하나의 요소는, 서구문명의 일대 요소로서의 기독교가 널리 일반 일본인의 흥미와 호기심을 모았다는 사실이다. 불교의 연혁이나 교의에 관해서보다 오히려 기독교의 그것에 통하고 있는 것이 대다수의 교육을 받은 일본인의 실체일 것이다. 한편, 크리스머스의 데커레이션이 요란하고, 쇼핑 거리에 크리스머스 캐롤이 귀청이 떨어질 정도로 시끄러운 것도, 일본인이 기독교와 친숙한 표면적인 증좌이기도 할 것이다.

　명치시대에 기독교가 교육, 특히 여자교육과 중등교육 분야에서 수행한 역할은 컸다. 당시에 비하면 교육에서의 기독교의 역할이 대폭 줄어들었다고는 하지만 오늘날에도 사립 중등학교나 여자대학들은 기독교 관계가 많고, 또한 기독교 설립의 사립대학도 있다.

　기독교는 또한 20세기 초반에 빈궁한 자나 신체 부자유자에 대한 사회사업면에서도 선구자의 역할을 했다. 사회주의 운동의 초창기에 있어서의 프로테스탄트의 존재도 현저했다. 또한 전전을 통해서 그들은 사회주의 운동 내부의 유력분자였을 뿐만 아니라, 전후에도 일본 사회당의 온건세력으로서의 중요한 지위를 유지하고 있다.

　그러나 기독교의 영향이 가장 강력한 것은, 아마도 윤리라는 분야에서였을 것이다. 일본인에 의한 보편적인 가치의 추구가 높아짐에 따라서 그들은 많은 윤리관을 터득하게 되지만, 그것은 역사적으로는 틀림없이 기독교에 유래하는 것이고, 실제로 오늘날의 일본인도 그렇게 보고 있다. 현대 일본의 윤리적 가치에 대한 기독교의 영향은 실체는 차치하고라도 적어도 외견상으로는, 불교나 신도의 그것을 웃돌고 있을 것이다. 뿐만 아니라, 일본인은 기독교인들을 인격이 고매한 인사로 간주하는 경향이 강하고, 기독교의 신학에 대해서는 수용하기 어려운 점을 느끼면서도 그 확고한 신조에 대해서는 선망의 감정을 품고 있는 것이다.

　이처럼 기독교가 미친 지적 영향은 큰 것이었지만, 교세면에서 보면 영세한 존재에 지나지 않는다. 한편, 신도나 불교도 뜻이 있는 신조의 체계라기보다는 단순히 습속・관습의 차원으로 다수의 일본인을 수용하고 있을 뿐이다.

　따라서 종교적인 필요를 통감하는 일본인은, 이 세 가지의 전통적인 신앙에 주목하기보다는 차라리 농촌지대나 교육수준이 낮은 계층에서 성행하는 미신적인 민속신앙이나「신흥종교」의 이름으로 일괄되는 다양하고도 평속적 (平俗的)인 종교집단에 관심을 가진다.

전자, 즉 미신적인 민속신앙은 통상적으로 신도・불교 그리고 중국의 토속적인 미신의 혼합체로서, 각양각색의 토속적인 종파가 존재한다. 그리고 점성(占星)이니, 일진이니, 점패니 하는 것을 진심으로 받아들이는 일본인의 수는 결코 적지 않다.

한편, 후자, 즉 신흥종교는 그 발생의 원인의 하나를 전통적인 고오(講) 에 두고 있다.

신사・사찰의 참배나 그 밖의 종교적 행사를 위해서 기성교단의 공적인 기구와 달리 짜여지는 것이「고오」이고, 그것은 일본의 옛부터의 관습이었다. 다만 신흥종교가 이처럼 성장한 보다 큰 원인은, 그것이 일본인의 사교 상의 필요성을 충족해 왔다는 점에 있을 것이다. 특히 도시에 인구가 유입한 결과, 출신지의 종교단체와의 연결이 단절되고 귀속감을 가질 수 있는 사교 그룹이 없어진 채 고립화의 경향이 강해진 것이 이 움직임을 조장했다.

따라서 구미인의 종교적 요구가, 절대자와의 개인적인 교류를 가짐으로써 개인의 힘을 강화시키려는 것과는 반대로,「신흥종교」가 지향하는 것은, 사교면에서의 필요를 보충받고 싶어 하는 일본인 특유의 내적 필요성에 응하는 것이다.

신흥종교는 대체로 고도로 절충주의적이고, 신도・불교는 두 말할 것 없고 때로는 기독교나, 구미의 철학적인 영향까지도 포섭하고 있다. 그 태반은 신도를 근간으로 삼고 있지만, 최대의 신흥종교인 소가각까이(創價學會)는 일본 불교의 한 종파인 니찌렌슈(日蓮宗)의 그 일파를 지지하는 평신도 모임이다.

신흥종교가 강조하는 것은, 사후가 아니고 현세적인 가치로서, 신앙 내지 비법을 통해서 건강・번영・자기 개선・행복 등이 달성가능하다고 설교한다. 그 일부는 샤마니즘적인 신앙을 자인하는 특정 개인, 특히 여성에 의해서 개교(開敎)되었다. 다른 개조(開祖)는 단순히 도통했다고 주장하는 것뿐이고, 빙의현상(憑依現象)에는 터치하지 않는다. 이들 종교 지도자는 세습제도로 계승하는 경우가 많고, 조직면에서도 종적(縱的)・사회적인 하이어라키를 구성하고 지도자와 그를 따르는 다수라는 일본적인 집단형태를 취하기 쉽다. 분열이 심하고 신자의 교대가 현저한 것이 그 특유한 이유이다.

문부성(文部省)의 인가를 받은 신흥종교도 수백에 달하고 있지만, 지사의 인가까지 합치면 방대한 수에 이른다. 공칭회원 총수는 수천만에 달한다. 소가각까이만도 1,600만에 달하지만, 신자의 출입을 계산에 넣으면, 특정 시점에 있어서의 실제 회원수는 600만 정도일 것이다.

신흥종교 가운데는 창립 이래, 상당한 시간이 경과한 것도 있다. 현재 20만의 공칭회원을 가지고 있는 덴리교(天理敎)는 1838년에까지 거슬러 올라간다. 개조는 가난한 농부(農婦)였다.

한편, 2차 세계대전 이후에 창설되어 막강한 힘을 자랑하는 신흥종교도 있는데, 소가각까이는 그 중의 하나이다.

정치에 직접적인 참여를 한 것은 소가각까이뿐으로, 그들은 공명당(公明黨)를 창설, 현실 정치에 참여했지만, 그 후 공적으로는 양자는 분리됐다.

여하간 신흥종교는 신자에 대해서 고도로 조직된 방어용의 기치 아래, 연구회나 사교장을 제공함으로써 그들의 정신적인 필요보다는 오히려 사교상의 필요를 충족시키고 있는 것 같다.

이와 같이 일본의 종교 사정은 매우 착잡하고 불투명하다. 신사·불교 사원은 도처에 있고, 일본인의 태반의 생활이 신사의 제사·불단·가미다나·신도식 결혼식·불교식 장례, 그밖의 여러가지 종교적 행사로 채색되어 있는 것도 사실이다.

그러나 70%에서 80%의 일본인은, 하나 또는 그 이상의 종교에 적(籍)을 두고는 있지만, 특정 종교의 신자라고 스스로 생각지는 않는다. 일본인의 윤리는 그 태반이 유교와 기독교에 유래하고 있다. 설사, 유교에 소속하고 있는 일본인은 전무(全無) 상태이고, 기독교 인구가 1%에 불과해도 말이다.

종교적인 관습으로 정착한 많은 것은 불교와 신도의 흐름을 받고 있지만, 그 종교 자체를 믿고 있는 독신자(篤信者)는 극히 드물다. 종교에 열심인 소수의 종교생활도 민속신앙을 영위하거나 신흥종교를 믿음으로써 그 위신은 보잘것이 없고 광범한 영향력이 없는 것이 그 실정이다.

심리적 경향

 이제까지 기술한 것은 일본 사회의 특정한 측면을 부분적으로 묘사한 것에 불과하다. 일본처럼 인구가 많고 복잡한 인간집단에는 풍부한 다양성이나 예외가 적지 않다는 것을 전제로, 감히 그것에는 눈을 감고 행동의 규범 같은 것에 초점을 맞추어 왔다.
 일본 사회의 특색 가운데는 잘 조화되는 것도 있고, 불협화음을 내는 것도 있다.
 지적 면에서 그다지 창조적이 못된다는 일본인이라는 말은 자주 듣는 이야기이지만, 이 일반론도 그러한 일례일 것이다. 일본인이 예술면에서 독창적이라는 것은 의심할 여지가 없지만, 사상·철학의 분야에서의 업적은 확실히 뒤지고 있다.
 근대 일본의 사상가로서 세계적인 주목을 끌 만한 존재는, 언어의 장벽 탓도 있겠지만, 한 사람도 없는 실정이다.
 기초과학에 대한 공헌도 많지 않고, 노벨상 수상자로 뽑힌 과학자는 세 명에 불과하다. 공업분야에서의 일본의 승리는 자신의 과학적인 발견에 의해서라기보다 오히려 외국의 기술의 차용이나 모방에 뛰어난 탓이다. 정치사상·철학 그리고 사회과학의 연구분야에서도 해외의 연구를 모방, 추종하고 집대성하는 경향이 강하고, 독자적인 창조에 의한 것은 거의 없다.
 일본 고유의 발상에 크게 경사한 사상가가 없는 것은 아니지만——20세기 초엽의 니시다(西田)는 그 예이지만——일본 밖에서는 그다지 감명을 주지 못하고 있다.
 국제사회와 접촉한지 얼마 안되고, 기술·사상면에서 세계를 뒤쫓는 데 정신이 없었던 나라로서는 이러한 상황을 이해 못하는 것은 아니다. 근대 이전의 일본의 교육은 도덕에 역점을 둔 이론적인 것이었지만, 근대 이후는 주로 실용을 그 목적으로 삼았다. 해외사정과 그 기술을 터득하는 데 집중한 것이다. 학문적 연구의 주안점은 해외의 지식의 단편을 다량으로 흡수하고 그것을 기지(既知)의 것과 혼합해서 하나로 집대성하는 데 있었다.

한편, 산업계는 기존의 기술을 습득하고 적응하는 데 중점을 두었다. 신기술의 개발보다는 이것은 현명한 조치였지만, 일본의 적응 가운데는 상상력이 풍부한 점에서 독창성에 근사한 것도 없지는 않다.

이론면에서의 참신성은 부족해도 실제면의 응용에는 강하다는 경향은 구라파를 따라 붙는 것을 지향한 당시의 미국에서도 볼 수 있었다. 과학·학문연구·사상 등의 분야에서 미국인이 주도적인 역할을 수행하게 된 것은 극히 최근의 일인 것이다.

일본이 구미의 수준에 육박함에 따라서, 같은 사태가 일어나지 않는다는 보장은 없다. 과거 수년간에 연구개발(R & D) 지출이 급신장한 것은, 그 징조일런지도 모른다. 기술면에서 구미를 따라 붙고 스피드를 늦추지 않기 위해서는 독자적인 기술을 개발할 필요성을 느끼기 시작했기 때문이다.

수년 전까지 보잘것없었던 일본의 연구개발 지출 총액도 오늘날에는 미국과 소련에 이은 세계 제3위이고, GNP의 2%를 상회하는 비율도 미국에 비해서 그다지 손색이 있는 것은 아니다. 특히 미국에서의 연구개발 지출의 적지 않은 부분이 군사관계이고, 일본에서는 그것이 태무(殆無)한 상태라는 것을 감안하면 더욱 그러하다.

가령, 일본의 연구개발 지출 가운데 민간 기업이나 민간 연구기관이 점하는 비율은, 정부관계나 대학의 그것과 비교해서 상당히 크고, 공사(公私)의 비율은 다른 많은 나라들과는 다르다.

이렇게 보면, 과연 지적 창조성이 일본인의 일대 장점일 수 있겠는가의 의문이 남지 않을 수 없다. 걸출한 종교지도자, 위대한 시인이나 소설가, 훌륭한 조직자는 배출했지만, 고명한 지적 거인은 낳지 못한 것이다.

일본인은 분석의 명석성보다는 미묘한 뉘앙스나 감수성에, 이성보다는 감성에, 이론보다는 실용에, 위대한 지적 개념보다는 조직면에 더 많은 역량을 경주했다. 언어의 분석의 명석성이나, 사상의 독창성에는 그다지 가치를 인정하지 않았던 것이다.

사실을 평면적으로 보도하는 것을 목적으로 하는 신문은 제외하고, 문학에서는 명석한 분석보다 예술적인 여운을 중요시했다. 문장은 간명·명쾌해야 한다는 프랑스의 이상(理想)에는 어딘가 아쉬움을 느끼는 것이다. 어차피 전지전능일 수 없는 인간으로서는 제아무리 사물을 간명·명쾌하게 규정한다 할지라도 진리에 접근할 수는 없는 것이고, 오히려 착잡성과 무방향성이야말로 진리에의 접근방식이라고 보는 것이 일본인의 견해인 것이다.
　현대 일본에서, 이론이나 이데올로기가 얼마나 큰 힘을 가지고 있는가를 알고 있는 사람들에게는 이상과 같은 설명은 약간 사실과 상반하는 것 같이 보일지도 모른다. 왜냐하면, 일본의 지식인은 자칫하면 이론과잉에 치우칠 경향이 있기 때문이다. 현실에서 이론을 추출하거나 이론을 현실에 적응시키는 능력보다는, 어디까지나 이론에 고집하는 집요성이 장기(長技)인 지식인이 오히려 다수파이다. 정치건, 철학이건 널리 사람에게 호소하는 것은 포괄적이고 막연한 일반론인 것이다.
　그러나 일부 일본인이 정치신조나 지적 심정에서 완고한 것은 지성보다는 오히려 신앙으로서 그것을 수용하고 있는지도 모르기 때문이다. 일본의 마르크스주의자가, 현대 일본과는 아득한 거리가 있는 19세기 구라파를 모태로 하는 인식이나 용어에 매달려 있는 것이 그러한 예일 것이다.
　한편, 학자는 학자대로 자기가 속한 사상적 유파에 충실한 나머지 다른 유파와 상호 교배(交配)하는 기회를 가지려 하지 않는다. 대체로 지식인은 자기가 속한 「이즘」을 지키는 것에 급급해서, 그런 것에 무감각인 일반대중이나 정치・경제를 움직이고 있는 실무가들과는 유리되어 있다. 이론가로서 반드시 강하지 못한 것이 그들로 하여금 자기의 이론으로의 철저한 매몰로 몰고 갈 것이지만, 그것은 동시에 일본 사회의 실용성 존중이나 상대주의를 뒷받침하고 있는 것이라고도 말할 수 있다.
　지적 창조성의 결여를 일본인의 지적 열등성의 표시로 간주하려는 구미인이기는 하지만, 이것 또한 구미인의 지적 편견에 지나지 않을런지도 모른다. 이성의 작용으로 입수한 진리가 육감(六感)으로 도달한 진리보다 고상하고 또 언어를 이리저리 조작해서 분쟁을 해결하는 것이, 인간감정의 흐름에 따라서 창출한 합의보다 우수하다고 단정하는 등 아무나 할 수 있는 일은 아니다.
　인도나 구미에서 전형적으로 볼 수 있는 분석의 정밀성이나 거대한 개념체계가 언어의 교환이 없이, 말하자면 비언어적으로 달성된 원만한 협력이나 조화보다 훨씬 우수하다고는 단정할 수는 없다. 물론 세계적으로 지식의 첨단에 있는 일본이 언젠가는 종전보다 나은 지적 창조성을 낳는다는 것은 불가능이 아닐 것이다. 그러나 지금까지 기술한 일본적 특성이 앞으로도 지속되어 일본의 성공에 계속 기여할 가능성도 얼마든지 있을 수 있다.

일본에 관한 두번째 일반론은 첫번째 것보다 더욱 빗나가고 있다.
구미인은 일본 속에 이질적인 것보다 오히려 친숙한 것을 찾아내기 위해서 자칫하면 일본인을 분열증적인 존재로 단정하고 만다. 즉, 구미적인 특색과 일본적인 특색——단, 후자는 구미인에 의해서 동양적인 것으로 도매금으로 넘어가기도 하지만——의 두 가지로 분열된 일본인으로 간주하고 마는 것이다. 아니, 일본인의 글 속에서도 이와 같은 견해는 몇번 취급되어 왔다.
그러나 현대 일본인에 관한 한, 이러한 「분열」은 관찰자의 눈속에만 존재하는 것이고, 그들의 마음과는 전혀 무관한 것이다. 과거에서 계승된 유산과 새로운 기술이나 기구가 창출한 특색 사이에 기묘한 대비가 존재하고 가끔 침착성을 결여하는 것은, 급변하는 사회에서는 언제나 있는 일이고, 일본에 국한된 것은 아니다. 다만 일본의 경우는, 이제까지 1세기 동안 유례가 없을 정도로 급속히 그리고 철저히 변화했기 때문에, 이런 긴장이 특히 강렬하기는 하겠지만, 구미와 비해서 양의 차이에 불과하고, 질적인 차이라고는 할 수 없다.
일본은 구미화했다는 것이 일반의 통념이지만, 사실은 그렇지 않다. 구미 문명의 전통에서 가장 기본적인 것은 기독교이지만, 일본인의 기독교 신자는 총인구의 1%에 불과하다.
일본이 구미문명에서 수용한 것은 철도·공장·일반교육·신문·TV·대중 민주주의이지만, 이것들은 전부 서구 자신이 극히 최근에야 근대 기술에의 대응으로써 만들어낸 것들뿐이다.
이 의미에서 일본은 근대화하기는 했지만 구미화한 것은 아니고, 더우기 일본의 근대화 과정은 고유의 전통문화를 깔고 진행한 것이다. 구미의 근대화가 구미문화의 기반 위에 성립한 것과 대동소이한 것이다. 전통문화와 근대문명과의 사이에 대비와 긴장이 생긴 것은 이 때문이고, 그것은 일본에 국한된 것은 아니다.
철도에서 40년, TV에서 수년, 구미가 앞섰다고 해서 현대생활을 채색하는 이러한 특징들이 두드러지게 구미의 그것이고, 일본과는 무관계라고는 할 수 없다. 철도나 TV에 위화감을 느끼지 않는 것은, 미국인이나 일본인이 다 마찬가지이다.
동 아시아에서 유래하는 차(茶), 중근동에서 기원한 커피, 기모노에 유사한 가운, 아프리카적인 음악의 선율 탓으로 구미인이 분열증에 걸렸다든지, 정신에 이상을 초래했다는 말은 없다.

그렇다면 무엇 때문에 구미식 식품이나 의복·음악이 그런 영향을 일본인에게 끼쳐야 하는가? 브람스나 베토벤은 이제 미국인 혹은 독일인의 소유물인 동시에 일본인의 것이기도 한 것이다. 「해피 버스데이 투 유」는 반드시 영어로, 원래는 스코틀란드 민요 「반딧불」을 반드시 일본어로 부르는 것은 오늘날에는 대중문화의 일환으로 정착하고 있고, 이것은 미국과 다를 것이 없다.

일상적으로 기모노를 착용하는 것은 연장의 부인, 그것도 부유한 부인이 하는 것이고, 그 외의 부인은 대학졸업식 등 특별한 행사에 한벌에 국한한다. 그것도 그만한 여유가 있어야 하는 것이지만.

신도식 결혼식에서는 신부가 전통적인 복장을 하고, 기독교식이나 비종교적인 결혼식에서는 양식 복장을 하는 것은 하등 이례적인 것이 아니다. 그리고 기독교식의 결혼식은 비신자 사이에서도 성행하고 있다.

한편, 신랑은 대체로 양복이다. 특히 경제적으로 여유가 있으면 신랑은 모닝(코트)을 착용하는 것이 보통이다.

남성이 일본 고래의 복장을 하는 일은 거의 없다. 이것은 그들의 부친이나 조부에 대해서도 어느정도 말할 수 있는 것으로, 만일 전통적인 옷을 입었다면 마치 미국인이 인디안의 복장을 한 것과 마찬가지로 어딘가 어색할 것이다.

소박한 구미의 방문객에게는, 문화적 분열증으로 보이는 것도 일반 일본인에게는 극히 당연한 것이고, 자의식 과잉의 지식인이 그렇게 느낀다 해도 그것은 예외에 불과하다. 급격한 변화는 있을 망정, 일본의 사회는 일본인에게 있어서 질서있는 일관성 있는 존재인 것이다.

일본사회에 놀랄 것이 있다면, 그것은 그 동질성이고 정연한 질서이고, 정리된 양식(樣式)의 순서이다. 부단히 변화하고 있음에도 불구하고, 일본 사회는 두드러지게 일본적인 것을 멈추지 않고 있으며, 그 특질은 구석구석에 스며 들고 있다.

다른 공업사회와 비교하면 일본은 안정돼 있는 듯하다. 범죄, 젊은이의 도의심의 저하, 반항정신 등이 문제시되고 있지만, 적어도 미국과 대비해서 보는 한 범죄율은 낮고, 더우기 하강 경향에 있다. 탈락자는 적고 거의 모두가 학업에 열중하고 있다.

사회는 분열이 없고, 단조로울 정도로 획일적이다. 막대한 유산의 계승도 없거니와 극빈자도 비교적 드물다. 사회의 중심력(中心力)은 일본식 영어에서 말하는 「샐러리맨(월급장이)」계층에 있고, 이것은 영어의 「화이트 컬러 노동자」보다 정확한 설명이다.

이 계층 위에는 한 줌의 간부임원 계층이, 그 밑에는 농민이나 육체 노동자가 있는데, 후자는 샐러리맨적 생활양식에 접근하려고 노력하고, 실제로 자주 그 목적을 달성하고 있다.

미국에 비해서 정년퇴직 연한이 이르고 기혼부인이 가정에 남아 있다는 것이 대도시의 군중이 젊게 보이고 왕성한 에너지를 엿보이게 하는 이유인지 모르겠다. 노령문제가 미국보다 눈에 드이지 않는다는 것일 것이다.

그러나 건강이나 수명에 관해서도 일본은 결코 뒤지지 않는다. 평균수명은 여자가 76세, 남자가 71세인데, 미국에 비해서 특히 남자의 경우 매우 높다. 여하간 일본인은 분열증적인 불안정을 보이지 않고 있으며, 오히려 놀랄 만큼 안정된 사회를 보여 주고 있다.

이것은 구미의 민주주의 국가를 비롯한 다른 나라들도 본받아야 할 일이라고 생각한다.

이와 같이 현대 일본을 침식하는 심리적인 장해가 있다면, 그것은 현대 일본문명이 가지고 있는 복합적(複合的)인 원천에 유래한다기보다는 오히려 사회가 개인에 대해서 엄숙하고도 획일적인 규격을 강요하는 점에 있다고 보는 것이다.

고도로 빈틈없이 짜여 있는 사회제도는 많은 사람을 의무와 은의(恩誼)로 구속하고, 사회에 대한 동조를 강요하는 규제에 의해서 질식될 것만 같다.

급격한 변화의 페이스는 광범한 세대 간의 단절을 낳고, 아마도 세대 간의 대화를 구미보다 까다롭게 하고 있는지도 모른다. 일본인 특유의 외견적인 조화를 존중하고, 노골적인 대결을 피하려는 기풍 탓으로 그것은 표면화는 되지 않고 있다. 그러나 중대한 문제에 대해서 부자(父子)가 서로 침묵을 지키는 경향이 사실은 문제를 심각하게 할지도 모른다.

일본의 급격한 변화를 생각하면, 현재의 만족스레 보이는 안정상태가 영원히 계속되리라고는 확언할 수 없다.

급격한 변화에 어떻게 대응할 것인가는, 모든 공업사회가 직면하고 있는 어려운 문제이고, 이 점에서 일본이 직면할 어려움은 더욱 치열할 수도 있다. 변화의 스피드는 다른 나라보다 빠른데도 그 물질적 기반은 확실히 가난하기 때문이다.

혼잡이나 오염문제는 다른 공업국보다 크다. 금전적인 척도로 측정하는 한 일본인의 생활수준은 세계 최고에 도달하고 있기는 하지만, 「복지수준」에서 판별한다면, 그것은 상대적으로 낮다고 하지 않을 수 없다.

생활공간도 기업활동의 공간도 충분치가 않다. 그 결과, 토지가격은 비싸고, 그것이 다른 물가를 치솟게 하고 혼잡은 교통체증・오염 등 커다란 외부적 불경제를 낳고 있다.

공간은 풍부성의 중요한 일면이지만, 이 점에서 일본인은 가난하고, 앞으로도 그럴 것이다. 통계 숫자가 말하는 것보다 훨씬 가난하다고 하는 일본인 자신의 말은 사실대로 그러하다.

일부 관찰자는, 일본이 지금 비교적 안정되고 만족스레 보이는 것은, 단순히 일시적인 현상에 지나지 않는다고 말하고 있다. 과거의 특질과 새로운 기능이 우연히 일치했을 뿐, 이것도 언젠가는 퇴색하고 말 것이라는 것이다.

일본의 경제적 성공과 다른 공업사회의 어려움을 모면하고 있는 현상은 단순히 시간적인 문화의 후진(後進)에 지나지 않는다고 그들은 평한다. 오늘날의 일본의 구조가 침식당해 변모하고 있다는 징후가 한두 가지가 아니다. 오늘의 일본의 황금시대는, 요컨대 순간에 불과하고, 그것이 지나간 후에는 오히려 다른 공업사회가 현재 안고 있는 문제에 보다 심각한 형태로 봉착할 것이라고 그들은 보고 있다.

이와는 반대로 일본이 근대라는 시대에 대해서 특이한 특징들을 안겨준 것을 생각하면 바람직한 처방법을 강구해서 근대도시, 공업문명이 안고 있는 문제를 유효하게 대처할 수도 있을 것이라는 견해도 있다.

어느 견해가 옳은가는 시간의 경과만이 판정을 내릴 수 있지만, 적어도 현시점에서는, 일본을 근대 공업사회의 가장 성공적인 예로 자칭하는 것은 결코 과장이 아니다.

그러나 오늘의 일본에 대한 불안이 전혀 없는 것은 아니다. 내가 생각하는 두 가지 측면 가운데 하나는 대외(對外) 관계이다.

일본은 외국과 무역을 함으로써 생존이 가능하다. 일본의 생존을 위해서는 세계가 평화롭고 무역이 자유로와야 한다는 것이 필수조건이고, 이 조건의 의존도는 일본은 타국보다 높다. 그러나 이 조건을 정비하는 점에서 일에 본은 힘이 없고, 또한 그 달성을 위해서 영향력을 행사하는 면에서도 그다지 능력을 보이지 않았다.

일본의 고도의 동질성을 가지고 또한 국내에서도 물샐틈도 없는 높은 능룰의 조직을 가지고 있는 점은 오히려 타국민의 이해나 공감을 얻는 데 방해물이 되었다. 일본인끼리는 훌륭히 대인관계를 처리할 능력이 있으면서도, 타국과의 관련에서는 그것이 오히려 핸디캡이 되고 있는 것이다.

일본인에 있어서 최대의 과제는, 앞으로 어떻게 해서든지 그 능력을 효과적으로 구사하고 스스로의 존립에 불가결한 세계환경을 만들어 나갈 것인가 이 점에 대해서는 이 책의 후반부에서 자세히 검토하기도 한다.

또 하나의 중요한 영역은 정치이다. 근대의 대중민주주의는 그 규모에서 거대화하고 그 내용도 복잡다기화했다. 그 결과, 심각한 문제에 직면하고, 오늘과 같은 상황이 계속되는 한, 과연 궁극적으로 그 자기관리 능력에 대해서 의문시하는 논자도 있을 지경이다.

공업민주주의에 의거하는 나라들 가운데 민주제도의 역사는 일본이 가장 짧고, 더우기 일본은 근대 이전에서 하등 민주적 이념의 흔적을 남기지 않은 유일한 나라이다.

뿐만 아니라, 정치야말로 오늘날의 일본 사회에서 가장 예각적, 그리고 공공연한 불협화음이 들려 오는 분야이다. 정치의 의사결정은 너무나도 지지부진하고, 일본의 정치결정이 혹시 정체상태에 빠진 것이 아닌가 하는 불안마저 자아내게 한다. 특히 전후 이제까지 정부를 지배해 온 보수당(保守黨)이 다수를 상실하고, 연립정권을 둘러싼 혼란에 대체된 때를 상정했을 때의 불안인 것이다.

일본처럼 고도의 중앙집권 체제하에서는, 정치는 가장 중요한 측면의 하나일 뿐만 아니라, 아마도 가장 위협을 받고 있는 측면이라 할 수 있을 것이다.

다음에 그 주제를 다루기로 한다.

IV
정   치
POLITICS

정치전통

23

일본인의 정치적 전통에 있어서 민주주의는 개념으로서나 관행으로 존재하지 않았다. 아시아에는 촌락 단위로 일종의 민주주의가 뿌리를 박고 있었다는 설도 있지만, 그것은 아무런 근거도 없는 조잡한 설이다. 대체로 촌락의 레벨에서는 서로 접촉이 있고 협동작업에 종사하는 일도 많기 때문에, 어느 정도의 평등이 존재하는 것은 비단 아시아에 국한된 것은 아니다. 결정도 집단으로 내려지는 것이 통례이기 때문에 전통적인 일본의 촌락도 예외는 아니었다.

그러나 지위나 권한은 결코 같지 않았고, 민족마다 큰 차이가 있었다. 어쨌든 촌락 레벨의 협동체라는 것은 정체(政體)로서의 민주주의와는 거리가 먼 것이다. 민주주의는 서로 일상적으로 만나지 않는 대집단 속에서 개개인의 인권을 인정하고, 문제를 결정하는 데 있어서는 의원제에 따르는 것이 본연의 자세이기 때문이다.

개인의 권리와 의원제의 개념이나 관행이 서구에서 생긴 것은, 일부 봉건제를 배경으로 하고 있었다. 서구의 봉건제에 있어서의 권리의무의 상호성과 법적인 측면을 강조한 것은 주지하는 바이지만, 일본에 있어서의 봉건제하의 인간의 연결은 기본적으로는 도의(道義) 차원의 것으로 간주되었다.

15~16세기의 봉건제의 절정기에서는 어느 정도까지의 상호성과 교섭의 여지가 있었고, 도꾸가와시대에 이르러서는 주종간의 상호관계는 매우 정밀히 조직화되고 정착했다. 그러나 일본인의 이상이 아랫사람을 웃사람에 대해서 절대 복종과 충성을 서약하고 무제한의 기능을 부여하는 점에 있다는 것은 변함이 없었다.

인간고유의 권리도 없고, 「마그나 카르타(대헌장)」의 모체가 되는 개념도 없었고, 의회의 체험도 전무 상태였다. 이렇게 보면 서구에 문호를 개방한 이전의 일본의 정체(政體)만큼 민주적인 이상이나 기구와 상반하는 존재는 없다고 볼 수 있다.

23. 정치 전통   *225*

　19세기 중엽의 일본인은 민주적인 제도를 창출하려는 의욕마저 상실하고 있었다. 20세기의 신흥국과는 달리 당시의 일본은 민주주의라는 개념에 끌리는 일도 없었거니와 민주적인 제도를 만들 필요도 느끼지 않았다.
　그들에게 있어서 제일 긴요한 것은, 신속히 강력한 중앙집권적인 국가를 수립해서 서구의 군사적·경제적 위협에 대항하는 것이었다. 다만 그것을 위한 노력을 거듭하는 과정에서 설사 수단으로나마 서구 민주제도 속에 일본의 도움이 되는 요소도 있다는 것을 발견하게 된 것은 사실이다. 단, 어디까지나 목적을 위한 수단이지 제일의적인 목표는 아니었다.
　이처럼 경험도 부족하고, 기질적으로도 민주주의에는 적합하지 않았다 하더라도 19세기의 일본인은 전통 속에서 적지 않은 유산을 발굴하고 강력한 집권국가의 건설에 나섰을 뿐만 아니라, 이러한 자질의 일부는 후에 민주제의 발전의 기초를 형성하게 되는 것이다.
　그 주된 자질의 하나는 정치란 도의를 바탕으로 해야 한다는 유교의 전통이고, 이와 관련해서 정치가 상당히 높은 정직성과 효율성을 가지고 집행되었다는 사실이다.
　물론 냉혹·비능률·부정관공리가 없는 것은 아니었다. 상부에 대한 상납도 예사였다. 오늘날의 척도에서 본다면 부패라고 규정할 만한 일이었지만, 당시에는 당연한 관습으로 생각되었고, 더우기 일정한 상식적인 선을 넘는 일은 드물었다. 주어진 제도의 틀 속에서는 대부분의 관리자가 상사에게는 절대적으로 충실하고, 나무랄 데 없을 정도로 정직하고 임무수행에 있어서는 만전을 기했으므로, 전근대의 척도에서 본다면, 고능률이라 할 수 있을 정도였다.
　한 예를 들기로 하자. 질서의 유지와 토지세의 수납사무를 집행한 것은, 얼마 안되는 수의 낮은 계급의 사분(仕分；감목자)이었지만, 그들의 능력과 능률은 18세기로서는 한 점 나무랄 수 없을 정도로 완벽한 것이었다.
　행정면에서의 고능률은 근대에도 그대로 승계되었다. 명치유신 이후, 권력의 이행(移行)과 제도의 개변이 우선 원활하게 수행된 것도 이것이 이유였다. 혼란도 적지는 않았지만, 법과 질서가 전면적으로 붕괴되는 일이 없었고, 토지세의 수납이 장기간 지체되는 일도 없었다. 1870년대의 초기에는 조세가 260을 넘는 번(藩)을 떠나서, 신정부의 손으로 어김없이 흘러 들어가게 된 것이다.
　신정부는 또한 놀라울이만큼의 용이성을 가지고 사무라이(구무사)계급을 신설한 현청 또는 중앙정부 내지는 근대적인 경찰기구와 근대 육해군의 중추로 채용하는 데 성공했다. 중앙 관청기구를 구미식의 부중심으로 조직하는 것도 어려움 없이 수행했다. 옛날 중국에서 도입한 제도나 도꾸가와 막부의 기구 속에 이미 그러한 싹이 움트고 있었기 때문이다.

　인재를 등용할 때 도꾸가와시대에는 세습제도를 채택하고, 명치 초엽에는 개인적인 연결성이 중시되었지만, 19세기 말에 이르러, 새로운 교육제도나 공식의 채용시험을 기계적으로 이용하는 전환이 단행됐다. 그러나 이러한 전환도 아무런 문제 없이 수행되었다.

　그것은 신분보다 개개인의 역량에 중점을 두는 도꾸가와 후기의 풍조와 모순되지 않을 뿐더러 간부행정관을 선발하는 것으로 시험에 의한다는 중국의 제도를 원용했기 때문이었다.

　이와 같이 정치적 변혁의 대부분은 그들에게 있어서 그다지 어려운 작업이 아니었고, 관료기구의 충성·효율·정직은 쉽게 신정부에 승계되고, 오늘날에도 일본 행정의 고수준을 지탱하는 하나의 계속적인 배경이 되고 있다.

　또 하나의 정치적인 유산은 개인의 지도성보다 집단으로서의 지도성을 존중하는 오랜 정통이었다. 원래 봉건제는 개인적인 색채가 강한 것을 생각하면, 이것은 상식의 선과는 먼 거리가 있지만, 일본 역사에 있어서는 멀리 옛날로 거슬러올라갈 수 있다.

　13세기의 가마구라(鎌倉) 시대에 있어서조차 권력분산의 경향이 보이고 가마구라에 있는 몇 개의 평정소(評定所), 교또에 있는 두 사람의 수호직(守護職), 장군과 더불어 결정권을 가지는 집권직으로서의 호조가(北條家) 등이 그것이었다.

　도꾸가와시대에 들어서자, 이 경향은 더욱 현저해진다. 최고의 의사결정기관으로서의 다이로직(大老職), 로주직(老中職)의 두 가지 외에, 그 이하의 행정직의 대부분은 두 사람, 또는 네 사람이 차지하고, 대표자는 윤번제였다. 다이로·로주도 마찬가지였다.

　명치의 지도자도 기본적으로는 같은 집단지도의 형식을 답습했다. 급격한 변화를 거치는 나라에서는 독재적인 지도자가 나타나기 마련이지만, 일본은 그렇지가 않았다. 복수의 지도자가 집단으로서의 「원로」를 조직한 것은 전술한 대로이지만, 그들은 윤번제로 행정상의 지위에 앉았고, 1885년에 수상직이 생긴 이후에도 차례로 그 자리를 차지했다. 어려움에 부딪치거나, 수상직에 지칠 때에는 그것을 기꺼이 다른 원로에게 양보했다.

오구보(大久保利通)——1878년에 암살당했다——와 1880년대 헌법 기초시의 이또(伊藤博文)의 두 사람이 다른 정치가들을 능가한 권세를 행사한 것은 사실이지만, 그들도 정계를 마음대로 전단(專斷)한 것은 아니고, 팀의 일원으로서 행동하는 것을 상례로 했다.

그 후, 권력은 다시 확산일로를 걸었다. 그것도 단순히 특정 개인에 의한 권력의 독점이 없었을 뿐만 아니라, 새로운 제도하에서 여러가지 기구로 확산한 것이었다.

1889년에는 헌법이 반포됐지만, 이 헌법하에서 권력은 천황 측근의 원로와 그 후계자, 문관기구의 각부처, 군부, 국회와 그것을 구성하는 각 정당·대기업 그리고 일반 국민 사이에 확산됐다.

궁극적인 권력의 밸런스의 고삐를 잡고 있은 것은 원로였지만, 당초의 기대만큼 완전한 것은 아니었다. 그러나 1920년대까지는 국회와 여러 정당이 힘의 중추를 장악하고, 그리고 정당에 대한 영향력이라는 형태로 대기업과 일반 국민이 가세했다. 1930년대에는 군부, 그것도 특히 육군이 주도적인 역할을 수행하고, 1941년 미국과의 전쟁 돌입 전야에는 도조(東條英機) 한 사람의 손에 강대한 권력이 집중됐다. 이것은 일개인이 장악한 권력으로서는 50년 이래 그 예를 찾아볼 수 없을 만큼 막강한 것이었다.

그러나 도조가 장악한 권력이라 할지라도, 집단 지도자의 그것에 지나지 않았고, 독재자의 그것은 아니었다. 실제로 1944년 전국(戰局)의 악화가 명백해지면서 그는 아무 말도 없이 하야(下野)한 것이다.

이와 같이 독재적인 권력은 물론, 카리스마적인 지도자를 멀리 하고 집단에 의한 협력을 수용하는 강한 의지는 일본의 정치전통의 현저한 특색일 뿐만 아니라, 오늘의 일본인에게도 커다란 정치적 자산이 되어 있는 것이다.

또 하나의 과거의 유산으로서는 일본 사회의 교육에 대한 강한 지향과, 19세기 중엽의 상당히 높은 수준의 식자율(識字率)을 들 수 있다. 이러한 사회에 있어서는 식자능력의 전국적인 보급은 극히 실제적인 눈앞의 목표였을 뿐만 아니라, 그것이 새로운 일본의 기술적·경제적 성공에 크게 이바지하는 결과가 된 것이다.

그것은 또한 대중 민주주의의 정비 충실의 기초가 되기도 했다. 식자율이 처음부터 낮은 수준이고, 교육에 대한 무관심은 고사하고, 수많은 곤란을 안고 있는 개발도상국의 현상과는 좋은 대조를 보여 주었다.

19세기의 일본인의 또 하나 중요한 유산은 기업가정신이었다. 이것은 주로 경제발전과 관련이 있지만, 정치적인 의미도 겸비하고 있었다. 원래, 기업가정신이라는 것은 봉건사회나 대다수의 전근대사회와는 거리가 먼 것이지만 일본의 경우, 이미 도꾸가와 후기까지 풍부히 존재하고 있었다.

무사계급이 에도(江戶―도꾜) 또는 성내(城內)에 집중했던 탓으로 다행히도 농촌지대는 봉건적인 통제나, 엄격한 감시의 눈을 피해서, 그 결과 촌락에는 상당한 자치가 존재했다.

농촌지대가 하나의 경제단위로 통합된 것은 또한 대폭적인 상업활동의 여지를 부여했다. 17세기에 융성하기 시작한 대도시 상인의 활동도 18세기에는 약간 내리막길을 걸었지만, 이에 대신하는 것으로서 농촌지대에서 토박이 기업가가 나타나서, 현지의 농작물을 가공해서 타지역으로 출하하는 형태로 상업활동에 활기를 불어넣었다.

일본이 해외와의 통상에 문호를 열고, 신정부가 사회적·경제적 장해물들을 제거하면서 이 농촌 소재 기업가들은 이 호기를 놓지지 않았다. 일본 경제의 근대화의 배후에는, 정부의 노력은 물론이려니와, 일반국민의 대응이 이렇게 민첩했다는 것도 크게 이바지했다.

그들 농촌기업가 가운데 성공을 거둔 자들은 유복한 지주계급과 협력해서 일반국민의 정치참여를 촉구하는 데 큰 역할을 수행하였다. 신제도하에서 권력에서 절연된 무사계급이 정치적인 영향을 요구하고 나선 것은 당연하다. 농민이 그들과 함께 정치참여를 요구한 것은 주목할 만한 사실이다. 이들 농민은 이미 지역사회의 운영에 익숙하고, 경제활동을 통해서 널리 행동의 폭을 넓히고 있었지만, 한 걸음 더 나아가서 정치참여를 요구하게 된 것이다.

일본의 전통적 유산 가운데 가장 중요한 것은, 정치적인 통일이 강하게 의식되어 있었다는 점이다. 이 점도 많은 개발도상국과 현저한 차이를 보이고 있다. 도상국의 대부분은 정치적인 통합을 도모하는 데 있어서 우선 식민지시대의 종속의 경험을 거치지 않을 수 없었던 것이다.

일본에서 봉건제하의 분봉(分封)이 국가적 통일을 전혀 어지럽히지 않았다고는 말할 수 없을 것이다. 그러나 일본이 다른 나라들과 비교적 격리되어 있었다는 것, 또 정치적인 집권화의 오랜 전통과, 중국을 중심으로 하는 동 아시아가 전형적으로 집권국가를 문명의 꽃으로 간주하는 경향이 강했다는 사실 등이 국가통일을 초래한 것이다. 비서구의 대다수의 나라들과 비교할 때, 이 대비는 현저하다. 그들은 종교적인 지향이 강하거나, 또는 부족적·언어적으로 분열하고 있었기 때문이다.

이와 같이 일본의 정치적 통일의 역사는 다른 동 아시아 국가들에서도 공통적으로 볼 수 있는 것이지만, 일본의 경우, 세 가지 점에서 이들 인접국가와 다르다. 하나는 일본의 정치를 생각할 때의 자(尺)가 중국의 그것과는 좋은 대조를 이루는 것으로 간주되었다는 것이다. 중국인은 중화(中華)로 자처하고, 타국들을 자기보다 열등하게 간주했다.

두번째는 일본에서는 정치적 통일의 이상과, 지방자치나 계급차라는 봉건제하의 현실 사이에 날카로운 괴리가 존재했다는 점이다. 이와 같은 이상과 현실의 충돌이 19세기의 일본에 내부적인 긴장을 낳고, 그 결과 사회에 틈이 생긴 것이 오히려 변혁을 용이하게 했다는 사실이다. 중국이나 한국처럼 획일적으로, 더우기 장기간에 걸쳐서 정착한 정치제도의 경우에는 변혁은 일본만큼 간단하지 않았다.

일본과 동 아시아의 인접 국가를 구별하는 세번째 특색은, 서구의 위협이 강요하는 정치·경제·사회 등 각 분야에 걸친 변혁의 필요에 대해서 충분한 일본 특유의 대항이론을 준비할 수 있었다는 점일 것이다. 즉, 일본인은 「왕경」을 「복고」하고 천황친정의 옛날로 돌아가는 것을 기지로 삼음으로써 봉건적인 정치사회제도를 제거하고, 경제 근대화를 위한 적합한 구실을 찾을 수가 있었던 것이다.

그에 반해서, 중국의 경우는 왕조의 교대를 수용하는 것이 고작이고, 대규모적인 변혁을 긍정하는 생래적인 논리를 결여하고 있었다. 왕조의 교체 정도로는 제도상의 변혁을 도저히 바랄 수 없는 것이다.

그래서 그들은 외래의 이데올로기에 눈을 돌리지 않을 수 없었다. 공화제·민주주의 또는 공산주의가 이것이고, 이런 외래사상으로 비로소 발본적인 변혁을 정당화할 수 있었던 것이다. 다만, 이것의 실현이 악몽과 같은 지지부진한 과정이라는 것은 두 말할 것도 없다.

중국이 서구의 도전에 노출된 것은 일본보다 앞서 있었다. 그럼에도 불구하고 기본적인 개혁의 실시는 매우 어려웠다. 1912년에 겨우 공화제가 실시되었으나, 간신히 남은 정치질서를 파괴하는 데 성공했을 뿐이고, 그에 대체하는 공화국을 수립하고 기능을 발휘하는 데는 실패한 것이다.

민주주의는 이론적으로는 존중되었지만 실천에는 옮겨지지 못했다. 뿐만 아니라, 중국은 우선 군벌할거주의(軍閥割據主義)의 늪 속으로, 그리고 장개석(蔣介石)에 의한 국민당의 일당독재에 빠지고 만 것이다.

겨우 1949년에야 중국은, 이 또한 외래사상——이번에는 공산주의——에 의해서 겨우 전면적으로 재통일이 되었다. 최초의 서구와의 전쟁에서 실로 1세기 후인 것이다.

한편, 일본은 중국과 같은 정신적인 상처를 받지 않고 살아 남았다. 19세기의 일대개혁도 결국은 「왕정복고」라는 형태에 의한 재래의 기구로의 회귀(回歸)에 지나지 않았다. 다른 커다란 변혁도 일본 사회를 송두리째 뒤흔드는 거대한 것이었는데도, 종래와 같은 기구에 종속한다는 점에서 납득되고 수용된 것이다. 그 거대한 변혁의 하나는 사회적 자유이고, 또 하나는 의무교육이었다. 그 결과 의원제에 수반한 여러 기구나 민주적인 개념은 널리 국민에 이해되고, 매력적인 것이 되어 갔다.

사실 민주주의는 극히 자연적인 성장을 이룩하고, 1930년대에 일단 실패하기는 했지만, 전후에 다시 부활했다.

그 점, 현대 일본의 민주주의는 전전(戰前), 특히 1920년대의 연장선상에 있다고 할 수 있을 것이고, 결코 이해불능이나 미숙한 외국으로부터의 차용물은 아닌 것이다.

이와 같이 비서구의 나라들의 태반이 근자에 경험하고 있는 것과는 달리, 현대 일본의 정치동향은 정신적인 단절에 의해서 채색되어 있지는 않다. 급격한 변혁기를 몇 차례나 거쳐 왔음에도 불구하고 일본의 정치는 혁명적이 아닌, 진화의 과정을 거쳐서 오늘에 이른 것이다. 그 때문에 일종의 안정이 존재하고 앞으로 어떤 변화가 있더라도 그 변화도 아마 일본 자신의 국내 조건에 적합한 형태로 자연 발생적으로 생겨날 것으로 예측되는 것이다.

어쨌든 19세기의 일본인이 민주주의의 배경을 결여하면서도 그들 자신의 전통 속에서 많은 정치적 자질은 물론, 몇 가지 특징을 추출(抽出)한 것에는 틀림없고, 그것이 그 이후의 민주주의의 발전에 기여한 것도 의심할 여지가 없다.

천　　　　황

24

　일본인은 자주, 일본 민족이 특이한 것은 선사시대 이래 만세일계(萬世一系)의 황실을 모시고 있기 때문이라고 주장해 왔다. 9세기 경에는 천황은 실제로 일본을 통치할 힘을 상실하고 있었고, 1333년 당시의 고다이고제(後醍醐帝)가 천황의 통치권을 회복하려다가 실패한 후로는 그 회복을 지향하는 움직임이 없었던 것은 사실이다.
　그럼에도 불구하고 황통(皇統)에 대한 존경의 염(念)은 계속 높았다. 실제로 극히 최근에 이르기까지 모든 정당한 정치상의 권력은 황실에 연유해야 한다는 사고에 반대하는 사람은 하나도 없었다.
　이미 관찰한 바와 같이 19세기에서의 일본 근대화의 첫걸음은 천황에 의한 친정의 부활이라는 명목하에 시인되었다.
　이미 1세기에 걸쳐서 황실에의 관심과 존경은 높아가고 있고, 막부타도를 획책하는 그룹에 있어서는 「존황양이(尊皇攘夷)」야말로 강력하기 이를 데 없는 슬로건이었다. 이윽고 천황을 움직일 수 있다는 것이 그들에게는 최대의 무기가 되어 간다.
　이와 같이 왕정의 복고는, 천황을 다시 정치의 무대의 중앙으로 복귀시키고 모든 것이 천황의 이름으로 집행되게 되었다. 단, 천황이 실제로 통치해야 한다는 생각은 신지도자가 몽상도 할 수 없는 일이었다. 1천여년에 걸쳐서 천황은 군림은 하되, 통치한 일이 없다는 것을 생각하면, 천황에 의한 통치를 그들이 생각지도 못한 것은 당연한 일이었다.
　더우기 1868년, 새로 즉위한 명치천황은 나이가 불과 15세였다. 장성함에 따라서 그의 사고나 기호가 약간의 무게를 가지게 된 것은 사실이지만, 그를 둘러싼 중신들은 결정을 내리는 것은 자기들이고, 천황을 대신해서 「성의(聖意)」를 집행하는 것은 당연한 일이라고 생각했다.
　명치천황을 계승한 천황이 대정(大正)천황(1912~26)이었는데, 정신이 소심한 그로서는 의사 결정에 참가한다는 것은 있을 수도 없는 일이었다.

2차 세계대전까지 일본의 지도층은 한편에서는 천황에 대한 경의를 품으면서, 다른 한편에서는 천황 자신의 희망과는 딴판으로 결정을 강요하는 일을 조금도 개의치 않았던 것이다.

1945년 항복할 때, 이들 지도층의 유일한 불안은, 장래의 천황의 지위에 관해서였다. 천황 앞에 꿇어 앉아 황송하게 생각하면서, 한편에서는 그를 태연히 조종한다는 양면성(兩面性)은 현대인, 아니 적어도 일본인 외의 외국인으로서는 이해하기 곤란한 일이다.

천황에 대한 이 이중성은, 이미 1889년의 명치헌법에도 삽입되어 있다. 이 헌법을 기초할 때, 이토(伊藤博文)는 구미의 입헌정치에 대해서 기독교가 제공하고 있는 것과 같은 정신적인 지주(支柱)를 매우 솔직하게 천황제에 구했다. 기독교나, 유사한 종교를 결여한 일본으로서는 정신적 통합은, 천황제에 대한 존경 속에서 찾아야 할 것이라는 것이 이토의 사고였다.

이렇듯,「천황은 신성으로 침범할 수 없는」존재로 규정되고 그「만세일계」성이 강조되었다. 주권이나 모든 정부의 권능도 천황에 귀속했지만, 실질상의 결정은 천황 이외의 자가 집행한다는 조건이 첨부되어 있었다.

「천황은 통치권을 총괄하고 육해군을 통솔하고 선전포고를 하고 강화조약을 체결하고 제반 조약을 체결한다」는 헌법조문을 보면 천황의 권한은 무한한 것 같이 보인다. 그러나 이 헌법을 읽어 나가면 천황이 입법을 하는 것은「제국의회의 협찬하에」행하는 것이고, 천황은 단순히「법률을 재가하고 그 공포와 집행을 명」하는 것에 지나지 않는 것을 알 수 있다. 또「모두 법률·칙령, 그밖에 국무에 관한 소칙(詔勅)은 국무대신의 부서(副署)를 요함」이라고도 규정되고,「법률에 의해」사법권을 집행하는 것은「법정」이지만 다만「천황의 이름으로」라고 되어 있다.

이와 같이 천황의 대권에 관해서는 매우 모호했음에도 불구하고, 별로 오해는 발생하지 않았다. 명치·대정·소화(昭和)의 세 천황은 보필의 책임이 있는 각료의 결정에 거역하면서까지 자기 의사를 관철한 예는 없었기 때문이다. 현재의 천황이 젊은 시절에 군부의 행동에 불만을 품고, 전쟁 직전의 단계에서 재고할 것을 요구하도록 노력한 것은 알려져 있는 사실이지만, 그 개인이 행한 유일한 정치 결정은 1945년, 8월 항복을 에워싼 각의가 두 갈래로 분열했을 때, 연합군의 최후통첩의 수락을 지지했을 때이고, 이것마저 측근의 권고에 의한 것이었다.

명치제도의 창설자들은 천황제를 국민적 통합의 효과적인 상징으로 삼는 데 커다란 성공을 거두었다. 전 국민은 천황에 대한 열렬한 존경심을 강요 당하고 「국가신도」의 교의에 따라서 끊임없이 천황가에 둘러쌓인 신성(神聖)——신도적(神道的)인 의미에서의——을 더욱 보강한 것이다.

평민은 천황을 직시해서는 안되었다. 또 전국 각지의 학교에는 천황의 사진이 하사되고 성스런 고신에이(御眞影)로서, 특별한 건물에 안치되었고, 후에는 불시 재앙에 대비해서 콘크리트제의 봉안전(奉安殿)이 만들어졌다.

모든 일본인은 천황의 「황은(皇恩)」에 보답하기 위해서만 살아가야 했고, 수백만의 병사들은 천황의 이름을 부르며 이국(異國)에서 전사하는 것을 사양하지 않았다.

이 열정은 다른 근대 국가에서 볼 수 있는 「국기구가주의(國旗謳歌主義)」와 일맥상통하는 것이 있지만, 그러나 전전의 일본인이 국민적 통합의 상징으로서의 천황에게 바친 헌신은, 근대의 국가주의적 현상 가운데서도 가장 극단적인 예였다는 것은 의심할 바 없다.

천황숭배를 통해서 정신적 통합을 도모하고자 한 것이 이또의 의도였지만, 이 점에서는 그다지 성과를 올리지 못했다.

극히 소수의 과격주의자를 제외하고는 정부의 책무가 「성의」를 집행하는 것이라는 점에 대해서는 의원을 포함해서 아무도 이의를 표명하지 않았다. 그러나 무엇이 진짜 「성의」인가에 대해서는 합의 같은 것은 존재하지 않았다. 천황 측근들은 「성의」를 가장 어김없이 해석할 수 있는 것은 자기들이라고 자부하고, 자기들의 견해는 천황의 지지를 받고 있다고 주장함으로써 반대파를 물리칠 수가 있었다.

그러나 거기에도 변화가 생기고 이미 1913년에 의회가 그런 술책의 강압에는 끄떡도 하지 않는다는 것을 깨닫게 됐다.

「성의」가 어디에 있는가를 발견하는 최선의 방법은 선거에 나타난 민성(民聲)이라고 정치가가 생각하게 된 것이다. 군국주의자나 우익은 「성의」를 이해하는 것은 자기들뿐이라고 믿고 있었다. 그러나 천황 자신에게 그것을 따지려고 생각한 사람은 아무도 없었다.

미노베(美濃部達吉)교수의 천황기관설(天皇機關說)은 1920년대에는 거의 모든 지식인에 의해서 수용되어 있었지만, 1935년에 불경죄(不敬罪)의 선고를 받았다. 이제 일본의 실권을 장악한 군부는 자주 「국체명징화(國體明徵化)」를 내세우고 천황 중심의 일본의 제도를 설명하려고 했지만, 결과는 여전히 애매모호한 것이었다.

천황의 역할에 대해서 헌법이 명확성을 결여하고 있었기 때문에 천황제의 중심부분에 위험한 구멍이 메꾸어지지 않은 채 남아 있었다. 모든 권능은 천황에서 유래했지만, 천황 자신은 아무런 권능도 행사하지 않았다. 천황을 대신해서 행동하는 각료를 어떻게 선발하는 것도 명확치 않았다. 실제로 선고(選考)의 방식은 때에 따라서 변화하고, 한번도 명확히 규정된 일은 없었던 것이다. 당초에는 살아 남은 원로의 결정에 위임되었다. 그 후 국회내의 정당세력을 주축으로 하는 엘리트 지도자 간의 집단결정이 그것과 대체되고, 이윽고 그 집단결정은 군부의 손에 의해서 좌우되기에 이르렀다.

천황의 통치권은 시간의 흐름에 따라서 문관정부로부터의 군부의 독립을 의미하게 되었을 뿐만 아니라, 마침내는 군부가 천황을 마음대로 움직이는 것을 의미하기에 이른다. 그리고 이 애매모호성이 얼마나 파국적인 결과를 초래했는가는 이미 관찰한 대로이다.

전후 1947년에 시행된 신헌법은 이러한 의의(疑義)를 일소했다. 천황은 「일본국과 일본 국민통합의 상징」으로 규정되고, 그 지위는 「주권이 존재하는 일본 국민의 총의에 따른다」로 되었다. 천황이 집행하는 국사는 단순히 의례적인 것으로 규정되고 천황은 「국정에 관한 권능」을 가져서는 안된다고 명기(明記)되었다.

이 점을 더욱 명료화시키기 위해서 헌법은 「천황의 국사에 관한 모든 행위에는 내각의 조언과 승인을 필요로 하고 내각이 그 책임을 진다」로 되어 있다. 국가신도는 폐지되고, 천황도 1946년 1월 1일에 자신의 신성을 부정하는 성명을 발표했다. 이것은 미(美)점령군 당국을 만족시키는 것이 주된 목적이었다.

점령군 관계자로서는 「신성」이 의미하는 것이 일본인에 대한 것보다 훨씬 컸기 때문이다.

천황은 종전대로 전통적인 신도의 의식을 일부 집행하기는 하지만, 이것 역시 헌법에 의해서 종교적인 의미를 갖지 않는다는 것이 명시되어 있다. 궁내청(宮內廳)은 총리부의 1국으로 격하되고, 황실경비도 대폭적으로 삭감됐을 뿐만 아니라, 다른 예산품목과 마찬가지로 국회의 운용하에 들어갔다. 한편, 황실재산도 국가로 이관되고 황실도 천황일가와 세 명의 지기미야(直宮), 즉 천황의 세 형제의 가족에 한정되었다. 천황의 황녀도 일단 결혼하면 일반시민의 취급을 받는다.

24. 황　천

　　이러한 큰 변화를 스스로 체험한 현천황은　히로히도(裕仁)라는 이름으로 그 자신이 서류에 서명할 때에는　이 이름을 사용하지만, 일본인이 그를 이 이름으로 부르는 일은 절대로 없다. 일본인은 폐하라든가　금상천황(今上天皇)이라고 부른다.

　　그는 역대 천황 가운데 재위 최장기록을 보유하고 있고, 1976년에는 재위 반 세기를 맞았는데, 새로운 역할을 안도의 마음으로 받아들인 것 같다. 그로서는 전전처럼 군복을 착용하고, 백마를 타고 군대를　열병하느니보다 보통 양복을 입고, 국민과 민간정부를 위해서 상징적인 역할을 수행하는 편이 분명히 마음 편한 일처럼 보인다.

　　그는 생래적으로　내향적이지만, 사람이 따를　싹싹한 성격이고 모범적인 남편과 아버지이고 해양식물학자이기도 하다. 이러한 그에게는 새로운 역할이 적격일 것이다.

　　천황 개인의 반응은 그렇다 치더라도, 보다 중요한 것은 천황제에서 보는 이 이론상의 대변혁에 일반 국민이 어떤 반응을 보였는가 하는 것이다.

　　그들은 아무래도 이 변혁을 태연히 아니, 오히려 열렬히　받아들인 것 같다. 이론과 현실이 겨우 일체화한 것이　그 이유이다. 불과 극소수의 일부 옛 국수주의자는 아직도 낡은 국체――그것이 무엇인가는 그만두고라도――로의 회귀를 부르짖고 있고, 수구파의 정치가도　전후 20~30년간 이론적인 「주권」을 천황에게 돌려줘야 한다고 주장해 왔지만, 그 어느 것도 일본 국민의 대다수에게 아무런 의미도 주지 못하고 있다.

　　나이 많은 일본인 가운데는 여전히 천황에 대한 외경감(畏敬感)을 품고 있는 측도 있고, 광대한 황거(皇居)의 청소작업에도 많은 농촌 출신자들이 나와서 천황에 대한 헌신과 봉사를 다짐하고 있다.

　　그러나 대부분의 일본인은 천황에 대해서 막연한 경의나 애정을 느끼고 있는 것에 지나지 않고, 많은 일본인은 무관심과　약간의 적의를 품고 있는 경우도 없지 않고, 그것은 주로 젊은이들 사이에서 볼 수 있는 현상이다.

　　그러나 천황제 반대운동이 대규모로　전개되고 있는 것은 아니다. 오늘날에는 공산당도 천황제 폐지를 주장하지 않고 있으며, 1959년 황태자가 평민――전전의 기준에서도 그러했다――출신　실업가의 딸과　결혼했을 때에는 황실에 대한 관심이 젊은이들 사이에서도 부활했다.

　　이렇게 보면, 전후 일본의 황실은 북구(北歐)의 성숙한 민주주의　국가의 왕실이 정착시킨 패턴과 매우 유사하게 됐다고 **말할 수 있을** 것이다.

정치에서 완전히 격리된 채, 황실은 국민적 통합의 상징으로서의 역할을 수행하고 있다.

정치와 관련된 형태에서 황실을 이용한다면 커다란 항의에 부딛칠 것은 필연적이다.

이러한 형태의 군주제는 일본이나 북구의 나라에서는 적합한 것 같다. 이 나라들은 다 군주제를 채택하고 있지만 동시에 민주주의 국가이기도 하고 혁명이 아닌, 주로 진화(進化)의 과정을 거쳐서 오늘에 이른 나라들이기 때문이다.

국 회

25

　1947년에 시행된 헌법은 천황으로부터 모든 정치적 권력을 빼앗는 한편 실권의 소재를 명확히 했다. 국회가 그것이다.
　국회는 2차 세계대전 훨씬 전에 이미 긴 진화의 과정을 거쳤다. 즉 1889년에 공포된 대일본 제국헌법은 일부분 일반투표에 의한 제국의회(帝國議會)를 설치했으나, 구미 각국의 존경을 획득, 일반 국민의 지지를 일체화해서 불만에 대한 안전한 출구를 준비하자는 것이 지도자의 의도였다.
　국회개설이라는 단호한 행동을 취하기 이전에도 이미 일반선거에 의한 입법부의 실험은 지방 레벨에서는 실시되고 있었다. 1878년에는 현회(縣會)가, 1880년에는 촌회(村會)·동회(洞會)·구회(區會)가, 그리고 1888년에는 시회(市會)가 설치되어 있었기 때문이다.
　이러한 지방의회나 국회는 그 권한은 극히 한정된 것이었고, 유권자도 극도로 제한되어 있었다.
　가령 중의원(衆議院)을 선거할 수 있는 유권자는 25세 이상의 성인남자에 한하고, 더우기 적어도 15엔의 납세자여야 했다. 이 자격에 합치하는 유권자는 전인구의 1.26%(1890년)에 불과하고, 가족을 포함해도 전국민의 6%에 불과했다. 그런데 이 6%라는 비율은 우연히도 무사계급이 차지하는 비율과 일치하고 있었다. 그들 가운데 많은 사람이 지주나 실업가이고, 사족 출신이 아니었는데도 말이다.
　국회폐회 중이라도 칙령의 공포는 가능했지만, 그것이 법률로서 정착하기 위해서는 국회승인이 필수였다. 뿐만 아니라, 예산이나 세무에 관한 사항은 모두 국회의 승인을 필요로 했다.
　외교활동처럼 정부의 전권사항으로 간주되고 법적 조치, 즉 국회의 승인을 필요로 하지 않는 것도 있었지만, 재정에 관한 사항은 일체 국회소관으로 간주되었다. 재정의 기초는 국민의 세금이었기 때문이다.
　단, 이 점에서도 정부는 국회, 즉 일반국민에 의해서 좌우되지 않기 위해서 헌법에 한 조문을 삽입, 만일 제국의회가 신예산안을 성립시키지 않을 때에는, 「정부는 전 연도의 예산을 집행한다」라고 규정했다. 국회에 돈주머니의 끈을 넘겨주지 않기 위한 이 카드는 독일에서 차용해 온 것이고, 이미 1881년의 헌법 기초단계에서 재빨리 합의를 본 항목의 하나였다.

일반투표에 의한 중의원은 또한 영국의 상원을 모방한 귀족원(貴族院)에 의해서도 그 권한에 제약을 받고 있었다.

귀족원은 중의원과 동격으로 간주되고, 정부는 이미 1884년 새로운 화족제도를 만들고 귀족원 의원에 앉혔다. 이들은 구당상귀족・구다이묘(舊大名) 그리고 유신의 공신의 일부로 구성되어 있었다. 공(公)・후(侯)・백(伯)・자(子)・남(男)의 다섯 단계 가운데 하위 세 단계의 화족은 귀족원 의원을 호선하고, 상위 두 계급의 화족은 모두 귀족원에 적을 두었다.

그밖에도 천황의 직접 임명에 의한 칙선(勅選)의원이 있었고, 주로 고명한 학자가 이에 해당했다. 그리고 현에서 한 사람씩 다액납세의원이 뽑혔다. 이 구성을 보면, 중의원에 대한 매우 보수적인 견제기관이었다는 것을 쉽게 상상할 수 있다.

이러한 예방조치에도 불구하고 국회가 확장하고, 권한과 유권자층은 마구 늘어났다. 1878년 이후 지방선거에서 얻은 경험을 살려 일반 정당들은 국회가 개설된 1890년 이래 매번 선거에서 승리를 거두고, 이 추세는 2차 세계대전시까지 계속된다. 1892년에 실시된 3회 선거는 관헌에 의한 탄압이나 정부고관에 의한 수회(收賄) 등 악명이 높은 선거였지만, 그들이 추천한 후보자는 부진한 상태였고, 다수를 점하기에는 거리가 멀었다.

더우기 마지막 카드인 예산심의권도 무의미하다는 것이 증명되었다. 경제가 급속히 신장하고 있었기 때문에 전 연도의 예산은 부족 이외의 아무것도 아니었기 때문이다.

예산안의 성립은 해를 거듭할수록 어려움이 더해 갔다. 그래서 일부 정부 지도자는 국회의 폐지를 주장하기도 했다. 그러나 모처럼 근대화를 지향하면서 그런 짓을 하면 패배를 자인하는 것이고, 구미 선진국 앞에 면목이 서지 않을 뿐만 아니라, 불평등조약의 철폐에도 역효과를 초래하리라는 의론이 우세, 그들의 주장은 물러섰다.

그래서 타협이 성립됐다. 처음은 1890년대의 후반에 만들어진 잠정적인 타협안이고, 다음은 1900년 이후의 보다 항구적인 타협안이었다. 즉 정우회(政友會)——1900년 이도가 창설한 것으로 이다가끼(板垣退助)의 정치세력과 이도 지도하의 관료가 합동한 것——는 국회 내에서 정부에 협력하는 대가(代價)로 몇 개의 각료 포스트와 국정에 대한 발언권을 얻는 것이었다.

정부와 정당 간의 역학관계는 시간과 더불어 변화를 거듭했다. 1913년에는 정우회의 라이벌 정당의 탄생을 봤지만, 그 이후부터 이 두 정당은 착실히 세력을 확장하고, 마침내 1918년, 하라(原敬)가 사상 처음으로 순수정당인으로서 수상의 자리에 앉았다. 중의원에서 그가 이끈 정우회가 다수파를 차지했기 때문이었다.

그 이후 1922년에서 24년까지는 예외로 하고 정치지도자가 내각을 조직하는 관행은 정착했다. 육해군 장관을 제외한 각료도 태반이 정당 출신이었다.

한편, 교육이 보급되고, 정치 이외의 분야에서의 근대화가 진행됨에 따라서 유권자 자격도 확대되었다. 1900년, 무기명 투표제가 도입되고, 투표자격이 납세액 10엔으로 낮춰졌다. 다시 1919년에 3엔으로 감액됨에 따라서 유권자수는 두 번에 걸쳐서 배로 늘고, 모든 세대수 가운데 4분의 1이 유권자를 차지하게 되었다.

이어 1925년에는 납세를 투표자격으로 간주하는 제도는 전폐되고 모든 성인남자에게 참정권이 부여되었다.

이와 같이 불과 35년간에 일본의 정치제도는 거의 완전한 전체주의에서 모든 남자에게 참정권을 부여한 1867년의 시점에서의 영국의 의회제도에 가까운 존재로 크게 변화한 것이다. 일본의 제도는 원래 영국의 그것만큼 확고한 것이 아니고, 사실은 1930년의 군국주의에의 전환이 잘 증명하고 있다.

수상은 중의원의 다수당의 당수인 경우가 많았지만, 그래도 그것만으로 자동적으로 수상이 되는 수는 없었고, 중의원에 그 결정이 위임된 것도 아니었다. 천황의 이름으로 단을 내리는 존재가 몇 명은 있었던 것이다.

또 국회나 수상도 육해군을 완전히 장악하지는 못했다. 고급관료의 일부도 역시 그러했다.

그러나 여기에서 유의할 점은 불완전하기는 했지만, 일본의 의회제도가 이만한 발전을 보인 것은 영국의 제도가 참고가 되었다고는 하지만, 기본적으로는 국내에서의 진화의 과정의 연장선상에 있었다는 사실이다. 영국의 의회정치와 비교해서 성숙에 필요한 시간은 극히 짧았을 뿐만 아니라, 전후 정치가 힘찬 부활을 이룩하는 데 있어서 이것이 그 기초가 될 만큼 충분히 강력했던 것으로 지적할 수 있다.

전후 신헌법하에 출발한 의회제도도 그 실질은 1920년대까지 일본에서 자연발생적으로 전개해 온 제도를 보다 명확히 하고 개량한 것에 불과하다. 일본인이 전후의 제도를 잘 이해하고, 효율적으로 기능시킨 것도 이것이 이유인 것이다.

전후의 변혁의 주점은 국회를 「국권의 최고기관」이고, 또 「유일한 입법기관」이라는 것을 명백히 한 것과 수상을 선출하는 권리를 부여한 것이다.

수상은 국회의원 속에서 선출된다. 중의원과 참의원의 의견이 일치하지 않을 때에는 중의원의 결정이 우선한다는 의미에서는 실제로는 중의원이 선출한다. 수상이 각 부처의 각료와 일부 임명직의 관료를 선임하는 것은 그 다음 단계이다.

중의원은 내각불신임안을 제출할 권리가 있고, 그럴 때에는 수상 이하 내각은 총사직하거나 국민의 신임을 묻기 위해서 중의원을 해산하는 길을 택한다. 이것은 영국의 의회제도 그대로의 형태로서, 미국식 민주주의는 아니지만, 일본인은 이미 1920년대의 옛날부터 명백히 영국식으로 전환하고 있었던 것이다.

전후의 개혁 가운데 나머지 두 개의 중요한 특색은 여성참정권이 인정됨과 동시에 선거권이 20세로 낮추어진 것과 귀족원에 대신해서 참의원이 새로운 모습으로 탄생한 것이다.

오늘날 모든 참의원 의원은 선거에 의해서 선출된다는 점에서 귀족원과 다르다. 단, 중의원과 다른 선거방식을 취하는데, 이것은 다소나마 정당색을 엷게 띠고 보다 대국적인 입장에서 의원을 선출하려는 것이다. 100명의 전국구 의원에 150명――단, 오끼나와 반환과 더불어 2명이 늘었다――의 의원이 현(縣) 단위로 선출된다. 임기는 6년이고, 3년마다 반수가 개선된다. 각 현은 적어도 2명의 정원이 있고, 선거마다 최저 1명은 의석을 차지하게 되어 있다. 인구가 많은 지역에서는 의석수도 많아지고, 현재 도꾜의 경우는 8개 의석을 가지고 있다.

일반선거에 의해서 선출되느니만큼 지금의 참의원은 이전의 귀족원처럼 보수적인 입장에서 중의원을 견제하는 기관은 아니다. 그리고 그 권한은 확실히 중의원 밑에 있다. 수상의 선출도 중의원의 권한이고, 예산안이 먼저 제출되는 곳도 중의원이다. 설사 참의원이 승인하지 않더라도 회기 중이면 30일에 자연 성립된다. 조약이나 협정의 비준에 대해서도 마찬가지이다.

그밖의 법안에 대해서는 참의원이 반대의 의결을 했을 경우도 중의원에서

25. 국　회

3분의 2의 투표가 없으면 원안이 번복되는 일은 없다. 한편, 헌법개정에서는 중·참의원 각각 3분의 2의 표결이 있어야 한다. 단, 실제로 헌법개정이 있어 본 일은 없고, 이것은 명치헌법도 마찬가지였다. 1947년 현행헌법의 시행에 있어서 헌법개정이라는 형식을 취했지만, 이것은 어디까지나 형식적인 것에 지나지 않았다.

그 외의 면에서는 국회는 1920년대와 거의 유사한 형태로 운영되고 있고, 전후뿐만 아니라 전전의 관행까지도 전례로 채택하고 있다. 가령 의원의 임기는 전전과 마찬가지로 4년으로 규정되어 있지만, 보통은 임기 이전에 당시의 수상에 의해서 중의원의 해산이 행해진다.

그 개인 또는 정부 여당에 편리한 시기를 골라서 해산권을 행사하는 것이다. 선거제도(27장 참조)도 1925년의 국회개정시의 극히 변칙적인 것을 아직도 답습하고 있다. 의원의 수도 전쟁 직후에는 1925년과 마찬가지인 466명이었다.

「통상국회」가 12월에 개회되고 신년휴가에 휴회, 의안심의가 실질적으로 시작되는 점이 1월 하순이라는 것도 전전과 같다. 예산액 관한 심의는 4월의 새로운 회계연도가 거의 반을 넘을 때까지 예산안이 의결되지 않는 미국의회의 실정과는 좋은 대조를 이루고 있다.

통상국회의 회기는 150일을 최저로 하고, 일단 6월에 끝나기로 되어 있지만, 실제로는 초여름까지 가는 것이 보통이다. 「임시국회」는 보통 초여름에 소집되고, 추가예산안이나 다른 긴급입법을 심의한다. 또 중의원의 해산이 있을 때에는 40일 이내에 총선거의 시행이 규정되어 있고, 그후 30일 이내에 「특별국회」가 소집되고 내각수반의 선출에 들어간다.

중·참 양원은 각각 의장을 선출한다.

의장의 권한은 광범하고, 의사 지연을 피하기 위해서 연설시간을 제한할 수도 있다. 이와 같은 의장 재량에는 반론의 제기도 가능하지만, 그때에는 단순 다수결에 의해서 결정된다. 의장이 여당에 의해서 선임되었기 때문에 다수결을 획득하는 것은 용이한 일이다.

의장은 또한 위원회의 임명을 관장한다. 국회의원은 누구나 최저 한 위원회에 적을 두기로 되어 있다. 단, 위원회의 할당은 실제로는 소속정당에 의해서 행해진다. 의석수에 따라서 일정수의 위원의 자리가 권리로서 각 정당에 할당된다.

참의원의 경우는 위원장의 자리도 정당 간의 세력분포에 따라 각당에 할

당된다. 한편, 중의원에서는 상임위원장의 자리는 모두 자민당이 독점해 왔다. 다만 1977년에 자민당의 절대 우위가 무너지자 야당에도 상임위원장의 자리의 일부를 내놓게 됐다. 동시에 중의원 부의장의 자리가 제1야당인 사회당원에게 돌아간 것도 사상 처음 있는 일이었다.

중·참 양원은 각각 16개의 상임위원회를 가지고 특별한 문제가 제기될 때에는 특별위원회가 설치된다. 상임위원회의 대부분은 내각이나 관료기구의 구분과 대응하고 있다. 외무·문부·건설·상공의 각 위원회가 그것이다. 단, 가장 중요한 두 개의 위원회가 이 범주에서 벗어나 있다.

그 하나는 결산위원회로서, 이 위원회에서의 정부의 과거 행동을 추궁하는 격렬한 토론은 언론이 대서특필한다. 또 다른 하나는 예산위원회인데, 여기에서는 정치에 관련된 것이면 무엇이건 각료에 힐문하는 의미에서 옛날 그대로의 의사일정 지연의 좋은 장소가 되고 있다.

애당초 위원회 제도가 영국식 의회정치 또는 전전의 제국의회──세 개의 상임위원회밖에 없었다──의 방식과는 전혀 다른 것은 명백하다. 그것은 점령군 당국에 의한 일본의 의회관행을 미국회의 그것에 접근시키려는 노력의 일환이었다. 그러나 그 목적에서 보는 한, 그것은 실패로 돌아갔고, 위원회 제도는 원래의 의도와는 정반대의 목적을 위해서 존재하게 됐다.

민주주의에는 대통령제와 의회제의 두 가지가 있지만, 이 양자는 잘 어울리지 않는 것 같다.

수상이나 각료도 의회에서의 다수당이 낳은 산물로서, 말하자면 의회를 향한 집행위원회격인 역할을 수행하고 있기 때문에 입법부와 행정부가 서로 대립하는 정치세력으로 싸우는 일은 없다.

전자는 영국식, 후자는 미국식이라고 할 수 있다.

그 결과, 주요법안을 포함하는 대다수의 입법안건은 국회가 아니라 관료기구가 내각을 대신해서 준비하는 구조로 되어 있다. 그것은 내각에 의해서 국회에 제출되고, 수상을 선출한 같은 다수파에 의해서 성립되는 것이다.

물론 입법안건은 일단 그럴싸하게 각 위원회에 제출되고 그곳을 거쳐서 비로소 양원의 본회의에 상정된다. 그러나 미국과는 달리 일본의 위원회의 심의는 공청회가 아니다. 상정안에 관한 정보를 수집하거나 상정안을 토대로 보다 나은 것으로 개작함으로써 찬성표를 얻어내는, 그런 구조는 아닌 것이다.

요컨대 형식적인 절차에 불과하고 귀추는 애당초 설정돼 있는 것이나 다틈없는 것이다. 본회의와 마찬가지로 당의(黨議)에 따른 질서정연한 일률적인 투표에서 결정되는 것이다.

이와 같이 국회내의 위원회 활동은 미국 당국자의 개혁의 의지와는 유리된 것이 되고 말았지만, 그밖의 기능이 없는 것은 아니다.

가령 야당은 본회의나 위원회의 심의를 지연시키고, 입법안건의 유산을 도모함으로써 여당에 대해서 타협을 강요하는 것이다. 예산위원회에서의 정부각료에 대한 질문이나 다른 위원회도 커다란 역할을 수행하고 있다. 전전의 대정부질의는 국회활동의 쇼를 연출하는 장소로서 이름을 떨쳤는데, 그것은 영국 하원의 저 유명한 「퀘션 타임(Question Time ; 질의응답 시간)」에 상당하는 것이었다.

정부 관계자를 당혹시키는 질문을 야당의원이 던지고, 여기에 각료나 정부위원이 열심히 방위태세를 취하는 데 반해서 여당의원은 각료가 강조하고자 하는 점을 설명할 수 있도록 각본에 따라서 질문 아닌 질문을 하는 것이다.

이러한 질의 결과, 본회의에 앞선 위원회나 본회의에서의 투표가 한 표라도 좌우되는 일은 없다. 즉 질의는 언론이나 일반국민을 목표로 하는 것이고, 그렇게 함으로써 대중의 지지를 획득하고 토의에 참가한 사실을 다음 선거에서 이용하려는 것이다.

이렇듯 위원회 제도는 일정한 목적을 가지고 미국인의 손에 의해서 만들어진 제도였지만, 일본에서의 용도는 탈바꿈한 것이 되고 말았다. 그러나 그것이 일본이나 영국식의 의회제도에서는 적합한 것이다.

그밖의 정부기관

26

 수상이 중의원에서 국회의원——현실적으로 중의원 의원—— 가운데서 선출되는 것은 이미 기술한 대로이다. 자신의 동료들에 의해 선임되고 언제나 그 같은 동료의원들에 의해서 갈리게 되기 때문에 수상의 개인적인 권한은 미국 대통령의 그것과는 비교도 될 수 없을 정도로 제한당하고 있고, 오히려 실제는 위원회의 장(長)——이 경우는 당——에 가까운 것이라 할 수 있다.
 전후의 역대 수상 가운데 다소나마 고압적이고, 강한 힘을 과시한 유일한 존재는 「원 맨」수상의 별명을 얻은 요시다(吉田茂)뿐이었다. 그는 전전의 외교관 출신으로 1946~54년에 걸쳐 5기여 동안 수상의 자리를 고수했다, 다만 그의 권력의 비밀은 7년의 재임기간 중 5년이 점령하였고, 점령군 당국의 절대적인 권력을 배경에 안고 있었던 데 있다. 수상은 내각의 각료를 임명한다. 그 총수는 현재 20명이고, 그 과반수는 국회의원이어야 한다.
 실제로는 영국과 마찬가지로 한 사람도 예외 없이 의석을 가지고 있는 것이 통례이고, 두드러진 예외로는 1957년에 숙청되지 않고 외상에 임명된 후지야마(藤山愛一郞)와 1974년에 문부장관에 임명된 나가이(永井道雄)가 있을 뿐이다. 후지야마는 저명한 실업가 출신으로 1958년에 처음 의석을 차지했다. 한편, 나가이는 대학교수에서 신문기자로 전신한 학자장관이었다.
 12명의 각료는 각각 담당부서를 가지고 있는데, 그 가운데 대장(재무)·통산·외무의 3부가 가장 중요한 부서이다.
 12명 이외의 각료는 담당한 부서는 없지만, 국무대신으로서 청의 장관직을 차지하고 있다. 그 한 사람은 관방장관(官房長官)으로, 수상의 측근인데, 미국식으로 말하면 치프 오브 스태프(수석보좌관)적인 역할을 수행한다.
 또한 사람은 총리부장관으로, 총리부라는 것은 화이트 하우스의 대통령부에 상당한다. 경제기획청·방위청·과학기술청의 각 장관도 국무대신이 차지한다.
 수상이 몇 년씩 그 자리에 머무는 데 반해서——사상 최장기록 보유자는

1964~72년에 수상직을 차지한 사또(佐藤榮作) 수상이었다——각료의 태반은 훨씬 단명에 그치고 평균 2년 정도에 지나지 않고, 1년도 흔히 있다.

정치세계에서 행정관청에 진출해도 기간이 짧은 탓도 있고 해서 장관이라고는 하지만 극히 일반적인 정책대강을 장악하는 것이 고작이다. 또 한 사람의 외부인사는 각 부서에 배치되는 정무차관——2~3개의 부는 2명, 그밖의 부는 1명——으로서 다 국회의원이지만 큰 비중은 없고, 다만 국회와의 연락을 담당하는 데 불과하다.

그 외는 전문의 엘리트 관료들로 구성된다. 사무차관을 정점으로 하는 이들 관료는 매우 강력히 조직되어 있고, 실제로 운영하는 것은 사무차관이다. 이것은 서구라파의 의회제도를 채택한 나라와 근사하고, 미국의 부와는 좋은 대조를 이루고 있다. 미국에서는 각부의 장관·차관 그리고 수많은 차관보, 그 이하의 고관들은 전부 대통령의 직접임명에 의하고 대통령을 대신해서 담당관청을 엄중히 감독한다.

이와 같이 일본의 각 부·청은 미국의 성·청보다 자의식이 강하고, 정치에 대한 발언권도 강하다. 다만 유일한 예외는 미국의 3군으로서 다른 행정장관보다 우위에 있는 독자성에 대한 인식과 영향력을 가지고 있다. 이에 비해서 일본의 방위청은 다른 부서보다 훨씬 적은 독자성과 영향력을 가지고 있을 뿐이다.

관료는 예외적으로 다른 부서나 지방정부에 전출하는 외에는 그 전생애를 한 관청에서 근무하기로 되어 있다. 그런 만큼 각 부처는 다른 부서와 명확히 분리되고 그리고 항구적인 관료에 의해서 차지되는 존재이고, 자기 부처의 권한이나 권력을 침범당하는 것을 완강히 저항한다. 정책을 둘러싸고 하나의 부처에서 파벌 간이나 부국 간의 항쟁이 없는 것은 아니다. 그러나 문제안건에 대해서는 부의 의견을 종합해서 타부처와 경합하거나, 때로는 여당과 대립할 때도 있다.

전후의 관료기구도 전전의 정직성, 높은 능률, 위신 등을 그대로 갖추고 있다. 전전의 관료는 천황이 친서(親署)해서 임명하는 극소수의 「친임관(親任官)」, 칙령으로 임명하는 「칙임관(勅任官)」, 행정관청이 임명하는 「판임관(判任官)」, 시험에 합격한 자를 수상이 임명하는 「주임관(奏任官)」, 행정관청이 임명하는 「판임관(判任官)」의 4단계로 구분됐다. 대다수의 전문가나 하급 사무관은 물론 판임관에 속했다.

이런 명칭은 이미 사어화(死語化)되고 있다. 그러나 선고(選考)방법의 구별은 지금도 남아 있다. 장관이나 정무차관은 대의제(代議制)를 삼고 있지만, 그 이하의 소위 특권관료는 엘리트로서 그 태반이 일본의 교육제도의 정수라고 할만 한 도꾜대학을 정점으로 하는 명문대학 출신자로 엄격한 시험제도를 패스한 존재들이다.

전문적인 지식이 높고, 신분이 보장되어 있어서 그들의 긍지와 자신은 대단하며, 정치가를 대할 때도 그 자세는 미국에서는 절대로 볼 수 없을 정도의 고자세이다. 그들은 또한 활기에 차 있다. 55세에 퇴임하는 관행이 있기 때문에 간부급 고관은 전부 50대 전반의 장년층으로서 적어도 20년을 소속 관청에서 지낸 경험을 가지고 있다. 다만 봉급은 대단치 않고 정치력이나 위신에 비하면 대조적이다.

관료기구의 저변에는 많은 사무관이 존재한다. 중앙정부나 지방정부에 공통되는 현상이다. 그 밖에도 공립학교의 대학교수나 일반교원 등의 전문직·경찰관·국철직원 그리고 담배와 같은 전매품을 관장하는 전매공사직원이 존재한다. 이러한 자리의 일부는 시험에 의한 전형이라는 형식을 갖추지만, 그 태반은 학력과 과거의 업적을 토대로 하는 점에서 다른 근대국가들과 대부분 같다.

전전의 관료제도는 고자세였고, 일반국민에 대해서는 차별적이었다. 특히 경찰에 이러한 경향이 심했고, 심지어는 철도직원들도 제복을 입고 뽐냈을 정도이다. 이것은 봉건제의 유산인 것이다. 관료가 모든 정치권력을 장악하고 「관존민비(官尊民卑)」식 사고가 그들의 행동을 특징 짓게 한 것이다.

패전과 전후의 붕괴에 따라서 모든 권위는 실추되고 말았다. 그러나 고급관리는 여전히 대단한 위신을 가지고 있고, 그것은 높은 수준과 정치적 영향력에 기인하고 있다.

한편, 하급관리는 존경은커녕 오히려 모멸의 대상이 되고 있다. 현실은 일본의 하급관리는 대체로 친절하고, 사무적이고, 고급관리와 마찬가지로 좋은 전통을 계승하고 있지만, 낡은 의미의 「관리」로는 보지 않고 오히려 근대적인 공복의 이미지를 스스로 가지고 있다. 일반도 그렇게 보고 있다.

수백만에 달하는 관료의 기강과 제도로서의 원활한 운영을 감독하는 것은 인사원(人事院)이다. 인사원은 일본정부 내부에서도 자주성이 높은 기관의 하나이다. 수많은 부서나 협의회, 위원회 가운데도 또한 특기할 만한 것은 회계검사원으로 인사원과 마찬가지로 고도의 자주성을 가지고 미국의 GAO (일반회계국)과 유사한 재정 감시역을 담당하고 있다.

24. 그밖의 정부기관

　일본의 지방행정의 구역은 도·도·부·현(都道府縣)으로 나뉘고, 또 시·정·촌(市町村)으로 세분화되어 있지만, 대도시에 한해서 구(區)가 있다.
　도·도·부·현은 그 규모는 전전의 상태를 그대로 답습하고 있지만, 현실에서는 네 개의 명칭으로 불린다. 1도(都)―도꾜, 1도(道)―북해도, 2부(府)―오사까·교또, 43현이 그것이다. 47도·도·부·현이라는 호칭은 좀 어색하지만 일본인은 그렇게 부르고 있다.
　현 이하의 관위, 즉 시·정·촌은 중앙정부에 의한 오랜 통폐합 과정의 결과이다. 시는 인구 5만 이상인데, 1979년 현재 시·정·촌은 각각 646·1984·625를 헤아리고 있다.
　행정단위로서의 촌은 수많은 자연촌으로 성립되어 있고, 이것들은 오늘에는 부락이라는 이름으로 불리고 있다. 한편, 소위 정(町)이나 중소도시도 광범한 전원지대나 부락을 포함하고, 하나 또는 그 이상의 도시와 병존하고 있다.
　전전에는 강력한 내무부가 있었다. 내무부는 지사의 임명에서부터 경찰의 통제에 이르기까지 모든 지방행정을 감독했지만, 그것은 서구라파에서 볼 수 있는 형태였다.
　그러나 전후 미점령군 당국은 권력의 과대한 집중을 수술하고, 미국식 민선지사의 육성을 도모하기 위한 강한 의지를 보였다. 전전에도 현회·시회·구회·정회·촌회는 일반선거에 의해서 뽑았고, 시·정·촌장도 마찬가지였다. 전후에도 이런 기구는 그대로 존속했지만, 그 권한은 대폭 확대되었다. 뿐만 아니라, 지사도 관선에서 공선으로 바꾸었다(단, 전후의 도꾜에는 시장은 없고, 지사가 있을 뿐이다).
　내무부는 해체되고 그 업무는 자치청――후에 자치성으로 승격――에 인계되었지만, 전전에 비하면 약체에 지나지 않는다. 경찰의 관리권은 지방자치체에 이관되고 교육에 대한 많은 관리권도 문부성에서 각지의 민선교육위원회로 이관되었다.
　지방자치의 폭을 넓히려는 노력은 그러나 실패로 돌아갔다. 전전의 중앙집권적인 구조가 일본사회에 깊이 남아 있었다는 것과 면적이 좁고, 인구조밀한 것을 생각하면 구제도가 일본에 적합할런지도 모른다. 영국이나 프랑스와 같은 어엿한 민주주의 국가에서조차 일본보다 더한 집권제를 실시하고 있다.
　일반선거에 의한 시·정·촌장, 그리고 민선지사가 일본의 지방정치에 새로운 입김을 불어넣은 것은 사실이지만, 결국은 중앙정부의 지배를 받고 있는 것이 틀림없고, 시·정·촌의 경찰은 일본처럼 협소한 국토에선 적합치 않다는 것이 분명해졌다. 점령의 종결과 더불어 자치체 경찰은 개편되고 조정 연락기능은 경찰청으로 되돌아갔다. 동시에 불격격자가 교육위원회를 좌우하는 것을 두려워한 일본인은 교육위원을 임명직으로 고치고 감독업무의 많은 부분을 문부성에 반환했다.

지방자치 확대를 위한 노력은 하나의 치명적인 결함을 안고 있었다. 그것은 권한의 확대에만 적합한 재정규모, 즉 징세능력을 결여하고 있었다는 점이다. 중앙으로부터의 교부금이 70%를 차지하고, 시·정·촌활동의 많은 것을 지탱하고 있는 데 반해서 그 토지에서 나오는 조세는 30%에 불과하다. 중앙정부로부터의 교부금에 감독의 눈이 번뜩이고 있는 것은 물론이다.

지방 자체업무 가운데 5분의 4는 중앙정부의 대행업무――정식으로는 기관 위임사무라고 한다――라는 추정도 있다. 뿐만 아니라, 자치체의 주요간부는 기실 중앙에서 차출된 것이다.

중앙정부가 어떻게 완전히 지방자치체를 콘트롤하고 있는가의 예는 얼마든지 있다. 자치체의 많은 법안은 중앙에서 내려온 지시이고, 각 현청을 도꾜에 대형 출장소를 두고 지사를 비롯한 간부들은 도꾜를 떠나지 않고 중앙정부와의 절충에 임하고 있다.

근년에 이르러 정치의 관심이 국제문제나 경제성장 우선정책에서 환경문제나 퀄리티 오브 라이프(생활의 품격) 중시로 옮겨짐에 따라서 지방차원의 문제가 그 중요성을 상대적으로 높이고, 지방정치의 비중이 증대한 것은 사실이지만, 이러한 문제에 대해서조차 선행하는 것은 국가차원의 정책이지 지방 레벨의 정책은 결코 아니다.

현대 일본의 사법제도도 전전의 제도에서 유래한 것이 많다. 전전의 사법제도는 전체주의적인 시대풍조에도 불구하고 그 효율·정직·자주성의 수준은 높았다.

전후 헌법하의 사법개혁의 주된 특색은 최고재판소의 창설이었다. 최고재판소는 전(全)사법권을 장악하고 있을 뿐만 아니라, 하급제판소의 판사를 지명하고 모든 법률의 합헌성에 관한 판단을 내린다. 이것은 미국식이다.

최고재판소 판사는 수상이 임명하지만, 일단 임명되면 하급재판소의 판사와 마찬가지로 정규의 탄핵소추 수속에 의하지 않고는 면직되는 일이 없다.

최고재판소 판사의 경우에는 국민의 일반투표에 의한 파면의 길도 열려 있기는 하다.
　최고재판소 판사의 성명은 임명 후 처음의 총선거에서 투표용지에 인쇄되고, 국민의 심사를 받는 이외에 그 후는 10년마다 국민의 심사를 받기로 되어 있다. 단, 이 조항은 거의 사문화되어 있다. 최고재판소 판사의 지명도가 그다지 높지 않기 때문에 극소수의 항의표가 던져지는 것이 고작이다.
　재판소에 의한 위헌심사권은 원래 미국이 개발한 것이지만, 전후 100%의 대의제 속에 이색적인 제도로서 채택됐다. 결과는 처음부터 확실치 않았다
　왜냐하면 영국식 제도하에서는 국회의 결정을 전복하는 것은 존재하지 않고, 일본의 최고재판소는 최고재판소대로 의회의 결정에 배치(背馳)하는 것에는 주저하기 때문이다. 미국의 최고재판소가 정치나 사회의 동향을 형성하는 것에 활발한 역할을 수행해 온 데 대해서 일본의 최고재판소는 오히려 좁은 법률의 틀 속에 갇혀서 국회에서의 다수당의 결정을 따르는 것을 망설이는 경향이 강하다.
　하급재판소의 소장(小壯) 자유파의 재판관이 위헌판결을 내릴 때가 있음에도 불구하고 많은 경우 최고재판소에 의해서 전복되고 만다. 1952년 최고재판소는 위헌심사권의 발동을 구체적인 문제에만 국한시키고, 추상적인 헌법문제에는 판단을 내리지 않을 뜻을 밝혔다. 그 후 20년간에 최고재판소가 밝힌 헌법판단은 불과 두 번 있었을 뿐이다. 최고재판소가 헌법판단을 피하는 것은, 하나는 고도의 정치적 배려가 작용할 경우, 또 하나는 공공의 복지가 중대한 관련성을 가질 경우의 두 가지이다.
　자위대나 미·일안보조약의 합헌성이 하급재판소에 의해서 문의되었을 때 최고재판소가 원용한 것은 첫째 논거였다.
　즉, 헌법의 전쟁포기조항(제9조)에 비추어 자위대와 안보조약의 합헌성에 의혹이 나타난 데 대해서 최고재판소는 정치적인 배려하에 판단을 피한 것이다.
　헌법 제9조를 둘러싼 가장 유명한 사건은 1959년에 종결을 본 소위「스나가와 사건」이었다. 이러한 헌법판단은 헌법의 조문——확대해석의 여지는 아무리 봐도 없는 것이지만——을 재해석하는 국회의 권리를 받아들이고 자위권이나 그 때문에 필요한 군사력이나 동맹관계를 인정한 것이다. 국민도 선거 결과에 나타난 것을 보면, 이 국회에 의한 재해석을 대체로 받아들인 것으로 보인다.

그러나 헌법에 규정된 「기본적 인권」의 옹호에 관한 한, 최고재판소 이하의 재판소는 지체없이 그 옹호자로서의 임무를 수행해 왔다. 헌법에는 30가지가 넘는 「기본적 인권」이 명기되어 있고, 더우기 거기에는 전전의 헌법처럼 「법률의 범위내에서」라는 따위의 부대조항은 없다. 다만 이 권리를 「공공의 복지」를 위해서 사용하도록 종용하고 있는 것이다.

법률이나 법규가 기본적 인권을 침범하는 일이 없도록 감시한다는 점에서는 재판소는 실로 빈틈없는 배려를 하고 있다. 1970년대 초기에 일본인의 소위 「공해」, 즉 환경오염이 사회문제화하고, 경제성장 지상주의의 타당성에 대해서 의혹이 높아지자, 획기적인 일련의 판결을 통해서 오염 당사자가 피해자에게 지불해야 할 원칙을 확립한 것은 다름 아닌 재판소였다.

그러한 가장 현저한 예는 미나마다만(灣)에 있어서의 수은중독사건이었는데, 오염원이 확인된 것이 1959년이었는데도 최고재판소의 최후판결이 내려진 것은 실로 1973년의 일이었다.

또 하나 최고재판소의 판단으로 정치적으로 심대한 영향이 예상되는 것은 1976년 기성의 선거제도를 위헌이라고 단정한 판결이었다. 국회의원 한 사람을 선출하는 데 필요한 한 표의 비중이 도시와 농촌에서 너무나 차이가 나고, 헌법에서 정한 정치적 권리의 평등을 침범하고 있다는 것이 그 취지였다.

1890년대 이래 일본의 법률은 대륙식 실정법(實定法)을 따르고, 영미식의 관습법을 물리쳐 왔지만 2차 세계대전 이후 이 제약은 대폭적으로 제거되고, 미국법에서도 헌법상의 보장조치는 그 태반이 도입된 것이었다.

단, 재판할 때 미국식의 「대결제도」는 재판소가 채택하는 바가 되지 못했다. 사실 관계를 규명하는 것은 재판관의 직책이고, 변호사는 당사자의 조언자에 불과하다. 배심원제도도 전전의 한 시기에는 당사자의 선택에 위임했지만, 배심재판을 희망하는 것은 배심단의 결정이 예측불능할 때도 있고, 재판의 결과에 자신이 없기 때문이라는 관측도 많았다.

전후 이 제도가 아무런 아쉬움 없이 폐지된 것은 이 때문이었다.

다음은 형사사건에 관해서인데, 일본의 검찰관——미국에서는 주(州)의 이익을 대표하는 DA(지방 검사)에 상당한다——은 상당히 확고한 증거가 없으면 기소를 하지 않는다. 재판관의 반응이 상당히 정확히 예기할 수 있기 때문이다.

그런 이유도 있고 해서 기소당한 피고의 물경 99%까지가 유죄가 된다.

한편, 유죄를 인정한 후 형량을 흥정하는 미국적 관행은 일본의 법조(法

曹)제도에는 없다. 유식한 일본인들이 미국의 사법제도에 불만을 품는 이유의 하나가 이것이다. 정의보다도 흥정이라는 인상을 씻을 수 없기 때문이다.

일본의 재판소가 내리는 판결은 대체로 관대하고, 재판관은 피고측에 개전의 정이 현저한가의 여부를 형량에 참작한다. 마음으로부터 뉘우치고 있으면 사회복귀의 소중한 첫걸음을 내디딘 것으로 간주되는 것이기 때문이다.

청소년문제나 가족분쟁에 대해서는 가정재판소가 특별히 설립되어 있다. 민사에 관해서는 법적인 수단을 취하는 것보다는 오히려 조정화해로 유도한다. 일본인은 원래 재판을 좋아하지 않으며, 조정에 의한 화해나 타협을 원하고 법정에 서는 것은 여간해서는 하지 않는다.

이와 같이 일본의 법조제도에는 화해의 요소가 많지만, 그것도 재판소 상대가 아니고 개인간의 흥정에 의한다. 그렇게 하는 것이 일본인의 대인관계·집단관계에 적합한 것이다. 단, 예외는 교통사고의 경우인데, 낯선 사람끼리의 흥정인 탓인지 근년 교통사고에 관한 소송건수는 급격히 늘어나고 있다.

자위대의 위헌·합헌을 묻는 정치적으로 미묘한 문제라든지, 오염에 따른 피해문제와 같은 복잡한 사건, 데모대나 스트라이크 가담자의 정치행동의 합법성 또는 법과 질서의 유지를 규정하는 문제 등에 대해서는 일심에서 시작해서 상고에 이르기까지 장기간 지지부진할 때가 있지만, 대체로 재판의 진행에 대해서 일본인은 만족하고 있다. 법에 의한 정의의 재정(裁定)에 시간이 너무나 걸린다는 불만은 미국에서는 보통 있는 일이지만, 일본에서는 거의 들을 수 없다.

재판관은 정직하고 공평하다고 생각되고 있다. 경찰도 존경을 모으고 있고, 특히 특별기동대는 폭력배의 단속에 수훈을 세우고 있다. 대부분의 시민은 준법정신이 풍부하고, 총포나 마약을 일반국민으로부터 멀리하기 위한 규제조치를 시인하고 있다. 마약범죄는 거의 없고 폭력범죄도 미국에 비하면 훨씬 적다. 전체주의 국가라면 몰라도 일본의 거리만큼 안전한 곳은 세계 어디에서도 찾을 수 없다. 일본이 법률사법제도의 점수는 어떤 리스트에서도 가장 상위 가까이에 위치할 것이다.

소송이 적은 탓도 있고, 변호사의 역할은 미국보다 훨씬 적다. 국민 1인당 변호사의 수는 미국의 15분의 1에 불과하다. 변호사 양성기관은 판검사의 그것과 마찬가지이다. 즉 매년 정부가 시행하는 엄격한 사법시험에 합격한 수백명이 5년간에 걸쳐서 최고재판소의 관할하에 있는 사법연수소에서 훈련을 받는다. 무사히 연수를 마친 사람은 판·검사 또는 변호사의 길을 선택한다. 판·검사는 관료로서 위신이나 존경을 받는다.
　한편, 변호사는 수입이 좋기는 하지만 미국만큼 사회적 평가는 그다지 높지 않다. 전체의 수가 미국에 비해서 적을 뿐만 아니라, 도꾜 등 대도시에 집중하고 있다. 소송을 좋아하는 외국사회와의 경제관계에 관한 일감이 많은 것도 대도회의 특징의 하나이다. 미국 연방의회의 3분의 2가 변호사 출신인 데 비해서 일본의 국회의원은 그렇지 않다. 오히려 의사출신보다 적을 정도이다.
　일본인은 송사를 싫어하지만 법률지향적이라는 점은 지적할 만하다. 그들은 고도로 집권화된 제도에 익숙해 있다. 거기에는 강력한 관료기구가 감시의 눈을 번뜩이고 있고, 상세하기 짝이 없는 법규나 행정조치가 거미줄처럼 처져 있고, 주의깊게 규제되고 있다. 관료기구는 물론 경제계나 정계의 지도자도 법과출신이 많다. 일본인은 법률의 조문해석에 신중을 기한다.
　그러나 일본의 법률중심주의의 핵심은 변호사가 아니고 재판관도 아니다. 그것은 법률적 훈련의 산물로서의 고급관료이고, 법률의 조문이나 법규의 문귀를 인생의 기초로 삼는 수많은 하급 공무원들이다.

선 거

27

국가의 정치권력이 일반선거에 의한 국회의 손에 있고, 선거직의 지사(知事), 시·정·촌장, 지방의원이 각각 해당구역에서 유력한 존재라는 것을 생각하면, 선거가 일본정치의 핵심을 차지하는 것은 명백하다. 그 가운데 가장 중요한 것은 중의원 선거인데, 이것은 일종의 독특한 방식으로 실시되고 일본의 선거에 특이한 분위기를 띠고 있다.

영·미의 경우에는 선거구는 1인구로서 한 사람의 당선자가 승리를 얻는 것에 불과하다. 소위「워너 테이크스 올」, 즉 승자 독점주의이다. 그러나 일본은 다르다. 또 구라파 각국에서 볼 수 있는 비례대표제도 아니다.

일본은 다인구(多人區) 제도이다.

거기에는 어느 정도의 비례대표제가 약간은 가미되어 있지만, 후보자는 단순히 소속정당의 공인을 얻고, 당 자체에 어필할 뿐만 아니라, 미국의 경우처럼 개인적으로 유권자에게 어필해야 한다. 이와 같은 선거제도는 전전의 정치제도의 일본적 특징의 하나였지만, 전후에도 이 특징은 계승되어 오늘에 이르고 있다.

전전의 일본인도 대선거구제 외 소선거구제——그들은 그렇게 부른다——의 이해득실에 관해서 논의를 거듭했다. 소선거구제란 영국·미국식의 1인구이고, 대선거구제란 전현일구(全縣一區) 내지는 대도시를 하나의 선거구로 삼는 것으로, 1919년 이전의 도꾜부는 1회 선거에 16명을 선출했다.

1인 1표가 원칙이었던 소수당마저 대표를 보낼 수 있었는 데 반해서 대정당은 지지자의 표를 되도록 균등하게 나눌 필요가 있었다. 같은 당에서 몇 명의 후보자를 내세워도 개인의 인기는 후보자에 따라서 다르기 때문이었다.

한편, 대선거구제를 긍정하는 근거는 선거구가 클수록 보다 넓은 시야의 스테이츠맨 타입의 후보자가 선출될 수 있다는 것이었다. 이 추론을 증명하는 실증적인 데이타가 있는 것은 아니지만, 적어도 그렇게 주장하고, 그렇게 믿는 것이다. 그러나 대선거구제를 강경히 주장하는 진짜 배경은 정부측으로서는 그렇게 하는 것이 대정당이 전의석을 독점하는 것을 막을 수 있는 반면, 소수의 지지밖에 얻을 수 없는 의원이 선출되기 쉽고, 그런 의원은 정부를 지지해 줄 것이라는 계산이 작용했다고 봐야 할 것이다.

1890년에서 1898년에 걸쳐서 실시된 최초의 다섯번의 총선거에서는 몇 개의 2인구를 제외하고 소선거구제가 채택되었다. 그러나 1900년에 이르러 정부와 정당정치가 사이에 타협이 성립해서 대선거구제가 채택되었다. 무기명 투표나 유권자의 확대가 정치가에게는 플러스가 될 것이라는 계산이 정치가에게 있었기 때문이다.

이 제도는 1919년까지 존속하였지만, 1919년 하라게이(原敬) 정당 내각이 소선거구제――단 68개의 2인구, 11개의 3인구를 포함――를 채택함에 따라서 종지부가 찍히고 말았다.

그 후 1925년, 보통선거의 실시와 더불어 대소를 절충한 총선거구제가 채택되고, 그 후 커다란 수정이 가해지지 않은 채 오늘에 이르고 있다.

1946년, 점령하에서 전후 처음으로 총선거가 대선거구제를 부활시킨 것은 기묘한 일이었지만, 1947년 이후는 전국을 각각 3~5명을 가지는 130개의 선거구로 나눈 제도가 1925년과 마찬가지로 존재하고 있다. 다만 하나의 예외는 1인구의 아마미군도(奄美群島)로서, 1954년 오끼나와에 앞서서 분리반환된 것이다.

복수의석구에서는 설사 소수당일지라도 5인구에서 20% 가까이 득표를 기대할 수만 있다면 의석을 가질 수 있다. 다만 전술한 것처럼 대정당으로서는 까다로운 문제가 제기된다. 그만한 표수를 기대할 수 없을 경우에도 각 선거구에 몇 명의 후보자를 내세워야 할 뿐더러 표가 거의 균등하게 분산하도록 노력해야 하기 때문이다.

가령 3인분의 득표 밖에 기대할 수 없는 5인구에서 5명을 입후보시키는 것은 그 정당으로서는 있을 수 없다. 표가 분산되고 3명은커녕 1명이나 2명이 고작이기 때문이다. 또 한 후보자가 뛰어난 득표를 할 가능성이 있다 해도 역시 불행한 사태가 초래된다.

대정당으로서는 이런 것은 심각한 문제이지만, 기껏 1명의 당선자를 기대할 수밖에 없고, 따라서 1명의 입후보자만을 내세워야 할 소정당으로서는 하등 문제가 되지 않는다.

그러나 일본의 복수의석구제도가 일본의 선거정치의 안정에 기여하고 있는 점도 놓칠 수가 없다. 미국과 같은 1인구제의 경우에는 일반투표가 불과

몇 퍼센트만 움직여도 커다란 변동이 일어난다. 그에 비해 일본에서는 5인구에 여·야당의 의석수가 1의석 바뀌는 것이 고작이고, 2의석의 차이를 초래하려면 20%를 상회하는 지지정당의 이동이 필요하다. 미국에 비해서 일본의 선거결과가 완만한 변화를 초래하고, 그러면서도 예측의 가능성이 높은 것은 이 때문이다.

일본제도의 하나의 약점은 인구동태의 변화에 따라서 선거구나 각 의석수를 개변(改變)시키는 것이 어렵다는 점이다.

사실 현행제도가 실시된 1947년 현재에는 공평했던 것이 그 후 현저하게 불균형이 더해 가고, 극단적인 경우에는 인구가 많은 지구와 적은 지구의 1표의 비중은 중의원에서 1대 4라는 불평등을 낳았다.

1976년의 총선에서는 10만표 이상을 얻어서 낙선한 후보자가 10명에 달한 데 비해서 5만표 미만의 득표로 당선된 자는 실로 9명에 달했다.

이 결과, 전후 가장 인구가 는 대도시가 불이익을 초래한 반면, 인구가 착실히 준 농촌이 과당한 이득을 보고 있다.

1976년까지 일본인은 이 사태의 개선을 국회 자체의 행동에 구했다. 그러나 농촌을 출신기반으로 삼는 다수당은 자기의 목을 조르는 일에 열을 올릴 수가 없었다.

한편, 영·미식의 소선거구제의 도입에 대해서는 소정당이 반대했다. 영·미식의 소선거구제에 따라서 선거구제의 개정을 단행하면 의석수의 대폭적인 삭감이 예상되기 때문이다.

그래서 대도시의 의석수를 서서히 늘려나가는 불충분한 수단을 썼다. 1947년에서 1976년에 이르는 동안 아마미군도구와 오끼나와 지방구를 합쳐도 의석수는 466(1925년)에서 511로 늘어난 것에 불과하다.

어쨌든 너무나도 비대해진 국회는 활동이 둔화될 것만은 틀림 없고, 인구 과밀지구의 의석을 늘리는 미봉책 이상의 발본적인 개혁을 어렵게 만들고 있다.

그러나 1976년 4월 14일, 최고재판소가 현행 선거제도는 위헌이라는 판결을 내리자, 사태는 대폭적으로 변화하는 경향을 보였다. 헌법에서 보장된 정치적 평등과 배치하기 때문에라는 것이 이 판결의 이유였다.

이 판결은 과거 미국의 최고재판소가 내린 「원 맨 원 보우트」, 즉 1인 1표의 원칙에 가깝다고도 할 수 있지만, 이 판결이 언제 어떤 형태로 정치 행동으로 옮겨질 것이며, 또한 과연 어떤 구체적인 행동이 취해질 것인가에 대해서조차 지금 단계에서는 알 수 없다는 것이 실정이다.
　현(縣)지사나 시·정·촌장의 선거에는 한 사람의 당선자가 있을 뿐이다. 그러나 그 외의 선거의 대부분은 중의원선거와 같은 복수의석이고, 약간은 비례대표제도 첨가된 특색을 띠고 있다.
　촌회·정회 그리고 소도시의 시회의 선거는 1선거구 단위이다.
　다른 한편, 참의원 선거는 전국구와 현단위의 선거구로 나오고, 후자는 3년마다 1명의 의원을 내보내는 2인구를 별도로 한꺼번에 복수의 의원을 선출하는 것이 통례이다.
　도쿄처럼 인구가 많은 지역이 8의석을 소유하는 것에 비해서 인구가 가장 희박한 지역은 2의석만을 소유하는 것은 사실이지만, 그래도 대도시가 중의원과 마찬가지로 인구비에 비교해서 낮게 억제되어 있는 것에는 변함이 없다. 한 표의 비중은 심한 경우에는 1대 5의 불균형을 보여 준다. 그러나 미국상원이 최대 1대 75의 불균형을 나타내고 있는 것에 비하면 그것은 훨씬 약과이다.
　참의원 지방구의 선거결과는 총선거의 경우와 대차가 없다. 그리고 많은 참의원 의원은 다음에 중의원을 목표로 하는 소장파나 그런 여력이 없는 것을 자각한 노인들 중 하나이다. 다만 3년에 한번 50명씩 선출되는 전국구의원의 경우는 타입이 다르기도 하다.
　설령 작은 압력단체라 할지라도 조직만 튼튼히 차리고 있으면 한 명 정도의 전국구 의원은 배출할 수 있다. 그래서 여러가지 전문직이 자기들의 대표를 참의원에 보낼 수 있다. 일반국민이 의심과 경멸감으로 보고 있는 구군대까지도 2~3명의 직업군인 출신을 국회에 보낼 수 있는 표는 긁어 모을 수 있다.
　TV의 스타나 소설작가는 특히 유리한 입장에 있다. 소위 탈렌트도 전문직에서 나온 후보와 나란히 몇 정당에서 입후보해서 당선하고 있다.
　그러나 1974년에 기업가군에서 자신의 입후보자를 당선시키려던 시도는 완전히 실패로 돌아갔다.

　일본의 선거정치를 에워싼 일대 특색은 근년에 이르기까지 2차 세계대전 이전의 농촌의 색채가 짙게 남아 있다는 것이다.
　1880~1890년대에 일본의 선거제도가 정비된 시대, 일본은 압도적으로 농촌사회였다. 도시인구와 농촌인구가 균형을 잡은 것은 겨우 1920년대에 이

르러서였고, 압도적인 도시화 사회로 변모한 것은 전후의 일이다.
　뿐만 아니라, 참정권은 당초 농촌의 지주계급에 한정돼 있었다. 납세가 유권자 자격의 하나였기 때문이다.
　반면, 대부분의 화이트 칼러 근로자나 블루 칼러 노동자를 비롯한 도시 주민의 태반이 참정권을 얻은 것은 실로 1925년에 이르러서였다.
　일본의 정당이 그 초창기에 기본적으로 농촌의 표밭에 얼굴을 돌린 것은 이 때문이고, 그 경향은 농촌이 상대적으로 많은 의석을 소유한 탓도 있어서 전후에도 어느 정도 그런 경향이 남게 된 것이다.
　따라서 선거의 경험은 농촌주민이 도시주민보다 길 뿐만 아니라, 지역문제와의 관련도 농촌주민이 긴 것이다.
　그런 때문에 오늘에도 농촌의 투표율은 도시의 그것을 상회하고 있다. 전시가 6명에 1명의 기권자율인 데 비해서 후자는 3명에 1명이 기권하는 현상인 것이다. 농촌·도시를 합치면 70~75%의 투표율이 되지만, 이것은 50~60%인 미국에 비하면 고율이다. 또 도시화가 늦은 지역에서는 지방선거가 전국 선거 레벨보다 높은 관심을 모으고 있다.
　투표율이 가장 높은 것은 지방의원의 선거이고, 그 뒤를 중의원, 지사선거가 따르고, 참의원 선거가 최저기록을 마크한다.
　또 하나의 특색은 복수의석제와 엉켜서 개인색채가 매우 농후하다는 것이다. 대정당은 한 선거구에 많은 입후보자를 낸다. 따라서 같은 정당의 후보자가 서로 표를 까먹을 수도 있다. 그래서 소속정당의 조직에 기댈 뿐만 아니라, 스스로의 선거조직을 만들어서 유권자에게 어필해야 하는 것이다.
　영국에서는 중앙의 유명정치가에게 당선이 확실시되는 선거구를 내주기도 하지만, 일본에서는 그렇지 않다. 그 토지의 선의의 주민이거나 대도시에 진출해서 성공한 토박이 인사를 선택한다.
　같은 당의 공인의 경쟁상대와 일정수의 표를 나누기 때문에 자신의 선거기구와 자금원이 있어야 한다. 타당에 넘어갈 표는 애당초 믿을 수 없기 때문이다. 그 결과 일본의 정치에는 개인적 색채가 강하고, 이 점은 미국의 정치에 가깝다. 영국이나 서구라파의 거의 모든 나라와 같은 개인의 체취가 풍기지 않는 증류수와 같은 정치와는 대조적이다.
　일본의 선거가 시작된 것은 19세기지만, 당시 선거의 주요 추진모체가 된 것은 일가의 추종자를 중심으로 한 소집단이었다. 그 체질은 농촌적이고 일본적인 스타일을 갖추고 있었다. 이다가끼(板垣)나 오꾸마(大隈)는 지방의 유력자의 개인적인 추종자들을 거느리고 있었다.
 이러한 지역 블록이 합쳐서 지방의 지방의원이 선출되고 그 위에 국회의원이 나서는 것이다. 지역 블록이 전체로서 후보자를 갈거나 지지정당을 바꾸는 일이 전혀 없는 것은 아니다. 다만 실력자가 되면, 몇 개 블록을 토대로 확고한 지반을 만들고 언제나 쉽게 당선한다는 구조이다. 그의 사망 후, 그 지반은 후계자에게 넘겨지지만, 경우에 따라서는 자식이 될 수도 있다.
 그 반대급부로 선거지반에 이익을 환원하는 것이 그에게 기대되는 것이다. 학교나 다리의 건설, 철도노선의 유치 등이 그것이다.
 어느 정치가의 지반은 같은 선거구내에서도 하나의 지역에 뭉쳐 있는 것이 보통이고, 거기에서는 「우리네 선생님」에게 압도적인 표가 집중한다. 동일선거구에서도 지반 이외의 지역은 같은 당의 다른 후보자에게 속하고, 그런 만큼 득표는 기대할 수 없다.
 그러나 이러한 구조는 시간과 더불어 무너져 갔다. 특히 전후는 그러했다. 농촌일지라도 지금은 옛날처럼 한 블록이 몽땅 한 후보자를 지지하는 일은 없어지고 말았다. 농촌에 살면서 공장노동자로서 도회에 나가는 수가 증가한 것과 매스콤시대답게 외부로부터의 압력이 증대하는 것을 생각하면 농촌일지라도 정치에 대한 관심이나 태도가 다양화한 것도 놀라운 것이 못된다.
 후보자는 이미 특정지역에서 일정한 표를 무더기로 얻으리라고는 기대하지 않는다. 따라서 전선거구에 표밭을 위한 그물을 널리 치지 않을 수 없다. 말하자면, 종적인 정치지반이 횡적인 것으로 이행하고 있는 것이다.
 그 결과 생겨난 것의 하나가 후원회의 이름으로 알려진 개인적인 지원조직으로서, 태반의 정치가가 이것을 가지고 있지만, 그것은 대형 및 다양다기하게 구성되어 있고, 여성·청년 등 선거구 내의 여러 이익단체에 호소한다.
 선거운동과 선거비용에 관해서 엄격한 법적 규제가 설치되어 있는 것도 후원회의 양식을 규정하고 있다. 이러한 규제는 정치의 부패나 유복한 후보자와 부당하게 우위에 서는 것을 방지한다는 이유에서 정당화되어 있지만, 어떤 의미에서는 전전 민주주의에 불신을 안고 운영을 되도록 까다롭게 함으로써 자신의 입장을 안정케 한 무리들이 안출한 법적 규제의 잔재라고도 할 수 있다.
 후보자 각자에게 인정된 법적 선거비용은 별것이 아니다. 인플레 때문에 수정하고는 있지만, 인구가 가장 많은 선거구에서조차 55,000달러, 인구가 적은 선거구에서는 16,000달러에 불과하다.

그러나 이 금액은 아무래도 현실과는 동떨어져 있다. 너무나 적어서 실정에 맞지 않는 법정 선거비용이 어떤 문제를 초래하고 있는가를 암시하고도 남음이 있는 것이다.

선거운동 자체에 대해서도 엄격한 제한이 가해져 있다. 선거운동은 공시 후 3주간에서 5주간으로 정해져 있다.(투표일은 일요일로 정해져 있다) 호별방문도 금지되어 있지만, 일본인은 그런 개인적인 접촉에 약하다고 믿어지고 있기 때문이다.

퍼레이드도 없고, 음식의 향응도 없다. 인정되는 것은 일정수의 포스터·광고·선거용 엽서·팜플렛 그리고 단시간의 TV나 라디오에 의한 정견발표이다. 마이크를 실은 트럭은 아마도 공적으로 인정된 유일한 선거운동 수단이다. 허긴 너무나 요란스런 것이 탈이다.

이와 같이 선거운동의 규제가 엄격하기 때문에 선거법을 뚫고 나가는 여러가지 술책이 쓰여진다.

가령 후원회는 선거를 목표로 하는 조직이라기보다 문화 그룹을 가장해야 한다. 기회 있을 때마다 청년부·부인부, 그밖의 층을 대상으로 하는 「교육적」인 모임을 가지고, 후보자 자신이나 다른 후원자에 의한 「교육적」인 연설회가 열린다.

뿐만 아니라, 미국의 정치가와 마찬가지로 일본의 정치가도 「고객」의 호의를 사기 위해서 배려를 한다. 선거구에서 회합이 열리면 언제라도 참석을 하고, 선거구에서 유권자가 상경하면 이들을 극진히 받아들여 그들의 사적인 청탁을 전력을 다해서 실현시키고, 외국여행을 하면 그림엽서를 띄우는 그런 식이다.

좌익인 야당은 1920년대의 초창기에도 개인적인 연결보다 오히려 이데올로기나 정책을 기초로 국민에 호소했다.

보수파의 정치가에게도 고도로 도시화한 지역에서는 후원회 제도는 효과적으로 기능하지 않는다.

하나의 선거구에 살고 있어도 사교나 지적인 관계의 대부분은 공장이나 회사가 있는 다른 선거구에서 인기가 있는지 모른다. 노조나 농협, 여성단체나 청년조직 그리고 전문직의 그룹 등의 압력단체나 선거모체에 대해서는 보다 지적이고, 침착한 어필이 시도되어야 한다.

개인의 매력을 보완하고, 경우에 따라서 그것을 대체하는 것은 이데올로기상의 문제이고, 정치상의 입장을 명확히 천명하는 것이다.

도시화나 생활의 근대화가 더욱 진보함에 따라서 옛날의 정치 스타일은 착실히 후퇴하고, 도시형의 정책지향의 정치 스타일이 당연해질 것이다.

개인이 아니고 일정한 원칙을 핵심으로 조직되고, 그 원칙을 신봉하는 자가 당의 조직을 형성하고 있다는 점에서 구미의 이상에 가장 가까운 정당은 일본 공산당이다. 당의 핵심부분은 당노선의 충실한 신봉자로 구성되어 있고, 당원의 수도 다른 당을 웃돈다.

공명당도 확고한 기호를 가지고 있지만, 그것은 정치사상보다는 오히려 모체로서의 소가각까이(創價學會)에 대한 충성으로 규제되는 면이 크다.

한편, 사회당과 민사당도 보수파의 자민당보다는 명확한 정치강령에 입각하고 있고, 조직으로서의 힘의 원천은 노조에 있다. 사회당의 경우는 관공노조 및 화이트 칼러 노동자를 중심으로 하는 총평(總評)에, 민사당의 경우는 블루 칼러 노동자를 중심으로 한 동맹에 의지하고 있다. 사회당이 좌경이고, 민사당은 중도노선이다. 다만 사회당이나 민사당 의원도 자기 자신의 후원회 조직을 많이 가지고 있다. 자민당 의원도 보다 선명한 당의 이데올로기를 통해서 새로운 보수주의틀 내세우는 것으로 개인적인 매력이라는 종전의 형태를 보완하려는 경향이 많아지고 있다.

이와 같이 상황은 복잡하지만, 굳이 대별한다면, 낡은 개인 베이스의 후원회 스타일, 사회·민사 양당의 노조 중심 스타일, 그리고 공산·공명 양당의 보다 명확한 당조직의 세 가지라고 할 수 있을 것이다.

정　　당

28

　중국에서도 그러했지만, 현대 이전의 일본에서도 「당파」는 결코 받아들여지지 않았다. 부조화일 뿐만 아니라, 내부의 반란이라는 경향도 없지 않아 있었기 때문이다. 평민은 정치와 상관해서는 안되고, 무사는 주군에게 충성을 다하는 것으로 간주되었다.
　그럼에도 불구하고 현실에는 파벌항쟁이 벌어지고 도꾸가와(德川) 말기에는 막부뿐만 아니라 각 다이묘가(大名家)에서도 파벌항쟁이 정치의 일대 특색으로 간주되기에 이르렀다. 그리고 명치시대에 들어서자 일반 정당이라는 개념이 갑자기 일본인이 채택하는 바가 되었다. 그러나 그 정당성에 대한 개운치 않은 생각은 그대로 남았고, 2차 세계대전까지 지속되었다.
　1874년, 이다가끼(板垣)는 최초의 정당을 만들고 그것을 계기로 자유민권운동으로 기울었지만, 한편에서는 오꾸마(大隈)도 1882년에 정당을 주재했다. 2차 세계대전까지 일본의 정계를 지배한 정우・민정의 2대 정당은 여기에서 비롯된 것이다.
　즉, 이다가끼의 자유당은 주요 정치세력으로서 초기의 국회에 군림, 이윽고 이또(伊藤)가 거느리는 관료출신 집단과 합류, 정우회라 불렀다.
　그 후, 정우회는 장기간에 걸쳐서 의회정치를 주도하고, 1918년에는 하라(原敬)를 수반으로 하는 사상초유의 정당내각의 탄생을 보았다. 전후, 이 흐름은 자유당으로 부활했다.
　다른 조류는 재편・분당・합동을 되풀이하면서 빈번히 명칭을 갈았다. 1927년, 민정당으로 정착할 때까지 진보당・헌정당 등 여러가지 이름으로 불렀다.
　당초의 총선에서는 그들은 끊임없이 이다가끼 노선을 답습했다. 다만 1915년에 오꾸마 노선이 처음으로 이다가끼 노선으로부터 다수당의 지위를 빼앗고, 그후 두 개 노선 사이에 번갈아 가며 교대가 거듭되고, 1924년 처음으로 가또(加藤) 민정당 내각의 탄생을 보았다.

전후, 이 흐름은 민주당——진보당으로도 불린 때도 있었다——의 이름으로 부활, 1955년에는 구자유당과 보수 합동의 결과, 자유민주당을 구성하기에 이르렀으나, 이 명칭 자체가 그 발생의 기원을 말해 주고 있다.

1901년, 이상주의적인 기독교도를 중심으로 하는 사회당이 결성되었지만, 즉각 관헌의 탄압을 받았다. 한편, 1922년에 공산당은 프롤레타리아 정당의 제일진으로서 성공적으로 발족했지만, 2년 후에 비합법화당하고 지지자에 대한 경찰의 탄압이 혹심했다.

1925년에는 복수의 사회주의 정당이 결성되었지만, 모두가 단명으로 끝나고 경찰의 혜택을 본 정치세력이 1932년 사회대중당을 결성했지만, 이윽고 1940년에 다른 보수정당과 마찬가지로 관제(官製)의 대정익찬회(大政翼贊會)에 흡수당하고 말았다.

2차 세계대전 후, 석방된 생존당원이나 중국·소련으로부터의 귀환자의 손에 의해서 일본 공산당이 부활했고, 한편 사회대중당도 일본 사회당으로 소생하고, 1946년과 47년의 총선거에서는 각각 19%, 26%의 득표율을 기록했다. 이것은 전전, 1936년과 37년의 5%, 10% 약(弱)의 득표율에 비하면 일반국민의 지지가 분명히 증대하고 있다는 것을 뒷받침하고 있었다.

동시에 사회당은 이데올로기를 둘러싼 전전의 대립을 전후에도 계승하고 있었다. 민주주의보다 사회주의를 선행시키는 사고와, 사회주의보다 민주주의를 선행시키는 사고의 대립이 있었다.

여하간 1951년과 1955년의 두번에 걸쳐서 당은 분열을 체험, 다시 1960년에는 세번째로 분열하고, 온건파는 사회당을 탈당, 새로이 민주사회당을 형성하게 됐다.

이와 같이 패전 직후에 여러가지 신흥정당이 탄생한 것은 사실이지만, 대체적으로 일본의 정당은 전전의 각 정당에 뿌리를 박고 있다. 전후파 정당의 최대의 것은 협동당으로서, 1949년에는 민주당과 합동했지만, 그 밖의 전후 정당은 어느 것도 1949년을 기다리지 않고 자취를 감추고 말았다. 기성 정당 가운데 겨우 전후에 탄생한 존재는 공명당뿐이고, 1964년 소가각까이(창가학회)를 중심으로 결당되었다. 10년간에 걸친 선거활동의 결과였다.

전전의 정치는 국가차원의 문제보다 지방 레벨의 문제에 큰 관심을 가지는 농촌 유권자에 의해서 크게 좌우되고 있었다. 따라서 어느 정당에 소속하고 있는 것보다 후보자 개인을 어느 정도 알고 있는가가 커다란 비중을 차지하고 있다. 사실 대부분의 후보자는 소속 정당을 내세우느니보다 차라리 무소속으로 입후보하는 일이 많았다.

이 전전의 상황은 아직도 남아 있고, 지방정치는 물론 자민당의 구조자체에도 그 잔재는 강하게 남아 있다. 선거구가 작고 농촌에 가까우면 가까울수록 무소속으로 선출되는 의원의 비율이 높다. 반대로, 대형의 도시의 선거구의 경우는 소속정당을 밝히는 비율이 높아진다.

일반적으로 말해서, 일본사회의 도시화·공업화가 진전됨에 따라서 각 레벨에 있어서의 소속 정당 명확화로의 움직임은 명백하다. 정·촌회 레벨에서는 아직 태반이 무소속으로 출마하지만, 대도시의 경우는 무소속 시회의원은 드물다. 현회의원의 경우는, 전에는 무소속이 3분의 1약(弱)을 점한 것에 비해서 오늘날에는 태반이 현회에서 몇 명을 헤아리는 데 그친다. 한편, 국회에서도 무소속 입후보자는 한 줌에 불과하고, 일단 선출되면 그나마 어느 정당으로 들어가는 것이 통례이다.

지방 자치체의 장, 즉 현(縣)지사나 시·정·촌장의 경우에는 전적으로 양상을 달리하고 있다. 전후의 초기에는 2대 보수당이 다수당을 차지한 일도 있어서 대부분의 장은 보수파에 속하고 있었다. 단, 대부분의 장은 소속정당을 밝히지 않았다.

그러나 그 후, 정당의 레텔을 사용하는 경향이 높아지고, 오늘날에는 지사의 절반 이상이 소속 정당을 밝히기에 이르렀다.

다만 야당의 총투표수가 서서히 신장하고, 보수당을 제압하는 경향이 대도시 지역에서 높아지자, 대도시의 태반, 그리고 일부 중도시에서는 야당 출신의 장이 등장하기에 이르렀다. 가령 도쿄 도의회의 경우는 1965년 이래, 다수파는 야당의 수중으로 들어가고 67년에서 79년까지 미노베(美濃部) 혁신지사를 장으로 앉혔다.

미노베는 전전 헌법학자로서 그 헌법 해석을 둘러싸고 갑론을박을 불러일으킨 미노베 다쯔기찌 교수의 아들이고, 그도 부친과 마찬가지로 교수였다.

단, 혁신측의 후보자도 양당 또는 그 이상의 야당의 지지를 필요로 하기 때문에 무소속을 칭하는 일이 많다.

보수계 무소속 의원이 특히 농촌에서 지방정치를 좌지우지하고 있는 것은 자민당의 구조가 이례적이라는 것을 푸는 하나의 열쇠이다. 자민당은 결국 하나의 정치 클럽에 지나지 않고, 그 구성원은 일의적(一意的)으로는 동당 **소속의 국회의원**, 그리고 이의적(二意的)으로는 그 지지자와 지방의원, 자치체의 장 등, 국회의원 예비군으로 지목되는 사람들이다.
 환언하면, 자민당이란 프로의 정치가를 주축으로 하는 클럽에 불과하고 서민 레벨의 조직도 없고, 대중당원도 얼마 안된다. 역(逆)피라밑, 유령정당 등으로 불리는 이유도 여기에 있다. 머리는 있으나 발이 없다는 것이 후자의 의미이다. 다만, 이 평가는 사람을 오도할 우려가 있다. 지방의원의 득표조직이나 후원회 제도로 말미암아, 서민 차원에서의 자민당의 기반은 광범하고 또한 활기에 차 있다. 허긴 동당에 소속하고 있다는 귀속감을 가지는 유권자는 소수에 불과하다.
 일본인의 대다수는, 당원이 되는 것은 고사하고 특정 정당을 적극적으로 지지하는 것조차 꺼리기 때문에 정치로부터 거리를 두고, 한쪽을 편들지 않는 자세를 고수하고 있다. 공산당·공명당의 지지자와 노조의 지도자가 사회·민사 양당을 편들고 있는 것은 예외라 할 수 있다.
 허긴, 미국에서 민주·공화 양당의 어느 편에도 기울지 않는, 무소속이라는 자세가 포퓰러한 것과 마찬가지로, 일본인의 태반도 자기 자신을 불편불당(不偏不黨)으로 간주하고 싶은 강한 입장을 취하고 있기는 하다.
 그러나 사실은 일본인의 정당지지는 미국인 유권자의 경우보다 일관성이 강하고, 따라서 예측 가능성도 높다고 말할 수 있을 것 같다.

 자민당은 1955년 결당 이래 계속 다수당을 차지하고, 득표수도 대다수 내지는 그에 가까운 우위를 점했다. 천하의 공당이고, 최대 정당임을 생각할 때, 이것을 자세히 검토할 가치는 충분히 있다. 자민당에 대해서 하는 말은 적어도 부분적으로는 야당에 대해서도 해당되기 때문이다.
 자민당의 핵은 동당 소속 국회의원이고, 수반의 선출이나 법율안의 성립에 관해서 전의원이 일관해서 투표하는 것은, 동당에 의한 지배의 유효성과 그 존재에 있어서 기본적인 중요성을 가지고 있다.
 투표에서 당규당의(黨規黨議)는 절대적이다. 지방정치가 개인 베이스로 행해지고, 각 국회의원이 정규의 당기관보다 개개의 후원회의 지지로 선출되는 점을 생각하면 이것은 특기할 만한 가치가 있다.
 미국의 경우도 국회의원의 힘의 근원은 오히려 개개인의 선거지방에 있는 것이지만, 일본과는 달리, 투표에 있어서는 당의에 구속당하는 일이 적고, 자유투표의 비중이 높다. 한편, 구라파의 의회정치의 많은 부분이 당규를 중요시하는 것은, 정치가의 개인적 기반이 대체적으로 약한 데 기인한다.

그런데 일본의 경우는, 개개인의 정치적 기반은 미국보다 개인적 색채가 강하고 자주성도 현저하지만, 다른 한편 당의의 구속력은 국회·지방의회에서 다같이 구라파의 민주주의 국가에 더하면 더했지 덜하지는 않다. 이와 같은 기묘한 콤비네이션은, 집단을 조직하는 능력에 있어서 일본인이 무시할 수 없는 재능을 가지고 있다는 것을 표시하는 것이다.

자민당은 이렇다 할 명확한 이데올로기를 가지고 있는 것이 아니다. 그럼에도 불구하고 국회에서는 일치단결해서 행동한다. 전전의 정우·민정 양당도 그다지 뚜렷한 이데올로기를 가진 것도 아니고, 현재의 자민당 국회의원도 단순히 이 두 개의 조류의 어느 것을 계승하고 있는 것에 불과하다.

정당정치의 초기에서는, 이 양당은 일치해서 정부에 대항하고 어떻게 하면 정부로부터 많은 권한을 빼앗을 것인가에 부심했고, 마침내는 그것을 입수한지 오래지만 양자를 나눈 것은 개인적인 갈등이지 구체적인 정책안건이 아니었다. 소위,「혁신정당」의 대두에 의해서 1955년에는 보수 합동을 하기는 했지만, 이것도 단순히 편의상의 결합에 지나지 않는 것이었다.

자민당이 혁신정당보다 보수적인 입장에 서는 것은 사실이지만, 특정한 문제에 관한 한, 광범한 의견의 소유자를 산하에 두고 있고, 그 점에서는 오히려 미국의 공화·민주 양당에 가깝고, 구라파의 정당과는 거리가 있다.

단, 미·일 양국의 정당간에 큰 차이가 없는 것은 아니다. 일본의 정당이 선거시에는 별 의미가 없는 데 반해서, 일단 당선된 의원에게는 그럴싸한 틀을 제공해서 대의제도——지방의회도 포함해서——가 우선은 효율성있게 기능하는 것을 가능케 하고 있다.

이에 비해서 미국의 정당은 공직에 선출될 때 일시적인, 말하자면 레텔이고 조직에 불과하고 일단 선출되면 자유재량이 상당히 인정되는, 그런 차이가 존재한다.

자민당의 특징 가운데 한 가지 중요한 것은, 동당 소속의 국회의원이 몇 개의 파벌로 분할되어 있다는 점이다. 이것은 당의 단결을 방해하는 것으로서 비판의 대상이 되고 있지만, 당이 국회내에서 서로 제휴동작을 취하는 데 있어서 하나의 중요한 구조로 되어 있다.

일본의 파벌의 전형적인 구성은, 다수의 파벌 멤버 위에 한 사람의 장, 또는 몇 명의 대리인이 파벌의 장의 이름으로 행동하는 형식을 취한다. 유력 파벌의 수는 4개 내지 5개로 40~80명의 파벌 멤버를 안고 있고, 때로는 몇 개의 중소 파벌이 가세할 때도 있다. 대파벌이 이 이상의 인원을 안게 되면 분열은 필연적이고 또한 중소 파벌도 너무나 적으면 파벌로서의 효용을 발휘할 수 없다. 각 파벌마다 누구나 리더로 모시는 존재가 있고, 파벌의 장이 국회나 당의 유력인사임은 물론이다. 그가 사망하거나, 정계를 은퇴하면 파벌은 소멸되거나, 새로운 리더가 출현될 때까지 어려운 길을 걷게 된다.

자민당이란 필경 각파 간의 연합체에 지나지 않는다는 의론도 있다. 확실히 실무면에서는 그것이 틀림없지만, 보다 기본적으로는 이것은 속론(俗論)에 지나지 않는다. 구라파의 연합정권의 경우는 구성요소로서의 각 정당은 독자적인 정치세력이지만, 자민당의 파벌은 그 당 속에서만 그 존재 이유를 주장할 수 있을 뿐, 그 이상의 존재는 아니다. 뿐만 아니라, 파벌마다의 이데올로기면에서의 특이성으로 말하면, 자민당 전체보다도 희박하다.

때로는 어느 특정 파벌이 일정한 정책경향을 가진다고 평하지만, 그러나 그것도 확고한 것은 아니다. 또, 파벌에 따라서 우경이다, 좌경이다 하지만, 이러한 정치평론가에 의한 분석도 조잡한 것에 불과하다. 어느 대파벌 속에도 다른 의견이 있을 수 있는 것이고, 특정한 정치견해를 추진하기 위해서 끊임없이 만들어지는 위원회나 그룹도, 그 참가자는 각 파벌을 횡단적으로 망라하고 있는 경우가 많다.

자민당이 자유·민주의 양당을 모체로 하고 있었다는 것이 당내 각파의 구별에 기여한 것은 결당 당초에는 사실이었지만, 그 후 이 측면은 서서히 사라지고 오늘날에는 거의 완전히 자취를 감추고 말았다. 관료 출신자를 장으로 하는 파벌과, 당원로파가 거느리는 파벌 간의 대립도 떠들썩하게 세상에 나돌았지만, 이 정치평론가의 분석도 평의원에 관한 한 큰 의의는 없었다. 실제로 1966년 현재 관료출신자는 16%를 차지하는 것에 불과하고, 긴 눈으로 보면 일시적인 현상으로 봐야 할 것이다.

1900년의 정우회의 결당시와 1920년대의 정당세력의 신장시에 있어서는 야심적인 관료들이 정계진출을 기도한 것은 사실이고, 마찬가지로 전후에도 국회에서의 압도적인 우세하에 관료출신자가 당의 요직을 차지한 일도 있었다. 일본의 관료기구의 조작에 능한 그들은 정치가로서도 효과적으로 기능했다. 전후 수상의 자리를 장기간 차지한 정치가는 요시다·기시·이께다·사또 등 모두 관료출신이었다. 1976년 12월 24일, 총리자리에 앉은 후꾸다도 대장성의 관료출신이다.

한편, 1972년에서 74년까지 수상이었던 다나까(田中角榮)는 원래가 엘리트 관료가 아니고, 자수성가한 사업가 출신의 정치가이다. 한편, 그의 후임

28. 정   당

으로 1976년 12월까지 수상직을 지낸 미기(三木)는 전전으로부터의 순수정치가의 최후의 일인이었다.

언젠가는 현재의 노령화한 지도층을 계승할 중견파는 그 태반이 순수한 정치가이거나 젊은 시절 관계를 버리고 정계에 투신한 사람들이다. 관료출신이 차례로 정계의 톱을 차지한 것도, 한 시대의 일시적인 현상에 불과하고, 또한 파벌현상과는 거의 상관이 없다고 해도 과언이 아니다.

이와 같이 파벌이라는 것은 이데올로기를 축(軸)으로 삼는 당내 집단이 아니라 기능적인 존재이고, 지도자와 그 추종자들이 개인적으로 유대를 맺는 매우 일본적인 형태를 갖추고 있다.

파벌은 또한, 그 지도자나 추종자에게나 확실한 존재 이유가 있다. 즉, 파벌은 그 지도자가 당의 총재, 또는 당의 요직을 차지하기 위한 도약대의 역할을 할 뿐만 아니라, 평의원으로서는 국회활동의 참여에 의의를 발견하고 일본인에게는 없어서는 안될 심리적인 지주를 제공하는 마당이기도 하다. 파벌 차원에서 열리는 모임에서 구성원, 특히 젊은 의원들에 의회내에서의 동향이나 문제점에 관해서 귀중한 정보제공의 마당을 마련해 주는 것이다.

또, 평의원으로서는 파벌에 속하는 편이 위원장이나 정무차관 또는 각료의 포스트를 차지하기가 쉽다. 자력으로 이런 자리를 차지한다는 것은 여간 힘든 일이 아니다. 따라서 독불장군으로 지내는 자민당 의원은 아주 의지가 강한 소수에 지나지 않는 것이 그 실정이다.

자민당의 입후보자를 선출할 때에도 파벌의 역할은 무시할 수 없다. 어떤 의미에서도 후보자는 자선(自選)이다. 은퇴 의원, 또는 사망 의원의 자식이나 후계자, 또는 자력으로 지반이나 선거 모체를 만들고 있지 않으면 후보자로서 고려될 수도 없기 때문이다.

그러나 이러한 유력자 가운데 누구를 정식 후보자로 공인하는가는 중앙당의 권한이다. 이미 관찰한 바와 같이, 선거의 현상에서는 당의 득표능력을 웃도는 수의 후보자를 내세울 수는 없다. 따라서 함부로 아무나 내세울 수는 없다. 그래서 파벌 영수의 지원이 필요한 것이고, 당선되면 그 영수산하의 파벌에 들어가야 하는 것이다. 금전면에서의 지원을 받는 일도 있지만, 그렇게 되면 파벌로서도 자연히 그 후보자의 당선에 힘을 쏟게 되는 것이다.

후보자 각자에게는 당본부로부터 금전적인 원조를 지급하지만, 그것이 개인적인 자금과 함께 선거자금으로 사용되는 것이다.

국회의원이 국회에 선출되는 과정에서 파벌이 어느만큼 큰 역할을 수행하는가는 동일선거구 내의 자민당 의원이 대개 파벌을 달리하는 라이벌이고 동일 파벌에 속하는 일은 거의 없다는 사실을 보면 일목요연하다.
　당의 공식적인 공인을 얻는 데 실패하는 입후보 예정자도 물론 적지 않고, 그 가운데는 일단 무소속이라는 형식으로 비공인인 채 출마하는 자도 있다. 당본부로서는 이런 자들에게 엄격한 태도로 임하지만, 파벌 관계자의 뒷받침을 암암리에 받고, 선거에 나서는 미공인후보도 있다. 그럴 경우에는 당선된 후, 대개의 경우 복당을 하고, 당연히 그 파벌에 소속하게 되는데, 그 때문에 공인후보가 낙선의 쓰라림을 겪게 되는 경우가 대부분이다.
　일본의 정치상황을 논하는 자는, 주로 파벌의 폐단을 들고, 자민당 자체도 파벌을 해소하는 결의를 표명한다. 파벌 때문에 선거자금이 불필요하게 사용되고 당내 항쟁이 치열해지는 것도 또한 사실이다.
　그러나 파벌은 사라질 것 같지 않다. 제도 전체의 운영에 기능적으로 작용하고 있기 때문이다. 공인후보를 결정하고 그를 당선시키는 역할을 수행하고 있을 뿐만 아니라, 당의 의사결정이나 당의 지도자를 선출하는 데도 작용하기 때문이다.
　국회에서의 내각수반의 결정이나, 법안의 성립이 전당일치의 형식을 취하는 것은 이미 기술했지만, 그렇게 하기 위해서는 당단위로서의 컨센서스가 필요하고, 그것은 각 파벌 간의 흥정에 의해서만 가능하다. 4백명이 넘는 중·참의원 간의 합의는 어려워도 8~9개의 파벌 지도자 간의 합의는 당연하지만, 그다지 어렵지는 않다.
　미국에서는 4년마다 한번 대통령후보자를 지명하기 위해서 요란스런 흥정이 벌어지고, 의회는 의회대로 표모으기에 애를 먹는데, 그에 비하면 일본의 방식이 대체적으로 질서가 있다.
　따라서 파벌의 존재가 당 전체를 약체화시키고 있다는 세평과는 달리, 오히려 파벌 간의 흥정 덕분에 유효하고도 탄력적인 조직으로 발전하고 있다고 말할 수 있을 것이다.

　자민당 대회는 지도자를 결정하는 마당이다. 1년에 1회라는 규정이지만, 수상이 사임한 경우, 또는 3년——1971년까지는 2년——에 한 번 새로운 당총재를 선출하기로 되어 있다. 당대회의 구성은 국회의원 클럽으로서의 자민당의 기본적인 체질을 여실히 보여 주고 있다.
　400명이 넘는 양원의 국회의원은 각기 한 표를 가지고 있지만, 그 외에는 각 도・도・부・현(都道府縣)의 당기구 대표에게 한 표가 부여될 뿐이다. 이 표는 여성・청・년, 기타 집단에 분할되는 경우가 많다.

대회는 총재를 선출하지만, 자민당이 국회에서 대다수를 점하고 있는 한, 동당의 총재가 자동적으로 내각수반에 선임된다. 총재의 선출은 각 파벌간의 합종연형(合從連衡)의 결과이고, 총재의 자리를 장악하게 된 파벌은 주류파, 패배한 측은 반주류파로 불린다.

총재는 파벌영수 간의 비밀협정에 의해서 결정되는 수도 있다. 말하자면, 미국식으로 「담배연기 자욱한」 밀실에서 결정되는 것이다. 1971년에 채택된 당규약에 의하면 총재는 단순다수결로, 3년의 임기로 선출되고, 3기만은 3분의 2의 득표를 필요로 하고 있다. 이것은 수상의 임기를 최장 6년으로 제한하자는 의도로 해석된다.

수상이 다수당 의원에 의한 간접선거로 결정되고 대통령 제도하에서처럼 국민의 「일반투표」에 의해서 선출되는 것이 아니기 때문에 미국의 경우처럼 널리 일반 국민의 지지를 얻는 일은 드물다.

신내각의 탄생 직후는 얼마간의 「하니문」이 계속되고 지지율도 50%를 약간 상회하기는 하지만, 얼마 후에는 30% 이하로 떨어지는 것이 예사이다. 자민당 지지자라 할지라도 현수상에 대해서 개인적으로 편을 드는 것이 아니기 때문에 다른 파벌영수를 지지할 수도 있을 것이다.

다른 당임원은 총재가 누구인가에 따라서 결정된다. 당임원의 선출은 각 파 간의 밸런스를 유지하고, 각 파벌이 집행부를 충실히 지지하는 것을 계산한 뒤에 실시되기 때문이다. 총재 다음으로 유력한 당임원은 간사장으로서, 정무차관이나 국회 위원장의 포스트의 배분을 맡는 권한을 장악하고, 당직원을 관장하고, 또 입후보 공인을 정하는 결정적인 역할을 수행하는 선거대책위원회를 지배한다.

간사장과 함께 중요한 포스트는 총무회장과 정조회장(政調會長)으로서, 이들이 의사결정의 과정에서 어떤 역할을 수행하는가에 대해서는 후에 기술하기로 한다.

부총재가 선출되는 수도 있다. 이러한 포스트나 당내 위원회의 구성, 그리고 각료 포스트의 배분을 할 때에는 파벌 간의 균형을 기하는 신중한 배려가 있어야만 한다. 파벌의 영수가 스스로 당이나 내각의 요직에 앉는 경우도 있지만, 자파의 멤버를 대리로서 보낼 때도 있다.

한때 일본에서도 지역적인 균형이 파벌 외의 중요한 요소로 간주된 때도 있었고, 미국의 정치에서는 오늘날도 큰 역할을 하고 있지만, 일본에서는 분명히 파벌균형이 중요하다.

다른 정당들도 당의 일반적인 구성에 관한 한, 자민당과 대차 없다. 당대회를 정기적으로 열고, 당의 주요 인사를 결정한다. 다만 사회당만은 규모 탓도 있고 해서 진정한 파벌을 가지고 있다.

자민당의 경우와 마찬가지로 사회당의 파벌도 개인적인 색채가 없는 것은 아니지만, 본질적으로는 이데올로기를 중심으로 하는 집단이고, 따라서 항쟁도 치열하다.

1962년까지 모든 동당 소속의원은 자동적으로 당대회의 대의원이었다. 그러나 그 이후, 대의원의 선출은 지방조직의 손으로 넘어갔다. 자민당의 국회의원에 비해서 사회당 의원은 반수 이하에 불과하고, 따라서 당대회에서 점하는 그들의 비중은 자연히 낮아질 수밖에 없다. 그 대신 지방조직이 선출한 노조 지도자가 많은 비중을 차지하고, 대의원의 40% 내외를 차지하고 있다.

당대회는 당의 중앙집행위원회의 위원장——자민당의 총재에 해당한다——을 선출하는 외에도, 서기장 이하의 임원을 선출한다. 당을 실제로 움직이고 있는 중앙집행위원회의 멤버가 결정되는 것도 같은 당대회에서이다.

당의 주요 임원은 거의 모두가 국회의원이고, 자민당의 경우와 마찬가지로 파벌 간의 항쟁이나 파벌균형을 목표로 노력하는 데 지나지 않는다.

의사 결정 과정

29

국회가 일본 정치의 의사결정 과정의 기초이고, 정당과 그에 투표하는 유권자가 국회를 구성하는 열쇠임은 이미 기술한 대로이다. 다만 그 운영방법은 미국의 정치제도와는 아주 다르고 구라파의 의회정치와도 어떤 면에서는 크게 다르다. 앞서 일본의 경제계에 대해서 언급했을 때 일본 특유의 컨센서스 제도를 기술했지만, 정계의 경우도 같은 컨센서스 제도로 채택되어 있다. 일본과 미국의 가장 명백한 차이는 같은 민주주의라고는 하지만, 일본이 의원내각제인 데 반해서, 미국은 대통령제라는 것이다. 수상이 국회의 다수파에 의해서 선출되는 이상, 여당과 행정부간에는 당파별 또는 정책상의 차이는 없다. 미국의 제도와 다른 점이다.

그밖에 여야 의원의 손에 의한 의원입법도 없는 것은 아니지만, 법안의 태반은 여당을 대신해서 내각이 제출하기 때문에, 실제의 기안은 내각의 지휘감독하에 있는 각 부처의 손에 의해서 작성되는 것이 통례이다.

여기까지는 일본의 대의제나 다른 민주국가의 대의제가 대차가 없지만, 법안을 여당이 어떻게 취급하는가의 단계에서는 다른 대의제와는 차이가 생긴다. 즉, 다른 대의제의 경우에는, 여당은 명백한 이데올로기와 확고한 정책을 가지고 있고, 의원이 선출되는 것도 이데올로기와 정책에 의하지만, 자민당은 그렇지 않다.

자민당 의원은 개인적인 매력을 배경으로 삼는 경우가 많기 때문이다. 한편, 수상은 수상대로 파벌 간의 흥정으로 선출되는 경우가 많고, 자신의 정책을 실행에 옮기는 중망(衆望)을 안고 있는 것이 아니다. 따라서 기본적인 결정이 내려지는 것은 여전히 당의 컨센서스를 수립하기 위한 복잡한 과정을 거친 후의 일이다.

자민당은 이 때문에 각종 기구를 가지고 있다. 가령 각 파벌마다 정기적인 회합을 열고, 정책사항을 토의하지만 그 석상에서 파벌 영수는 파벌구성원에 대해서 문제의 소재와 자기의 견해를 피력하는 한편, 어떤 입장을 취하면 그들의 지지를 얻을 수 있는가에 대한 복안을 짠다.

　문제가 중요할 경우에는 파벌을 가로 지르는 집단이 형성되고, 특정한 입장을 추진할 때도 있다. 외교문제가 그러한 일례인데, 그 전형적인 예는 AA 연구회와 세이란가이(靑嵐會)이다. 전자는 수년전에 활발히 활동한 당내 좌파의 집단이고, 특히 제 3 세계와의 연대를 지향하는 데 반해서, 후자는 젊은 초보수파를 중심으로 비교적 최근에 결성된 집단이다.

　그러나 의사결정 과정에서 보다 유력하고 중심적인 존재는 정조회(정무조사회)로서 그 장은 당의 주요 임원의 일각을 차지한다. 정조회는 주요 부처와 국회의 상임위원회에 상당하는 15개의 위원회로 나뉘고, 그 밖에도 30개에 가까운 소위원회를 가지고 있다. 그 밖에도 20개 정도의 특별위원회 또는 프로젝트 팀이 있다.

　각 위원회는 몇 명의 스태프를 가지고 전문가를 초빙할 때도 있지만, 위원은 전부 국회의원이다. 국회의원은 자신의 기호에 따라서 위원회에 소속하고, 투표권을 행사하는 외에, 어느 위원회에도 출석해서 토의에 참가할 수 있다.

　이와 같이 당의 위원회는 당소속 의원 간의 의견을 절충함 동시에, 각 부처의 전문가——실제로 법안을 기초하는 것은 이들 관료이다——의 의견과 타협시키는 장으로서의 기능을 발휘하고 있다.

　물론 정규위원회의 배후에서 특정법안에 강한 관심을 품는 의원동지나 관계부처 간에서 광범한 의견교환이 있는 것은 두말할 필요도 없다.

　일상적인 결정에 대해서는 기업이나 관료기구에서 볼 수 있는 품의제(稟議制)에 가까운 절차를 밟는다. 위원회의 결정은 정조회의 심의부문에 회부되지만, 여기에서 승인되면 당의 총무회에 송부된다. 그런데 총무회는 파벌적・지역적 균형 위에 서 있다.

　총무회가 당으로서 정식 승인을 내리면, 다음에는 내각법제국에 회송되어 거기에서 처리된다. 그 다음 세무차관회의——각 부처를 실무수준에서 움직이고 있는 것은 이들이다——에서 토의된 다음 내각으로 송부되고, 내각의 정규적인 승인을 받은 단계에서 정부제출법안으로 국회에 상정된다.

　이러한 수많은 소속 절차의 과정에서 특별한 관심을 가진 당소속 국회의원이나 각 파벌의 주장이 충분히 반영되기 때문에, 일단 국회에서의 의결에서는 그 이상의 토론도 없이 간단히 한 표를 던진다.

　갑론을박격인 문제의 경우에는 이처럼 순탄하지 않을 경우도 있다. 정조회가 의견의 일치를 보지 못하면 총무회에 돌리거나, 또는 파벌의 영수, 아니면 총재·부총재·총무·정조회장 등 간부로 구성되는 임시국회에 상정된다. 이런 임원직이나 조직은 파벌균형 위에 입각하고 있기 때문에 당내 여론을 종합해서 국회에서의 의결을 가져 오도록 한다.

이러한 절차를 거쳐도 중의의결을 보지 못할 경우가 없지 않으나, 그 때에는 수상의 결단에 맡겨진다. 물론 수상 자신의 정치책임에 의해서이고, 경우에 따라서는 당원으로부터의 비판도 감수해야 한다.

또, 양원 의원총회의 소집도 가능하지만, 이것은 이미 내려진 결정을 추인하는 형식으로 취하는 경우가 많다. 사회당의 경우에도 자민당과 유사한 수속절차를 밟아서 당의 컨센서스에 도달한다. 당의 간부임원의 지도하에 정책심의회나 각 위원회가 당의 강령을 결정하고 당소속 국회의원이 이에 따르는 형식이다.

이데올로기적으로 대립하는 당이고 보면, 결정에 어려움이 있는 문제도 있지만 대체로 여당보다는 의사결정 과정은 단순하다. 여당이 아니기 때문에 대체의 안건에 관해서는 그 입장만 확실하면 그만인 것이다. 절대 반대를 위한 안건은 그다지 많지 않고, 그것도 구체적인 대안을 수반하는 일은 없다고도 할 수 있다.

정치적인 의사결정 과정이 당의 기관을 중심으로 이루어지는 것은 사실이지만, 결코 정치가가 하는 것만은 아니다. 각 부처의 관료들이 수행하는 역할도 큰 것이다. 또 전문연구자 가운데는 의사결정의 주요기관은 각 부처이고, 당기관이나 국회는 제이의적인 존재로 단정하는 사람도 있을 정도이다.

실제로 국회에 제출되는 법안의 70%까지는 각 부처의 기안에 의한 것이고, 그 대다수는 국회를 통과한다. 나머지 30%가 의원입법인데, 성공하는 율은 매우 적다. 성립을 보는 법안도 사실은 관료의 손을 거치는 것이 한두 개가 아니고, 정치적인 이유로 의원제출의 형식을 취하는 데 불과하다.

하편, 야당의원이 제출한 법안은 절대로 통과되지 않는다고 말해도 좋다. 그리고 관청에서 제출하는 법안의 대부분은 각 부처의 장기적인 정책안으로서 동일부처에의 각국이나 파벌 집단에서 수정이 가해진 다음 컨센서스에 도달한 것들이다.

이러한 수속절차를 설명하는 좋은 예는 예산안이다. 각 부처는 자기의 예산요구를 제출한다. 현행예산액을 상회하는 것이 보통이고, 25% 증가도 있다. 부내에서는 각 국간이나 각 계획간의 밸런스뿐만 아니라, 현행예산안의 밸런스를 크게 무너뜨리는 일이 없도록 세심한 주의를 기울인다.

한편, 대장성(재무부)도 최종예산의 책정에 있어서 각 부처간의 밸런스를 취하도록 부심한다.

따라서 일단 결정한 예산항목은 수정이 가해진다 해도 소폭적이고, 발본적인 것이 아니다. 수정이 가해질 때에도 관료기구 자체가 국민적 필요와 국민의 희망을 어떻게 인식하는가에 달린다.

다만 예산안도 다른 법안과 마찬가지로 여당의 승인을 받는 것이 필수이고, 그만큼 여당의 강한 영향을 피할 수 없다. 그것도 몇 개의 차원에 있어서이다. 수상 이하 내각이 무엇을 목적으로 공약하는가 하는 것은 예산안의 책정이나 각 부처간의 입법안건을 결정할 때 영향을 미친다. 또 정조회 소위원회와 관료전문가 사이의 토의는, 정치가에게 기술적인 측면의 공부가 될 뿐만 아니라, 관료전문가에 대해서 어느 정치목적을 충족시킬 필요가 있는가를 명백히 한다. 어느 단계이건 개인적인 토의는 정치가와 관료와의 쌍방 통행적인 상호영향을 미친다.

정책의 시행자로서도 관료는 커다란 역할을 수행한다. 이것은 일본의 기업에 관해서 언급했을 때 이미 기술한 대로이다. 법률은 커다란 틀을 장만하는 것뿐이고, 그것을 구체적으로 실시함에 있어서는, 행정에 의한 세목이나 규제가 필요하다. 이것은 비단 일본에 한한 것은 아니지만, 특히 일본의 경우는 행정지도의 영역이 미국보다 광범하고 그만큼 행정의 권한이 훨씬 큰 것이다.

한 예는 통상산업성이다. 이 경제관청의 상세한 행정지도는 국내외에 널리 알려져 있다. 통상성의 행정지도의 근거는 대폭적인 허가·인가권이었다. 물론 관료일지라도 이러한 조치를 강구함에 있어서 여당측의 의향을 따르도록 신중을 기해야 한다. 그러나 그렇더라도 개개의 결정은 그들의 손에 달려 있고 정치가의 지시를 받는 것은 아니다. 대통령이나 내각이 엄격히 감시하고, 콘트롤하고 있는 미국의 제도와는 다른 것이다. 따라서 일본의 관청이 미국보다 강력하다.

여당과의 상호관련이 밀접한 이외에도 각 관청은 담당분야의 여러가지 압력단체와의 연락을 끊치 않는다. 농협을 비롯한 농업단체들은 농림성에는 매우 중요한 존재들이다. 마찬가지로 일본의 사회는 후생성에, 일본 교직원 조합은 문부성에, 노동단체는 노동성에 각각 극히 중요한 존재이다. 단, 일본 교직원조합과 노동단체들의 경우는 협력상대라기보다 오히려 대항자에 가깝다.
　경제관청은 경제계와 가깝지만, 각종 연합체로 뭉쳐 있고, 그런 탓도 있어서 정부와 경제계와의 관계는 미국의 경우보다 훨씬 질서있고 원만하다.
　압력단체와의 조정작업은 대체로 비공식적인 토의를 통해서 이루어진다. 그러나 이 과정을 강화하기 위해서는 각 관청은 각종 심의회를 설치하고 있고, 1972년에는 그 총수가 240개에 달했다. 실질적인 관심사항에 대해서 심의회가 없는 곳은 의무성뿐이었다. 외교정책이라는 것은, 말하자면 비밀에 속하는 것이고, 국민의 참가가 유효하기 위해서는 너무나 미묘하고, 위험성을 내포하고 있다고 보는 것이다. 관료의 견지에서는 심의회는 관청의 방침에 대해서 일반의 이해나 지지를 얻는 곳이기도 하고, 동시에 관청의 파벌적인 논의를 배출시키는 데도 이용가능할 뿐만 아니라, 관청에 일반국민의 영향을 반영시키는 마당으로서도 기능할 수도 있다고 간주되었을 것이다.

　이와 같이 일본의 정치적인 의사결정과정은 3단계로 대별할 수 있을 것이다. 전문지식과 행정면에서의 일관성을 부여하는 것은 각 관청이고, 당내의 수속절차와 국회내의 표결로써 최종적인 정치결정을 내리는 것은 의회, 특히 여당이다. 그러나 행정이나, 여당이나 궁극적으로는 또 하나의 존재를 무시할 수 없다. 일반국민이 바로 그것이고, 그들은 유권자로서 여당을 선출함과 동시에, 여당이 각 관청에 어떠한 정책의 책정을 작용시키는가에 대해서 커다란 틀을 설정한다.
　관료기구는 항구적인 존재이고, 여당도 1955년의 자민당 결당 이래 변화가 없다. 그 점, 이 두가지는 비교적 고정하고 있지만 일반국민은 다양하고, 변화하기 쉽다.
　첫째, 유권자는 여러 정당에 한 표를 던진다. 더우기 여러가지 압력단체를 결성하고, 그 세력도 시세(時勢)에 따라서 소장(消長)한다. 농민・어민・의사・치과의・지역주민이나 관심층이 만드는 그때 그때의 운동조직・노동조합・업계단체・경제연합체 등이 그것이다.
　정치에서 볼 수 있는 이런 종류의 3자 구성은 조정할 필요가 있다. 특히 밀접한 것은 여당과 행정과의 관계인데, 각 관청은 일반국민이나 각 압력단체와도 관계를 강화하도록 노력하고, 한편 여당은 보다 밀접한 관계를 맺고 있다.

당중앙부가 이러한 압력단체와 직접 관계를 맺는 외에도, 각 의원은 선거 모체를 통해서 자기의 선거구내의 일반 유권자나 압력단체와의 관계를 맺는 데 열심한다.

한편, 압력단체도 각 의원에 작용하는 외에 관련 관청이나 여당에 직접 영향을 미치려 한다.

일본에서 보통 체제측(體制側)이라고 불리는 곳은 정치적으로는 자민당, 동당을 지지하는 유권자, 각종 압력단체, 그리고 관료기구의 3자이다.

한편, 야당이나 야당 지지세력은 반체제로 간주된다. 정당간의 구별은 분명하지만, 일반국민이나 압력단체는 그다지 확연치가 않다. 또, 부동표라는 것도 있다. 또, 압력단체 가운데도 친자민 또는 반자민으로 색채를 분간할 수 없는 것도 있다. 그러나 체제파·반체제파라는 대체적인 식별은 가능하고 실제로 일본사회는 그러한 형태로 움직이고 있다.

자민당 소속의 국회의원·관료기구 그리고 대기업의 3자 구성으로 체제를 보는 협의(狹意)의 관측도 있다. 대기업으로 하여금 일반국민을 대표케 하는 것이다. 이 견해에도 그럴싸한 이유가 없는 것도 아니다. 전후 이제까지 대기업은 의사결정에 매우 커다란 역할을 수행해 왔기 때문이다. 급속한 공업발전은 행정과 여당에 공통한 정책의 알맹이였지만, 공업발전이 주로 경제인의 손에 의해서 이룩된다는 것을 생각한다면 행정과 자민당 의원이 경제인과 밀접하게 협력해서 이 국가목표의 달성을 도모한 것도 당연했다.

대기업은 또한 자민당의 자금의 주요한 원천이었다. 자민당 외에 대한 기업헌금도 없는 것은 아니지만, 사회·민사 양당은 주로 노조에, 공산·공명 양당은 당의 간행물에 그 재원을 얻고 있고, 공명당의 경우에는 지지 모체의 창가학회에도 의존하고 있다. 기업도 조합도 정치헌금을 할 수 있지만, 1976년에 성립된 정치자금 규정법은 그 금액을 대폭 제한했다. 개인으로 갑부가 적은 탓도 있고, 개인헌금은 미미하다.

경제인·관료·자민당의 유력자도 대체로 도꾜에 집중하여 있고, 또한 명문대의 출신이 많기 때문에 개인적으로 친하기도 하고, 인적관계에 있는 경우도 있다. 뿐만 아니라, 은퇴가 비교적 빠르기 때문에 자민당의 의석에 제2의 인생을 찾는 관료도 드물지 않고, 대부분은 대기업의 고문에 취임한다. 후자는 낙하산식, 일본말로 「아마구다리 ; 天下り로」속칭되고 있는데, 관료기구가 천(天)이라고 불리는 데 그 위신의 격을 엿볼 수 있다.

이와 같이 일본의 체제는 미국에서 말하는 「동부 이스태블리쉬먼트」보다 훨션 상호관계가 밀접하고, 오히려 일부 구라파 국가의 지도자층의 실체에 가깝다. 정치가・관료・경제계의 거물들에게서 볼 수 있는 공생적(共生的)인 관계를 일본인은 자주 「자켄」, 즉 「가위, 바위, 보」에 비유했다. 보수당의 정치가는 기업의 금력에 의존하고, 기업은 관료의 행정수속에 의존하고, 관료는 정치가의 정치판단이나 의결에 의존한다는 것이다. 공업발전의 추진이 정부의 주된 정치결단이었던 시기에는 대기업은 강대한 압력단체로서 정치과정에 실로 커다란 역할을 수행했던 것이다.

다만, 대기업을 체제의 일각으로 간주하는 협의의 해석은 절대로 전모를 포착한 것이 아니고, 또한 그 타당성을 잃고 있다. 이 해석은 자민당의 표밭이 어디까지나 농촌에 있고, 천하의 공당의 입장을 유지하기 위해서는 국민의 넓은 층에 어필해야 하는 점을 간과하고 있는 것이다.

결국 정치가에게 있어서 가장 중요한 것은 유권자의 「깨끗한 한 표」이지 기업헌금이 아니다. 뿐만 아니라, 점령종료 후 20년간은 그렇다손 치더라도 오늘날에는 경제성장보다 긴요한 문제가 등장하고 있다. 따라서 공업성장이야말로 최중점 시책이라는 점에서 일반의 합의가 이루어졌을 때와는 달리, 정치가나 관료의 이해는 경제인의 그것과는 약간 다른 것이다.

반체제 측이나 야당의 역할도 무시해서는 안된다. 소수 정치세력이 의사결정에 어떤 역할을 수행하는가에 대해서는, 모호하게 방치되는 것이 민주제도의 상례이다. 허긴 현실에는 소수세력에 대한 다소간의 양보는 있다.

가령, 미국의 상원의 전통에서는 의사진행 방해를 의한 필리버스터나, 남부출신 의원에 의한 위원장 포스트의 독점은, 결국 소수파에 불과한 남부의 견해를 표면화시키는 하나의 수단으로 간주되었다.

한편, 컨센서스를 좋아하는 일본인에게는 중요 안건이 백중지세의 다수결로 결정되는 데 대해서 석연찮은 마음을 품는다. 그것이 소수파의 입장을 강하게 만든다.

만일 자민당이 근소한 의석차를 방패로, 절대반대를 외치는 야당을 무시하고, 차례로 법안의 강행채택을 기도한다면, 명목이야 어쨌든 국민대중으로부터 비민주적으로 지목될 뿐만 아니라, 조직적인 데모에 부딪치고, 소란 상태가 벌어지고, 다음 선거에서 외면을 당할지도 모를 일이다. 1960년, 안보개정이라는 하나의 안건을 둘러싸고 정치소요를 야기하고, 수도의 질서가 파괴 직전까지 이르렀다는 것은 일본의 제도하에서는 다수파의 힘도 한계가 있다는 것을 여실히 보여 준 것이다.

그렇게 되면 다수당일지라도 분규를 야기할 가능성이 있는 문제법안의 국회제출은 되도록 줄여야만 하는 것이다. 그다지 문제화되지 않을 법안에 대해서도 미리 충분히 검토함으로써 불필요한 분규를 피해 나간다. 하물며 주요 법안에 대해서는 모든 예방조치를 강구한다.

가령, 방위청을 국방성으로 승격시키는 건에 대해서는 자민당 내부에서는 컨센서스가 성립하고 있다. 그것도 하루, 이틀의 일이 아니다. 그런데도 그것은 아직 햇빛을 보지 못하고 있다. 명칭을 바꾸는 것은 단순히 상징적인 의미가 있을 뿐이다. 실질에 관련 없는 일로 커다란 대상을 지불하는 것은 수지가 맞지 않는다는 것이 그 이유이다.

하나의 국회 회기에 문제법안은 기껏 서너 개 정도라는 것이 일반의 상식이다. 야당뿐만 아니라, 여당과 행정부 사이에 합의를 본 정책이라 할지라도 반대할 만한 압력단체와 미리 협의하는 것이 아무래도 필요해진다. 행정부측은 정치적 중립을 표방하고, 전문적인 기술가를 자처하기 때문에, 체제측은 물론 반체제 속에도 비공식이긴 하지만 나름대로 창구를 가지고 있다.

또 여당은 여당 나름대로, 정조회의 심의과정부터 내각에의 송부단계를 거쳐서 국회상정에 이르는 전 기간을 통해서 야당의 입장을 고려에 넣고, 그 때문에 역시 비공식이지만 줄은 닿고 있다.

야당과의 협력이 어느 정도까지 원만한가를 보여 주는 하나의 사실은, 국회를 통과한 법안의 3분의 2 가까이가 만장일치라는 사실이다.

이와 같이 자민당의 정책도 국회제출 이전의 단계에서 야당의 영향을 대폭 받을 뿐만 아니라, 상정 후라 할지라도 야당의 반대를 뚫고 나가기 위해서 상당한 수정작업을 벌이는 일이 흔히 있다.

국회의원 한 사람 한 사람의 투표가 각 당내의 컨센서스에 의해서 결정되고, 각 당의 저마다의 입장도 때로는 협상의 테마가 될 만큼 서로가 양해하고 있기 때문에 국회내의 토론에는 그다지 큰 의미는 없다. 오히려 형식적이고 심의의 결과를 좌우하는 일은 없다. 어느 당이 그 입장을 바꾸는 일이 있어도 그것은 각 당간의 협상결과이지 공개토론의 결과는 아니다.

영국 국회의 상황도 유사하지만, 영국의 경우는 웅변을 중시하고 그것을 국정단상에서 피로하는 것을 좋아한다. 그에 비해서 웅변에 대한 일본인의 평가는 낮고, 따라서 국회 내에서 토론이 광범하게 행해지는 일도 없다.

여당에게 있어서 국회는 결정을 내리기 위한, 가장 성가신 최후의 난관으로 간주된다. 한편, 야당으로서는 법안의 통과를 저지하는 장소이다. 그 목적은 이치에 맞는 토의가 아니라 저지에 있다.

여기에는 두 개의 단계가 있다. 하나는 위원회의 단계이고, 또 하나는 본회의이다.

위원회가 법안을 수정하고 야당이 받아들이기 쉽게 할 때도 있지만, 야당으로서의 위원회의 최대의 효용은, 이 곳을 무대로 반대법안에 대해서 서전(緒戰)의 저항을 시도하는 데 있다.

예산안을 4월의 신회계연도까지 반드시 통과시켜야 하는 요청과, 국회의 회기가 한정되어 있다는 제약은, 법안 통과의 저지를 기도하는 야당측으로서는 매우 좋은 기회가 된다.

법안 그 자체의 시비를 에워싼 싸움에서 국회의 회기를 얼마간 연장하는가에 쟁점이 옮겨지는 일이 있는 것도 이 때문이다.

자민당으로서는 회기를 연장함으로써 필요 의안의 통과를 도모하는 셈이지만, 야당측으로서는 심의를 지연시켜 교착상태로 몰아넣는 것이다.

위원회에서의 각료에 대한 질문도, 실언이나 식언을 트집잡기 위한 양동작전(陽動作戰)에 불과한 것도 있다. 한편, 각료들은 이에 대항하기 위해서 침묵으로 일관하게 된다.

전체 의원에 의한 표결이 선언될 때에는 한 사람, 한 사람이 의장석 앞에 있는 투표함까지 걸어나가야 하는데, 이때에 야당의원은 「황소걸음 전술」로 최후의 저항을 시도한다. 또, 심의거부의 전술을 사용할 때도 있다. 반대의견을 충분히 참작하지 않고 법안을 강행 채택하려는 여당이라는 인상을 주는 것이 그 목적이다.

심한 경우에는 의장이 완력으로 의장실에 갇히는 수도 있다. 이러한 야당의 전술에 대해서 여당도 기습개회를 선언하거나, 날치기 표결 등으로 기만에 가까운 대항수단으로 야당에 맞선다.

이러한 한심한 수단이나 거치른 대결방법은 1950년대에는 흔히 있었다. 그러나 근년에 이르러 그 회수는 줄고 70년대에 들어와서는 이제 국회의사당을 채색하는 풍경은 아니다.

공수(攻守) 쌍방은 다같이 위원회나 본회의의 토론에서 일이 뒤집히는 일이 없다는 것은 알고 있다. 그런데도 위에서 기술한 바와 같은 전술이나 방법이 총동원되는 까닭은 자기들의 언동이 널리 일반국민에 보도되고, 그것이

다음 선거에 자기에게 유리하게 작용할런지도 모른다고 기대하고 있기 때문이다.

이런 의미에서, 국회 차원에서의 의사결정에서 일반국민의 역할은, 비록 눈에 이렇다 하게 띄지 않을런지는 몰라도 크다고 하지 않을 수 없다. 이러한 역할이 있기 때문에 의원들은 타협의 길로 걸어가는 것이다.

의안의 성립을 강행하려는 인상이 여당에서 마이너스가 되는 것과 마찬가지로, 야당측도 무조건 반대한다는 이미지를 유권자에게 심어 준다면, 이것 역시 정치적인 피해는 피할 길이 없다. 그래서 타협의 여지가 생길 이유가 여기에 존재하는 것이다. 동시에 절대 반대이건 강행이건, 어느 법안을 선택하는가에 대해서는 자연히 선택적이 되지 않을 수 없다.

국회의 연극은 일반국민을 청중으로 벌어지지만, 그때 국민의 이목이 되는 것은 매스콤이다.

각 당의 대변인은 매스콤을 통해서 각기 입장을 국민에 호소하지만, 특히 보도한다. 각 부처 출입기자나 정당 출입기자는 클럽을 조직하고 있고, 관청이나 개개의 정치가와 기묘한 공생관계를 맺고 있다.

기자 클럽은 각 부처에 방 하나를 배당받고, 거의 매일 장관이나 차관과 회견하거니 간담을 하는 외에, 직접 집을 방문해서 야간 취재도 한다. 정치가의 하루는 이 비공식적인 밤의 회합이 없이는 끝나지 않는 것이 통례이다.

기자 클럽은 관청이나 정치가가 PR하는 것을 보도하는 한편, 정보입수에 노력한다. 여론 수집에도 알맞는 장소이다. 매스콤, 특히 신문의 힘은 강대하다. 따라서 일본의 정치과정을 생각할 때, 별도로 취급할 필요가 있을 것이다. 정치문제에 대한 국민의 반응, 그 문제의 형성과정과 결정에 대해서 신문이 미치는 영향은 심대하다. 신문이 자칫 반체제에 기울어지는 경향을 생각하면 반체제가 정치문제의 결론에 영향을 끼치는 하나의 루트가 매스콤이라고도 할 수 있다.

특히 신문이 정부나 정치를 단호히 감시하고 있는 점에서는 어느 나라에 못지 않다. 일본 국민이 다른 민주국가의 국민과 마찬가지로 정부 내부에 정통하고 있는 것은 이 때문이다.

한편, 기자 클럽 외 정부기관 또는 정치인 개인과의 친밀한 관계 때문에 폭로를 불사하는 미국식 철저보도에 비하면 어딘가 부족한 감이 없지 않다. 미국의 정치과정에서는 이러한 보도 자세가 가끔 중요한 역할을 수행했다. 허긴 최근 일본에서도 이러한 보도가 늘어나고는 있다.

결론으로서 일본에서의 정치 결정과정은 매우 복잡하다. 그럼에도 불구하고, 그 효율은 그런대로 간신히 합격 점수를 딸 만한 것이고, 일본식 인간관계에 적합한 것이라고 말할 수 있다. 유연하고 신중하고 철저하지만 시간이 먹힌다. 소수파에 대한 거부권의 부여가 현저하기 때문에 다른 제도보다는 타협안이 생기기 쉽다. 또 협상의 대부분이 비공식으로 진행되기 때문에 타협의 여지가 많다.

한편, 사람의 눈에 띄는 부분은 구미인의 눈에는 그다지 매력적으로 비치지 않는다. 민주정체란 이래야 한다는 선입관이 있기 때문이다. 가령, 국정단상에서는 터놓는 토의가 있어야 한다는 기대에 반해서 그들이 눈앞에 보는 것은 협상이나 컨센서스에 도달하지 못한 문제가 거치른 대결을 야기시키고 있는 풍경이다.

또, 압력단체와의 교섭이나 유권자에 의한 최종적인 시비의 판단도, 사람 눈에 띄지 않는 곳에서 진행되기 때문에, 국민의 정치참가라고 하면 미해결의 문제를 둘러싼 가두 데모 정도가 눈에 띌 뿐이다.

다만 여기에서 잊어서는 안될 것은 원내 대결이나 가두 데모나 나름대로 플러스가 있다는 점이다. 즉 전자는 문제점을 부각시킴으로써 국민의 관심을 환기시키고, 후자는 국민 레벨에서의 정치 참여의식을 배양하는 데 도움이 되는 것이다. 어느 쪽이건 그럴싸한 무대가 된다.

그리고 매스콤의 도움만 있으면, 국민을 정치무대에 끌어올리는 데 일조 (一助)가 된다. 한때 일본이 철저한 전체주의국가였다는 사실을 상기한다면 이것은 결코 소홀히 다룰 성질은 아니다.

일본정치의 표면만을 보고, 그 질과 유효성에 혹평을 가하는 관찰자도 없지 않다. 그러나 더욱 철저한 관찰을 하면, 그것은 나름대로 유효하고, 일본식으로 적합하다는 것을 알 수 있을 것이다.

문 제 점

30

　점령 직후의 일본의 정계는 여당인 자민당과 야당 각파――진보파니 혁신세력――의 대립을 그 특징으로 하고 있었다. 우측에 보수당을, 좌측에 마르크스주의적 색채가 짙은 야당을 깔고 벌어진 대립이 그것이다.
　이 대립의 뿌리는 상당히 깊고, 야당이 권력의 자리에 접근할 수 없고, 만년 야당의 설움을 안고 있는 것이 욕구불만을 낳고, 대립을 더욱 격화시킨다. 그러나 이러한 대립은 점차 누그러지고는 있다. 매스콤이 촛점을 맞추고 있는 것은, 여전히 좌우의 분극화(分極化) 현상이지만, 정작 뿌리깊게 남아 있는 것은 오히려 각 야당간의 갈등이다.
　유권자의 지지도 좌우를 불문하고 매우 다양하다. 자민당은 이렇다 할 명확한 이데올로기를 가지고 있는 것이 아니고, 정치가 개개인의 매력에 의존해 온 데 불과하다. 그들의 정견은 일치하지 않는다. 또 야당 지지표들도 전체적으로 애매모호하고, 통일성이 없고, 보수표와 중복하는 면도 적다고는 할 수 없다. 당초 좌우를 가장 심각하게 분열시킨 것은 역사적 경위였다.
　좌익정당은 전전의 마르크스주의자로 성립되어 있었다. 당시의 정부의 탄압이나 사상통제의 피해를 입은 것은 바로 그들이었다. 그러니만큼, 과거와의 완전한 절연을 요구하는 그들의 원망(願望)은 치열한 것이었고, 대군국주의자나 전전, 전쟁 중의 관료들과 타협을 감행한 보수당에 대한 의혹이 심했다. 1957년에서 60년까지 수상을 지낸 기시(岸信介)가 도조(東條英機) 전시내각의 각료였다는 사실은 기억할 만하다.
　좌익은 보수파의 언동이나 이념에는 매사 반대의 태도를 취했다. 데모대의 슬로건에는 아직도「절대반대」의 글자가 보인다. 문제 여하에 관계없이 말이다.
　한 마디로 보수파라고 해도 일본의 좋은 측면――물론 그들에게 있어서――의 옹호에 열을 올리는 측으로보터 실무자에 이르기까지 여러 갈래였다. 뿌리깊은 보수파에게 있어서는 마르크스주의의 혁명이론을 입에 담는 진보세력은 위험하기 짝이 없는 비일본적인 것으로 생각되었다. 한편, 실무파에게는 진보세력은 체제파괴의 가능성이 잠재한 비현실적인 이데올로기 과잉집단에 지나지 않았다. 여하간 보수당이 두려워한 것은 그들 전투적인 집단이 직접 행동으로 나와서 경제가 엉망이 되는 것이었다. 그래서 진보파의「절대반대」에 맞서서, 보수파도 타협이 없는 단호한 태도로 나오게 된 것이다.

정상적인 민주적 수속절차가 아니고, 경직일변도의 대립으로 출발한 좌우의 자세는 아직도 꼬리를 물고 있다.

외부의 관찰자가 보기에는 사소한 기술적인 문제인 데도 대파탄을 야기하는 경우가 있는 듯하다.

보수파로서는 전전의 통제를 대대적으로 부활시키는 교두보적 첫걸음으로 보는 것이 진보파의 눈에는 일본을 파괴하는 첫걸음으로 비치는 그런 식이다. 가령 1958년, 대중 가두 데모의 규제강화를 취지로 한 경직법(警職法) 개정안이 제출되었다가 야당측의 반대로 유산되고 말았다. 전전의 경찰통제의 부활의 길을 튼다는 것이 반대 이유였던 것이다.

수신교육(修身敎育)의 부활도 격렬한 대립의 대상이 되었다. 1960년대 초기의 일이다. 이것 역시 전전의 사상통제의 역행을 두려워했기 때문이다. 교육위원이나, 교과서의 선정방법을 둘러싸고도 매년 계속되고 있다. 그러나 좌우의 항쟁이 치열한 나머지 열기만이 있고, 실체가 뚜렷히 부각되지 않는 수도 있었다. 개개의 문제점의 어디가 찬부 양론을 야기시키고 있는가에 대해서는 미국과 마찬가지로 일본에서도 그다지 뚜렷하지가 않다.

자민당이 대기업의 지지를 받고 있는 것은 명백하다. 한편, 네 개의 야당 가운데 세 개까지나 마르크스주의를 기본이념으로 표방하고 있는 이상, 본래라면 계급투쟁이나 부의 재분배, 산업의 국유화 등이 커다란 이슈로 주목을 끌어야 할 텐데 실체는 그렇지 않다.

패전 직후에는 좌우를 막론하고, 마르크스주의를 문자 그대로 받아들이고, 위에 말한 문제들에 대해서도 기본적으로는 대립의 입장을 취했다. 그러나 일반군민에 있어서는 좌익의 이데올로기는 그다지 의미가 없었고, 이론상으로는 어쨌든 현실적으로는 이데올로기의 대결도 흐지부지 끝났다.

그러나, 마르크스주의 용어나 사조는 일본의 지식인에 깊이 침투하고, 일부 학문적 전문분야에 군림하고, 좌익은 물론 보수파의 언사나 발상에 그 그림자를 남겼다.

마르크스주의는 1920년대의 계몽기에는 가장 참신하고 대담한 사상으로서,

또 1930년대에는 금지된 과실로서의 매력을 가지고 있었다. 공산주의자 그리고 사회주의자의 일부는 전쟁시 군국주의자의 지배에 대해서 용기있는 저항을 했다. 그런 만큼 이상주의야말로 전전 지도자의 「엉터리 신」에 대체해야 한다고 보는 일본인이 결코 적지 않았던 것이다.

그런데 일부 서구 민주주의 국가와는 달리, 마르크스주의의 계급이론은 결국 일본 대중에 어필하지 못했다. 일본인이 고도의 동질성을 가지고 있는 것은 이미 기술한 대로이다. 때문에 그들은 계급이라는 형식으로 사물을 사고하려 하지 않는다.

꼭 정의를 내려야 한다면, 아마도 일본인의 5분의 4는 자신을 중산계급으로 규정할 것이다. 따라서 계급을 선거 슬로건으로 삼는다 해도 일본인은 동요하지 않을 것이고, 「프롤레타리아트 집권」에 대해서는 전전의 전체주의를 연상시키는 데 그칠 것이다.

공산당 지도자나 사회당 간부들은 이데올로기면에서의 순수성이나 열정을 버리지는 않았다. 그러나 일반 유권자를 대할 때는 이데올로기는 오히려 그들의 발을 잡아당기는 역할밖에 하지 않았던 것이다. 예를 들면, 사회당 대회는 동당 소속의 주요 정치가와 좌파 조합지도자로 구성되는 최고회의지만, 회의를 거듭함에 따라서 좌경 색채를 서서히 명백히 해갔다. 언어와 사상의 양면에 있어서 말이다.

다만, 일단 선거시에는 오히려 중도로 되돌아오는 경향이 보인다. 중도로의 복귀를 가장 여실하게 보이는 것은 이전의 당내 우파의 투사 에다(江田三郞)가 1960년의 초기에 주장한 구조개혁 노선이다. 「에다 비전」은 이탈리아 공산당의 기구개혁논의에 의해서 촉발된 것으로, 영국의 의회주의, 소련의 사회복지, 미국의 경제력, 그리고 일본의 평화헌법의 네 가지를 목표로 삼았다.

1962년, 에다는 당내 권력투쟁에서 패배했지만, 그 이후 사회당은 이데올로기의 순수성과, 중도를 지향하는 일반 지지자 사이를 왕래하고 있었다. 그 후 궁여지책으로 「계급대중정당」이라는 정의를 내리기는 했지만, 두 개의 상반하는 견인력의 모순을 풀기에는 아직도 거리가 멀다.

같은 노선투쟁은 공산당 내부에서도 오랫동안 계속되었다. 다만 공산당의 경우에는 일본인 지도자뿐만 아니라, 외부의 선배 공산당이 얽히고 있었다. 1949년의 총선거에서 공산당은 종전의 전투성을 포기하고, 「사랑받는 공산당」을 표방해서 10%의 투표율을 획득했다. 그러나 그 후 모스크바의 자

30. 문제점 285

시로 투쟁노선으로 복귀하자, 지지율은 떨어지고, 10년 이상에 걸쳐서 3%이
하로 머물렀다. 그런데 1960년대에 들어서자, 공산당은 우선 모스크바와
1960년대 중반기에는 북경과의 관계를 단절하기에 이른다.
　또, 내셔널리즘을 강조하는 대신에 계급에 대해서는「소프트 터치」로 전향
하고, 마침내 1970년에는「의회제도 정치의 방위를 목적으로 하는 다수 정당
제 사회주의」를 동당의 목표로 삼을 것을 선언했다.
　1972년의 선거에서 공산당의 득표가 10%로 격층 된 것도, 지지층의 확대
를 지향하는 이와 같은 호소가 효과를 거둔 것으로 생각된다.
　계급적 이해관계와 마찬가지로 산업의 국유화도 그다지 호소력이 없다는
것을 야당도 알게 됐다. 일본경제가 전후 경이적인 성공을 거둔 것이, 이
런 정책의 매력을 완전히 소멸시킨 것이다. 확실히 좌익 정당이 보수파보다
사회주의 경제적이고, 경제성장의 과실을 보다 공평하게 배분하는 데 열심이
라는 이미지는 있다. 그러나 사회주의 경제에 대한 청사진의 분명한 제시는
커녕 개별 특정산업의 국유화 또는 국영화조차 제시하려 하지 않는다.
　자민당이나 동당 지지의 대기업은 일본인에게 번영을 안겨 주었다. 그러
나 이 측면에서의 야당의 능력이 자민당보다 낫다고 믿는 일본인은 극소수
에 불과하고, 적어도 같다고 믿는 일본인도 절대로 많지 않다.
　그래서 야당은 제이의적인 문제를 가지고 자민당과 티격태격한다. 가령
그들은 중소기업 옹호의 기수로 자처한다. 그러나 중소기업이 프롤레타리아
트가 아니고「페티 브르조아」라는 것이 확실하다는 사실을 안다면 야당이 지
원하는 대상도 결국은 현상 유지세력인 것이다.
　또, 그들은 공산권, 특히 중공과의 무역에 중점을 둘 것을 주장한다. 이
것은 일본인에게는 널리 수용되는 발상이지만, 현실적으로는 엄격한 제약이
뒤따르고 있다.
　이와 같이 경제문제를 거시적인 입장에서 다루는 것은, 전후의 일본의 정
치논쟁에서는 그다지 큰 의의는 가지지 못했다.
　1960년대 후반에 이르러, 겨우 경제성장 노선의 연장에 대한 의념(疑念)
이 제기될 정도였다. 그러나 이것도 일본경제의 비상한 성공이 초래한 것이
라고 봐야 하며, 고전적인 마르크스 경제학적인 문제라기보다 오히려 새로
운 문제라고 해야 할 것이다.

　헌법에 보장된 기본적 인권의 옹호라는 면에서, 야당이 달성한 성과는 오

히려 컸다. 기본적인 인권을 침범할 가능성이 가장 높은 존재는 정부와 대기업의 두 가지를 들 수 있다. 여당이 이 두 개와 일체화하고 있는 점을 생각한다면 자민당이 기본적인 인권문제에 대해서 약점을 안고 있는 것은 당연하고, 실제 광범한 비판을 받아 왔다.

전쟁 체험은 모든 권위에 대한 회의를 전 국민에 심어 주었을 뿐만 아니라, 철도나 공항용의 용지접수 등 일반 시민의 이익에 관해서 무신경적이라고 낙인이 찍힐 성싶은 정부의 태도에 대해서도 불신감을 야기시켰다. 정치나 행정력을 한 손에 장악한 정당이 이런 분규를 둘러싸고 궁지에 몰리는 것은 어제 오늘의 일이 아니다.

구체적인 대립갈등의 하나는, 노조의 힘과 권한에 관한 것이었다. 노조는 사회·민사·공산 3당의 유력한 지지모체이다. 민간의 블루 칼러 노동자를 주체로 한 동맹은 필요하다면 미국의 조합과 마찬가지로 스트라이크를 행사하는 권리를 유보하면서도 우선은 사용자측과 직접 교섭하는 편이 그들의 실력행사상 득책이라고 생각했다. 이러한 자세를 취하는 한, 아무에게서도 군소리가 나올 수 없다. 때문에 동맹이 지지하는 민사당이 이 문제를 둘러싸고 여당과 대립하는 일은 없었던 것이다.

한편, 관공노조가 주축인 총평을 둘러싼 상황은 민간 중심의 동맹과는 전혀 다르다. 관공노조 노동자의 스트라이크권을 둘러싸고 끊임없이 정부와 싸워 왔기 때문이다. 총평의 지지정당이 사회당과 일부는 공산당이라는 점에서 사회·공산 양당은 이 문제에 관해서 정부 여당과 날카롭게 대결해 왔다. 다만 관공노동자의 스트라이크권 문제는 정치적으로는 두 칼날과 같다. 1975년 11월 26일에서 12월 5일에 걸쳐서 단행된 교통운수 및 우체관계 노조의 총파업이 불편을 입은 일반 시민으로부터 어떤 대우를 받았는가를 생각하면 그것은 명백한 것이다.

다른 많은 사회문제에 대해서는 좌우의 차이는 그다지 분명치 않다. 혁신정당은 정부의 정책에 비판적이기는 해도 뚜렷한 형태의 대안을 제시하지 않는다. 대학문제가 그 좋은 예이다. 야당이 작용하는 대상은 정부의 개혁안에 무조건 반대하는 분자들이다. 이것은 다시 말해서 야당은 현상 유지파를 편든다는 것이다. 뿐만 아니라, 그들은 사립대학의 심각한 재정문제나 입시제도를 어떻게 할 것인가의 중요한 문제에 대해서 아무런 구체적인 제안을 내놓지 못하고 있는 것이다.

산업의 성장과 사회복지의 충실과의 불균형이나 급격한 경제성장에 따르는 부작용도 사회문제화하고 있다. 이윤의 재투자도 경제성장의 최적화(最適化)를 목표로 하고 있었다. 그 때문에 민간주택·공공시설 그리고 사회적인 혜택은 현저히 무시되고, 그 결과 혼잡이나 오염은 더욱 그 심각성을 더해 갔다. 이러한 사태는 1960년대를 통해서 일본 전국을 휩쓴 것이다.

차례로 문제가 속출, 표면화하였다. 그 많은 것은 지역적인 것이었지만, 요까이쩌시(市) 여러의 천식문제, 미나마다만(灣)의 수은중독사건 등이다. 이런 것은 모두 야당의 좋은 공격목표가 되었다. 기차나 비행기의 소음공해, 배기개스의 광화학(光化學) 스모그, 그리고 1973년 전국을 공포 사태로 몰아 넣은 생선의 오염 등, 문제는 계속 표면화됐다. 생선이 일본인에게 있어서 최대의 단백질 공급원임은 두말할 것도 없다. 고층건물에 관련하는 일조권(日照權) 문제도 증대화했다. 햇볕은 일본에서는 생활 전반에 있어서 중요한 요건이고, 겨울철에는 난방을 대신하고 세탁물을 말리는 데 필요불가결하다. 1960년대 후반에서 70년대 초반에 걸쳐서 환경오염, 생활의 품위문제에 대한 감수성은 전 세계적으로 증대했다. 일본도 예외는 아니었다. 그런데 여기에 정당이 얽혀들음으로써 오히려 초점이 흐려지고 말았다.

공해에 대한 문제가 가장 높은 곳은, 그 피해가 심한 대도시 지역이었다. 그 결과는 기성 체제에 대한 항의의 증대로 나타나고, 대도시 지역에서의 책임자나 지방의회의 태반은 좌익정당이 제패하고 말았다.

다만 그 표의 태반은 제일 야당인 사회당으로 가지 않고 공산당·공명당으로 넘어갔다. 사회당보다 조직이 유효적이라고 간주되었기 때문이다. 공명당의 경우는, 도시의 가장 불행한 계층으로 구성되어 있다는 사정도 한 몫이었다.

이와 같은 공해문제는 항의표를 널리 네 개 야당으로 확산시킴과 동시에 제일 야당을 약화시키고, 공명·공산 양당이 주장하는 최대 관심사에는 전혀 관심을 보이지 않은 층에서도 주변적인 이유로 양당에 투표하는 결과가 된 것이다.

그러나 공해를 사회문제로서 클로즈업시킨 주역은, 그다지 정치색을 띠고 있지 않았다. 수많은 주민운동이 주역이었던 것이다. 그들의 주요관심은 오염을 전파하는 공장·개발계획·원자력 공장·지방 공항의 소음문제 등, 순수한 지역문제로 쏠리고 있다.

1950년대, 60년대의 시민운동은 외교문제가 주였고, 따라서 정당의 조종을 받기가 일쑤였다. 그에 비해서 많은 주민운동은 국가 레벨의 정치에 관련하는 것을 피하고, 그런 의미에서 탈정치에 시종했다. 공해문제는 상당한 대도시 지역에서 야당에 의한 지방정치의 탈환을 가능케 하고, 지방정치에 새로운 의의를 부여했다. 그러나 일본과 같은 고도 집권국가에서는 이런 문제의 처리 능력은 결국 중앙정부에 집중하고 있다.

더우기 여당 자체가 여기에 관심을 돌리게 됨에 따라서 이 문제도 단순한 정당 차원의 문제로서 확산하고 말았다. 정부와 여당이 바란 대로였다.

이 점을 구체적으로 말해 주는 적절한 예는, 정부가 신속히 정확하게 이 문제에 대처했다는 사실이다. 일반국민은 물론 정부 자체가 문제의 소재를 파악하자마자, 정부는 신속과감하게 손을 쓰고, 그 결과 일본은 심한 공해와 신속한 대처의 양면에서 세계의 제일선에 서게 됐다. 1971년에서 73년에 걸쳐서 일련의 판결이 내려지고, 개인에 대한 피해나 불편은 오염자 자신에 의해서 보상되어야 한다는 원칙이 확립됐다.

이러한 판결에 영향을 받은 정부는 즉각 행정적인 조치를 속속 취하고, 1971년에는 환경청(環境廳)이 신설되고, 또 세계에서 가장 엄격한 배기가스 기준이 설치되고, 그 효과는 이미 1970년대 중반에 육안에 나타날 정도였다. 즉, 1968~75년에 대기 중의 아황산 가스에 의한 오염은, 그간 연료소비가 2배로 뛰었음에도 불구하고 절반 이하로 격감했다.

일본은 또한 공해기업에 의한 보상지불을 정부가 감독하는 제도를 창출했는데, 이것은 물론 오염원이 특정된 경우이다.

기타 특정산업 등의 오염원은 자동차의 운전자를 포함해서 구체적인 가해 사실이 특정되지 않을 경우에도 일정한 금액을 징수당하지만, 이 돈은 보상금으로 적립된다.

일본이 오늘날 오염방지장치나 보상에 지불하고 있는 금액은 GNP 대비로 북미나 구라파의 주요 선진공업국의 2배 내지 3배가 되고 있다.

이와 같은 상황을 고려한다면 주민운동의 태반이 정부나 기업을 교섭상대로 하고, 야당을 상대로 삼지 않으려 하는 것은 조금도 놀라운 일이 아니다.

그들의 운동을 야당으로서의 정치적 도구로 제공하려 해도 야당은 아직껏 한번도 권력의 좌에 앉은 일이 없는 것이다.

보수당과 혁신세력을 나누는 최대의 문제는 순수한 정치문제로서, 그것은 경제·사회문제를 넘어서고 있다. 분규의 씨가 된 것은 주로 외교문제였지만, 때로는 국내적인 문제가 그 역할을 수행한 일이 있다.

그 가운데 가장 큰 문제는 좌우익이 다 같이 1947년의 헌법이 정한 정치제도를 무너뜨리려 하고 있다고 상대방을 서로 불신했다는 사실이다.
　좌익은 보수파가 점령 당시의 개혁을 언젠가는 파괴할 의사를 가지고 있다고 두려워했는데, 그것은 결코 근거가 없는 것은 아니었다. 1954년에 자위대가 보수파의 손에 의해서 창설됐고, 또한 같은 54년에 경찰이, 56년대는 교육이, 각각 좌익의 맹렬한 저항을 배제하면서 다시 집권화한 것이다. 뿐만 아니라, 1955년의 보수합동의 결과, 태어난 자민당에는 현행헌법을 개정하고, 주권을 천황에게 봉환하고, 전쟁포기 조항의 파기를 공언하는 당원이 적지 않이 있었기 때문이다.
　그러나 이런 복고적인 움직임도 지지부진 상태였다. 중·참 양원에 다같이 필요한 3분의 2의 표를 구축하지 못한 보수당은 얼마 후 헌법개정의 의도를 포기하게 되었다.
　당내의 초보수파 내에는, 전후의 정치제도의 여러 측면을 아직도 부정하려는 세력도 있겠지만, 적극적인 반대를 주장하는 사람은 소수의 광신적인 초국수주의 집단에 국한되어 있고, 그들과 같은 패거리로 지목되어도 상관없다는 정치가는 현역 가운데는 없다.
　좌익이 기존의 정치제도를 붕괴시키려 하고 있다는 우익측의 공포는 이해하기 어렵지 않다. 사회·공산 양당의 마르크스주의의 혁명이론이 그 이유의 일단이고, 외교정책이건, 임금교섭이건 무엇이든 대중 데모에 호소하려는 좌익 전체의 자세가 또 다른 이유이다.
　다만 이미 기술한 바와 같이, 공산당마저 최근에는 기존의 민주제도 지지의 방향으로 노선을 변경시키고 있고, 천황제 폐지의 주장마저 철회하고 있다. 데모도 이전의 격렬한 혁명적 열정은 식고, 협상 테이블의 일부분이 되고 말았다.
　그러나 보수파는 공산당이나 사회당의 극좌파――왕왕 공산당보다 파격적으로 보인다――의 지도자들이건, 또 끝까지 양당을 지지하는 집단이건, 그들의 민주주의 옹호의 자세는 위장에 불과하고, 기회만 있으면 그 파괴를 지향할 것이라는 의념을 버리지 못하고 있다. 여기에는 일리가 없지 않다.
　그러나 야당 각파에 투표하는 일반 유권자의 대부분이 헌법과 그 민주적 수속절차를 무조건 지지하고 있는 것은 의심할 여지가 없는 것이고, 좌익의 공공연한 반대는 불과 한 줌의 학생집단에 국한되어 있다. 그 학생운동도 폭력을 수반한 기괴한 행동 탓으로 일본의 정치적 현실에서 유리되어 있는 것이다. 학생운동이 걸어온 길은 좌익 혁명적인 풍조의 저락경향을 뒷받침하고 있다. 일본의 학생운동도, 다른 나라와 마찬가지로 좌경의 색채를 띠고 있었다.

1차 세계대전 이후, 이 경향은 더욱 두드러졌다. 거의 모든 대학에서 학생조직을 수중에 넣은 것은 비교적 소수의 좌익운동자들이고, 그 전국적인 연합체인 전학련(全學聯)은 일본의 정치적 과격파의 대명사와 비슷했다.

다수파의 일반 학생이 그들 과격파의 충동으로 구체적인 개별문제에 관해서 행동으로 옮긴 일이 없지는 않았지만, 대다수의 학생은 정치적 무관심으로 일관하고 스포츠·등산·음악 등 정치 이외의 활동에 흥미를 나타냈다. 학업도 정치활동보다 그들의 흥미를 끌었던 것이다. 전후 15년간의 정치상황 속에서 좌익 학생운동이 수행한 역할은 크고, 특히 60년의 안보개정을 둘러싼 대규모의 데모 소동에서 핵심적인 지위를 점했다. 그러나 그 후 학생운동은 정치의 앞무대에서 후퇴하기 시작했다. 트로츠기(Trotsky)주의를 포함한 몇 개의 이데올로기 파벌 집단——각 파벌이 내세우는 이데올로기는 외부자로서는 분명치가 않다——으로 분열, 적군파·혁명 마르크스파·중핵파(中核派)등을 자칭하고 대립 항쟁을 되풀이했다.

그들은 유혈극도 벌였고, 심지어는 공산당도 한물간 보수적인 존재로 낙인찍고 말았다.

1960년대 후반의 월남전(越南戰), 오끼나와 반환을 둘러싼 소요, 그리고 70년 안보문제로 정치적 흥분이 일어나자, 과격파 학생은 철봉과 소속집단 이름을 표기한 헬멧을 쓰고 날뛰게 되었다.

도꾜의 동북부에 있는 나리다(成田) 공항의 개항을 둘러싸고 반대운동의 핵심을 이룬 것도 이들 학생조직이었다. 1966년에 시작된 개항작업이었지만, 71년에는 사상자를 포함한 일대 불상사로 번진 것이다. 학생운동은 공항 예정지 주변 주민의 반대운동에 편승해서 일본의 정치제도나 대외정책 전반에 대한 전면공격을 기도하고, 나리다 공항은 월남 주둔 미군의 병참기지로 사용되는 것이라고 주장했다.

학생들과의 충돌에서 진압경관이 세 명이나 참살당하고 폭력사태로 진전하자, 일반시민은 물론 주변 주민들도 외면하고 말았다. 나리다 분쟁의 진정에는 그 후 수년이 더 걸렸다.

1970년대 초반 이래, 학생의 정치적 역할은 과격파 학생들의 극단적 경향을 더해 감에 따라서 하강일로를 걷고 있었다. 어느 정당도 그들과 손을 끊으려 하고 있었다. 공산당 계열의 학생조직인 민청(民靑)은 1960년 후반의 학원 분규에서, 법과 질서의 유지에 힘쓰고, 그 이후 많은 학생조직을 다시 장악하기에 이르렀다.

그간 극좌집단은 서로 배신행위로 처형하는 등 무의미한 테러행위로 기울어져 갔다. 1972년, 텔아비브 공항에서 26명의 희생자를 내게 한 발포사건이나, 1974년 도쿄에서 사망자 8명, 부상자 364명을 낸 미쓰비시 중공업 본사 폭파사건 등은 그러한 현저한 예이다. 따라서, 한때 유력했던 전학련도 그 후계자에 관한 한 완전히 정치의 장에서 자취를 감추고, 국민 각층의 분격과 경멸의 대상이 되고 말았다. 기성의 정치제도에 대한 공공연한 반대는 이제 좌우를 불문하고, 괴상한 과격적인 소수집단에 국한되었다.

그러나 체제에 대한 불만은 여전하고, 당연히 여당인 자민당에 집중하고 있다. 조화와 컨센서스를 희구하는 일반국민으로서는 의사결정 과정에서 가장 구체적인 표현이 기껏 가두데모나, 국회내의 대결 외의 방법밖에 없는 것에 대해서 환멸을 느끼지 않을 수 없었다. 또 야당을 지지하는 유권자로서는 자민당의 일당지배가 영원히 계속할 것만 같은 분위기에 초조감과 분노를 금할 수 없고, 자기들의 역할은 일체 봉쇄당하고 있는 것으로 성급한 판단을 내린다. 선거의 결과이건, 당의 조직이건, 그것을 결정하는 것은 개인적인 인간관계에 지나지 않고, 구체적인 문제점이나, 문제의식이 아니라는 것에 불만인 사람들도 있다.

선거법은 엄격하지만, 그 법망은 얼마든지 뚫을 수 있다는 부정에 대한 대다수 일본인들의 불쾌감이 만연하고 있다. 부패와 독직사건은 끊임없이 일어나고, 이에 대한 국민감정도 언제나 들끓고 있다. 정치는 더럽고 치사한 것이라는 사고가 뿌리를 깊이 내리고 있다.

정치의 부패를 개탄하는 소리는 외국인에게 오해를 낳게 하고 있는데, 이에 대해서 한 마디 첨가할 필요가 있다.

정치의 부패는 다른 많은 나라에 비해서 그다지 일반적이 아니고, 지방정치에 있어서는 미국보다 적다. 투표의 매수도 그렇다. 무기명투표와 1선거구의 유권자수가 많은 점이, 표의 매수를 비효과적인 것으로 만들고 있다. 국회의원의 경우에는 적어도 5만표가 필요하다. 그러한 리스크를 고려에 넣으면, 표의 매수는 극히 비현실적이다.

관료기구도 지방은 몰라도 중앙에서는 스캔들에 어지럽혀 있지 않다. 다만 정치가의 경우는 지방행정자와 함께 수회사건에 휘말려 있다. 정치가의 경우는 사욕을 채웠다기보다는 정치자금에 충당하는 예가 많다.

외국과 마찬가지로 일본에서도 최대의 문제는 합법적인 정치헌금과 비합법적인 그것과의 구별이 어렵다는 것이다. 실업가가 정치가나 관료를 향응하는 것이 그렇고, 선물보내기도 그런 경우에 해당한다.

가장 심각한 문제는 정치가의 대부분이 법정선거 비용을 훨씬 웃돌게 받아 쓰고 있다. 이미 언급한 바와 같이 기업이나 노조는 정치헌금의 자유가 인정되어 있다. 그러나 어디서 어디까지가 합법적인 헌금이고, 또 증수회인지는 확연히 구별할 수 없고, 따라서 부패·독직의 소지가 많은 것이다.

독직 가운데는 사소한 것도 있다. 공직을 이용해서 선거구의 편리를 봐준다든지 선거운동을 했다든지 하는 종류가 그것이다. 가령 1967년의 소위 「검은 안개」사건에서는, 한 각료가 자기 선거구에 급행열차를 세우게 한 부당한 짓을 했고, 또 한 각료인 방위청장관은 금의환향을 하면서 자위대의 군악대를 사용으로 사용했던 사건들이 있었다.

두 개의 독직 사건은 특필할 만한 가치가 있다. 1972년에서 74년에 걸쳐서 자민당 총재이며 수상인 다나까에 관한 사건이다. 그는 자수성가한 정상배적 정치가로서 정치헌금을 받는 방식이나 금전으로 당내세력을 배양하는 방식이나 너무나도 분방하다는 인상이 강했다. 워터게이트 사건에서 촉발되어 한 잡지가 그의 「금맥정치(金脈政治)」의 폭로기사를 게재한 것이 도화선이 되어, 1974년 12월 마침내 그는 수상 자리를 물러나게 됐다. 자민당의 이미지를 일신하고 후꾸다(福田)·오히라(大平)의 2대 파벌간의 당내항쟁을 피하기 위해서 작은 파벌의 영수인 미기(三木)가 수상으로 추대됐다. 그후 그는 자민당의 「미스터 클린(Mr. Clean)」으로 불렸다.

다나까에 관한 또 하나의 사건은, 소위 「로키드(Lockheed)」사건이었다. 즉, 1976년 2월, 워싱턴의 상원 공청회에서 일본의 정부 고관들이 로키드사(社)로부터 다액의 뇌물을 받고 항공기의 구입을 알선했다는 것이었다. 이것은 전후 최대의 스캔들로서 그 후의 국회심의에 위기상황을 초래했다.

「미스터 클린」미기 수상은 사건의 철저한 조사를 약속했다. 그러자, 많은 자민당 의원은 그를 물러나게 하고 스캔들을 암매장하려 했지만, 일반국민은 미기에 대한 열광적인 지지를 계속 보냈다. 그 결과, 다나까를 비롯한 유력한 수명의 정치가가 수명의 실업가와 함께 기소당하고 한때 수감까지 당했으나, 후에 보석금을 내고 석방되었다.

다나까를 비롯한 수명의 국회의원은 자민당에 폐를 끼친 것으로 탈당을 했지만, 1976년 말의 총선거에서 무소속 후보로 나와 1명을 제외한 전원이 당선됐다. 같은 달에 미기는 후꾸다에게 수상의 자리를 물려 주었지만, 검찰의 정직과 자주성에 비추어서 몇 명의 관련자가 유죄선고를 받을 것으로 예상된다.

다나까를 둘러싼 이 2대 부정사건과 같은 것은 결코 많지 않다. 그러나 정치는 추악한 것이라는 생각은 사회의 통념으로 되어 있다.

정치의 부패에 대한 법률의 애매모호성을 제거하려는 노력이 경주되고 있는 것은 사실이다. 이것 역시 워터게이트 사건 이후의 미국의 움직임에 촉발된 것이다.

1976년의 정치자금 규제법은 정치헌금의 상한선을 설치하려는 것이었다. 다만, 법정 선거비용을 보다 실정에 맞게 인상하고, 유지에 의한 선거운동에 대한 규제를 완화한 다음, 정치자금 동향의 명세를 보고의무로 하는 수정도 필요할 것이다.

전후 일본에서 좌우의 논쟁을 야기시킨 최대의 정치문제는 외교정책을 둘러싼 것으로, 그것도 미국과의 관계에 관한 것이었다. 점령 중, 미국이 얼마나 큰 역할을 수행했는가를 생각하면 이것은 당연한 일이다.

생각컨대, 외교정책상의 균열(龜裂)을 초래한 최초의 계기는, 좌익세력이 미국의 점령정책에 환멸을 느꼈다는 사실이었다. 즉, 1947~49년에 점령당국은 개혁의 촉진에서 경제부흥과 안정으로 방향전환을 꾀했는데, 이것이 그들에게 환멸의 비애를 안겨 준 것이다. 좌익세력으로서는 이제 미국은 수호신에서 원수로 변했고, 그후 모든 까다로운 문제는 대미관계에서 기인하는 것이라는 견해를 취하게 됐다.

마르크스주의자 가운데는 아직도 일본국민의 진정한 적은 국내의 독점 자본주의인가, 또는 자본 제국주의인가를 둘러싸고 논쟁을 벌이고 있다.

그들의 소위 자본 제국주의가 미국을 지칭하는 것은 확실하고, 국내의 독점 자본주의가 세력을 가지고 있는 것은 미국 때문이라는 것이 그들의 주장이다.

전후 일본인은 전쟁의 참화에 강한 혐오감을 가지고, 군사적인 정복을 통해서 자기네의 경제 생명선을 확보하려 한 것이 얼마나 무모한 짓인가를 통감, 패전이라는 현실을 맞이했다. 따라서 그들은 어떠한 경우에도 군국주의를 배제하고, 중립을 유지하기로 결의했다. 철저한 평화주의를 표방한 그들에게는 전쟁포기를 규정한 헌법 제9조는 금과옥조(金科玉條)였다.

무력화되고, 비소화된 일본의 국제적 지위로 봐서 이러한 그들의 심정은 특히 전쟁 직후에는 적합한 것이었다.

한편, 보수파는 일본이 부흥하는 유일한 방법은 공업발전밖에 없다는 것을 현명하게도 간파하고, 이를 위해서는 미국의 협력, 미국의 대시장, 미국을 비호자로 하는 개방적인 세계무역이 필수적이라는 것을 확신했다. 미국과의 긴밀한 유대가 그들을 사로잡은 것이다.

또 보수파는 냉전이 어떤 것이든 현실로 두 개의 분열된 세계정세하에서는 일본만이 알몸으로 있을 수 없다는 사고에 입각, 헌법 9조가 자위권까지 포기한 것이 아니라는 입장을 취했다. 그리고 좌익의 반대를 물리치고, 보수파는 자위대를 탄생시키고 국민의 지지도 얻었다.

그러나, 경제적인 배려는 물론, 국내의 정치적 상황에서 일본 자체의 방위력의 확충에는 자연히 중대한 제약이 가해진다. 보수파가 미국에 안전보장상의 약속을 얻어내기로 한 것은 이 때문이었다.

이 방식을 최초로 제안한 것은 1948년, 당시의 수상 아시다(芦田)로서, 이것이 미·일안보조약으로 현실화하고, 1952년 봄에는 강화조약에 삽입되었다. 안보조약은 아시다나 그의 후임자인 요시다가 희망했던 것보다 훨씬 엄격한 것이었지만, 60년의 개정을 거쳐서 현재는 일본측의 희망에 가까운 것으로 되어 있다.

미국과의 긴밀한 협력이라는 경제정책은 대성공이었다. 그러나 비판세력은 안보조약은 헌법 9조를 무시하고, 일본 국민의 평화의지를 유린할 뿐만 아니라, 중공과의 전면화해를 방해한다고 주장했다. 안보는 일본의 안전을 보장하기는커녕 오히려 위기로 몰아가고 있다는 것이 마르크스주의자의 해석이었다. 미국은 전쟁 도발자에 불과하고, 미국과 제휴한다는 것은 공산「평화진영」의 공격을 초래하고, 한국이나 월남에서 미국의 해외 군사모험에 일본을 끌어들이는 것이라고 주장했다.

구체적인 차원에서 말한다면, 안보조약에 찬성함으로써 여당은 외국 군대의 주둔이라는 결코 유쾌하지 못한 사태에 처하게 됐다. 외국 군대의 주둔으로 해서 여러가지 까다로운 문제가 경제적으로, 사회적으로 야기된다는 것은 피할 수 없기 때문이다.

1960년의 안보조약 개정시에는 사상 최대의 대중 데모가 전개됐다. 자민당과 야당을 나누는 분기점이 안보를 중심한 대미관계였다는 것은 명백한 일이다.
　여당은 직선적인 충돌을 피하고, 안보조약은 본래 바람직한 것은 아니지만, 미국과의 경제관계상 부득이하다고 주장했다. 많은 국민은 이를 이해하고 지지했다.
　그러나 여야간의 쟁점도 시간과 더불어 회박해 갔다. 재일 미군기지의 축소와 일본인의 경제수준의 향상이 기지 주변의 문제를 회박화한 것이다. 동 아시아에서 광범한 전쟁이 일어날 가능성은 70년대에는 감소하고, 이와 함께 안보조약에 대한 감정도 좌우 양파에서 다같이 사라져 갔다. 소련·중공도 종래의 안보조약 반대의 입장을 수정, 묵인하는 자세로 나왔다.
　중공과 소련의 적대감정이 그 원인이었지만, 이 변화는 일본 국내의 마르크스주의자의 이론을 파산시켰다.
　자민당과 정권을 나누는 가능성이 커짐에 따라서, 야당도 급진적인 입장을 전환하고, 대외정책면에서 보다 현실적인 자세를 취하게 되고, 안보조약 비판의 입장을 유연화시켰다.
　가장 온건한 야당인 민사당은 1975년 공공연히 안보조약을 용인하였다. 1976년의 총선거에서는 안보조약을 쟁점으로 내세운 야당은 하나도 없었다.
　이렇듯 여야의 입장은 서서히 접근하고 있다. 뿐만 아니라, 1970년대에는 외교문제는 단순히 미국과의 중립, 또는 협조의 선택뿐만이 아니라, 보다 광범한 문제점을 포함하고 있다는 것을 인식하게 된다. 필요한 자원의 입수 가능성이나 국제무역 질서의 유지 등의 문제가 중요성을 더해 감에 따라서 이 문제들에 대한 태도는 종래의 좌우의 균열이라는 도식으로는 이미 처리할 수 없게 되었기 때문이다.

추   세

31

1950년대의 초기의 일본은 20년간에 걸친 외상상(外傷上)의 체험을 겪은 나라였다.

1930년대에 군부가 주도권을 장악한 이래 개인의 자유는 제한되고 사상통제가 극화되었다. 이어 전쟁은 물질적・정신적인 황폐를 초래하고 전후에는 점령군의 손에 의해서 발본적인 개혁이 이루어졌다.

이어서 고도경제성장과 사회변혁이 일본을 사로잡았다. 그러나 일본의 정치는 비교적 안정되고 예측가능성도 현저하게 높다는 것이 이제까지의 상황이다. 안정도는 몇 가지 요인에 유래한다.

증명하기는 불가능에 가깝지만, 가장 타당한 것은 일본사회의 기본적인 안정이다. 이 점에 관해서는 이미 설명했다.

또 하나의 요인은 당초 2~3개 정당으로 나뉜 야당이 1964년 이래 4개로 분열하고 그것이 자민당(自民黨)의 장기단독정권을 지탱했다는 사실이다. 또 복수의석(複數議席) 선거구제도 도움이 되었다. 영・미식 일인구제(一人區制)와 비교해서 정당간의 의석수의 부침(浮沈)이 비교적 안정되어 있기 때문이다.

그러나 무엇보다도 이 안정을 초래한 주요원인은 일본인의 투표행동이 일관해서 불변이라는 점이다. 중의원 선거를 보면, 이 점은 명백하다. 즉 중의원의 투표는 연년세세 놀라울 만큼의 일관성을 보여주고 있고, 10년 자리수로도 그것은 변함이 없다. 이 경향은 멀리 전전에까지 거슬러올라간다.

1932년, 소위 만주사변 직후 당시의 2대 정당의 득표율은 도합 94%를 상회했다. 이어 좌우로부터의 압력도 있어서 득표율은 1936년에는 77.6%, 37년에는 71%로 떨어졌다. 그리고 전중, 전후의 혼란기를 맞이하지만 점령종료 직후인 1952년에는 보수표는 66%로 전전에 가까운 율로 회복한 것이다.

그 이후 1930년대와 마찬가지로 다시 하강선을 기록했지만, 그 곡선은 일관해서 완만한 것이었다.

다른 나라라면 일관해서 어떤 정당을 지지하는 것은 지역적으로 그런 경향이 있거나 또는 계급에 의해서 지지정당이 확연히 나뉘는 경우인 것이다.

영국은 후자의 예이고, 미국의 남부에서 민주당이 압도적으로 우세한 것은 전자의 예이다. 이런 상황은 일본에는 없다.

지역마다의 정당지향에는 현저한 특징은 없고, 농민은 보수표, 조직노동자는 혁신표와는 대별적인 경향은 있지만, 농촌에서 사회당을 지지하는 지역도 있고, 화이트 칼러는 물론 블루 칼러조차 자기가 어떤 계급에 속한다는 이유로 특정정당에 투표하겠다는 마음은 아예 없고, 이것은 소속노조가 어느 정당을 지지하고 있는 경우도 변함이 없다.

일본인의 투표행동에 변함이 없는 것은 내가 보기에 전혀 다른 요소가 원인인 것 같다. 즉 대부분의 후보자가 가지고 있는 개인적인 지원조직이 이것인데, 어떤 문제가 얽히더라도 도꾜에서 어떤 정치위기가 발생하건 지지를 바꾸지 않는 것이 이 지원조직인 것이다.

따라서 완만하기는 해도 선거결과가 움직임을 보이는 것은 특정 이데올로기의 성쇠가 원인은 아니다. 오히려 농촌인구의 도시유입 경향이라든지 일본인이 풍요해지고, 유동성이 높아진 결과 개인차원에서의 지지가 약화되고 유권자가 전혀 다른 환경에 놓이게 된 것 등, 사회적인 변동요인에 기인한다고 해야 할 것이다.

자민당을 가리켜서 농민과 대기업의 당이라고 하는 것은 어느 정도 타당한 것이다. 농촌을 큰 표밭으로 삼은 것이 자민당의 장기 단독정권을 가능케 한 일대 요인인 것은 틀림없다. 농촌의 1표가 도심부보다 무거운 것도 이 경향을 조장했다.

이에 초조해진 혁신측은 보수정치가의 뜻대로 움직이는 어리석고 봉건적인 농민이라는 비판을 가했다. 그러나 본래 농민이 보수적인 존재이고, 1880년대 이래 기성정당과 농민과의 유대가 견고했다는 사실에 비추어 자민당이 농산물에 대폭적인 가격지지정책을 채택함으로써 공업을 중심으로 한 전후의 번영을 농민에게 공평하게 배분해 준 것을 생각하면 농민이 자민당에 기울어진 것도 당연한 귀결이라고 해야 할 것이다.

농촌사회는 일본도 예외일 수 없이 기본적으로는 보수이다. 1920년대의 경제난은 농촌지역에도 과격한 사상을 낳게 하고, 1930년대에는 군부가 이를 악용했고, 1946~49년에는 미점령군에 의해서 추진된 농지개혁은 농촌의 불만의 해소와 보수주의의 부활에 기여했다.

농지개혁은 농지의 소유를 토지주민에게 경작면적을 포함한 1세대 당의 보유면적을 평균 3정보로 제한했다. 이 제한을 상회하는 잉여농지는 실제의 경작자에게 몰수나 다름 없는 헐값으로 불하되고, 그 결과 소작지가 점하는 비율은 46%에서 5~10%씩 대폭 하강한 것이다.

그 후 일본은 고도경제성장을 달성하게 되었는데, 정치 미가(米價)가 고수준으로 정해진 것과 수입농산물의 제한에 힘입어 농민은 다시 그 혜택을 보았다. 농촌인구의 대부분이 보수노선을 변경하려 하지 않고 기성정당과의 오랜 유대를 그 후계자인 자민당과 계속 유지해 왔다는 것은 바로 여기에 그 이유가 있는 것이다.

그러나 자민당의 득표 가운데 농촌표의 비율은 극히 일부에 지나지 않는다. 대기업에서 얻는 표는 더욱 적다.

대기업의 표는 뻔한 것이다.

1974년의 참의원 선거에서 대기업이 수명의 후보를 세웠지만, 그 성적은 시원치 않았다.

자민당에 있어서 대기업의 중요성은 표 이외의 점에 있는 것이다. 경제정책의 책정단계에서 대기업이 자민당이나 행정당국에 보여준 협력은 결정적인 비중을 차지하고 있었다. 뿐만 아니라, 자민당으로서는 둘도 없는 자금원(資金源)이다.

대기업은 자민당에 대한 헌금액을 정하고 자금을 취급하기 위한 특별창구를 만든다. 한편, 개별기업은 그들대로 각 파벌뿐만 아니라 위험분산의 뜻으로 일부 야당에다 헌금한다.

자민당이 대기업에서 정치자금을 얻고 있는 것은 사실이지만, 재계의 거물이 당의 방침에 직접 개입하는 일은 그다지 없다. 1955년의 보수합동에는 영향력을 행사하였고, 64년 고노(河野一郎)를 물리치고 사또를 수상으로 앉힐 때에도 마찬가지였다. 그러나 이것은 예외였을 뿐이다. 고노는 사또의 정적으로, 대기업에는 사또보다 달갑지 않은 인물이었던 것이다. 그러나 경제계의 거물은 압력단체가 그러하듯 자기들에게 직접 이해관계가 있는 경제문제에 대해서는 영향력을 행사한다.

이와 같이 자민당 지지표의 태반은 농촌표도 아니고 대기업표도 아니다. 자민당에 투표하는 것은 개개의 자민당 후보자의 후원회 조직의 관계자나 보수적 견해의 소지자, 또는 특히 경제문제에 관한 자민당의 역량을 타당보다도 낮다고 보는 각계각층의 일반시민이다.

보수당 지지자가 압도적으로 많은 것은 중소 지방도시나 군소재지이다. 개인차원에서의 득표조직의 유지배양이 쉽기 때문이다. 한편, 그 유지운영이 어려운 대도시에서는 보수지지층은 눈에 뜨이게 적다. 이 상태는 인구동태상의 변화와 더불어 보수표의 감소경향을 초래하고 있다. 자민당 의원의 소장파 일부가 새로운 보수 이데올로기를 제창함으로써 대도시표의 획득을 부르짖고 있는 것은 이 때문이다.

자민당 지지표에 대해서 말할 수 있는 역(逆)이 야당 지지표에 해당한다. 그것은 압도적으로 대도시에 집중해서 서서히 증가의 경향에 있다. 점령 이래 야당의 총 투표수는 선거때마다 약간씩 늘고 1953년의 29.5%, 76년에는 48.3%에 달하고 있다. 이것은 연간 1%의 신장이지만 자민당표의 저하율에 거의 필적한다.

무소속——대체로 보수계열이다——의 지지율은 5% 정도인데, 76년 선거에서는 자민당에서 분파한 신자유 클럽이 5% 가운데 4.2%를 차지하고 자민당표 등을 합치면 보수표가 혁신표를 약간 상회했다.

야당표는 두 가지로 대별된다. 하나는 기성 3야당의 좌경 이데올로기에 대한 지지표이다. 이것은 공산당과 사회당 좌파가 포지(抱持)하는 혁명이념에서부터 의회주의에 입각한 민사당의 온건 사회주의에 이르는 광범위한 노선이다.

고도공업국가의 상례로서 좌익적인 발상이 인기가 있는 것은 지식인 청년층, 조합소속의 블루 칼러나 화이트 칼러 노동자들로서, 그들의 대부분은 대도시에 집중하고 있고 그 수는 늘고 있다.

또 하나의 야당 지지표는 같은 대도시형의, 단 이데올로기와는 관계가 없는 항의표이다. 급격한 경제성장의 여파로 혼잡과 오염의 폐해는 주로 대도시지구를 엄습했다. 그 결과, 많은 대도시 주민은 대기업이나 농촌에만 치중하고 있는 듯한 여당에 대해서 불만을 품게 되는 것이다. 이 대도시 주민이 최근의 선거에서 투표한 것은 공산당이었지만, 그들은 공산주의의 전통적인 목표에 뚜렷한 관심을 품고 있는 것이 아니다. 또 공산당 이외에도 상당한 항의표가 공명당에도 던져졌다.

야당의 일원으로서 공명당은 마르크스주의에 입각한 다른 야당의 정치적 색채나 언사를 모방했다. 다만 이러한 야당의 사고가 공명당의 지도자나 지지자들을 사로잡고 있다고는 생각되지 않는다.

권력의 일각을 차지했을 때, 공명당이 어떤 노선을 취할 것인지는 분명치가 않다. 다만 그 구성으로 판단컨대, 낡은 타입의 내셔널리즘이나 보수주의에 기울어질 것이 틀림없다. 동당의 지도자가 사회보장정책에 강한 관심을 포지하는 것도 이해할 수 있다.

야당에 관한 가장 중요한 사실은 4개당으로 분열하고 있는 점이다. 한때는 사회당을 핵심으로 소수의 공산당을 배분하는 형태로 어느 정도 뭉친 시기가 없지 않아 있었다.

가령 1947년에는 사회당의 중의원 의원은 전 의석의 30.7%를 점하고 있었다. 1955년에 있어서조차 좌우 두 사회당——재통일 직전——의 총의석수는 33.4%에 달하고, 헌법개정 저지에 필요한 3분의 1의 조건을 충족시키고 있었다. 대세는 사회당으로 기울어지는 듯했다.

그러나 1955년을 경계선으로 이 꿈은 깨어지기 시작했다. 야당은 4개당, 그것도 거의 같은 세력의 4당으로 분열하고 마침내 1976년에는 전 야당의 총 득표수가 48.3%로 여야가 거의 백중지세였음에도 불구하고 사회당의 비율은 20.7%로서 야당표의 반 이하로 내려간 것이다. 이 이래로 사회당의 집권의 꿈은 사라지고 당내의 이데올로기 대립과 파벌 항쟁이 심화되었다.

사회당의 인기추락 원인의 또 하나는 당으로서의 역사가 긴 탓으로 공산·공명 양당보다 개인 차원의 득표 지지기구에 대한 의존도가 높고, 그것이 노후화하고 있다는 점일 것이다. 자민당과 같은 고민을 사회당도 직면하고 있다고 봐야 할 것이다. 그 점, 조직의 견고성을 자랑하는 공산·공명 양당과 비교해서 항의운동으로서의 사회당은 약체로 간주되고, 그것이 항의표를 깰 수 없는 약점으로 남는 것이다.

보수표와 야당표 간의 진폭은 그다지 크지 않으리라 생각되지만, 야당 간의 표의 이동은 대폭적이라 할 수 있다.

사실 1947~49년에 사회당의 득표가 26%에서 13.5%로 떨어진 데 반해서 공산당의 경우는 3.7%에서 9.7%로 반대로 격증했다.

47~48년 두번에 걸쳐서 연립내각에 참가한 것이 누를 끼친 것이 사회당의 평가를 깎은 것이다.

일본의 보수정치가 이데올로기적으로는 무정형(無定形)이고, 파벌의 폐단이 심한 자민당을 매체로 하면서도 그런대로 효과적으로 조직되어 있는 데 반해서 야당만은 같은 일본인이면서 왜 일본인에 특이한 사회적 특징이나 조직면에서의 역량을 살려서 같은 성과를 올리지 못하는지 의문이 될 것이다.

혁신정당이 자기들의 이데올로기에 자승자박이 되고 있는 것이 하나의 설명이 될 수 있을 것이다. 1920년대 지식인의 손으로 결정됐으니만큼 그들은 분열경향이나 이념차원에서의 분열을 아직도 청산하지 못하고 있는 것이다.

공산당도 부단한 내부항쟁을 거듭했지만, 1960년대 중반에 미야모도(宮本顯治)가 당을 완전히 장악한 이래 통일과 일체감을 보이게 됐다.

한편, 사회당은 전전의 이데올로기상의 대립을 전후까지 계승했다고 말할 수 있다. 전후 시초의 지도자는 노조출신의 온건파 니시오(西尾末廣)였다. 사회주의 운동의 초창기 이래의 기독교 사회주의자도 당내 온건파를 차지하고 있었다. 반대의 극에 있은 것은 가장 과격적인 공산주의자와 판별할 수 없는 격렬한 혁명주의자의 무리였다.

이렇게 해서 당은 불가피적으로 분열을 초래했다. 1952년 강화조약을 에워싼 균열은 좌우의 분열을 초래했고, 51~57년에는 좌우 양 사회당이 병존했다. 이어 1960년에는 다시 우파가 이탈, 신당인 민사당이 탄생했다.

사회당의 잔류파도 계속 이데올로기 파벌로 분열, 당의 주도권 싸움이 전개됐다. 당대항쟁에서는 좌파가 승리하지만 선거에서는 최좌익 입후보자는 불리한 입장에 몰린다. 아마도 공산당에 표를 침식당하기 때문일 것이다.

근년에 이르러 이데올로기로서의 마르크스주의는 퇴조를 거듭하고 있다. 공명당으로서는 차용해서 입은 옷이나 다름 없고, 민사당으로서는 거의 무의미한 것이나 다름 없다. 공산당은 한 걸음 더 나아가 다수당 의회주의를 단호히 옹호할 뜻을 밝히고 있다. 뿐만 아니라, 60년대 후반의 학원분규 때에도 온건노선을 주장, 자기 당의 영향하에 있는 학생운동의 고삐를 늦추지 않는 등 신중한 행동을 취했다.

그러나 감정 레벨에서의 이데올로기 대립은 아직 뿌리깊고, 야당전선의 협력을 어려운 것으로 만들고 있다. 민사당이 공산당과 협력할 가능성은 제로에 가깝고 공명당도 마찬가지이다. 사회당 좌파조차 공산당과의 협력은 불가능이다. 노조운동을 둘러싼 주도권 다툼에서 그것은 역력히 나타났다.

이와 같이 야당은 4당으로 분열하고 있을 뿐만 아니라, 심각한 이데올로기의 단층(斷層)이 뿌리깊은 곳에 존재하고, 사회당은 두 갈래로 분열, 양자의 화해를 불가능한 것으로 만들고 있다.

야당의 구성도 일당이 압도적인 우위에 서는 것을 어렵게 만들고 있다. 사회・민사 양당은 각기 총평・동맹에 재정적으로 의지하고 있고, 따라서 노조의 커다란 영향하에 있다. 이것은 조합원 외의 일반 유권자에 대한 양당의 호소력을 적지 않게 약화시키고 있고, 특히 사회당이 다수당이 되기 위해서는 대중의 폭넓은 지지가 필요할 때, 그 의향을 무시하고 좌경적인 색채를 띠는 것은 조합의존의 규모가 그 이유의 하나가 되고 있다.

공명·공산 양당은 도시의 항의표를 얻는 이점은 있지만, 여기에는 정치적인 마이너스도 따르고 있다. 공명당은 폐쇄적인 지도자군이 종교표를 조종하고 있는 점에서 전체주의적인 뉘앙스를 풍긴다. 일반 유권자가 공명당에 반발하는 것은 이 때문이다.

가령 70~71년에 소가각까이(創價學會)를 비판한 책을 동회가 억압하는 사건이 있었는데, 공명당의 득표가 69년의 11%에서 72년에 7.3%로 떨어진 것은 이 사건이 마이너스로 작용했기 때문이라는 것이 정설로 되어 있다.

한편, 공산당은 당기관지 「적기」의 성공과 규율적인 학생운동, 대중 레벨에서의 지지자층은 높이 평가되고 있지만, 그 조직력이 너무나도 빈틈이 없는 것이 일반 일본인에게 오히려 공포의 씨로 되어 있다. 공산당 속에 전체주의 일본의 과거의 그림자를 보기 때문이다.

이렇게 보면 야당의 세력은 외견만큼 강력하지 않다는 것을 알 수 있다. 또 야당에 던져지는 많은 표는 자민당의 실정에 대한 도시의 항의표에 멈추고 반드시 좌익의 이데올로기에의 찬성표라고는 할 수도 없다. 공산·사회 양당에 표를 던지는 유권자일지라도 그들이 막상 정권을 차지하는 날에는 고개를 좌우로 저을 것이다. 실제로 대도시의 야당 지사나 지방의회는 그들을 밀고 있는 야당강령으로는 생각할 수 없을 정도로 현실적이고, 탈이데올로기적인 정책을 쓰고 있다.

좌익세력이 실제보다 크게 느껴지는——특히 외국인 관찰자에게—— 이유의 하나는 대도시 특히 도꾜에 집중하고 있기 때문이다.

도꾜도 미노베 전지사는 사회주의의 지지자이다. 뿐만 아니라, 도꾜는 국회의 소재지이고, 대중 데모의 주요 무대이기도 하다. 좌경화한 지식인도 이곳에 집중하고 있고, 약간 좌경한 대신문들이 활개를 치고 있다.

도시 지식인이 좌경이라는 점, 전전의 극우적인 사고에 대한 반발이 뒤섞여서 전후는 좌경의 일종 맥카시즘적 풍조가 존재해 왔다. 즉 보수파나 보수적인 사상에 대한 비판은 지나친 것일지라도 지적으로 용인된 데 반해서, 좌익이나 좌익사상에 대한 비판은 설혹 온건한 것일지라도 편견의 비판을 면할 수 없었다.

미국이나 그 동맹국은 모든 비판의 좋은 표적물이 되었다. 한편, 중공(中

31. 추　세

共)을 필두로 한 공산세계는 관대하게 다루어지고 문제성이나 실패가 있어도 무시되거나 관용되었다.

이러한 자세에도 변화가 일어나고 있기는 하지만, 그 속도는 미미한 것이다. 지식인의 발언에 귀를 기울이고 일본신문을 추적하고, 대결정치의 표면만을 관찰하고 있는 외국인이 실정 이상으로 일본이 좌경하고 있다고 생각하는 것은 이러한 사정 때문이다.

자민당이 다수당의 지위에서 전락하는 것은 멀지 않은 장래에 얼마든지 있을 수 있는 일이지만, 그것이 일본의 정치상황에 어떤 영향을 끼칠 것인가에 대해서 고찰하기로 하자.

1976년 12월 5일 총선에서 자민당은 511의석 중 249의석을 얻는 데 그치고 반수에 미달했다. 다만 선거 후 몇 명의 무소속 당선자가 입당, 필요한 256의석을 간신히 웃돌고, 12월 24일의 국회에서 후꾸다를 수반으로 지명할 수 있었다. 1976년 최고재판소가 도시와 농촌 간의 한 표의 비중이 불공평하다는 판결을 내린 데 대해서는 이미 기술했지만, 그 판결은 자민당의 우위가 무너질 가능성을 크게 해주고 있다.

참의원의 경우, 자민당의 우위는 더욱 위태롭다. 1977년에는 과반수를 겨우 한 의석에 지나지 않았는데, 같은 해 7월 10일에 실시된 반수개선(半數改選)에서는 동당의 의석수는 더욱 줄고, 무소속 당선자 3명을 영입함으로써 겨우 1의석차를 지켜나간 형편이었다.

중·참 양원의 완전지배는 이미 자민당의 손을 떠났다.

점령 후 일관해서 일본을 통치해 온 것은 보수파였다. 그런 만큼 보수당의 일당지배에 구름이 끼기 시작한 오늘날 장래 어떤 일이 일어날 것인지 우려하는 측이 많다. 좌익혁명이 언젠가는 달성될 것이라고 말하는 논자가 있는가 하면, 우익에 의한 쿠테타의 가능성을 예측하는 측도 없지 않다.

그러나 내가 보는 바로는 그런 것은 실현되지 않을 것이다. 오히려 자민당이 하나 또는 그 이상의 「중도」 세력과 연립하거나 또는 소수파의 자민당 정권이 재야 중도세력과 협력할 형태를 갖출 가능성이 크다고 볼 수 있다. 여하간 자민당이 다수파의 지위를 잃으면 장기에 걸친 정치적 혼미가 야기될 것이 아닐까 하는 우려는 아직 남아 있다.

민사·공명 양당보다 자민당의 제휴상대로서 가능성이 큰 것은 물론 신자유 클럽이다. 그들은 1976년 로키드 사건의 와중에서 자민당을 이탈했다. 이

클럽을 주도하는 고노(河野洋平)는 1964년 수상의 자리를 노렸다가 뜻을 이루지 못한 고인 고노 이찌로(河野一郎)의 아들이다.

1976년 총선에서 신자유 클럽은 눈부신 진출을 보였는데, 이것이 그들에게 보다 큰 야심을 품게 했다 해도 놀랄 일이 못된다. 그들이 발족했을 때에는 불과 5명의 국회의석을 가지고 있었을 뿐이다.

그 점이 76년의 총선에서는 일약 17명으로 약진, 130선거구 가운데 불과 25선거구에 입후보했음에도 불구하고, 총투표수의 실로 4.2%를 차지한 것이다. 그들의 젊음과 진지성 그리고 보수파이긴 하지만 청신한 이상주의가 도시표의 상당부분을 얻은 것이 아닌가 생각된다.

온건파의 사회당원이 당내 좌파와의 제휴에 불만을 느끼고, 한편 자민당의 소장 도시형(都市型) 의원 가운데도 동당의 구태의연한 이미지에 불만을 표시하는 등, 정계 재편성의 가능성은 계속 운운되고 있다. 미기(三木) 전 수상마저 1974년 총재 취임 전에 당을 깨는 움직임을 보였을 정도이다.

1976년의 총선은 중도세력을 강화한 것 같다. 자민당은 의석수와 득표수의 두 면에서 적지 않게 후퇴했다. 공산당도 득표율에서는 10.5%에서 10.4%로 떨어지고, 의석수는 38에서 17로 격감했다. 사회당의 하락은 21.9%에서 20.7%로, 공산당의 그것을 약간 웃돌았지만, 의석수에 있어서는 총 의석을 20을 늘린 가운데 5의석을 늘려 만족할 만한 분담율을 차지했다.

중도세력 가운데 가장 화려한 것은 신자유 클럽이고, 공명당도 일반투표가 72년의 8.5%에서 69년 당시의 10.9%로 되살아남에 따라서 29의석에서 55의석으로 대폭 신장했다. 민사당은, 득표율은 7%에서 6.3%로 떨어지기는 했지만 19의석이 29의석으로 증가하는 행운을 얻었다.

수년간 내에 새로운 중도정당이 탄생할 가능성이 결코 없지 않다. 신자유 클럽·민사·공명을 주축으로 자민당의 상당부분과 사회당의 일부까지를 배경한 중도정당이 만일에 탄생한다면, 이 신당은 수구파로 형성되는 우익과 공산·사회당의 좌파를 더한 좌익에 대해서 장기간 우위를 차지할 수 있을런지 모른다. 말하자면, 파벌 연합체로서의 현행 자민당과 같은 구성을 가지는 이 신당은, 당초는 출신정당별로 구분되면서도 과거 자민당이 보인 것과 같은 능력을 정치의 안정과 유효성에 발휘할 것도 생각할 수 있다.

위에 약술(略述)한 두 가지 가능성은 절대로 이율배반이 아니다. 자민당을 핵심으로 하는 연립 또는 정책협정적인 결정이 앞으로 보다 기본적인 재편과, 강력한 중도세력의 탄생을 지향하는 것은 불가능이 아니기 때문이다.

어느 경우에 있어서도 정치제도나 내외 외교정책의 기본이 대폭 변경되는 일은 없을 것이다. 정부의 결정은 신당 또는 연립에 참가하는 각 집단의 의견의 밸런스를 배려하면서 신중히 내려질 것이고, **반대파**의 의견이 종전처럼 주의깊게 참작될 것도 여전할 것이다.

전환에 따르는 분규도 극히 적을 것이다. 자민당의 우위가 극히 적은 것이 되고, 동당이 권력의 좌를 향해서 저항을 할 때, 야당이 국회운영의 흥정을 통해서 힘으로 물리치려 한다면 혹시 대립이 격화할는지도 모른다.

그러나 이 과도적 현상은 이미 명백히 진행하고 있다. 자민당과 야당의 차이가 줄어들자 적어도 일부 야당, 특히 중도정당과의 사이에는 서로 의논할 기회가 있고, 때로는 타협을 하지 않을 수 없었기 때문이다. 아니면 국회를 원만히 운영하고, 필요법안을 상정하는 일은 할 수 없었을 것이다.

이렇게 생각하면 중도정당이 주요 안건에 관해서는 정부에 대해서 각내, 각외를 불문하고 협력하고 언젠가는 중도세력을 결집해서 신당을 수립, 스스로 정권을 잡는 일은 바로 눈앞의 일이라고도 할 수 있는 것이다.

연립이나 중도신당은 정책면에서도 큰 변화는 일으키지 않을 것이다. 대외정책이나 미국과의 안보협정은 과거에 있어서는 커다란 정책상의 분기점이었지만 이제는 퇴색하고 말았다. 연립정권이건, 중도신당이건 미국과 긴밀한 경계관계를 유지하는 데 반대는 없을 것이고, 아마도 핵우산도 받아들일 것이다.

다만 재일 미군기지에 대해서는 점진적인 감축을 요청할 것이다. 이 점에 대해서는 자민당의 태도도 언제나 그러했다. 사회정책이나 경제정책도 대차가 없을 것이다. 자민당도 일반국민과 마찬가지로 경제성장 지상주의는 이미 포기하고 있고, 사회복지나 품위있는 생활에 관심을 집중시키고 있다.

미국의 경우, 대기업은 정부를 불신하는 경향이 강한데, 일본의 경우는 자민당을 지지하고 있다. 따라서 복지국가에 대한 접근경향에 대해서 미국의 경제계만큼 저항을 하리라고는 생각되지 않는다.

이와 같이 생각하면, 자민당의 몰락이 마치 흉조처럼 생각되지만, 많은 논자가 생각해 온 만큼의 쇼크는 아닐 것이라고 판단할 수 있다. 정치구조나 정책의 기본에 대폭적인 전환은 있을 것 같지는 않다.

신정권도 결국은 종전의 정권의 구성분자와 거의 같은 요소로 형성되고, 그 정책도 이미 진행중인 여러가지 경향의 연장선상에 지나지 않을 것으로 상상되는 것이다.

정치적 스타일

32

일본의 민주제도를 관찰하는 외국인에게 있어서 자기가 항시 보아 온 사상(事象)을 찾아볼 수 없을 때의 놀라움은 당연한 것이다. 영국국회에 있어서의 멋진 토론, 미국 국회에 있어서의 법안의 기초나 위원회에 의한 정밀한 조사 등이 그것이다.

또 일본의 국회에서는 경직된 대결이 횡행하고, 반대파는 데모로 대항하고, 부패나 검은 안개는 끊기지 않고 여당내의 집안싸움이 크게 보도되는 등, 외국인에게는 이해 못할 현상들이 많다. 일본의 의사결정이 막후에서 행해진다는 것을 모르고 있는 외국인에게는 이러한 현상은 자연히 조소나 경멸의 대상이 되는 것이다.

외국인의 눈에 비치는 정치제도의 박약성은 민주주의의 역사가 짧고, 1930년대에는 일단 좌절하기도 해서 일본의 민주주의란 기껏 「연약한 꽃」에 지나지 않고, 경우에 따라서는 무식한 패거리들이 민주주의를 희화화(戲畵化)하고 있을 뿐이라고 단정할 수도 있을 것이다.

그러나 일본의 민주제도를 실상대로 파악하고 미국·영국의 그것을 꼭 닮아야 한다고 생각하지만 않는다면 그런대로 해 볼만한 제도가 아닌가고 생각하게 되는 것이다. 어떤 면에서는 오히려 나아 보이기도 한다.

쟁점이 국회의 장에서 명쾌하게 토의되지 않는 것은 확실하지만, 공식·비공식의 협상이 꾸준히 진행되고 있는 것은 구미보다 더할지 모른다.

또 정당의 조직도 구미와 약간 차이가 있지만, 일반여론과 최종적인 정치결정을 연결하는 채널로서는 그 유효성은 구미와 차이가 없다. 일반국민에 대한 정부의 서비스도 타국에 뒤지지 않을 만큼 효율적이고, 공공이익에의 대응도 그런 대로 살만 한다.

일본의 민주주의의 잠재적인 약점 가운데 가장 큰 것은 제도 자체보다도 국민쪽에 있는지 모른다. 일반국민의 민주주의에 대한 실감은 영어국민처럼 절박한 것이 못된다. 민주주의의 뿌리가 얕은 탓도 있겠지만, 영어국민이 민

주주의를 신성한 유산의 일부로 간주하는 만큼 일본인의 열정은 간절한 것
이 되지 못할 것이다.
　그렇다고는 하지만, 대의정치와 그 모체로서의 현행헌법에 대한 현대 일본
인의 헌신도는 매우 높다. 일본인은 90년간의 민주정치와의 교제가 있고, 30
년대부터 전쟁 중의 비참한 경위는 일본인으로 하여금 여하한 독재체제에 대
해서 외면케 만들었다. 싫건, 좋건 참을 수 있는 것은 아무래도 대의제도뿐
이라는 것이 일본국민의 신념이라고 말할 수 있다.
　1947년에 시행된 헌법은 좌우 진영의 소수를 제외하고는 전국민의 열렬한
지지를 받았다.
　헌법의 초안이 미국인에 의해서 작성된 것에 대해서도 그다지 신경을 쓰
지 않는다. 뿐만 아니라 약간 반미경향이 있는 좌익진영이 헌법옹호에 가장
열을 올릴 정도이다. 헌법의 표현도 처음에는 낯설었지만 이제는 표준적으
로 정착했다. 사소한 수정일지라도 헌법에 손을 대는 것은 절대 반대라는
것이 대다수 일본국민의 입장이다. 소규모의 수정이 자칫 중대한 변경에의
길을 몰고 올지 모르기 때문이다.
　일본의 민주주의가 안고 있는 또 하나의 약점은 개인이 자신이 소속하는
집단에 예속하기 쉽다는 점이다. 구미의 민주주의는 언제나 개인주의의 힘
과 표리일체였다.
　그런데 근년에 이르러 개인의 주장과 집단으로의 귀속과의 밸런스는 전자
로 경사하고 있는 것이 일본의 실정이고, 그 점 구미와는 반대의 방향을 지
향하고 있는지도 모르겠다. 한 사람 한 사람이 개인으로 고립하고 있는 국
민보다 다양한 집단으로 구성되어서 집단지향이 강한 국민이 민주적인 제도
의 운영에 뒤진다는 근거는 없다.
　이에 관련하는 또 하나의 문제는 일본인이 조화를 찾고 정면대립을 꺼리
는 경향이 강하다는 것인데, 이것은 다수파에 의한 근소한 차의 결정을 수용
하는 데 저항을 느끼고 있다는 점에서 일본의 민주제도에 부담을 더해 주고
있는 것이다.
　다른 견해를 공개의 장에서 토론하고, 단순 다수결로써 결정하는 것은 민
주주의의 근저에 있는 보편적인 원리이다.
　그런데 일본인은 조용히 대립을 조정하고 만장일치의 결정을 택한다. 따
라서 의사결정의 방식은 우회적이 되고, 자연히 문제해결을 지연시킨다고
주장하는 논자도 있다. 일본의 방식은 문제에 따라서는 효과적인 결단을 내

릴 수 없고, 이것이 위기상황에서는 심각한 위험을 초래할 수 있다는 견해이다. 그러나 이러한 견해에는 조심할 필요가 있다. 일본 외의 민주주의 국가가 신속하고, 곤란한 결정을 내리는 데 능하다고 단정할 수 있을까 하는 일말의 의심이 없지 않기 때문이다. 또한 일본의 제도하에서라면 정치 세력 분포가 달라지고, 다수파가 바뀌었다 해도 이전의 정책이 무효화되고, 신정책이 갑자기 책정되는 가능성은 적은 것이다.

대체적으로 일본의 민주제도는 다른 나라의 그것에 비해서도 효과적인 결정을 내리는 데 손색이 있는 것으로는 생각되지 않는다. 확실히 몇 가지 국제적인 결정에 있어서 일본이 미국이나 다른 나라의 소망을 외면하고 뒷걸음친 일도 있지만, 그들 자신에 깊은 관련이 있는 문제에 있어서는 전광석화와 같은 결단을 내려 왔다. 경제성장에 관한 결단이 그것이고, 최근에는 환경오염 문제에 대한 대책이 그러했다. 다만 여기에 한 가지 분명한 것이 있다.

그것은 설사 위기적인 상황에 처한다 해도 일본이 전시중 영국에서 처칠(W. Churchill)이 보여준, 또 미국대통령에게 요구되는 카리스마적 지도자를 낳지는 않을 것이라는 것이다. 그리고 일본인의 강한 집단지향성을 고려한다면, 그러한 지도자가 없다 해도 만일의 경우 일치단결할 수 있으리라 추정되는 것이다.

여하간 카리스마적 지도자 또는 그것을 요구한다는 자체가 민주사회에서는 오히려 약점을 드러내는 것으로 받아들여져야 할 것이 아니겠는가.

플러스의 면을 지적한다면, 내정·외교 양면에서 정치적인 경직된 대립은 감소경향에 있다. 다른 일부 민주국가에서는 오히려 정치에 관한 여론의 분극화가 일어나고 있는데도 일본에서는 수년 전에는 심했던 대립이 벌써 감소하고 있는 것이다.

또 근대 도시공업문명이 여러가지 복합적인 문제를 야기하고 민주주의의 가버너빌리티, 즉 자기 관리능력에 대해서 의문을 던지는 일부학자도 있을 정도이지만, 이 분야에서 일본이 봉착하고 있는 문제는 다른 나라에 있어서 만큼 심각하지 않다. 복지국가를 지향하면서도 일본인은 눈앞의 이익을 위해서 장래를 저당하는 어리석음은 범하지 않았다.

대외채무는 거의 없고 개인으로서나 국민 전체로서도 장래를 위해서 오늘의 소비를 참는 마음가짐이 서 있는 것 같다.

구미의 민주주의국가의 일부에서 심각한 정치문제로 등장하고 있는 소수민족은 그다지 많지 않고, 혜택받지 못하는 집단도 적고, 지역간의 반목도 존재하지 않는다.
 일본인은 비교적 준법정신이 강하고 범죄도 적다.
 일본인은 도꾸가와시대 이래 관료정치에 익숙한 것과 구라파에서 도입한 법제에 순화된 탓으로 현대가 초래한 두 가지 점, 즉 법중심주의의 증대와 어디에나 존재하는 관료지배에 미국보다 친숙하기 쉽다. 미국인의 경우는 전통적으로 정치불신을 안아왔을 뿐만 아니라, 미국적 자유에 대한 사고가 아직도 강하게 남아 있기 때문이다. 이 점, 집단으로서 살아온 일본인의 수세기에 걸친 체험은 미국인에게도 참고될 점이 많을 것이다.
 미해결의 정치문제가 국회의 내외에서 대결이라는 형식을 취하는 것은 지금도 변함이 없지만, 그래도 일정한 틀을 벗어나는 일은 없고, 말하자면 제도의 일부가 되어버렸다. 즉 매스콤을 통해서 널리 일반국민에 호소하기 위한 하나의 수단이 된 것이다.
 받아들일 수 없는 폭력도 있고, 특히 전쟁 직후에는 빈발했다. 1956년에도 사회당의 아사누마 위원장이 백주에 TV 카메라 앞에서 광신적인 우익소년에 의해서 사살되는 참극도 있었다.
 그러나 정치가 초래하는 거칠은 감정적 대립에도 불구하고 극단적인 폭력이 적은 것에 놀라지 않을 수 없다. 데모의 대부분은 유혈을 피하고 상징적인 목표를 표방할 뿐이다.
 1960년 안보조약 개정반대 데모에서 희생자는 군중에 깔려서 죽은 여대생 1명뿐이었다. 그 후 과격파 학생의 활동이 사상자를 낸 것은 사실이지만, 그들은 폭력을 지향함으로써 정치의 장에서 벗어나서 사회문제화하고 있다.
 구미의 민주제도와는 많은 점에서 다르다고는 하나 일본의 정치과정은 전국민을 거의 포함하고 있고, 그 효율도 상당하다. 개개인의 투표행동은 복잡한 수속을 통해서 수용가능한 결정으로 이루어지지만, 그것은 구미의 민주주의국가와 마찬가지 정도로 효과적이다.
 신헌법 아래 현행의 정치제도는 30년 이상에 걸쳐서 원활하게 기능을 발휘했다.
 하나의 헌법이 30년의 수명을 유지한다는 것은 나라에 따라서는 드문 일이다. 일본국민은 압도적으로 헌법을 지지하고, 그들의 소위 「평화헌법」에 큰 긍지를 느끼고 있다. 이와 같이 일본의 사회나 민주적인 정치제도는 전체적으로 건전하다.
 1973년의 석유위기와 그에 따른 74~76년의 세계적 불황에 대한 민첩하고도 효과적인 대응책이 이를 증명하고 있다.

세계적인 불황하에서 경제성장율은 연간 11%에서 마이너스 2%로 대폭 하강하고, 다른 나라에서 볼 수 없는 급격한 성장의 저하를 보였다. 초대형 인플레도 처음에는 대형 임금인상을 웃도는 광란상을 보였지만, 얼마 후 물가상승과 임금인상도 낮은 숫자로 수습됐다.

그 결과 전체적인 실질소득은 대부분의 일본인의 경우 감소하기는 했지만, 일본인은 이것을 근검절약으로 제지하고 정치적으로나 사회적으로 큰 동요는 보이지 않았다.

이와 같이 일본은 국내적으로는 별 문제 없이 가동하고 있다. 그러나 시야를 국제사회로 돌릴 때 일본의 전망은 국내만큼 낙관적이 못된다.

일본인은 그의 모든 존재를 방대한 양의 재(財)의 자유무역에 걸고 있고, 일단 전쟁이 발발하거나 국제무역기구가 무너지는 날에는 그 기반은 파괴당하고 만다. 그러한 쇼크가 일본을 휩쓸 때 어떤 정치변화가 일어날 것인가에 대해서는 아무도 예측할 수 없다.

일본인이 종래의 궤도를 대폭적으로 수정하지 않으면 안되었던 예는 근대사에 두번 있었지만, 그것은 다같이 기본적으로는 대외관계의 압력의 소치였다. 하나는 문호개방과 그 후의 명치유신의 대변혁이고, 또 다른 하나는 중일(中日)전쟁과 태평양전쟁 그리고 그 결과로서의 전후의 변혁이었다.

만에 하나라도 일본인이 현재의 코스에서 크게 일탈하는 사태가 발생한다면 이 방향전환으로의 원동력이 일본의 외부로부터의 것에 기인하리라는 것은 틀림없다.

여하간 일본의 미래에 있어서의 결정적인 변수는 대외관계이다. 이하에서 그것을 검토하려는 것은 이 때문이다.

V
세계 속의 일본

JAPAN
AND THE WORLD

V. 세계 속의 일본

전전의 기록

33

　외부세계와의 관계가 일본에 얼마나 중요한 것인가, 아니 사실은 대외관계라는 것은 처음부터 존재하지 않은 것이 아닌가 하는 것이 일본에 관해서 이야기할 때 언제나 등장하는 테마이고, 이 책에서도 그 예외는 아니었다. 대외관계는 과거 어느 시점에서는 단순한 백그라운드 뮤직에 지나지 않았지만, 근년에 이르러 압도적 힘을 가진 라이트 모티브로서 중압감을 주고 있다.
　일본인 1억 1천 5백만——설사 그 절반일지라도 마찬가지이다—— 이 비좁은 국토에서 살아가기 위해서는 대량의 자원이 지체없이 유입되고, 그 지불을 가능케 하기 위한 제품이 계속 외국으로 유출되고, 그러면서도 이 거대한 재(財)의 이동을 가능케 하는 조건, 즉 세계평화와 국제무역환경의 정비가 필수적이다. 일본인이 기량과 재능이 있다 해도 이러한 전제조건을 충족하지 않는다면 그것은 그들에게 아무런 이익도 안겨 주지 못한다.
　그런데 일본인이 가장 자신을 갖지 못하는 것이 다름 아닌 대외관계인 것이다. 대외접촉에 관한 한, 이제까지의 체험도 제대로 살리지 못하고 있다. 강한 자의식, 보기 드문 동질성, 긴밀한 사회구조 등, 일본사회의 강점이나 미점도 외부세계와의 접촉에 있어서는 오히려 마이너스의 조건이 되고 만다.
　그들의 언어는 다른 어떠한 언어와도 다르다는 점에서 타국민과의 거대한 장해물이 되고 있다. 비유하자면, 일본인은 큰 성공을 몇 번이나 거두면서도 종래와는 다른 경기에 끌려 나와서 기술도 도구도 불충분한 상태에 놓이는 운동선수와도 같은 것이다.
　이런 상황이 초래된 것은 일본인으로서는, 말하자면 기습을 당한 꼴이다. 일본인이 이 점을 깨달은 것은 겨우 10년래의 일이다. 역사상 대외관계는 그다지 중요시되지 않았거나 또는 보통 정도의 기술로 충분히 대처가 가능한 것으로 생각했다. 이하 이에 관한 사정을 기술하기로 하자.
　6세기, 선사시대의 일본에는 한반도에서 많은 사람이 도래하고 아마도 이와 얽힌 사정으로 한반도에서 군사행동에 휘말렸다. 그러나 그 후 1천년 가까이 일본은 최소한도의 대외접촉만을 가졌다. 중국문물을 평화리에 수입하는 일은 일본역사를 흐르는 하나의 주요 테마였지만, 대외전쟁 내지는 사람의 이주는 그렇지 않았다.

외부와의 교역은 서서히 늘기는 했지만, 이와 더불어 왜인(倭人)의 습격이 14세기부터 활발해지고, 대륙 연안지대에서, 후에는 동남 아시아까지 약탈을 했다.

16세기에는 포르투갈을 필두로 하는 구라파 각국의 무역상이나 선교사가 일본에 모습을 나타냈으나, 17세기에는 추방당하고 일본에서의 천주교는 말살당하고 말았다.

이윽고 일본은 2세기에 걸친 쇄국을 스스로에게 과하고, 중국·한국·화란과의 소규모의 규제무역을 제외하고는 문을 폐쇄하고 말았다. 6세기에서 19세기에 이르는 장구한 역사적 시간을 통해서 일본인이 경험한 대외전쟁은 두번에 걸친 원군(元軍)의 내습(13세기)과 1592~1598년에 걸친 히데요시(秀吉)의 한반도 침공뿐이었다. 해외로의 군사적 모험과 외국으로부터의 침략의 역사가 일본만큼 드문 나라도 없다.

대외관계가 일본에 심각한 문제를 던진 최초의 예는 19세기 중엽, 기술면에서 훨씬 능가한 구미 열강이 고립 속에서 꿈꾸고 있는 일본의 대문을 노크하고 개국과 무역을 요구했을 때였다. 일본은 하는 수 없이 문호를 개방하고, 우수한 구미 각국의 군사·경제기술을 익히고 스스로를 지켜야 했다.

이 과정에서 사회·정치제도의 발본적인 개혁이 필요하다는 것을 일본인은 깨달았다. 그리고 동질성·근면성·협동작업으로 스스로의 전통적인 자질을 구사함으로써 성공을 거두었다.

다만 이러한 일본을 맞아들인 것은 위험하고도 탐욕스런 세계였다. 19세기라는 시대는 제국주의의 절정기였다. 강육약식의 표본이 바로 이때였다.

안전을 확보하고 기반을 닦기 위해서는 공업력과 마찬가지로 군사력도 필수라고 생각했다. 강력한 육해군을 만들고 해외에 진출해야겠다고 혈안이 된 것은 이 때문이었다.

한반도가 비우호국의 손에 넘어가면 일본의 심장부가 위태롭다는 인식하에 한반도의 지배를 둘러싸고 두 개의 전쟁이 벌어지고 일본은 다 전승했다. 이 전쟁에서의 승리로 대만·한국·만주의 남단 그리고 남부 가라후도를 포함한 소위 일본제국이 탄생했다.

이어서 1차 세계대전이 벌어지지만, 일본은 동 아시아의 가장 유력한 군사・경제대국으로 참전, 중국 각지에서 경제권익을 확장하고 전쟁처리를 통해서 북 태평양의 독일 도서와 산동성 독일 영토를 입수했다.

　일본인의 대외관계에 미묘한 변화가 생긴 것은 이 무렵이었다. 군사력이나 이에 따르는 국위선양은 한편에서는 안전을 초래했지만, 동시에 새로운 취약점을 나타낸 것이다.

　군사력을 지탱하기 위해서는 공업력의 기초로서의 인구의 증가가 필수적이지만 그러려면 외국으로부터 자원의 공급이 있어야 한다. 이제 일본은 건국 후 처음으로 해외에 크게 의존하게 된 것이다. 철광석을 포함한 지하자원의 수입을 비롯해서 육해군의 생명선인 석유는 주로 인도네시아와 미국 서해안, 단백원과 비료원료로서의 대두는 만주에 각각 의존해야만 했다. 한국과 대만으로부터의 쌀의 이입(移入)도 필수가 되었다.

　이것은 종착점이 없는 대문제였다.

　인구가 증가하고 공업력이 신장함에 따라서 대외의존은 늘기만 했기 때문이다. 그러나 국제정세는 제국주의적 확장에는 불리하게 전개되고 있었다. 1차 세계대전에 지친 서구 열강은 대외침략에 종지부를 찍고 국제협조에 안정을 바라고 있었다. 일본의 확장정책이 세계의 비난을 받게 된 것은 이 때문이었다. 확장정책 찬양의 시대는 지나가고 있었다.

　뿐만 아니라, 발전도상국에서는 민족주의가 고조되고, 특히 중국에서 그 기운이 현저했다. 일화배척(日貨排斥)이나 대중의 배일저항이 퍼진 결과 종전의 밑천 안들이기식 제국주의적 확장이 성공을 거둘 공산이 줄어들었다.

　1920년대에 당시의 정당내각은 군사적 확장에 등을 돌리고 산동성(山東省)에서 철병하고, 시베리아 출병을 단념했다. 국가예산에 차지한 군사지출의 비율이 대폭 감소하고, 영・미・일의 해군력의 비율을 5：5：3으로 정한 워싱턴회의(1921~22년)의 결정이 승인된 것도 이러한 배경에서 이루어졌다. 높은 세금을 경원하고, 외국과의 통상에 마이너스가 생길 것을 두려워한 실업인이 정당내각의 배후에서 영향력을 행사한 것이다.

　서 태평양에서의 군사적 우위를 유지하면서 일본은 국제무역과 윌슨 대통령의 이상주의나 국제연맹에 의해서 상징되는 평화적인 세계질서에 의지하는 것으로, 경제확대로의 안전을 확보하려고 했던 것이다.

　그런데 1931년에 이르러 일본 육군은 만주를 침략하고, 다시 제국주의적 확장정책으로 치달았다. 이 정책전환의 경위에 대해서는 이미 기술했다.

　다만 정당내각에 의한 대외정책에 대한 국내, 특히 군부 측의 불만이 그 주요 원인이라는 것은 확실하다. 또한 1929년에 터진 세계공황이, 국내의 정치적·사회적 긴장을 높이는 한편, 각국에 의한 보호무역정책의 채용이 일본에 세계시장으로부터의 추방을 당하지 않을까 하는 두려움을 안겨 주었다는 사실도 지적해야 할 것 같다.

제국주의적 확장에 만족하고, 세계공황의 영향을 그다지 두려워하지 않을 만큼의 축적을 완료한 구미 열강 이일본에 대해서만 확장정책의 포기를 요구한 진정한 의미는, 경제·군사면에서의 힘을 배양할 만한 충분한 기반을 일본에 주지 않기 위해서라는 논의도 있었다.

그들은 또한 자기들은 북미나 호주 등 훌륭한 처녀지를 입수하고 있으면서 일본에만 그런 기회를 봉쇄한 것은 백인종의 인종편견이라고 주장하기도 했다. 만주사변이 계기가 되어 중국에 대한 침략은 계속되었다. 드디어 1937년 서북부의 중국 공산당정권의 압력에 굴복한 장개석(蔣介石)이 일본의 진출을 저지하기 위해서 무기를 들고 궐기함으로써 중·일전쟁은 본격적으로 막을 올렸다.

일본군은 승리를 거두면서 중국대륙의 태반을 제압했지만, 국·공(國共) 양군은 대륙에서 저항을 계속했다. 그 결과 일본군은 중국의 민족주의에 의해서 진퇴유곡에 빠지고 말았다. 일본군은 국·공군의 저항을 분쇄하기 위해서 다시 전선을 확대했지만 방공협정(防共協定)으로 독일·이탈리아와 제휴했던 탓으로 미국으로부터의 경제압력을 더욱 초래했을 뿐이었다.

동 아시아의 패권을 노린 일본의 의도는 구라파에서의 독일의 의도와 동일시되고, 경제압력을 가해야 한다는 미국의 여론을 자극했기 때문이다.

1941년 여름, 미국 정부는 드디어 대일 석유금수를 단행하고, 일본 정부는 미국과의 대결, 아니면 후퇴의 양자 선택의 길을 걷지 않으면 안되었다. 일본은 전자의 길을 택하고 미국을 선제공격, 서전에서는 승리를 거두었지만 1945년에 이르러 완패를 당하고, 마침내 사상 처음으로 외국인 정복자의 지배하에 들어간 것이다.

중립이냐 동맹이냐

34

전후 일본인은 자기들을 둘러싸고 있는 상황이 일변하고 있다는 것을 깨달았다. 그들은 의기소침하고 외부의 눈치를 살피기에 바빴다. 군사적으로나 경제적으로 무력했고, 핵보유 초강대국 앞에 숨도 제대로 쉬지 못했다.

개인으로서, 민족으로서 어떻게 연명하는가가 문제였다. 그것이 패전 직후의 일본의 상황이었던 것이다.

그 후 일본은 독립을 되찾고 경제적으로 번영했지만 인구가 증대하고, 공업의존도가 높아졌기 때문에 세계의 자원이나 무역에 의존하는 비율이 종래에 없이 높아진 것을 깨달았다. 더우기나 이 문제를 해결하는 방법이 많지 않다는 것은 뻔한 일이었다. 제국주의적 확장은 이제 있을 수 없었다. 평화 속에서 통상하는 방법 외에는 일본에 활력있는 미래를 초래할 방도가 없었던 것이다.

전승국은 일본으로부터 한국·만주·가라후도 등의 구식민지와 일시적이기는 했지만 오끼나와를 주인에게 돌려주었다.

일본 이외의 제국주의적 열강도 몇 세기에 걸친 지배 끝에 기존의 식민지가 유지불가능하다는 것을 깨닫게 되었다.

소련이나 중국과 같은 대륙국가는 자국민이 거주하는 육지를 계속 장악할 수 있었다. 그러나 해양제국은 급속히 사라져 갔다. 구식민제국 중 현상유지를 기도한 나라도 있었다. 인도네시아에서의 화란, 구불령(舊佛領) 인도차이나와 알제리아에서의 프랑스, 아프리카에서의 포르투갈 등이 그 예였다.

다만 거의 대부분의 식민지는 새로운 사태에 따라 자발적으로 포기됐다.

이러한 정세하에서는 아무리 수구파의 일본인일지라도 제국주의적 정복이란 꿈에도 생각할 수 없었다.

일본에 허용된 유일한 선택이 평화세계에서의 개방적인 통상에 있는 것은 자명의 이치였다. 당초 일본인이 품은 군국주의 반대나 열렬한 평화주의는 전쟁의 참회와 어려움에 대한 감정적인 반응이었다. 그러나 시일이 경과됨에 따라서 그것은 이성 레벨에서의 확신으로 변해 갔다. 전쟁 직후에 볼 수 있었던 정서차원에서의 반응이 퇴색하고, 전후파(戰後派) 세대가 속속 등장 했음에도 불구하고, 일본에게 세계평화는 필요하다는 지적 확신은 사라지지 않았다. 평화는 이제까지 일본인 태반의 가슴 속에 최고지선(最高至善)의 개념으로 뿌리를 박고 있다. 그들의 평화지향은 깊이 정서와 이성의 양면에 의해서 뒷받침되고 있다. 세계평화가 필요하다는 단순한 합의가 성립할 수 있었던 것이다.

그런데 일단 독립을 회복하고, 이어 경제력을 되찾자, 적대하는 두 개의 진영으로 분열한 세계의 현상 속에서 자기 나라의 안전과 세계평화를 위해서 어떠한 입장을 취할 것인가 하는 문제가 부각했다. 국제분쟁에 휘말리지 않는 노력의 중요성을 의심하는 일본인은 한 사람도 없었다. 이 목적을 달성하기 위해서 정부는 소위 「저자세」를 취하고 경제부흥과 성장에 전력을 다했다. 다만 그 외의 점에서는 미국과의 협력을 통해서 자국의 안전을 구할 것인가, 아니면 엄정중립을 지켜서 자유의 입장에 설 것인가를 놓고 심각한 대립이 발생, 그 후 20년에 걸쳐서 일본의 정치를 뒤흔든 최대쟁점이 된 것이다. 이 문제에 대해서는 이미 기술했다.

이 대립이 일본에 요구한 것은 1951년, 미국이 소련이나 중국을 제쳐놓고 일본과의 단독강화를 결심하고, 동시에 미·일안보조약을 체결하고, 독립 후의 일본에 미군기지를 유지하고 일본의 방위를 약속한 것이 계기였다. 미국의 입장에서는 이 두 가지 결정은 다 불가피했다.

점령은 이미 시간적으로 그 유효성의 한계를 넘어서 이 이상의 계속은 모처럼 달성한 성과를 수포화시킬 위험을 안고 있었다. 그러나 전면강화는 불가능으로밖에 보이지 않았다. 중국의 초빙은 곤란했다. 두 개의 정권 가운데 어느 쪽이 진정으로 중국을 대표하는가에 대해서 미국과 동맹국 사이에 합의가 없었기 때문이다. 국민당 정부를 중국의 대표로 간주하는 미국에 대해서 영국을 포함한 몇 개 동맹국은 북경정권을 대표로 간주하고 있었다. 공교롭게 북경정권과 미국은 한국에서 교전상태에 있었다.

모스크바나 북경은 재일 미군기지 등 미국이 필요로 하는 조건을 수용할 것 같지 않았다. 미국에 있어서 재일 미군기지는 한국에 있어서의 군사체제를 배후에서 지원하는 것이고, 알 몸과 다름 없는 위험에 처해 있는 무방비상태의 일본을 방위하기 위한 모처럼의 성채(城砦)였다. 일본의 보수파 지도자는 이러한 사정을 이해함과 동시에 같은 입장에 섰다.

미국과의 방위관계의 계속을 처음 주장한 것은 아시다 수상이고, 요시다도 그의 정책을 답습했다. 사회당까지도 온건파는 단독강화를 묵인하고 이를 계기로 좌파와 결별했다. 다만 다른 야당은 격렬히 반대했다.

그들의 눈에 비친 미국은 이전의 해방자에서 원수로 변하고 있었다. 전후의 개혁을 중도에서 포기하고, 일본의 경제부흥을 추진함으로써 냉전에서의 입장을 강화하고 일본경제의 사회주의화의 가능성을 제거한 원흉이 바로 미국이라는 논법이었다.

그들은 오히려 공산국가에 친근감을 느꼈다. 자본주의적 침략자와 싸우는 공산국가라는 이미지를 그들은 멋대로 그렸다. 그들은 또한 안보조약과, 미군기지는 일본의 안전을 보장하기는커녕 오히려 위협이라고 간주했다. 이들 기지는 미국과 타국과의 전쟁으로 일본을 끌어들이고 그 결과 상대국으로부터의 보복공격을 끌어들인다는 공포 때문이었다.

동시에 안보와 미군기지는 일본인 대다수의 긍지인 전쟁포기 조항을 유린하고, 국제분쟁에는 중립의 입장을 갈망하는 일본인의 원망을 침범하는 것이라고 간주했다.

이러한 자세는 국민이 널리 받아들이고 적어도 부분적으로 찬동하는 자는 보수당 지지자 속에도 적지 않았다. 자민당의 최대의 강점이 경제면의 성과라는 것은 분명하지만 미국과의 협조를 주안으로 하는 대외정책은 항상 그 최대의 약점이었다.

설혹 아무리 소극적인 동맹일지라도 어느 한편에 경사하는 것은 바람직하지 않았다. 중립이 훨씬 바람직하게 느껴진 것이다. 특히 도쿄 주변에 대규모의 미군기지가 존재하는 것은 일본인의 프라이드를 상하게 하고 항상 사회적 불안의 원인이 되었다.

미군장병을 둘러싼 불쾌한 사건이나 범죄의 반발은 피할 수 없었다. 군관계자의 범죄에는 당초 일본의 재판권은 미치지 못했지만, 이것은 19세기의 치외법권을 방불시키는 알맞는 존재였다.

미군기지는 또한 일등지(一等地)를 점하고 있었는데, 타목적으로의 전용이 요망되고 있었다. 그런 만큼 도쿄 교외에 있는 스나가와(砂川) 비행장의 활주로 연장이 제안된 1954년에는 장기간에 걸친 치열한 군중 데모가 전개되었다.

일본인 이외의 사람들에게는 체코·헝가리·베를린 등에서 소련이 군사행동을 취하거나 정치적 압제를 가하면 마음이 아픈 일이겠지만, 일본인에게는 그야말로 먼 나라 이야기에 지나지 않았다. 자기 나라에 있는 미군기지나 군대는 과거의 군국주의의 쓰라린 기억을 되살려 준 것이다.

미국의 핵무기에 대한 일본인의 감수성에는 독특한 것이 있었다. 일본인은 2차 세계대전을 종결시키는 데 결정적인 역할을 한 두번의 원폭공격을 받았다. 1954년, 중부 태평양 비키니 환초(環礁)에서의 원폭 투하실험이 후구류마루(福龍丸)라는 일본어선에 「죽음의 재」를 뿌리고 선원 한 명이 희생되자 「인류가 받은 세번째 원폭투하」──침소봉대식의 표현이긴 하지만──를 둘러싸고 대소동이 벌어졌다.

매년 8월 6일, 최초의 원폭투하의 날에 히로시마(廣島)에서 열리는 원수폭금지대회(原水爆禁止大會)는 미국과 안보조약에 대한 항의집회의 감이 있었다. 단 1961년에 이르러 대회는 지원 정당별로 분열의 양상이 짙어지면서 반미색채가 약화되었다. 소련이나 중국의 핵보유에 대한 관심이 일본에서도 높아졌기 때문이다.

핵에 대한 일본인의 과격한 반응은 핵 알레르기의 이름으로 불리는데, 핵무기뿐만 아니라 원자력발전이나 원자력선에도 나타났다. 60년대를 통해서 일본은 상업 레벨에서의 원자력발전의 가능성을 모색하고 있었으나, 자원소국인 일본으로서는 더없이 필요한 이러한 움직임도 심한 반대에 부딪쳤다. 처음에는 정치적인 동기가 강했지만 점차로 원자력발전소 설치반대의 지역주민운동으로 변화했다.

원자력으로 움직이는 미국함정은 항의운동의 좋은 표적이 되었다. 1964년에 이르러 원자력잠수함의 재일 해군기지로의 입항이 간신히 허용되었지만, 이것도 절대안전의 보장을 둘러싼 장기간의 교섭의 결과였다. 그럼에도 불구하고 적어도 당초에는 대규모적인 입항반대 데모가 벌어졌던 것이다.

이러한 움직임도 일시적으로 가라앉기는 했지만, 1968년, 월남전(越南戰) 비판의 소용돌이 속에서 원자력 항공모함의 입항이 계기가 되어 이전보다 더 치열한 대형 데모가 벌어졌다. 또 일본의 원자력선 「무쯔」에 의한 실험도, 어느 항만도시도 모항(母港)이 되는 것을 거절했기 때문에 수년간 시간을 허비할 수 밖에 없었다.

1950년대는 두말할 것 없고, 60년대에 들어와서도 일본의 정치는 기지문제・반기지・반핵 데모 그리고 안보조약 반대를 주축으로 해서 회전하는 측면이 많았다.

1960년의 안보개정이 전후 최대의 정치위기를 초래한 경위에 대해서는 이미 언급했다.
 개정은 필요했다. 독립국인 일본의 지위에 적합하지 않은 조항이 몇 가지 포함되어 있었기 때문이다. 예를 들면, 일본정부의 요청만 있으면 국내의 소요사전의 진압에 미군의 출동도 가능했다. 또 미군의 핵무기에 대해서 일본측은 아무런 개입도 할 수 없었다. 이것은 일본인으로서는 통분할 일이었다. 또 안보조약에는 조약종결의 시기는커녕 그것을 위한 수속방법도 전혀 명시되어 있지 않았다.
 일본에 있는 미군의 출동이 불가능해지고, 10년간의 기한이 설치된 것은 개정을 통해서였다. 10년을 경과하기만 하면 어느 일방이 1년간의 유예기간을 두고 폐기통고를 할 수 있게 됐다.
 한편, 핵문제에 대해서는 신조약과 부속문서에 의해서 미국이 일본에서의 장비상의 중대한 변경을 할 때에는 일본정부와 사전협의할 것을 규정했다. 이것을 더 구체적으로 말하면, 일본정부의 공식승인 없이 일본 국내에서의 핵의 배치나 저장은 고사하고, 반입도 불가하다는 것이고, 일본 정부가 그런 일을 승인할 리가 없다는 것이 대체적인 관측이었다. 사전 협의조항은 또한 재일 미군기지가 한국전 당시처럼 해외에서의 직접 군사행동에 사용될 경우에도 해당시키기로 했다.
 이러한 변경이 일본의 지도자의 마음에 든 것은 당연했다. 그러나 민사당 결성으로 움직인 온건파의 사회당원을 제외한 각 야당은 개정안의 비준은 인정할 수 없다는 반대의 입장을 굳혔다. 더우기 국민감정을 더욱 악화시키는 외부요인이 계속 발생했다. 미국의 정찰기가 소련 상공에서 격추된 U2기 사건, 이에 따른 아이젠하워・프루시초프 회담중지, 6월 19일의 아이젠하워 방일에 맞추기 위해서 안보조약의 비준을 강행한 일 등이 그것이었다. 특히 마지막의 기시(岸信介)내각의 강행책에 대해서 야당측은 그것은 비민주적인 처사이고, 미국에 의한 부당한 개입이라고 인정했다.

 일단 안보개정안이 비준되고 발효하자 정치정세는 진정되었다. 당시 이께다(池田勇人)수상은 「저자세」를 취하고, 10년간에 「소득배가」를 부르짖고 국민의 관심을 경제번영에 돌리는 데 성공했다.
 1950년, 일본에 주둔하는 최후의 지상군이 한국에 투입되자, 맥아더는 경찰예비대의 창설을 지령, 그 자리를 메꾸려 했다. 일본은 이 지령을 실행하고 점령 종결시에는 상당한 확충을 보고 있었다. 1954년에는 다시 확대되고 명

34. 중립이냐 동맹이냐 321

칭도 육상·해상·항공자위대로 개칭되고 새로 설치된 방위청의 관할하에 들어갔다.

보수파의 정치가는 급속히 군사력을 증강하고 지역적인 방위를 담당하라는 미국측의 요구를 교묘히 회피하면서 차일피일해 왔다. 헌법 9조와 국민감정을 방패로 삼은 교묘한 저항이었다.

마침내 미국측도 이를 양해하기에 이르렀다. 1954년에 정해진 자위대의 총정원은 25만명인데, 현행 인원은 3군을 합해도 겨우 이 정원수를 웃돌 정도이다.

일본의 방위비 지출은 상대적으로 낮게 억제해 왔다. 최초는 GNP의 1%를 약간 상회했지만, GNP 자체의 신장과 더불어 그 비율은 하강했다. 최근에는 0.9% 정도이고, 서구 주요국의 3~5%, 미국의 7%, 중공이나 소련의 최저 10%에 비하면 이 비율은 현저하게 낮다.

한편, 일본경제의 규모를 생각하면 GNP 대비로는 적지만 일본의 군사력은 세계적으로는 큰 편에 속하고——세계 7위—— 급료나 장비 그리고 훈련면에서 가장 우수한 군을 유지하고 있다. 특히 공군은 아시아 최강의 존재의 하나이다. 그러나 병력수로는 중공의 20분의 1, 대만이나 남북한의 각각 반을 크게 밑도는 숫자이다.

사회당은 일관해서 비무장 중립을 표방했다. 맥아더가 말한 「아시아의 스위스」를 지지했다. 한편, 공산당은 사회당보다는 현실적으로 군사력의 존재를 인정했다. 그들의 통제하에 있는 한에서였다. 징병의 가능성에 대해서는 생각도 할 수 없는 일이었다.

그러나 이러한 분위기도 점차 수그러져 갔다. 자위대는 저자세를 유지하고 천재이변시에 국민을 위한 봉사에 전념했다. 1959년, 최고재판소는 자위권에 관한 국회의 헌법해석을 추인하는 판단을 내리고 국민도 이 해석을 납득했다. 1960년대 전반이 비교적 평온했음에도 불구하고 중립이냐, 동맹이냐의 문제는 60년대 후반에 이르러 다시 비등했다. 65년 이후 미국의 월남전 개입이 높아짐에 따라서 미국과의 동맹은 일본을 전쟁으로 말려들게 한다는 공포가 다시 머리를 쳐든 것이다. 일본인의 동정도 월남인에게 쏠렸다. 일본인은 월남전을 자기들의 중국침략전의 착오와 결부시키고, 미공군의 공격을 받는 월맹인을, 전시중 미공군의 공격을 받은 자기들의 참상에 투영시켰다. 이렇게 해서 월남전 반대시위가 벌어지기도 했다.

거의 때를 같이해서 미국의 오끼나와 계속 주둔을 반대하고 나섰다. 오끼나와는 민족통일운동의, 말하자면 일본판이었다. 전전 이곳은 일본의 최남단의 현으로서 유구열도의 남부의 3분의 2를 점하고 있었다. 오끼나와는 유구열도 중의 최대의 섬의 이름이다.

그들은 왕제(王制)를 펴고 있었으나, 1609년 구주 남단의 사쯔마번(藩)에 정복당하고 그 후로는 사쯔마의 엄중한 감시하에 있었다. 그러나 중국에 대한 조공의 권리는 인정되고 있었다. 사쯔마로서는 유구의 왕을 매개로 하는 외부세계와의 밀무역의 열매를 잃기 싫었던 것이다.

이렇듯 오끼나와의 귀속이 모호했고, 19세기에는 일본과 당시의 청국 사이에 분쟁이 발발, 1874년 청조(淸朝)가 일본에 대해서 배상금의 지불을 결정하자, 귀속문제는 일본에 유리해졌다. 대만의 원주민이 오끼나와 선원 수명을 살해한 데 대해서 일본은 대만에 출병, 청조에 사죄를 요구한 것이다.

이러한 오끼나와가 미군의 점령하에 들어간 후 이제까지 계속 보유해 온 것이다. 마침 월남전의 격화와 더불어 오끼나와의 군사적 가치가 증대하고 미군으로서는 만난을 배제해서 이것을 유지하는 점이 전력사상이었다.

2차 세계대전 종결시, 오끼나와 원주민은 일본과 미국에 대해 애증(愛憎) 반반의 감정을 품고 있었다. 일본인은 오끼나와 주민을 열등시했고, 더우기 일본 전토에서 육상전투의 직접 무대가 된 것은 오끼나와뿐이었기 때문이다.

한편, 미군의 군정——후에 주민 자치에 위임했지만——은 그 이질성과 오만성 때문에 자기네도 결국은 일본인이라는 의식을 심어 주었다. 그래서 본토 복귀운동이 전개되고, 또 본토측의 열렬한 호응을 얻은 것이다. 100만에 가까운 동포가 아직도 이민족의 지배하에 있다는 것은 있을 수 없다는 것이었다. 이 감정은 좌익의 반미주의자뿐만 아니라 보수파도 동감이었다.

정치적 흥분을 야기한 문제는 오끼나와 월남전 문제뿐이 아니었다. 안보조약의 기한만료가 있었다. 1970년 6월 19일로 개정안보는 10년간의 기한을 마치고, 수정이건 파기건 심판을 받아야 했다.

1960년의 안보소동을 잊을 수 없는 각 반대 그룹은 1970년을 미국과의 동맹관계를 단절하는 제2진으로 간주하고 있었던 것이다.

그러나 예상과는 달리 위기는 찾아오지 않았다. 미·일 양국은 다같이 조약의 변경을 제안하지 않았고, 따라서 국회비준의 필요도 생기지 않은 것이다. 양군 정부가 조문의 수정을 참은 것은 비준에 따른 곤란이 미리 예상되었기 때문이었다. 만일 변경이 제안되고, 비준이 필요했다면 야당으로서는 알맞는 공격목표로 삼았을 것이다.

34. 중립이냐 동맹이냐 *323*

　오끼나와 문제도 위기에 처하지 않고 사라져 갔다. 오끼나와에 대한 국민 감정과 70년대가 야당측에 중대한 의미를 가진다는 사실을 감안한 미국은 이 문제에서 양보할 것을 결심하고, 수년내로 반환하기로 약속했다. 이 결정은 1969년 11월 21일, 닉슨·사도의 공동 코뮤니케에 의해서 천명됐다. 동시에 반환 후의 오끼나와 미군기지는 본토의 기지와 같은 제약하에 놓이는 것에도 합의했다.
　다만 한국과 대만이 일조 유사시에는 오끼나와 기지의 사용을 인정하라는 미국의 요구는 일본에 의해서 수용됐다.
　1969년의 공동 코뮤니케에 이 두 지역의 안전에 일본은 각별한 관심을 가진다는 문귀를 삽입한 것이다.
　이 문귀는 모호한 것이었다. 야당은 이것을 양지역의 방위에 대한 일본 자체의 서약으로 간주, 집요한 비판을 가했고, 미국은 일본에 대해서 「동북 아시아조약기구(NEATO)」에의 적극 참가를 강제하는 것이라는 예의 비난을 되풀이했다.
　이 기구는 명칭은 SEATO(동남 아시아조약기구)와 비슷한 것이지만, 가공의 존재에 불과하고, SEATO 자체가 개점 휴업상태였다.
　이렇듯 공동 코뮤니케는 약간의 풍파를 불러 일으켰지만, 오끼나와 문제에는 종지부를 찍고, 1972년 5월 15일, 오끼나와는 정식으로 반환되었다. 월남전도 1968년에 미군증파가 중지됨에 따라 쟁점으로서 후퇴하고 있었다.
　이렇듯 1960년대 말기에 미·일관계를 위협한 세 개의 쟁점은 70년대 초기에는 모두 사라지고 만 것이다.
　중립이냐, 동맹이냐 하는 양자 택일문제도 점차 퇴색해 가고 있었다.
　다만 여야를 분계 짓는 표면적인 쟁점으로는 살아 남아, 남구체적인 개별문제가 발생할 때 약간 고개를 쳐들 뿐이었다.
　미국과의 동맹관계가 이전과 같은 정치적 열정을 야기하는 시대는 끝난 것이다. 실제로 1975년, 민사당은 공공연히 지지하고 나섰고, 이러한 가운데 1976년의 총선거를 맞이하지만, 그것은 어느 당도 안보조약을 쟁점으로 삼지 않은 최초의 선거였다.

　1970년대의 일본의 정치에서 중립·동맹문제가 주변으로 밀려난 주요 이유는 세계정세가 변화하고, 새로운 문제가 등장했기 때문에 종전과는 다른 시점에서 보게 됐기 때문이다. 미·일관계는 20년여에 걸쳐서 지속됐지만, 일본이 미국을 위한 전쟁에 말려들어간 일은 한번도 없었다. 미국이 동 아시아에서 새로운 군사적 모험을 일으키는 일은 전보다 적을 것이다.

또 미·일안보조약은 공산권의 비난을 받았지만 그것은 말뿐이고, 심각성은 줄어들고 있었다. 중·소 양국의 대립은 심화되고, 적어도 미·일 양국을 상대측의 지지로 넘어가지 않도록 바라고 있었다.

소련은 거치른 태도를 완화하고 일본에 대한 「미소외교」——일본인의 조어(造語).——를 개시했다. 모스크바나 북경은 안보조약 비난을 중지했다. 일본에 미·일안보조약이 없다면 잘못하면 상대측의 궤도에 경사하거나 강대한 군사력을 독자적으로 구축할런지도 모른다는 두려움이 중·소 쌍방에 있었기 때문이다.

이와 같이 안보조약을 비판하는 일본의 좌익은 중·소의 태도가 누그러짐에 따라, 말하자면 지붕 위에 올라갔다가 사다리가 치워진 꼴이 되고 말았다.

한편, 동남 아시아에서 미군의 군사적 위협이 사라지자, 중공은 워싱턴과의 긴장완화를 서둘렀다. 1971년 7월 15일, 닉슨이 근간 중공을 방문하리라는 발표가 나오게 된 소치이다. 72년 2월, 닉슨은 중공을 방문, 양국간에 비공식 관계가 수립되었다. 그 후 상호간의 대표부는 각각 대사관으로 승격됐다.

미·중공 접근은 일본정부로 하여금 중공과의 국교정상화를 이룩하게 했는데, 이 문제야말로 국론을 양분하고, 치열한 논의를 야기시킨 국내문제 중의 가장 난문제였다.

1952년, 요시다 수상은 미국의 압력에 굴복, 대만의 국민당정권을 승인했다. 그것은 그렇게 하지 않으면 상원에서의 대일강화조약의 비준이 난항할 것이라는 미국측의 암시가 있었기 때문이었던 것이다.

야당측은 처음부터 북경정권을 승인할 것을 주장, 국민 대다수도 이를 지지하고 있었다. 그래도 자민당은 망설이고 있었다. 대다수의 나라가 대만과의 관계를 단절하고 북경을 승인했는데도 말이다.

그 이유는 장개석 개인과 그의 패전 후 일본에 대한 처우에 은의(恩誼)를 저버릴 수 없었고, 또 하나는 구식민지이자 중요한 무역상대인 대만에 대한 관심이 컸기 때문이다. 그러나 최대의 이유는 만일 북경을 승인하면 미국의 분노를 사고, 미·일동맹관계가 위태로와지지 않을까 하는 두려움이었다.

그러나 닉슨의 결단은 이 중압감을 제거하고, 일본인은 회회낙락하게 북경과의 국교정상화로 전환했다.

1972년 9월, 다나까수상은 북경을 방문하고, 중화인민공화국을 정식 승인했는데, 이것은 미국을 한 걸음 앞선 것이었다.
 이제 일본은 대만과 북경의 관계를 역전시킨 것이다.
 동 아시아에서의 다른 위협도 감소하고 있는 것처럼 보인다. 중·소대립이 현실의 무력충돌로 발전하리라고 생각한 사람은 소수에 불과했다. 오히려 중·소대립이 있는 것이 중·소 양국이 미국과 대립하거나 타국에서 대립항쟁하는 것을 억제하는 방향으로 작용할 것이라는 견해가 우세했다.
 한반도에는 두 개의 적대하는 중무장 국가로 분열해서 발화점의 가능성을 남기고 있다. 특히 미국이 한국의 방위를 약속하고 있느니 만큼 38선에서의 미군의 전개(展開)가 일조 유사시에 미국 자신이나 다른 동 아시아 주요국을 휘말리게 하는 두려움은 없지 않았다. 그러나 소련이나 중공은 북한의 독재정권이 월남에서의 미국의 실패 직후, 미국의 개입 의사가 없다고 오판하고 모험으로 달렸을 때 원조를 단호히 거부했다.
 미국도 나름대로 사태의 진정을 도모하고, 한국 대통령의 인권정책에 당혹한 것도 겨둘러서 미군의 점차 감소를 고려하기에 이르렀다. 단, 이 문제에 관한 일본의 이해에 대해서는 충분히 고려할 것을 분명히 하고 있다. 한국에 있어서의 미국의 존재는 일본의 안전보장이 그 중요한 목적으로 간주되어 있기 때문이다.
 일본으로서는 한국이 근심거리임에는 변함이 없었다. 동 남아시아에 있어서의 불안정의 계속도 마찬가지였다. 그러나 미국이 동 아시아의 전투에 참가하고, 중·소간에 긴장상태가 존재했을 때와 비교하면 그다지 심각한 것은 아니었다.
 1970년대 초엽, 국제관계에 나타난 또 하나의 현저한 진전은 일본방위에 관한 미국의 공약이 과연 신뢰할 만한 것인가 하는 이념이 발생한 것이었다. 그때까지 미·일 양국은 서로를 당연시하고, 특히 상대방에 대해서 신경을 쓸 필요를 느끼지 않았다. 미국인은 점령했던 탓도 있어서 일본에 대해서는 보호자적인 태도를 취하고 있었고, 일본인은 미국이 형의 텃세를 부린다고 생각하고, 설사 동생격인 일본이 무슨 짓을 하든 미국은 그 입장에 알맞는 행동을 취해야 할 것이라고 생각하고 있었다.
 그런데 돌연 쌍방의 상호신뢰는 그다지 확실한 것이 아니라는 것이 드러났다.
 미·중화해는 일본에게 정치적으로는 확실히 난데없이 떨어진 먹이었다. 다만 그 방식이 일본을 당혹케 만들었다.

미국은 중공문제에 관해서 일본과 협의하고 협조하자고 말해 왔다. 그런데 자기 나라의 정책을 180도 전환시키는 마당에서 한 마디 협의도 없었던 것이다. 일본국민은 일종의 배신감을 맛보았다.

닉슨의 방중(訪中) 발표를 닉슨 쇼크로 부른 것은 그들의 당혹성의 깊이를 말해 주는 것이었다. 동시에 미국이 일본과의 동맹관계를 버리고 중공으로 말을 바꿔 타려고 하는 게 아닌가 두려워하는 측도 많았다. 이러한 우려가 월남으로부터의 질병과, 미국 내의 대외정책을 둘러싼 혼란과 얽혔을 때, 일본인은 미국의 방위약속이 과연 일본에 가치가 있는 것인가를 의심하지 않을 수 없게 된 것이다.

취임 당시 키신저 국무장관이 서구나 일본과의 동맹관계보다 오히려 소련과의 힘의 밸런스에 역점을 둔 점도, 키신저 자신의 일본협오나 일본 경시의 소문과 상승작용을 해서 그들의 우려를 부채질했다. 또 키신저를 비롯한 미국인이 세계의 5극 구조──일본도 그 1극을 점한다고 했다──를 운운한 것도 일본인으로서는 걱정거리였다. 물론 그것은 기우에 지나지 않았지만.

오늘날 일본인의 대부분은 자국의 안전에 대해서는 거의 신경을 쓰지 않는다. 그것이 옳건, 그르건 그것이 실정이다. 사실 13세기 이래 일본은 이쪽에서 도전하지 않는 한 타국의 침공을 받은 일이 없었다. 다만 그들의 근심거리가 있다면 미국의 군사적 모험에 휘말려 들어가는 것보다는 미국이 그 약속을 똑바로 지킬 것인가에 대한 의문으로 탈바꿈하고 있었다. 이와 같은 태도의 변화는 중립이냐, 동맹이냐의 논의를 근저로부터 뒤집어 엎은 것이다.

1970년 중반까지도 야당의 대부분과 자민당은 안보조약에 대한 입장을 공식적으로는 달리하고 있었다. 그러나 실질적으로는 안보조약에 대한 반대는 격감되고, 설사 야당이 권력의 일각을 점한다 해도 큰 변화는 없을 것이라는 것이 대부분의 일본인의 견해이다. 대미관계를 둘러싼 문제가 크게 후퇴함에 따라서 미국과의 대등의식이 크게 신장했다.

미국정부도 일본정부를 완전한 파트너로 인정하고 공동관심사에 대해서 신중한 배려를 하기에 이르렀다.

재일 미군기지도 언젠가는 그 수나 규모가 줄어들 것으로 보고 있다. 미군기지의 관리운영권이 일본측에 이양되고 미군에 때에 따라서 이용을 허용받는다면 이 문제에는 종지부가 찍힐 것이다.

대다수의 일본인은 일본이 독자적인 핵무기를 개발하느니 미국의 핵우산에 있는 것이 바람직하고, 일본방위를 위한 미국의 약속이 믿음직하지 못하더라도 결국 최선의 안전보장임에는 틀림없다는 사고를 가지고 있다.

또 자위대가 유효하게 출동할 수 있는 범위의 소형공격이 일본에 가해질 가능성은 거의 없다. 이런 공격이 소련에 의해서 감행될 가능성도 없으려니와 미국이 공격자가 누구이건 수수방관하는 일도 없을 것이다. 가령 그런 공격이 있다면 두 초대 강국 간의 밸런스는 깨지고 전면 핵전쟁의 방아쇠 구실을 할런지도 모르기 때문이다.

자위대가 일본의 결정적인 중요한 이익을 수호하는 힘이 없다는 것은 명백하다. 또 그것을 위해서 필요한 군사력을 증강할 수 없다는 것도 확실하다. 설사 가능하다 해도 이웃나라 주요 군사대국의 우려를 촉발하고, 일본의 안전에 역효과를 초래할 것이다. 거기까지는 가지 않더라도 지역적으로 대형 해군력을 구축한다는 것은 같은 위험을 범하게 되는 것이다. 일본의 이익은 한 지역 레벨이 아니라 전세계에 걸치는 것이기 때문이다. 이렇게 보면 UN의 평화유지 노력의 일환이라면 또 몰라도 일본자위대가 수행할 수 있는 명확한 군사적 역할이란 아무것도 없다.

다만 자위대가 태평양에서의 미군의 군사적 자세 가운데 지역방위기구의 일환을 형성하고 있는 것은 사실이며, 특히 대잠수함작전에 있어서의 기여는 고려할 수 있다. 그리고 자위대가 실존하고, 미군의 군사력이나 방위사상에 100% 의존하지 않고 있다는 점에 일본인 전체가 얼마간의 안정감을 발견하고 있는 것은 확실하다. 그 효용이야 어찌됐건, 자위대가 일본국민에게 수용되고, 이미 심각한 정치논쟁의 대상이 아닌 것도 사실이다.

원자력 발전(發電)의 개발에는 많은 문제가 있고, 정치의 쟁점이 되고 있으나 핵무기의 개발을 주장하는 일본인은 거의 없다.

한때는 핵무장만이 대국의 표상이라는 의론이 그럴 듯하게 벌어진 일도 있었다. 미·소·중·영·프랑스의 5개국이 핵보유국인 동시에 UN안보이사회의 상임 멤버로서 거부권을 가지고 있었기 때문이다. 사실은 이 5개국이 상임 멤버의 지위를 얻은 것은 2차 세계대전의 주요 전승국이었기 때문이다.

그러나 UN의 영향력의 저하에 따라서, 그리고 핵무기가 소국에도 확산할 가능성이 있음에 따라서 핵보유국의「영광」도 빛을 잃자, 어정쩡한 핵보유국이 되는 것보다 핵이 없는 대국이 오히려 위신을 더한다는 확신이 점점 높아가고 있다.

그러나 일본은 핵보유국에 대한 선택은 남기고 있다. 기술면이나 경제면에서 충분하기 때문이다. 그러나 일본이 핵무장의 길로 들어설 것 같지는 않다. 핵보유국으로부터의 양보를 얻어내기 위해서 장기간 시간을 끈 끝에 일본은 1976년 봄에 겨우 핵확산방지조약을 비준했다.

자민당 정부는 또한 핵무기에 관한 정부의 입장이 국민감정과 완전히 일치하고 있다는 것을 명백히 해 왔다. 즉 핵을 만들지 않고, 소유하지 않고, 들이지 않는, 소위「비핵삼원칙(非核三原則)」을 거듭 언명해 온 것이다.

이와 같이 핵을 비롯한 안전보장 관계의 여러 문제는 중립이냐, 동맹이냐의 예의 전반적인 논의를 포함해서 그 긴박도(緊迫度)를 감소시켰다. 물론 표면적으로는 여야간의 쟁점으로 남아 있기는 하다. 그러나 그 의의는 거의 빛을 잃고 말았다.

그 외의 외교정책상의 여러가지 문제가 군비나 방위와는 직접적인 관련성을 결여한 채 중요성을 크게 증대하고 있었던 것이다.

무 역

35

　전후의 최대 이슈는 안보조약을 중심으로 하는 동맹관계로 압축된 듯했지만, 사실은 보다 근본적인 대외정책이 그 배경에 깔려 있었던 것이다.
　그것은 되도록 많은 나라와의 활발한 통상관계를 통해서 경제력을 부흥하려는 의사였다. 일본은 이에 성공했다. 미국과의 동맹관계는 그 지주(支柱)로서 교묘히 활용된 것이다.
　미·일동맹관계가 다른 나라들과의 무역에 지장을 초래한 일이 전혀 없지는 않았다.
　그러나 일본은 미국과 동맹관계에 있으므로 방대한 군사비 지출에서 해방되었을 뿐만 아니라 보유하는 군사력이 무역 파트너인 동아시아국가들을 꺼림칙하게 만들지도 않았다. 오로지 미국의 군사력·정치력을 배경으로 국제분쟁에 말려들어가는 일도 없이 힘껏 경제성장에 전력 투구할 수 있었다.
　이와 같은 무역지상주의는 일본인들에게는 당연한 것으로 받아들여지고 있지만, 그런 만큼 이것이 일본의 대외정책에 있어서 제일의적인 중요성을 가지고 있다는 사실이 왕왕 간과되기 쉽다.
　점령 초기 미국당국은 파산에 처한 일본으로 하여금 일본군이 피해를 입힌 나라들에게 배상지불을 강요하려던 방침을 포기했다. 그런데 일단 독립을 회복한 일본은 배상지불을 통해서 이웃 각국과의 교역의 부활을 모색하고, 실지로 배상을 지불했을 뿐만 아니라, 일본 상품의 해외시장의 개척을 도모한 것이다.
　1954년, 버마를 비롯해서 일본은 동남 아시아 각국과의 일련의 배상협정을 통해서 무역이 활발히 이루어졌다.
　대만과는 이미 1952년 조약관계가 체결되었지만, 대만의 국민당 정부는 일본이 대만에 남긴 경제투자가 충분한 배상이라고 간주한 뜻도 있고 해서 배상지불을 요구하지 않았다.
　사실상의 최후의 배상지불은 한국과의 책결로서 1965년에 성립됐다. 배상이라는 이름으로는 불리지 않았지만, 이 교섭은 수년간 난항을 거듭했다. 여기에는 몇 가지 이유가 개재했다.

하나는 36년간에 걸친 일본의 압정에 대한 한국인의 반일감정이다. 또 두 나라 사이에는 재한미군에 의해서 방위수역으로 규정된 어업권을 애워싼 분쟁이 있었다. 한국은 당해수역을 자국의 전관수역이라 주장했다.

일본의 좌익은 그들대로 북한과의 타협을 보지 못한 채 한국과만 타결하는 것은 일방적이라고 주장, 또한 재일한국인들이 불안한 상태에 놓여 있었고, 때로는 제어불능(制御不能)의 사태가 문제를 더욱 어렵게 만들었다.

그러나 일단 한일간의 국교가 정상화하자, 양국간의 무역은 격증하고 한국경제도 상승일로를 걸었다.

점령 종결 직후 일본의 미국과의 무역은 일본의 전 무역량의 3분의 1에 달했고, 1970년대에 있어서도 그 비율은 5분의 1을 웃돌았다. 미국이 전 세계의 생산고의 4분의 1을 점하는 것을 생각하면, 이 비율은 상당한 고율인 것이다.

전쟁 직후 미국에서 일본에 도입된 다량의 공업기술이나 상당액의 은행자금은 일본의 경제부흥과 무역부활에 결정적인 역할을 수행했다.

개발도상국, 특히 라틴 아메리카는 싼 일본제품 앞에 완전히 개방되었다. 또 호주와의 무역관계도 개선되었다.

공산권과의 무역은 사정이 달랐다.

그러나 일본은 정경불리를 선언, 모든 나라와 무역을 실시할 의사를 분명히 했다. 1956년 소련과의 국교가 정상화하자 경제관계도 서서히 발전했다. 이와 같은 도식(圖式)은 그후 동 구라파에도 파급했다. 이것은 그들 자신 소련으로부터의 경제적 독립을 피하고 있는 것과 궤(軌)를 같이하고 있었다.

일본이 원료를 필요로 하고 있는 데 반해서 시베리아에는 무진장의 자원이 개발을 기다리고 있다. 석유·천연 가스·목재 등이 그것이다. 그 개발을 위해서는 광범한 운반시설을 건설해야 한다.

그를 위해서는 거액의 투자와 많은 불안정요소를 각오해야 하고, 또 중공의 반발도 예상된다. 일본으로서는 중공이 적대행위로 간주하는 행동을 삼가야 할 입장이다.

또 일본의 실업가는 이러한 대규모 사업에는 미국의 자본의 참여가 필수격이라고 생각하고 있다. 그렇게 해야만 소련도 약속을 지킬 것이고 딴전을 피우지 못할 것으로 생각하기 때문이다.

35. 무　역　*331*

　그러나 미·소·일의 삼각협력관계는 현단계에서는 어렵다. 소련과의 완전한 평화조약도 체결되지 않고 있다.
　그 쟁점은 현재 소련통치하에 있는 북방영토의 반환을 일본측이 주장하고 있는 것이다. 2차 세계대전 후 소련은 지시마열도(千島列島)를 일본에서 빼앗았는데, 그 가운데는 북해도 앞바다의 하보마이·시코탄의 두 섬이 포함되어 있다.
　이 불모의 땅에 거주하던 소수의 일본인도 점령과 동시에 추방되었다.
　지시마열도에 의한 영유권을 소유하는 일본은 나아가서 쿠나시리·에트로프 두 섬의 반환까지도 요구했다. 이 요구는 당시 아직 미국의 통치하에 있던 오끼나와에서 국민의 눈을 소련통치하의 북방영토로 돌리게 하려는 의도가 있었을 것이다.
　그러나 소련은 마이동풍이었다. 이런 영토반환요구를 받아들이면 소련으로서는 골치아픈 사태를 각오해야 하기 때문이다. 아시아에서는 중공이, 구라파에서는 소련의 위성국들이 같은 반환요구를 꿈꾸고 있기 때문이다. 소련과의 관계에서 북방 영토문제가 가시처럼 느껴지는 것은 이상과 같은 경위에 의한 것이다.
　대부분의 일본인에게는 소련보다는 중공과의 관계가 더욱 중요하다. 중공이야말로 경제상의 「약속의 땅」이기 때문이다. 전전의 확장주의자들은 이미 그렇게 선전했다.
　전후의 대중공무역은 극히 최근까지 대만보다 적고, 일본의 총 무역량의 4%를 넘지 못했다. 단, 중공측으로서는 무역량이 적은 탓도 있지만, 총 무역량의 4분의 1에 상당하고 있다.
　일본정부나 실업가도 한편에서는 전략물자의 대중공 수출을 규제한 미국의 정책을 따르면서 다른 한편에서는 중공측이 요구하는 실행안도 받아들였다. 또 실업가나 야당정객들은 중공식 대미비난이나 미·일관계에 대한 비판을 입에 담으면서 중공과의 무역추진에 지혜를 짜 왔다.
　일본이 일관해서 주장한 원칙은 정경분리였다. 외교면에서는 대만을 인정하면서 무역에서는 대만·중공과 관계를 유지한다는 것이다.
　한편, 중공측은 정경불가분(政經不可分)을 주장, 이에 대항했지만, 긴 눈으로 보면 일본이 그 주장을 관철했다고 볼 수 있다.
　많은 일본인이 중공무역에 과대한 기대를 건 것은 사실이지만, 기대에 어긋난 면이 있었던 것은 부인할 수 없다. 중공은 자국 시장을 소비물자에 개방하지 않았을 뿐만 아니라, 일본이 필요로 하는 많은 자원을 수출에 돌릴 만한 여유가 없었던 것이다.

유일한 예외는 석유인데, 이것도 일본이 중공산 원유에 지나치게 의존하다가 정치적인 사유로 돌연 중단되면 곤란하기 때문이다. 또 일본측은 파라핀 함량이 많은 중공산 원유의 정유시설을 건설하는 것은 원치 않고 있다. 여하간 중공산 원유가 일본의 연간 원유수입량의 2.5%를 상회한 일이 없다.

1956년, 일본과의 국교정상화를 기다려서 소련은 종전의 태도를 수정, 일본의 UN가입이 실현됐다. UN이야말로 세계평화에 있어서의 일본인의 희망을 구상화하는 것이었다.

좌파로서는 「비무장중립」을 구체적인 정책으로 성립시키는 데 있어서 최대의 보장은 UN에 있다고 간주했다. 그러나 UN이 세계평화의 유지에 주도적인 역할을 수행할 것이라는 희망은 그 후 점차 시들어 갔다.

1960년대 일본에 대한 아시아 각국의 태도는 변화를 일으키고 일본은 지역간 협력이나 연대에 주요한 역할을 수행하기에 이르렀다. 단명에 끝난 아스팍이나 아시아 개발은행이 그 예이고, 다같이 1966년에 창설된 것이다.

그러나 이보다 훨씬 중요한 것은 구미의 고도공업국가를 유력 멤버로 하는 국제적인 경제기구에 가맹이 인정된 것이다. 이미 1952년 일본은 IMF(국제통화기금)와 세계은행의 일원이 되어 있었으나, 1955년에는 GATT(관세 및 무역에 관한 일반협정)에 가맹했다. 그리고 60년대에 이르러 케네디 라운드의 이름 아래 공업제품에 대한 관세인하가 GATT에 의해서 실시되었는데, 이것이 일본무역에 안겨준 의의는 정말 큰 것이었다.

또 1964년에는 미국이 구라파 각국의 반대를 물리치고, 일본을 OECD(경제협력개발기구)에 가맹시켰다. OECD는 말하자면 고도공업국가의 경제 클럽인데, 근년에 이르러 일본이나 구미 각국에 있어서 중요한 국제경제교섭의 장으로서의 지위를 높히고 있다.

1970년대에는 주요 공업통상국가의 수뇌회담이 열렸는데, 미·영·서독·프랑스와 나란히 일본도 이에 참가했다. 이탈리아와 캐나다가 이에 참가한 것은 그 후의 일이다.

이전에는 「구미」라는 이름으로 불린 「세계」도 이제는 비구미의 일본이 참가해서 북미·서구 그리고 일본의 「구미일」로 대체되기에 이르렀다.

전후 일본의 대외정책이 대성공을 거둔 것은 의심할 여지가 없다. 일본은 국제사회의 일원으로 복귀했을 뿐만 아니라, 무역에 최중점을 두고 정치나 전략상의 배려를 무역에서 분리함으로써 이전보다 훨씬 상회하는 번영과 경제력을 획득했다.

「경제기적」으로 불리는 일본의 성공은 노동집약도가 높은 산업에서 자본집약도가 높은 중화학공업으로 대치되고 드디어는 기술집약적 산업으로 돌입하게 된다.

세계시장에는 처음에는 일제 섬유제품, 다음에는 카메라니 전자기기 그리고 선반·탱커·철강·화학비료 또한 자동차와 같은 소비재나 기계류가 범람하고, 그 후의 일본의 중점 수출품목은 콤퓨터 등으로 옮겨졌다. 그리고 앞으로의 기대산업은 지식집약도가 높은 종목이다. 이것은 기술이 점하는 비율이 높고 에너지나 원료의 소비량이 적은 오염도가 낮은 산업이다.

그것은 어쨌든 산업의 번영과 무역의 증대는 새로운 문제를 낳았다. 민간투자와 사회자본과의 언밸런스, 도시의 혼잡과 오염, 이런 것들이 60년대 후반에 얼마나 심각한 문제를 제기했는가는 이미 언급했지만, 마찬가지로 무역면에서의 승리도 새로운 국제문제를 제기했다.

일본의 실질 경제성장률은 연간 10%를 기록했는데, 이것은 세계 전체의 성장률의 약 두 배에 달했다. 일본의 무역량의 신장은 성장률의 규모를 상회하고, 53년에는 불과 3%의 비율이 70년대 초기에는 7%로 대폭 뛰었다.

일본과 세계와의 사이에 성장률이 이렇게 차이가 나자 세계경제에 불균형이 초래되고, 일본의 대외관계에 새로운 긴장이 발생한 것이다.

일본이 아시아의 경제대국으로 등장하자, 그것은 아시아 각국의 공포와 원망을 사게 됐다. 일본의 세일즈맨은 동 아시아·동남 아시아를 석권하고 때로는 덤핑과 비열한 수단까지 동원하기도 했다.

현지인과 피부색이나 신체적 특징이 가깝기 때문에 구미인보다 자기들과 가깝다는 기대는 배신을 당했다. 일본어라는 장벽에 가리워 그들의 호텔이나 클럽에서 수군대고 있는 일본인의 모습은 거만한 공포의 대상으로 비쳤다. 구미의 비즈네스맨보다 일본인이 더 혐오감을 사는 이유는 여기에 있다.

일본이 무력으로 실패한 소위 대동아공영권(大東亞共榮圈)을 이번에는 경제력으로 뜻을 달하려는 것으로 단정하는 아시아국가 국민들이 적지 않았다. 특히 한국과 필리핀은 일본인을 잔혹한 식민자, 또는 잔인한 점령자로 기억하고 있느니만큼 그러한 인상은 더욱 씻을 수가 없다.

뿐만 아니라, 일본은 가난한 이웃에 대해서 인색하다는 책망을 면할 수 없다. 그러나 통계에 의하면, 아시아를 중심으로 한 개발도상국에서 일본에 와서 일본정부의 비용으로 훈련을 받은 인원은 1975년까지 2만명을 넘고, 또 1만명을 넘는 일본인 전문가가 이러한 나라로 파견됐다. 일부 구미 선진국에 비해서 일본이 노력한 것은 사실이다. 다른 원조공여국에 비해서 정부 레벨의 증여액은 훨씬 적고 차관의 조건도 훨씬 어려운 것이다.

일본에 대한 불만은 점차로 증대하고 「추악한 미국인」대신 「추악한 일본인」으로 대치됐다.

사태의 중대성에 그들이 직면한 것은 1974년 1월, 당시의 다나까수상이 동남 아시아를 친선방문했을 때였다. 반일데모와 소요사건이 일행을 맞이한 것이다. 이것을 계기로 일본은 무역·원조의 양면에서 대책을 강구하기에 이르렀다.

선진 각국, 특히 미국과도 같은 위기적 상황이 조성되었다. 미국의 시장은 당초부터 완전히 일본상품에 개방되고 있었다. 어쩌다가 「자주규제(自主規制)」를 일본측에 요구한 일이 있었지만, 그러나 일본이 과한 수입규제에 비하면 아무것도 아니었다. 일본에서는 국내상품과 어느 정도 경쟁상대가 되는 모든 외국상품은 수입제한의 대상이 됐다.

일본은 또한 직접투자에 대해서도 엄격한 제약을 과했다. 그러나 미국은 관용한 태도로 이를 받아들였다. 미국은 일본의 경제부흥을 돕기 위해서 눈을 감았던 것이다.

그러나 일본이 번영을 계속하고 언밸런스가 생기기 시작하자, 미국측이 불만을 나타내기 시작했다. 그러나 일본은 무역과 직접투자를 자유화함으로써 호혜적인 취급을 해야 한다고 주장하는 미국과 서구의 요구를 아랑곳하지 않았다.

일본은 눈앞의 경제적 이익에만 혈안이 되었고, 경제 이외의 세계문제에 대해서는 일체 무관심이었다.

「에코노믹 애니멀」의 비난을 받아도 끄떡도 하지 않았다. 당시의 수상 이께다는 「트랜지스터의 세일즈맨」으로 불렸다. 또 미국은 안보문제에 있어서의 프리 라이드(무임승차)를 비난했다.

일본인도 미국측의 주장이 대체적으로 타당한 것으로 보았다. 그래서 그들은 무역이나 투자의 자유화를 위해서 대책을 강구 중이라고 주장함으로써 차일피일하고 있었다. 또 일본이 공간과 자원면에서 혜택을 받지 못하고 있

는 것을 고려한다면 통계수자가 표시하는 만큼 풍부한 것이 아니라고 반론
을 제시하기도 했다. 이 주장은 사실무근은 아니었다.
　다만 문제는 관민은 패전 직후의 빈곤의 기억이 너무나도 생생하기 때문
에, 말하자면 습성화해서 모처럼 번영을 가져오게 한 요인이 된 여러가지 규
제를 풀기 싫어한다는 사정이 개재했을 것이다.
　이러한 막다른 골목에서 1971년 8월 15일, 닉슨 대통령은 돌연 소위 신경
제정책을 발표, 달러화의 금교환을 정지함과 동시에 수입품에 대해서 일률
적으로 10%의 과징금의 신설을 표명했다. 이러한 조치는 일본을 주요 대상
으로 삼고 있었다. 중공정책에 관한 1차「닉슨 쇼크」에서 한 달 후에 발표
된 탓으로 일본인은 2차「닉슨 쇼크」로 불렀다.
　그러나 문제가 이것으로 해결된 것은 아니다. 1972년에는 일본의 무역수
지는 대폭적인 출초(出超)를 나타냈다. 미국과의 경우, 실로 40억 달러라는
기록적인 흑자를 나타냈다. 한편, 닉슨의 조치는 전후의 소위「브레튼 우즈」
체제에 종지부를 찍게 하는 것이었다. 달러화와의 연결을 잃고, 환은 고정
제를 떠나서 변동환율제로 대치되었다.
　점령 당시부터 엔화의 달러 레이트는 일관해서 360엔으로 고정됐지만, 그
후 한때는 175엔에까지 달하다가 200엔을 상회하는 선으로 복귀했다.
　일본인은 이 조치에 쇼크를 받고 대일직접투자와 공업제품의 수입의 양면
에서 자유화를 촉진하는 필요를 통감, 그 후 수년간에 이 분야에서의 잔존
규제를 거의 전면적으로 철폐했다. 그러나 그것으로도 일본경제가 심각한
타격을 입는 일은 없었다.
　일본도 농산물의 수입에 대해서는 엄중한 규제를 과하고 있다. 그것 없이
는 경제적으로 성립할 수 없는 것이 일본의 농산물이기 때문이다. 가령, 미
국산 쌀은 일본의 항만인도가로도 국내미의 절반 값이다.
　이러한 규제가 경제적인 이유보다는 오히려 사회적·심리적인 영향을 배
려한 것은 두말할 것도 없다. 경제적인 면에서만 말한다면, 필요로 하는 모
든 농산품을 수입하는 편이 일본으로서는 유리하다. 그러나 그 결과 농촌사
회가 파괴되거나 모든 식료품을 외국에 의존하고 있다는 중압감으로 커다란
문제를 야기할 것이다.
　외국인 가운데는 설사 무역과 직접투자가 완전히 자유화된다 해도 일본은
극히 효과적인 규제외규제(規制外規制)를 유지하고 있다고 지적하는 전문가
도 있다. 그러한 예로서 언어의 장벽, 행정에 의한 복잡한 규제, 외국인을

배척하는 일본인끼리의 모임 등이 있다. 이러한 지적에 대해 일본인은 외국인이 일본어를 배우려 하지 않고 일본식의 습성에 익숙지 못하다는 점을 들고, 일본이 외국시장의 침투에 성공한 것은 외국의 경제제도의 조사, 외국어의 습득을 게을리하지 않았기 때문이라고 반론했다.

또 일본이 덤핑을 통해서 수출을 부당하게 조성하고 있다는 비난은 그것이 사실이라도 실지로 증명하는 길은 일본뿐만 아니라 용이한 일이 아니다.

1970년대 일본의 수출이 급성장을 하고 서 구라파 지역에서도 40억 달러의 흑자를 기록하기에 이르자, 1977년 초엽에는 일본에 대한 보복조치를 외치는 소리가 드높아지고, 미국에서도 대일무역의 대폭 적자에 대한 우려의 소리가 다시 들리기 시작했다.

이와 같이 일본과 외부세계 사이에는 경제적인 마찰이 부단이 일어나고 있다. 일본은 이제 선진공업 통상국 그룹의 책임있는 멤버로서 활약하고 있다. 앞으로 경제적 긴장의 레벨이 서서히 낮아질 것으로 기대되고 있다.

상호의존

36

 전후 일본의 산업·무역의 현저한 확대와 더불어 새로운 문제가 발생하고 자원과 외국시장에 있어서의 일본의 대외의존도도 늘었다. 1920년대에서 30년대에 걸쳐서도 일본은 무역정책과 그 앞날에 있어서 같은 문제에 직면하고 있었다. 따라서 이 문제는 일본으로서는 기본적인 문제로서 새삼스런 것이 아니다. 그러나 그 심각성은 당시에 비할 바가 아니다.
 일본의 대외의존도가 얼마나 높아졌는가 하는 것은 수입석유에 관한 숫자를 훑어봐도 쉽게 알 수 있다.
 1930년대에 일본의 육·해(공)군을 2년간 가동하는데 필요한 석유의 양은 1970년대의 오늘에 있어서는 불과 6일분의 수입량에 해당한다.(일본이 1941년 석유금수의 위협에 직면, 미국과의 전쟁이라는 결망적인 도박을 한 것은 아직도 우리의 기억에 생생하다)
 물론 외국에 의존하지 않는 나라는 없지만, 세계 주요국 가운데 일본만큼 그 원자재를 외국에 의존하는 나라도 없다.
 그러나 약간의 통계 숫자는 일견 이상의 단정에 배치되는 것처럼 보이기도 한다. 가령 일본의 수출입 총액은 GNP의 10%를 차지하는 데 지나지 않는다. 이것은 미국처럼 자족도(自足度)가 높은 나라와 비교해도 2배 정도밖에 되지 않고, 서 구라파의 대부분의 나라와 비교해도 절반 정도이다. 세계의 작은 나라들 가운데는 훨씬 높은 수출입 비율을 가지고 있는 나라들도 적지 않다. 그 이유의 일단은 한 나라의 인구구조 및 면적이 작을수록 그 경제적인 필요성을 국내에서만 충족시키는 것이 곤란하다. 따라서 대외무역에 거는 비율도 높아지기 때문이다.
 가령 인구 4백만의 뉴질란드나 5백만의 덴마크는 독자적인 자동차산업을 지탱할 수 없다. 이에 비해서 1억 1천 5백만의 인구를 가진 일본은 국내시장이 충분하기 때문에 공업면에서 성공을 거두고 모든 공제품에 대해서 자족할 만한 규모를 가지고 있다. 세계에서 가장 인구가 많은 나라의 하나라는 것을 감안하면, GNP에 차지하는 수출입의 비율이 일본의 경우 낮은 것은 당연한 일이다.

그러나 일본을 생각할 때, 더욱 중요한 요소가 두 가지가 더 있다. 그것은 수입품의 내용과 그 공급원이다. 서 구라파의 경우, 무역의 태반은 EC(구라파공동체)의 역내(域內)에서 하고, 따라서 미국의 주와 주 사이의 통상에 가깝고, 취급되는 제품의 태반은 설혹 가격면에서의 상·하는 있어도 각기 국내에서 생산가능한 것들이다. 그렇기 때문에 서 구라파 전체를 하나의 경제단위로 본다면 일본의 경우보다 타국에 대한 경제의존도가 낮다고 할 수 있다.

미국의 경우도 통상면에서의 최대 파트너는 같은 북미 대륙인 캐나다이고, 그런 의미에서는 지역적이다. 캐나다와 미국의 경제관계는 공생관계(共生關係)라고 할 수 있다.

한편, 일본은 이러한 지역적인 교역관계는 비교적 적다. 구식민지인 대만이나 한국과의 무역은 혹은 지역적인 범주에 속할지 모르지만, 이 두 나라를 합치더라도 일본의 총 무역량의 20분의 1에 불과하다. 동남 아시아는 지리적으로 1,500~3,000킬로나 떨어진 곳이고 일본과 같은 지역경제권을 형성할 수는 없다. 일본에서 3,000킬로 권내에 있는 것은 중공과 서부시베리아가 있지만 이것들을 포함한 모든 동남아지역과의 교역도 총 무역량의 3분의 1에 미달이다.

일본의 대외통상의 구성을 일견하면, 일본이 얼마나 세계경제에 의존하고 있는가를 쉽게 알 수 있다. 일본의 산업을 움직이는 에너지·원자재와 일본인의 생존을 지탱하는 식료품의 태반은 대부분 먼 지역에서 수입된다. 대외무역은 일본의 GNP의 10% 정도에 불과하지만, 이 10%가 없다면 일본경제의 다른 부분이 완전히 마비되고, 일본인의 대부분은 생존이 불가능하다. 다시 말하면, 일본은 지구의 뒤편이나, 거기에 가까운 나라들과의 교역에 완전히 의존하고 있는 것이다. 다음에 예시적(例示的)인 데이타를 표시하기로 한다.

즉 일본은 석유·철광석·연(鉛)·양모·면화는 100% 가까이 수입에 의존하고, 석탄·동·아연·목재, 기타 자원의 최대수입국이다. 에너지 수요 가운데 85%는 해외 수입연료에 의존하고 있다. 그 태반은 석유이지만, 총에너지 수요의 60% 이상을 1만 킬로 떨어진 페르샤만(灣) 연안으로부터 바다로 운반되는 석유에 의해서 충당되고 있다.

국내 축산용의 사료곡물을 포함한 식량의 해외의존도는 실로 50%를 넘는다. 사료곡물의 거의 대부분——밀의 90%, 대두의 경우는 그 이상——은 해외, 특히 미국에 의존하고 있다. 일본은 주식인 쌀은 자급자족하고 있고, 또 잉여미도 생기지만, 그것은 일본인의 식생활이 다양화하고 쌀의 소비가 줄어들었기 때문이다.

세계인구의 불과 3%인 일본인이 국제적으로 거래되는 모든 사료식품의 약 10%를 소비하고 있고, 그것이 모든 아시아 지역의 절반 이상에 달한다는 사실을 지적하고자 한다.

전후 수년간은 원자재는 세계 어디서도 풍부히 공급되고, 일본이 생산하는 공제품에 비해서 그 가격도 오히려 염가였다. 「사람은 무엇이 행복이 될런지 모른다」라는 말은 역설 같지만 일본인에 해당되는 말 같다.

일본은 어디에서나 필요한 원자재를 원하는 값으로 사들일 수 있었다. 코스트가 비싸건, 품질이 떨어지건 국내 자원을 어떻게 해서든지 활용하려는 유혹에 빠지지 않을 수 있었던 것이다.

일본은 솔선해서 맴머드 탱커나 광석 운반선박을 건조하고 그 결과 선박에 의한 수송 코스트는 육로에 비해서 비교도 할 수 없을 만큼 싸게 먹혔다. 그리고 저능율의 공장설비가 파괴됐기 때문에 최신 기계설비로 생산에 착수할 수 있었다.

이와 같이 빈약한 자원과 공업시설의 파괴는 공업국으로 대두하는 데 오히려 플러스로 작용한 것이다.

1960년대 일본의 경제적 성공은 많은 자화자찬을 낳았다. 외부의존의 우려는 자화자찬 속에 묻히고 말았다. 그러나 73년에 아랍·이스라엘 간의 전쟁으로 말미암아 석유위기가 도래했다.

미국의 경우, 수입석유는 에너지 수요의 극히 일부를 충당하는 것이고, 더우기 그 용도는 기간부분이 아니고 자가용·차나 가정 난방용에 지나지 않는다. 그런데도 미국도 중동사태로 말미암아 위협을 느꼈다. 하물며 수입석유는 에너지의 대부분을 점하고 또한 그것이 공업용으로 충당되고 있는 일본에 있어서는 종래의 세계관을 일변시킬 정도의 쇼크였다.

아랍의 석유금수는 얼마 후 해제되기는 했지만, 지금 생각하면 그다지 큰 영향을 남긴 것은 아니었지만, 경제적으로 목이 졸릴런지도 모른다는 생각은 그 후 현실적인 가능성으로 일본인의 의식에 정착했다. 이것은 석유에 한정된 것이 아니며, 또 이러한 우려는 일본에만 국한하는 것이다. 그러나 일본의 경우는 원자재 외에도 식량에 대한 불안이 크다. 1973년 여름, 소련의 대량구매에 의해서 식량의 부족을 우려한 미국정부는 돌연 대두의 금수정책을 발표했다. 그 가운데는 일본에 대한 수출도 포함되어 있었다. 석유금수 직전의 일이다. 대두는 일본인의 식생활에서 주요 단백원이다.

이 조치는 곧 철회되었지만, 이 닉슨 쇼크 제3탄은 새삼 식량의 대외의존의 불안을 일깨워 주었다.

석유・식량가격은 앙등을 거듭하고, 1974년을 경계로 해서 일본의 수입품가격은 대폭 상승했지만, 이것은 곧 일본의 무역조건이 반환점을 통과해서 새로운 단계에 돌입한 것을 말해 주는 것이었다.

일본이 수입하는 주요품목은 보충불가능하고, 세계적으로 공급에 한계가 있는 자원과 농지면적과 기상의 제한을 받는 농산물이다.

인구의 증가와 생활수준의 향상으로 이것들에 대한 수요는 높아만 간다.

이런 추세하에서 일본이 수입해야 할 상품에 대한 수요가 가속적으로 늘고, 더우기 그 공급에는 한계가 있다.

한편, 일본의 수출의 태반을 점하는 공제품이나 고급 서비스는 원자재와 농산물의 제약은 있어도 거의 무한으로 생산증가가 가능하고 이러한 생산능력을 가진 사람의 수도 불가피적으로 증대할 것이다. 그렇다면 이 공산품이나 서비스의 가격은 보충불가능한 자원이나 농산물가격과의 대비에서 자연히 하강하지 않을 수 없을 것이다. 충분한 양의 제품을 팔아서 필요한 수입품의 대가로 충당하는 일본의 무역구조는 이때야말로 곤란의 도를 더해 갈 것이다.

이와 같이 일본의 무역조건은 나날이 불리해질 것이다. 또 일본의 기술면에서의 우위도 언젠가는 현상유지도 어렵게 될 것이다. 전후 10년간의 무풍지대가 재래할 가능성은 극히 적다고 봐야 할 것이다.

석유위기나 원자재 가격의 앙등에 일본이 훌륭히 대응하고, 그 후의 세계불황에서 다시 일어난 것은 사실이다. 앞으로의 성장율이 연간 10~11%에서 5~8%로 저하한다 해도 어느 나라보다도 장차 20~30년간은 보다 높은 경제성장율을 지속할 것이다.

그러나 긴 안목으로 본다면 일본의 장래는 그다지 밝지는 않다. 일본인이 현재의 세계적인 지위를 유지하고, 대폭적인 저락——경우에 따라서는 파국적인 저락일수도 있다——을 회피하기 위해서는 세계무역이 최소한 정상적인 신장을 해야 하는 것이 최저조건이고, 급격한 신장을 보이는 것조차 불가결할런지도 모른다. 그러나 이러한 조건 자체가 세계평화가 지속되고, 국제간의 긴장이나 세계의 여러 문제의 처리방법이 현저히 개선되지 않는 한 도저히 기대불가능한 것이다.

「우주선 지구호」의 운명은 어떻게 될 것인가. 인류의 멸망을 예언하는 사람들의 멸망과정의 시나리오가 정확하다면 일본뿐만 아니라 어느 나라에도 희망은 없다. 그러나 이러한 상황 속에서도 일본만이 파국을 면하지 못할 가능성도 전혀 없지도 않다. 그 많은 인구가 그 협소한 네 개의 섬에서 우글거리고 있는 것이다. 다른 나라 국민이 넓은 땅에서 캠프를 치고 있는 것에 비하면 일본인은 강풍 속에 알프스를 타는 등산가와도 같다.

　세계평화, 전체 지구의 생태계(生態系) 그리고 세계무역에 대한 위협이 무엇인가에 대한 자세한 설명은 여기에서는 할애하기로 한다. 그러나 꼭 언급하고 싶은 것은 있을 수 있는 시나리오의 몇 가지가 일본에 초래할지도 모르는 영향에 관해서이다.

　일단 대규모의 핵전쟁이 발생하면 현재의 세계문명의 태반은 존재가 위태롭다. 그러나 일본의 경우는 현재의 형태대로 살아남을 수는 절대로 불가능하다고 단언할 수 있다. 핵무기가 예상대로 확산하고 전쟁이 발발했다고 가정하자. 설사 한정된 전쟁일지라도 석유나 식량의 공급 루트가 막히는 것뿐으로 일본은 틀림없이 뒤집히고 만다.

　개발도상국의 인구증가가 급상승하고, 선진국과의 갈등이 증대하면, 세계무역을 파국으로 몰아넣을 무질서의 도래도 예상할 수 있다.

　국제 테로리즘의 만연이 앞으로 세계질서의 파괴에 끼칠 가능성도 결코 무시할 수 없다.

　지구규모의 생태파괴가 일본에 미칠 영향은 다른 나라에 대한 그것을 능가할 것이다. 대양의 오염의 심화는 물론 수산자원의 난획(亂獲)도 단백원을 생산에 의존하고 있는 일본인에게는 적지 않은 영향을 끼칠 것이다. 일본에서 소비되는 수산자원의 4분의 3은 원양(遠洋)의 것이다.

　대기오염이 세계적으로 확산한 결과, 만일 기상이변이 발생하면, 농업생산은 격감하고 일본이나 농업생산국에 결정적인 피해가 초래될 것이다. 설사 자연현상의 일환으로서의 기상이변일지라도 결과는 마찬가지이다.

　어찌됐든 이러한 재앙이 발생할 때 가장 큰 피해를 입고 그리고 이렇다할 대책이 결여된 나라의 하나가 일본이라는 것은 거의 틀림없다.

대전쟁이나 생태파괴가 없다 할지라도 다음의 파국적 상황만은 일본에 일어날 것이다.
　세계무역의 하강 내지는 침체가 그것이고, 그것만은 대단한 통찰이나, 병적인 억측 없이도 충분히 예측이 가능하다.
　국제간의 경제관계는 복잡화를 거듭하고 있다. 공산국가와 개발도상국의 마찰과 원한관계도 증대일로에 있다. 경제 내셔날리즘의 대두는 선진·개발국을 불문하고 대립을 격화시키고, 그 결과 보호주의적인 정책이나, 무역전쟁의 초래가 예상될 수도 있다. 이런 상황에서 손해를 보는 것은 일본일 것이다.
　이렇다 할 카드나 자원이 없기 때문이다. 국제무역에 대한 미국 한 나라의 태도가 급변해도 연쇄반응이 일어난다. 미국 자체는 약간 빈곤해질 정도로 그치겠지만, 일본은 폐허화할 것이다.
　세계무역의 하강은 물론 그 정체마저 서구는 두말할 것도 없이 미국과 같은 대자원국을 비롯한 모든 나라에 심각한 타격을 줄 것은 명명백백하다.
　그러나 일본에게는 치명적인 타격이 될 것이다.
　이 책에서 내가 기술한 일본은 국내적으로는 건전한 일본이었다. 그러나 이상에 기술한 사태가 역사의 다음 페이지라면——그 가능성은 반드시 적은 것이 아니다—— 제 아무리 일본일지라도 살아남을 수는 없는 것이다.
　자원이나 오염문제를 제쳐놓고라도 가장 시급한 문제는 역시 세계무역상의 침체를 피하고 보호주의적 정책이나 무역전쟁을 피하기 위해서는 이전에 배가하는 성과가 달성되어야 한다.
　경제협력·금융정책·인플레 대책, 실업이나 환경문제에의 대응, 다국적기업의 규제 등 수많은 난문제의 해결에 있어서 중심적인 역할을 수행하는 것은 역시 일본인 것이다. 공업통상국 가운데 일본이 가장 높은 성장율을 보일 뿐만 아니라, 타국으로부터 이질적인, 이해 곤란한 미심쩍은 존재로 간주되고 있기 때문이다.
　이밖에 일본으로서는 공산권과의 무역문제가 있다. 1975년의 예로는 수입에서 5%, 수출에서 8%, 각각 소액에 불과하지만, 언젠가는 특히 소련과의 무역은 중요도를 더할 것이다.
　또한 중동과의 관계조절문제가 있다.
　산유국이 입수한 방대한 자금을 어떻게 환류하는가 하는 문제도 난문이다. 일본의 총 수입량의 4분의 1은 중동이고, 대부분이 석유이다.

다음 남북문제가 있다. 이것은 장기적으로는 핵(核) 밸런스의 문제를 웃도는 인류 최대의 과제일수도 있다. 남북간의 격차의 확대는 양자간의 갈등과 불만을 나날이 증대시키고 있다. 남은 세계인구의 대부분을 안고 있을 뿐만 아니라, 더욱 인구증가율이 가속화하고 있고, 많은 자원의 소유에도 불구하고 경제성장이 인구증가를 따르지 못하고 있다. 문제는 복잡하고, 장기적으로는 안정된 세계에 심각한 위협으로 등장하고 있다.

일본이 놓여 있는 위치는 발전도상 세계의 중심부에 가장 접근하고 있다. 뿐만 아니라, 선진공업국 가운데 일본만큼 개발도상 세계와의 무역량이 많은 나라는 없다. 일본의 수출입을 합친 총 무역량의 절반 이상은 도상국가──단중동과 중공을 포함해서──와의 그것인 것이다.

한 나라의 안전도를 무력에 의한 공격을 배제할 수 있는 능력으로 측정한 시대도 있었다. 그러나 현상의 세계에서 어느 나라가 일본에 공격을 가할 가능성은 없다고 보는 것이 가능할 것이고, 미국과, 모호하기는 하지만 방위협정이 있다는 사실로 이 점에서의 일본의 필요성은 충족되고 있다. 더우기 일본의 방위의 제일선은 결코 군사적인 차원이 아니다. 국제협력이 유지되고 건전하게 신장할 수 있는가의 여부에 그것이 달려 있는 것이다.

이 때문에 세계평화가 필요한 것은 물론이지만, 타국과의 사이에 계속 일어나고 있는 경제・정치문제가 해결되는 것도 마찬가지로 불가결한 것이다. 세계무역의 하강 또는 침체야말로 일본의 머리 위에 드리운 「대머클리즈의 칼 (sword of Damocles)」인 것이다. 그 칼을 지탱하는 가는 실은 끊임없이 바람에 흔들리고 있다. 이러한 마당에서 일본이 살 수 있는 길은 국제협력이다. 이것이야말로 일본의 전략상의 제일선이기 때문이다.

그러나 실정은 이 관측에서 거리가 멀다. 일본인은 세계사적인 드라마의 관객이고 참가자는 아닌 체 놀랄 만큼 수동적이다. 다른 사람의 움직임에 반응을 보이는 것이 고작이다.

일본인은 아직도 자기네를 세계와 격리된 존재로 간주하고 있다. 전통적인 고립주의가 아직도 남아 있는 탓도 있을 것이다.

따라서 다른 사람의 눈에 비치는 일본인의 이미지는 다른 사람이 애써 만들어낸 것을 이용하는 데 빈틈이 없고 스스로는 모험을 감행하지 않는 존재로밖에 보이지 않는다. 미국인이 일본인을 「무임승차」지향이 강한 민족으로 지목하는 것도 당연한 것이다.

V. 세계 속의 일본

일본이 세계적 규모의 경제력을 가지면서 심리적으로는 폐쇄된 집단이라는 것은 대단한 역설이고 비극이라고도 할 수 있다. 「섬나라 근성」이라는 것은 일본인이 자주 즐겨 사용하는 자화상인 것이다.

10년 전까지는 일본인은 이 상황이 그들에게 무엇을 요구하는가에 대해서 거의 의식하지 못하고 있었다. 그러나 70년 초기에 이르러서야 각성하기 시작했다. 석유·물가·닉슨 쇼크가 그것이었다.

확실히 일본인은 이제까지 일단 문제의 소재가 밝혀지면 그들의 활력과 수완으로 그것을 극복했다. 그러나 이제부터는 문제가 간단하지 않다. 멀고 어려운 길이 가로놓여 있는 것이다.

가령 일본인과 다른 선진공업국 간에는 거대한 언어적 장벽이 가로놓여 있다. 도상국의 엘리트는 소수일지라도 외국어를 습득하지 않으면 안되었기 때문이다. 자기들의 문화가 가지는 기술면에서의 후진성을 극복하는 길은 그것 밖에는 없었다.

국제회의장에서의 일본인은 침묵으로 일관함으로써 이름을 날리고 있다. 해외에 있는 외국인의 사무실을 찾는 일본인은 미소만 지을 뿐 무슨 말을 하려는 것인지 요령부득이라는 것이 정평으로 되어 있다. 섬나라에서 같은 동포끼리 호흡을 같이 해 온 데만 익숙해진 그들은 외국인 속에서 안주할 수 없고, 또 외국인을 편하게 접대하는 요령도 없다. 국제관계에서 이토록 자신을 상실하기 때문에 더욱 뒷걸음만 치게 되고 불안과 눈치만 살피게 되는 것이다.

이러한 곤란도 극복불능은 아니다.

그들의 경제관계 수립에 발휘한 수완·활력·성과를 생각한다면 얼마든지 가능한 일이다. 더우기 오늘날의 젊은이들은 그들의 선배만큼 쭈볏쭈볏하지 않고 자신상실도 없다.

바야흐로 일본인은 일본의 국제적인 위치를 인식하기 시작했다. 이제 상당한 성과를 기대할 수 있을 것이다.

그러나 이것으로 종전의 문제들이 해소된 것은 아니다. 다음 장에서 그러한 문제를 음미하기로 하자.

언 어

37

　언어는 국제관계에 있어서 기본적인 한 수단이고, 일본어는 그 자체가 능히 하나의 테마가 될 수 있는 언어이다.
　일본어만큼 일본어를 타인과 명확히 나누는 문화적 특색은 없다. 동시에 일본어야말로 타국민과의 관계를 까다롭게 만드는 큰 문제이다. 따라서 상세한 검토를 요하는 것이다.
　일본의 대외접촉에 있어서 언어의 장벽이 얼마나 큰 것인가를 진정으로 인식하고 있는 사람은 일본인에게는 많지 않고 외국인은 더욱 그러하다. 일본이외의 거의 모든 나라에서는 언어의 차이가 다소간의 불편이나 까다로움을 낳는 일은 있어도 심각한 문제까지는 일으키지 않는다. 비서구(非西歐) 각국마저 국제적인 전달은 영어에 의한 일이 많고, 때로는 프랑스어도 사용되지만 그 나라의 엘리트 지도층은 이 두 가지 중 하나의 언어로 교육되는 확률이 크다.
　가령 인도의 경우, 의사소통의 문제는 오히려 엘리트와 일반 국민간의 것이고, 엘리트와 외부세계와의 의사소통에는 큰 애로가 없다. 이것은 일본이 직면하고 있는 것보다는 훨씬 심각한 문제이지만, 어디까지나 국내문제이지 국제문제는 아니다.
　세계의 대부분에서 외국어의 기능은 충분히 개발되고, 필요를 충족시키고 있는 것 같다. 같은 말은 일본에 대해서도 표면적으로는 해당하는 것 같다. 대부분의 일본인은 중고교에서 6년간 영어를 배우고, 대학에서 계속하는 자도 적지 않다.
　일본정부는 나름대로 외무성이나 기타 부처에 충분한 외국어 능력을 터득한 사람을 배치하고, 외부세계와의 접촉에 소홀함이 없도록 하고 있다. 일본의 경제계도 충분한 언어기능을 개발해서 해외활동에 임하고 있다. 과학자도 해외학계와의 같은 접촉을 가능케 할 만한 언어능력을 구비하고 있다.
　매스콤도 외부세계의 뉴스를 다량으로 보내오고 있고, 외국서적이나 논문도 일본어로 번역되어 놀랄 만큼 많이 활자화된다. 이에 비해서 일본의 자료가 외국어로 소개되는 양은 극히 적다. 그러나 최근에는 많이 나아졌다. 일본어를 터득한 외국인도 극히 소수이지만 1~2세대 전에는 제로에 가까웠던 것을 생각하면 그 신장은 경이적이다. 한 계산에 의하면, 1934년에 일본어의 자료를 상당히 자유로이 다룰 수 있는 미국인 학자는 13명에 불과했는데, 1969년에는 5백명으로 격증했다고 한다.

언어의 장벽을 압축하기 위해서 많은 개선이 이루어진 것은 의심할 여지가 없지만 그래도 필요를 충족시키기에는 아득한 감이 없지 않다. 이 상황을 보다 정확히 묘사하기 위해서는 이면(裏面)으로부터 해설하는 것이 제일 좋을 것이다.

영어교육에 경주되는 대규모적인 노력에 비하면 그 실적은 미미한 것에 지나지 않는다. 그 이유는 후에 설명하겠지만, 일본인이 영어를 습득하는 것은 타국인의 경우보다 어렵다. 자연과학은 예외로 하고 국제회의에 참가해서 유의의(有意義)한 토론이나 공헌을 할 수 있는 학자는 극소수에 불과하다.

대부분의 일본인이 학교에서 영어를 배우고 있음에도 불구하고 충분한 속도와 정확성으로 영어를 해득하는 일본인의 수는 제한되어 있고, 대부분은 암호해독의 고행(苦行)을 겪는 거나 다름없다. 일본인은 누구나 일본어화 영어단어를 500~600은 알고 있지만, 발음이 일본어화하고 있기 때문에 외국인은 거의 그 뜻을 이해할 수 없거나 영어를 모국어로 하는 외국인의 입에서 발음됐을 때 그것을 이해하는 일본인은 거의 없다. 「하로」, 「마이 네이므 이즈……」, 「굿도바이」 정도의 말을 발음할 수 있는 일본인은 수백만이 있지만, 그것에 대한 대답을 할 수 있는 자는 적고, 하물며 제대로 대화를 할 수 있는 자는 더욱 한정되어 있다.

그럼 일본인이 영어 이외의 구라파어 또는 아시아어를 알고 있는가 하면 결코 그렇지도 않다. 일본인이 한자(漢字)를 사용하고, 학교에서 한문을 약간 배우는 탓으로 중공의 간체자(簡體字)로 쓰여지지 않는 한 어지간한 고전의 일절이나 인명·표지 정도는 읽을 수 있다. 그밖에 중국어에서 차용했거나 중국어를 밑으로 깐 이름이나 단어도 수천 개 있지만, 중국어와 일본어가 거리가 멀어진 탓으로 오늘날에는 서로 이해 불능이다.

예를 들면, 중국의 황하(黃河)로 원어에서는 「황호」인데, 일본어에서는 「고모가」이다. 경제도 중국음으로는 「칭치」인데, 일본어로는 「게이자이」로 크게 다르다.

실제로 현대 중국어를 읽거나 말할 수 있는 일본인은 극히 드물고, 한국어는 더욱 적다. 한국어와 일본어가 아주 밀접한 관계에 있고, 한반도가 일본의 가장 가까운 곳에 위치하고 있는 데도 말이다.

이전에 의학·철학·법학은 독일어가, 예술에서는 프랑스어가 전문용어로 간주되었지만, 실제로 알고 있는 일본인은 극소수이다. 영어 이외의 외국어에 관한 지식은 극소수의 비즈네스맨·외교관·학자·해외 거주자 등 특수 그룹에 한정되는 것이 실정이다.

영어국민, 특히 미국인이나 호주인도 외국어에 약한 점에서는 일본인과 차이가 없다는 반론이 나올 법하다. 그러나 그들은 국제어인 영어를 모국어로 삼고 있는 요행을 얻고 있고, 세계가 언어장벽을 넘어서 그들에게 접근해 오는 행운을 타고 났다. 그들이 외국어에 서투른 것은 이 때문이다. 그러나 이 행운과 그 때문에 외국어에 약하다는 논거는 일본인에게는 도저히 해당이 되지 않는다.

이전에 한국인이나 대만인이 제국신민(帝國臣民)으로서 일본어의 강제교육을 받았지만, 현재의 젊은 세대는 일본어의 지식과는 관계 없이 성장하고 있다. 또 20세기 초엽 중국으로부터의 유학생이 일본에서 고등교육을 받은 일이 있지만, 당시의 흔적을 남기고 있는 극소수를 제외하고는 일본어를 이해하는 중국인은 거의 없다. 하물며 중국이나 한국 이외의 외국에서는 일본어는 거의 알려져 있지 않다. 예를 들어, 미국내의 일본어 학생의 수는 프랑스어 이수자의 불과 25분의 1이다.

이와 같이 그들쪽에서 언어장벽을 넘으려고 노력하고, 일본어로 지적인 회화에 종사할 수 있을 정도로까지 숙달한 구미인의 총수는 1천명을 넘지 않을 것이다.

언어장벽을 극복하는 주요방도는 번역인데, 근년에 그 질이 대폭 향상됐다. 동시 통역기술도 향상하고 덕분에 회의진행이 촉진됐다.

다만 한 언어를 다른 언어로 옮기는 작업이 결국 약한 갈대와 같은 것으로, 설사 통역자가 영·일어(英·日語)에 통달한다 해도 타국어로 옮겨지는 과정에서 크게 변용(變容)될 것은 틀림없다. 어순(語順)은 거꾸로 되고, 명쾌한 발언이 모호해지고, 은근한 어귀는 모욕적인 것으로 둔갑하고, 설사 어의대로 정확히 옮겨진다 해도 원의(原義)와는 거리가 먼 엉뚱한 감측을 전하게 된다.

동시 통역자가 비상한 기능의 소유자라 할지라도 원발음의 3분의 2정도밖에 카버 못할 경우도 많다. 명백한 오역은 한두 가지가 아니다. 실제로 나도 미국인의 질문이 약간 오역되고, 일본인의 응답이 또한 오역된 예를 몇 번이고 경험했다. 기대 밖의 회답을 얻은 미국인이 아무래도 일본인의 사고 과정은 자기네와는 다른 것이라고 속단하는 것도 있을 법한 일이다.

문자의 번역조차도 아직 개선의 여지가 있다. 이제까지 1세기 동안 일본인은 구미의 문물을 습득하는 데 급급한 나머지 구미어에서 일본어로의 생경(生硬)하기 짝이 없는 직역을 받아들여 왔다.

직역은 원문의 뜻을 변용시키는 경우가 많고, 미묘한 뉘앙스를 그르치고 번역자의 지식이 미치지 못하는 부분에서는 단순한 오역도 적지 않다.

일본인은 번역서적의 출판이라는 막대한 노력을 통해서 확실히 구미의 문화·사회·정치·지적 세계 등의 사조에 통하고는 있다. 다만 이에 관한 일본인의 인식이 독특한 색조(色調)를 가지고 있는 것은 부인할 수 없다. 번역과정에서의 당연한 변용과 외부세계와의 지적 교류의 부족이 그것을 결정적으로 만들고 있다.

일본어에의 번역작업이 불만족하다는 것은 이미 말했지만, 그 역(逆)은 더욱 심하다. 일본의 중요성이 아직 광범히 인식되지 않은 탓도 있고 해서 일본에 대한 외국인 독자의 관심은 적고, 일본어로부터의 직역 또는 보다 정확한 번역일지라도 본래 일본인을 위한 자료이기 때문에 그 수용도는 제로에 가깝다.

외국인의 지식 레벨이나 흥미대상에 대한 전제(前提)가 있다는 것과 이야기의 전달법이 정상이 아닌 탓으로 외국인은 굳이 읽으려 하지 않는다는 것이 실정이다.

그래서 일본어에서 외국어로 번역되는 것은 극히 드물 것이다. 유일한 예외는 현대 일본문학인데, 몇 명의 학자에 의한 번역 가운데는 우수한 것들이 있고 또한 널리 알려져 있다. 번역자의 대부분은 미국인이다.

그러나 문학은 현대 일본의 지적 생활의 극히 일부를 표시하는 데 불과하고, 그 외의 일본의 사상은 소수의 외국인 전문가와 충분한 영어실력이 있는 한줌의 일본인 학자의 필터를 통해서 매우 미약하게 해외에 전달되는 데 그치고 있다. 일본의 지적 생활의 대부분은 언어장벽의 저편에서 세계와는 격리된 형태로 진행되고 있는 것이다. 외국어로부터의 번역의 유입으로 크게 영향을 받고 있기는 하지만, 역의 영향은 거의 없는 상태이다. 외부인이 그 속에 들어가서 외부세계에 관한 오해를 수정하고, 그 개념을 널리 국제적인 연구에 위임하고, 그 성과를 타인에게 전달하는 작업도 거의 없다.

　일본이 선진공업 민주국가로서는 세계 제2위의 존재이고, 공산권의「제2세계」, 도상국의「제3세계」와의 관계에 있어서「제1세계」의 핵심적인 한 나라라는 것은 이미 관찰한 대로이지만, 이들 세 개의 세계와의 사이에 안고 있는 언어장벽의 규모도 일본이 주요국가 중 가장 크다.

　제1세계의 다른 나라 모든 각계 지도자의 대부분이 영어는 물론 그 외의 공통어도 나누어 쓰는 경우가 많다. 각료나 정부직원이나 지적 지도자의 태반은 통역이 필요 없다. 설사 통역을 개재시킨다 해도 인도·구라파어족(語族)간의 통역은 일본어가 개재한 경우에 비하면 훨씬 용이하다.

　그에 비해 대부분의 일본인 정치가·경제인·지적 지도자는 기껏 일상적인 인사나 골프의 스코어를 말할 정도이다. 약 20년간 나는 수십명의 일본인 각료와 사귀었으나, 그 중 지적으로 진지한 회화를 영어로 나눌 수 있는 사람이라곤 세 사람밖에 생각이 나지 않는다. 서양사를 포함한 사학교수도 40년 동안에 수백명 사귀었지만, 이 경우에도 각료의 케이스를 그다지 넘지는 못한다.

　70~80년 전에 비해서 오히려 상황이 악화하고 있는 면도 있다. 1885년에서 1912년까지 각료를 지낸 정치가에 관한 조사에 의하면, 상당한 해외경험을 가진 사람의 수는 61%에 달했다고 한다. 그런데 1945년 이전의 시기에는 그것이 21%로 하락하고, 전후에는 전전의 교육실태를 반영한 탓인지 겨우 16.6%에 불과하다.

　일본 자체의 교육제도가 나아짐에 따라서 지도자층의 대외경험은 줄어든 것이다. 이런 것이 계속되는 한 공업통상 민주국가가 서로 필요로 하는 긴밀한 협력관계를 수립하는 작업도 일본의 경우, 다른 제1세계의 어느 나라보다도 곤란이 예상되는 것이다. 일본의 제1세계 이외의 나라들에 대한 언어장벽도 역시 가혹하다. 이들 나라에서 일본인이 사용하는 의사소통 수단은 영어이고 장소에 따라서는 프랑스어, 남미에서는 서반아어 또는 포르투갈어이다. 이 언어들에 대한 일본인의 파악 역시 빈약하기 때문에 그들이 직면하는 곤란은 배가하고 오해까지 쌓인다. 국제회의에서의 공용어──대부분은 영어──에 대한 일본인의 능력은 출석자 중 최저 또는 그에 가깝다.

　그 결과 일본인의 주장은 미약하고 불명확한 것이 되고 만다. 있을 수 없는 일이지만 사실이다. 적극적인 기여를 하겠다는 의욕이 있더라도 그들이 바라는 영향력을 행사할 수 없는 것이다.

일본처럼 큰 경제력을 가지고 국제관계에 대한 의존도가 압도적으로 높은 나라에서 이것은 슬픈 사태이다.

일본의 언어상의 문제도 일부는 일본 자신의 탓이지만, 일부는 언어를 둘러싼 불행한 현실의 소산이다. 그래서 우선 이 현실을 음미하고 나서 언어문제에 보다 훌륭히 대비하기 위해서 일본인이 무엇을 해야 하는가를 검토하기로 한다.

우선 일본어에 관한 속설(俗說)의 하나를 처리하자. 일본어에 대해서 거의 아무런 지식도 없는 주제에, 일본어는 논리나 명석성을 결핍하기 때문에 근대적인 과학기술의 필요성을 충족시키기에는 불충분하다고 지적하는 외국인의 수는 적지 않다. 일본인 가운데도 이 비난에 가담하는 자가 없지는 않다. 그러나 이것은 헛소리에 불과하다. 근대일본의 혁혁한 성과를 보면 일목요연하다.

어느 언어도 얼마든지 애매모호할 여지가 있다. 다만 대부분의 인도·구라파어에 비하면 일본어가 그러한 여지가 많다고는 할 수 있다.

확실히 일본인은 언어의 힘은 믿지 않지만, 비언어적인 이해에는 자신이 있고 만장일치로 결정하고 개인적인 대결을 피하는 것을 원하는 나머지 미국인이 즐기는 솔직한 대화를 하지 않고, 불편한 말은 되도록 피하려 든다. 또 그들은 신중한 논리의 축적보다 산만한 의논을 좋아하고, 예리하고 명쾌한 발언보다 암시나 예증(例證)을 즐긴다.

그렇다고 일본어가 간결·명석·논리적인 의사표시를 할 수 없다는 것은 아니다. 요컨대 본인의 의사에 알린 것이다. 일본어 자체는 훌륭히 근대생활의 요청에 응할 수 있는 언어인 것이다. 일본인이 곤란에 직면하는 것은 타민족과 언어에 의한 접촉을 할 때이다.

외국인으로서 일본어의 습득은 쉽지 않고, 일본인도 외국어에는 미숙하다. 유감이지만 이 평가는 진실이다. 이것은 수레의 두 바퀴, 방패의 양면이다.

세계의 언어들은 그 구조·음성·어휘 등에 따라서 몇 개의 어족(語族)으로 분류된다. 영어를 모어(母語)로 삼는 사람은 국제적인 전달에 있어서 가장 광범위하게 사용되고 있다는 장점뿐만 아니라, 인도·구라파어라는 세계에서 가장 광범한 어족에 속한다는 플러스도 향유하고 있다.

이 어족은 전 구라파를 거의 망라하고 있을 뿐만 아니라, 시베리아·이란 아프가니스탄의 대부분과 인도아대륙의 북부의 3분의 2, 그리고 남북미

대륙의 대부분에 걸쳐 있다.

　이렇게 광대한 지역인데도 사용되는 언어는 다 기본적인 구조를 같이 하고 있고, 음성면에서의 유사성은 높고 의미의 뿌리 차원에서의 공통성도 크다. 「어머니」를 나타내는 기본어가 각각 mother(영어), mutter(독어), mère(프랑스어), mater(라틴어)이고, 3을 표시하는 수사가 three(영어), drei(독어)·trois(프랑스어) 그리고 라틴어·러시아어·산스크리트어의 tri 와 근사한 것은 그러한 예이다.

　인도·구라파어족 가운데 하나를 모어로 하고 있는 사람에게는 다른 언어를 습득하는 데 큰 이점이 있을 뿐만 아니라, 서로 빌려주고 빌리는 관계가 깊다는 것도 더욱 타국어의 습득을 용이하게 하고 있다. 라틴·희랍에 공통하는 어원을 가진 말도 말이려니와 Leitmotiv(라이트모티브), coup d'état (쿠데타), siesta(시에스타) 등이 영어에 들어보는 한편, 많은 영어가 독·불 등 다른 서구어에 유입하는 것이 현상이기 때문이다. 인도·구라파어족 외의 언어를 모어로 하는 사람들도 같은 이점을 나름대로 가지고 있다.

　일본에 있어서 큰 의의를 가진 언어의 일례로 중국어를 들어보자. 중국 북부·중부·서부의 중국어는 세계 최대의 사용자를 가진 언어이고, 그 인원수는 영어·서반아어·러시아어 그리고 인도아 대륙의 서북부에서 사용되는 힌디·우르두 양어의 상용자의 수도 압도하고 있다.

　중국어는 원래 지나(支那)어족의 일부이고, 같은 어족에는 남부 연안지역의 중국 각국——보통은 중국어의 방언 취급을 받는다——그리고 티베트·버마·타이·월남 등의 여러 언어를 포함하고 있다.

　지나어족에 속하는 여러 언어는 같은 음으로 성립되는 단어를 일성·이성 등의 「성」으로 구별해서 단철어(單綴語)로 수렴하고, 인도·구라파어족의 일대 특색인 어미변화를 결여하고 따라서 문중의 각 단어간의 관계는 어순으로 결정하는 경향을 공유하고 있다. 영어의 경우는 어미변화를 대폭 상실한 것이 원인이 되어 의미를 특정할 때 어순에 대한 의존도가 높아지고, 중국어의 어순과 근사한 우연의 결과가 생겼다.

　실제로 중·영어의 어순이 너무나도 흡사하기 때문에 중국인의 한정된 영어의 어휘를 모어의 어순의 틀 속에서 사용해도 중국어는 일체 해득 못하는 영어국민에게도 이해가 가능한 것이다. 2차 세계대전 이전에 중국의 연안지대에서 사용된 「피진 잉글리쉬(Pidgin English)」가 그것이다. 중·영 양어가 흡사했던 탓으로서로의 언어를 습득하는 것이 용이했던 것이다.

V. 세계 속의 일본

 그에 반해서 일본어의 경우는 그 어떤 대어족이나 유력한 어족과 밀접한 관계에 있지 않을 뿐더러 중·영 양어에서 볼 수 있는 우연의 혜택도 일체 받지 못하고 있다. 뿐만 아니라, 일본인이 손에 들고 있는 카드에는 일체 따르는 것이 없는 것이다.

 일본어는 아마도 알타이어족──몽고의 알타이 산맥에서 유래했다──에 속하고 있다. 알타이어족은 터키·몽고·만주──중국을 최후로 정복한 반(半) 유목민족 이름── 그리고 한국어로 성립되고, 헝가리어·핀란드어 등 아시아를 기원으로 하는 구라파어를 비롯해서 아마도 남부 인도의 드라비다계의 언어와도 구조상 유사하다.

 일본어의 구조는 한국어와 근사하고, 몽고어와도 가깝지만, 설사 가까운 관계에 있다 해도 지금은 멀리 떨어져 있다. 어휘 또는 음성면에서 양자 간의 유사점을 찾아낼 수 있는 것은 전문가들일 뿐이다.

 일본인이 한국어는 물론 터키어나 몽고어를 습득하는 데 있어서 이점을 가지고 있는 것은 확실하지만, 인도·구라파어족을 모어로 삼는 사람들이 가지는 혜택의 크기에 비교하면 현대사회에서의 그것은 극히 사소한 것에 지나지 않는다.

 일본인의 주요 외국어가 처음에는 중국어, 후에는 영어가 된 것은 사실이지만, 일본어와 비교해서 이만큼 구문과 음성의 양면에서 거리가 먼 언어는 있을 성싶지 않다.

 음성적으로 일본어는 매우 단순하고 이 점에서는 폴리네시어 다음이다. 표준적인 모음은 「아이우에오」의 다섯 개뿐이고, 이탈리아·스페인·독일어 등과 같이 발음된다.

 한편, 중국어의 모음의 수는 일본어를 웃돌고, 영어는 그 다양성이 엄청나다. 일본어는 자음도 극히 한정되어 있고, V음과 L음이 없을 뿐만 아니라 n음을 제외하면 어미에 자음이 오는 일이 없고, 자음이 뭉쳐서 발음되는 일도 없다. 중국어쪽이 자음이 풍부하다. 영어의 경우는 다양하게 자음 및 자음뭉치를 가지고 있고, 음절의 앞이나 뒤에도 온다.

 일본인에게 영어의 자음이 까다로운 것은 valorous나 script가 「바로라스」「스꾸리쁘또」처럼 발음되는 것이다. 또 중국어가 「사성」에, 영어가 액센트에 크게 의존하는 데 비해서 일본어는 그 두 가지가 없다. 간단한 중국문이나 영문이 일본인에게 악몽처럼 이상한 음성과 액센트의 덩어리로 들리는 것은 이 때문이다. 영어를 모어로 하는 사람에게도 프랑스어의 u음이나 독일어의 ū, ō음은 귀찮지만 일본인이 외국어를 대할 때에 비하면 약과이다.〈영어국민이 일본어를 사용할 때 경험하는 아마도 유일한 곤란성은 장음과 단음의 구별일 것이다. 고꼬(여기)와 고오꼬오(고등학교), 기다(북)와 깃따(잘 랐다)가 그것이다. 영어에는 이런 구별은 존재하지 않기 때문이다〉

구문상의 일본어와 중·영어의 차이도 극단적으로 크다. 단, 복수의 구별이 없고, 관사의 차이나 성별이 없는 점에서 일본어나 중국어도 다같이 인도·구라파어족과는 다르다. 또 일본인은 문맥이나 사용되는 동사의 강조도(强調度)로 주어가 무엇인가를 추측가능할 때는 일일이 명시하지 않는다.

한편, 중국에 없는 어미변화가 인도·구라파어족과는 전혀 다른 형태이지만, 일본어에는 존재한다. 동사도, 형용사도 어미에 일련의 변화를 교착시키고 있고, 그것에 의해서 무드(법)나 보이스(태)나 시제·부정·긍정 또 강조도까지 알 수 있다. 따라서 일본인이 영문을 철자할 때 문장구조를 영어적으로 재구성할 필요가 있을 뿐만 아니라, 복수니 시제의 태반, 정관사·부정관사의 차이나 까다로운 발음상의 문제 등을 익혀야 하는 것이다.

외국어로서의 영어를 배우는 외국인에 비해서 일본인의 노고는 이만저만이 아니다. 따라서 성과가 시원찮은 것도 당연한 일이다.

문자와 언어를 혼동하는 사람이 적지 않은데 이것이 별개라는 것은 두 말할 필요도 없다. 라틴 알파베트가 구라파의 태반, 남북 아메리카 그리고 인도네시아·필리핀·말레이지아·베트남 등 동남 아시아를 비롯한 아시아 및 아프리카의 각지에서 사용되고 있다. 그 외의 표기법도 세계의 다른 지역에서 사용되고 있지만, 동 아시아만은 예외로 일본·한국·중국에서는 아직 한자(漢字)가 우위를 점하고 있다.

한자는 원래 회화(繪畫)문자에서 시작됐지만, 이미 수천년 전에 중국인은 이것을 정교한 것으로 정리하고, 하나의 단어에 하나의 문자를 해당시키는 방식이 오래 계속되었다.

한자의 수는 수십만에 이르고, 그 가운데는 여간 복잡한 것이 적지 않다. 이 표기방법은 습득하기가 매우 어렵고, 특히 일본어처럼 관계가 없는 언어의 표기에는 그리 간단히 적응할 수도 없다. 가령 일본어에 특이한 어미변화는 한자가 당해낼 도리가 없다. 일본어를 한자 이외의 표음식 표기법에 해당시키는 것은 쉽지만, 일본인은 불행히도 한자라는 표기법에 처음 접촉한 탓으로 마침내는 이 까다롭기 짝이 없는 표기법에 젖고 말았다. 그 결과 끝내 자유의 몸이 되지 못하고 오늘에 이른 것이다.
　6~9세기에 일본인은 많은 중국문명을 도입했으나, 그것은 중국의 글을 통해서였다. 그것은 일견 북구인이 라틴어에 의거한 것과 비슷하지만, 라틴어와 북구어의 근접성과 라틴 알파베트가 간단한 점을 생각하면 북구인의 작업이 훨씬 쉬웠다.
　8~9세기와 15~19세기의 두번에 걸쳐서 중국의 영향이 현저히 강했을 때에도 일본학자나 실무자는 한문을 상당히 해득할 수 있었지만, 과연 귀로 이해할 수 있었는지는 크게 의심스럽다. 적어도 오늘날 중국어를 말하는 일본인은 극히 드물다.
　일본의 발전과 더불어 일본어를 표기할 필요가 생겼다. 아주 초기부터 고유명사나 시가(詩歌)는 한자를 하나하나 표음적으로 해당시킴으로써 표기됐지만, 그것으로부터 「가나(假名)」가 생겼다. 9세기의 일이다. 이것은 한자를 간략화시킨 것으로 개개의 음을 표음적으로 나타내고 있다.
　표음법으로는 「가다가나」와 「히라가나」의 두 가지 종류가 있는데, 전자는 한자의 일부분을 추출해서 표음에 해당시킨 데 반해서, 후자는 한자를 대폭 풀어 쓴 것이다. 이 두 개의 표음법은 그 후에도 공존하고, 오늘에 이르고 있는데, 완전히 표준화된 것은 19세기의 일이다.
　오늘날 가다가나는 중국어나 한국어를 제외한 외국의 고유명사나 단어를 표현할 때 사용되고 우리가 이텔릭체(斜字體)를 사용하는 것과 같다.
　한편, 히라가나는 그 외의 말을 표음적으로 쓸 때 사용된다. 10~11세기에는 가나만으로 쓴 순수한 일본문학이 나타났다. 그 후에도 가나만으로 일본어를 표기하는 일은 불가능은 아니었지만, 중국과 중국식 표기는 높이 평가되었기 때문에 공적 내지는 학문적 문서에는 한문을 사용하거나 일본어의 문서에 중국의 단어를 한자로 삽입하는 관행이 그치지 않았다.
　단, 일본인의 한문은 일본식 문법으로 수정된 것으로 어정쩡한 기묘한 형태로 변해 있다. 일본인이 학교에서 배우는 중국 고전은 바로 이런 형태로 교수된 것이다. 몇 세기 동안 일본인이 중국어의 단어, 특히 기술용어나 학술용어를 대량 수용한 것은 이것으로 납득이 간다.
　중국어의 단어를 일본화한 데 문제가 없는 것은 아니다. 원래 일본어보다 훨씬 다양성이 있는 중국음을 일본어의 음운체계의 틀 속에 넣은 탓으로 중국어에서는 전혀 다른 발음을 하는 것이 일본어에서는 같은 음으로 발음되는 예가 굉장히 많은 것이다. 가령 「카오」나 「캉」에서 「샤오」에 이르는 20

개에 달하는 중국음이 일본어에서는 「고오」라는 단 하나로 압축되고 만다.

20개의 중국음 하나하나가 각각 사성(四聲)으로 구별되는 것을 생각하면 실로 80개의 중국음이 하나의 일본음으로 통일된다는 점이 이것을 의미한다. 또 일본의 사전에는 「고오가」로 발음되는 동음이의어(同音異義語)가 100 이상이나 수록되어 있다.

일본인이 가나를 따르지 않고 한자를 고집하는 것은 이 때문이다.

가나를 배우는 것은 그다지 어렵지 않다. 히라가나, 가다가나는 다같이 48자로 성립되고 탁음(濁音)과 반탁음의 기호가 있을 뿐이다.

한자는 각기 중국어의 원음──두 개의 경우도 있다──에 유래하는 하나의 읽는 방법이 있을 뿐만 아니라, 같은 의미를 가지는 일본어의 단어 하나 또는 둘과 대응하는 것이 상례이다. 이것은 극단의 예이지만, 「생(生)」이라는 한자의 경우는 7개의 전혀 다른 일본어 단어를 이것 하나만으로 나타낼 수 있다.

하나의 한자를 어떻게 읽는가를 결정하는 것은 전후 관계, 즉 문맥뿐이다. 이렇게 복잡한 표기법을 가지면서도 일본인이 그토록 높은 교육수준을 달성할 수 있었던 것은 그들의 교육에 대한 열의를 보여주는 것으로 볼 수 있다.

식자능력에 대한 이 거대한 장해를 극복할 필요가 있었기 때문에 일본인은 근면과 규율을 터득했을런지도 모를 일이다. 한자를 습득하기 위해서는 자연히 기억에 치중해야 하고, 이 때문에 일본인의 독창성이 죽고 무조건 순종하는 습성을 기른 것이 아닌가 하는 견해도 있다. 그 진위(眞僞) 여부는 차치하고 일본어를 완전히 습득한 외국인이 적은 이유는 이 표기법의 난점에 있다는 것은 틀림없다.

일본인이건 외국이건 까다로운 한자 가나를 혼합하는 표기법을 지양하고 순수한 표음적인 표기법을 채택해야 한다는 주장도 있다. 이때 당연히 후보로 오르는 것은 가나였다. 그러나 훌륭한 문학작품이 쓰여진 11세기라면 몰라도 오늘날에는 가나만으로는 부족하다는 아쉬움이 많다. 차라리 라틴 알파베트가 훨씬 적합하다. 라틴 문자 19자와 한두 개의 보조기호만 있으면 일본어의 표기는 완전하다. 그리고 귀로 들어서 이해할 수 있는 일본어라면 이 표기법만으로도 간단히 읽을 수가 있다. 약간의 연습과 습관을 하면 그만이다.

많은 일본인은 그렇게 생각지 않는다. 그러나 2차 세계대전 중 일본의 암호를 해독하고 번역했을 때의 경험을 통해서 나는 이것을 확실히 알 수 있었던 것이다.

　점령 초기 점령군이 로마자 표기를 강행하지 않을까 하고 생각한 측도 있었지만, 그렇게는 안됐다. 뿐만 아니라, 일부 언어학자를 제외하고는 로마자화로의 관심은 미미한 것이다.

　일본인은 한자폐지에 대해 맹렬히 반대하는데, 그 이유에는 몇 가지 있다. 일본어의 표기법을 일단 터득한 사람은 설사 외국인일지라도 일본어에 그 이상의 표기법이 있을 수 없을 것이라는 신념을 가진다. 굉장한 투자를 해서 얻은 것을 쉽게 내놓을 수 없다는 탓일까. 또 한자에는 표음문자에는 없는 미적인 가치가 있다. 마력에 가까운 아름다운 질이다. 한자에는 표음문자에 없는 실질이 수반되고, 한자로 쓰여진 것만으로 그 단어 자체를 떠난 독자적인 생명이 깃드는 것 같다. 적어도 한자를 아는 사람에게는 그렇다.

　또 학술용어나 기술전문어의 경우, 한자로 표기되면 그 구성에 의해서 의미가 자명해진다는 편의가 있다. 「빙하(氷河)」이건 「고고학(考古學)」이건 국민학교 6학년이면(일본인은 9년간의 의무교육 기간에 1,850개의 일상 한자를 학습한다), 대체로 짐작할 수 있는 것은 단어를 형성하는 한자 때문이다. 그러나 그에 대응하는 영어의 glacier나 archeology는 미국의 6학년 학생에게는 전혀 이해가 가지 않는다. 적어도 자명(自明)은 아니다.

　한자는 또한 이름을 간략화하거나 활기 찬 슬로건에 적격이다. 신문의 표제나 정치 슬로건은 그 자체가 하나의 예술인데, 이것도 한자의 도움 없이는 생각할 수도 없다. 한자는 또한 사독(斜讀)을 하거나 속독에 매우 편리하다. 주요한 단어는 한자로 쓰여지기 때문에 눈에 뜨이기 쉽기 때문이다.

　한자가 계속 사용되는 보다 중요한 이유는 그것이 동 아시아를 하나로 연결하는 문화적 유대의 핵심이기 때문이다.

　바로 1세기 반 전까지만 해도 교양이 있는 일본인·한국인·월남인 그리고 중국언어권의 사람은 중국의 고전을 읽고, 한문을 쓸 수 있었다.

　단, 글을 통한 문화적 유대는 이제 무너져 가고 있다. 월남인은 완전히 한자를 포기했고, 중공 본토의 간체자(簡體字)는 일본인이나 한국인은 판독하기 곤란할 경우가 많다. 한편, 한국인은 그들 독자적인 「한글」이라는 능률적인 표음제도를 가지고 있고 서서히 한자에 대체되고 있다. 일본에서도 대폭적인 한자제한이 행해졌고, 중공과 다른 형태의 간략화가 진행되고 있다. 가나의 빈도가 높아지는 반면, 한자의 사용은 그만큼 줄어들고 있다. 1~2세대 후에는 이제까지 동 아시아를 묶어 본 위대한 문화적 유대도 혹 사라질지도 모른다.

　한자의 사용을 주장하는 측의 주된 논거는 만일 한자를 포기하면 일본의 전통적 유산을 이해할 수 없다는 점이다. 그렇다면 구라파에서 라틴어를 떠나서 저마다의 국어로 전환한 이상의 문화적 단절이 야기될 것이다. 그리고 구라파 각국 자체가 이 전환의 완료에 실로 몇 세기를 필요로 했던 것이다.
　더우기 음만으로는 분간할 수 없는 엄청난 단어들이 허공에 뜨고 만다. 이들 중 많은 것들이 설사 폐지되는 단계에 있더라도 이것은 큰 일이다. 그러나 현대 일본인과 쓰여진 유산과의 단절이 속도는 느리지만 확실히 진행하고 있는 것도 사실이다. 실제로 일본인의 한자에 대한 지식은 감소하고 있다. 가공할 판국이라도 일어나지 않는 한 일본의 표기법의 향상이 달라지리라고는 생각되지 않는다. 그러나 몇 세대 사이에 일본인도 특수한 목적은 예외로 하고라도 서서히 표음적인 표기――적어도 표음성의 가장 높은 그 것――로 전환될 것으로 상상되는 것이다.

　가다가나의 사용도가 높아가는 이유의 하나는 영어로부터의 차용어가 많은 데 기인한다. 일본인은 외래어의 차용에는 뛰어난 재능과 민첩성을 보여 왔다.
　이미 기술한 바와 같이 중국 고전으로부터의 차용이나 그것에 입각한 일본에서의 조어(造語)는 구라파인이 라틴어나 희랍어를 재료로 자기네의 어휘를 불려 나간 것과 동공이곡(同工異曲)이었다. 그것이 한국이나 중국에 역수출된 과정도 원재료를 해외에서 얻어 와서 그것을 가공해서 재수출하는 방식과 비슷하다.
　일본인은 16세기에 포르투갈어에서 단어를 차용했다. 빵은 그 한 예이다. 도꾸가와시대에는 화란에서 차용했다. 브리끼(야철)는 화란어의 blik에 유래한다. 19세기에 개국한 후로는 많은 구라파어가 도래했다. 독일어는 의학・법학・철학 분야에서, 프랑스어는 패션이나 예술의 분야에서 성행했다.
　그러나 압도적인 우위를 점한 것은 영어였다. 새로운 과학기술 분야에서 제일 많은 것은 영미인의 교사였고, 통상을 비롯한 일본의 대외접촉에 최대의 연관성이 있었기 때문이다. 여하간 개항 초기의 요꼬하마(橫浜)에서의 공통공용어는 화란어가 아니라 영어였다.
　명치유신 후, 경우에 따라서 제일 외국어로 독일어 또는 프랑스어를 택하기도 했지만, 대부분의 경우 영어야말로 외국어였고, 더우기 서 태평양에서의 미국의 존재가 거대화함에 따라서 영어는 더욱 우위성을 높였다.

그후로부터 소위 미국식 영어가 영국영어를 제압하기에 이르렀다. 특히 학교 영어교육에서는 미국영어가 아니고, 영본국의 「킹스 잉글리쉬」가 일본인이 주장해 온 터이다. 다만 일본인의 영어의 발음이 엉망인 것을 생각하면 그들의 발음으로는 이 주장의 정당성을 확인하기는 어렵다. 그리고 영어로부터의 차용어에 관한 한, 그들의 주장은 확실히 잘못되어 있다. 미국과 영국의 어법상에 차이가 있을 때에는 미국 어법이 채택되었다. 엘리베이터나 트럭은 미국 어법이고, 영국 어법의 lift, lorry와 대비되지만, 일본인이 택한 것은 미국 어법이었다.

1930년대부터 전시 중에는 군부는 일본어 속에 영어를 혼용하는 것을 백안시하고 심한 경우에는 일본어로 대체할 것을 강요했다. 가령 야구는 그런 예의 하나이고, 구성적으로는 중국으로부터의 차용요소로 성립되었지만 영어의 베이스 볼과 함께 아직도 사용되고 있다.

미국의 점령은 모든 담을 허물어버리고 그 이후 일본어의 영어의 유입은 끊임이 없었다.

2차 세계대전 이후에는 핑크·오렌지·그린·블루 등의 색채어가 영어에서 유입해서 종래의 어엿한 형용사에 대체하거나 공존하기에 이르렀다. 멋이 있기 때문에 사용되는 영어 단어도 적지 않다. 영어 속에 프랑스어가 사용되는 것과 비슷하다.

예를 들면, 「카페」라든지 「커피 숍」 등이다.

그러나 영어가 사용되는 대부분의 경우는 새로운 사물이나 개념 또는 뉘앙스가 기존의 일본어에 추가될 때이다.

이 목적에서 순수한 일본어를 사용한다 해도 그것은 부자연스럽고 오히려 까다롭게 만들 뿐이다. 국제통용어를 독일어로 대체하려 했던 나치 독일의 의도를 방불케 한다고 해도 과언은 아닐 것이다.

중국어를 재료로 신어를 만드는 것도 이전 같지는 않을 것이다. 왜냐하면 이런 종류의 단어는 기존의 말과 너무나도 흡사해서 귀로 듣는 것만으로는 뚜렷하지 않기 때문이다.

영어의 원어를 그대로 신어로서 채택하는 것이 편리할 때가 있는데, 중국어식 동의어로는 다른 것과 구별할 수 없는 경우가 많기 때문이다.

영어로부터의 대량차용은 많은 새로운 개념과 식별용이한 신어도입의 양면에서 일본어를 보강하고 풍부히 했다. 그러면서도 일본어의 자주성을 결코 손상시키지 않았다.
　일본인이 순수주의에 일고의 가치도 부여하지 않는 것은 하나의 식견이라 할 수 있다. 타국어에서 새로운 어휘를 흡수할 수 있는 능력은 어떤 의미에서는 영어의 경우와 마찬가지로 일본어의 영광의 하나이다.
　이토록 많은 영어를 차용했으니까 일본인의 영어습득은 굉장히 용이해졌을 것이라고 상상하는 사람들도 있을 것이다. 그런 면이 없는 것은 아니지만, 그러나 차용어가 있기 때문에 오히려 외국어 습득상의 장해가 늘었다는 그런 측면도 있다.
　어정쩡한 일본식 영어에 젖어 있기 때문에 오히려 영어국민이 이해할 수 있는 형태로 발음하는 것에 크게 곤란을 느끼는 사실도 있기 때문이다. 뿐만 아니라, 일본인은 의미까지도 일본화시키고 원의와는 거리가 먼 의미를 부여할 때도 많다.
　가령 자동차의 steering wheel은 「핸들」로, horn은 「크랙숀」——영어의 claxon에서 왔다——로 sewing machine은 「미신」으로, 열차의 1등은 「그린 카」로, 야구의 night game는 「나이타」로, air-conditioner는 「쿨러」로, 개인에 대한 모든 집단 폭력은 「린치」로 일본어화시켰다.
　일본인은 또한 영어단어를 극히 독창적으로 사용한다. 수년 전 신문표제에 「베아」라는 약어를 본 일이 있는데, 내용을 보고 나서야 그것이 「베이스 압」의 뜻이라는 것을 알았다. 이것이 영어의 base up에 유래한 것은 확실한데, 이 표현 자체가 임금의 일율적인 인상이라는 의미에서는 일본적 변용이라 말할 수 있다.
　확실히 유용하기는 하지만 본시의 영어와는 관계가 없는 것도 사실이다. 「제네랄 스트라이크」가 「제비스트」로, 「팬티 스타킹스」 또는 미국에서 「팬티 호우즈」가 「판스 스토」로 변한다. 영국과 미국은 공통언어에 의해서 분열하고 있다는 익살은 차라리 일본식 영어에 적용시키는 편이 낫다고 생각한다. 본국인이 자기네가 사용하는 영어단어를 이해는커녕 식별도 해주지 않는 데 대해서 일본인들이 실망하는 것을 볼 때, 우리로서는 괴로운 일이다. 영어의 차용어는 확실히 일본어를 대폭 보강은 할망정 일본의 언어적 장벽을 극복하는 데 있어서는 그다지 도움은 되지 않았던 것이다.

　일본과 외부세계를 격리하는 언어적 장벽이 기본적으로는 엄격한 언어적 현실에 기인하는 것은 명백하지만, 일본인이 그것을 넘어서기 위해서 종전에 노력을 경주하지 않은 것은 놀라운 일이다.
　이미 언급한 것처럼 일본의 학교 영어교육은 대체적으로 빈약하고, 시대에 따르지도 못하고 있다. 문법적인 분석이나 낡은 영어를 읽는 것이 고작이고, 대학입시 준지용이 제일의 적이고 그것은 실제적인 효용을 지향하지도 않는다.
　현대영문은 무시당하는 수가 많고 회화·청취에는 아무런 노력도 없다.
　영어교육의 개선과 근대화가 불충분하다는 것은 대학제도의 개선이 요원하다는 것과 아울러 전통과 열의의 결여가 행세를 해 온 분야에 있어서의 생벽이다.
　일본이 변화가 빠른 사회라는 것을 생각하면 이 두 가지는 이례적이라 할 수 있다. 일본의 지도자가 오늘날에도 여전히 언어기능의 필요를 인정하지 않고 있으며, 따라서 영어교육의 개선의 필요도 충분히 인식하지 않고 있다는 증좌가 될 것이다. 맹점이라고 해도 좋다.
　이 맹점에는 몇 가지 이유가 존재한다.
　하나는 일본인이 활자야말로 타문화와의 접촉수단이라고 간주해 온 사실이다. 중국문화를 수입한 옛날도 그러했고, 1850년대의 개국 이후도 구미의 문물을 습득하기 위해서는 구체적인 책과 기록에 의거해야 한다는 사고가 지배적이었고, 직접적인 코뮤니케이션의 필요는 인식되지 않았다.
　외국인과 직접 대하지 않는다면 그들도 일본을 모르고, 일본인이 무엇을 생각하고 있는지를 알지 못하므로 오히려 그것이 잘된 일이라고 생각하는 사고까지도 존재했다. 그렇게 되면 일본인은 외국인의 눈에 띄지 않는 반면, 그들의 동향은 일본인에게는 일목요연하다는 이점이 있다. 이와 같이 일본인은 외국어의 해독술에는 오랜 전통을 가지면서도 외국인과의 대화·의사전달에는 무신경이었던 것이다.
　일본의 지도자로서 외국어를 터득한 사람이 극히 적은 탓도 있어서, 외국어에 능통한 자에 대한 일종의 경멸감이 싹텄다. 영어를 알고 그것으로 어떤 플러스를 얻고 있는 인간은 다른 점에서는 천박하다는 평가가 내려졌다. 이런 사람은 대체로 정규의 교육제도를 이수하지 않은 것으로 취급됐다.
　너무 영어를 잘하는 사람이 많으면 일본어가 이상하게 된다든지 또는 일본인의 의식이 망가진다는 두려움──입밖에 내지는 않았지만──도 있었다. 이것은 물론 이치에 닿지 않는 감정론에 지나지 않았다.
　화란의 아이들은 영·독어를 습득한다. 이 2개 국어는 서로 밀접하고 있지만, 그렇다고 그들의 화란어가 상실되는 것은 아니다. 실제로 수백만의 구라파인이 외국어를 마스터하고 있지만, 민족의식이 어떻게 된다는 두려움은 하나도 없다. 그런데 일본에서는 이 두려움이 다음 장에서 취급하는 민족자각이라는 보다 폭넓은 문제와 얽혀서 일본인의 외국어교육에 대한 자세에 암암리에 큰 영향을 미치고 있는 것이다.

대다수의 일본인은 지도자를 비롯해서 일본어라는 방패 뒤에 안주해 왔기 때문에 이 상황이 어떤 마이너스를 초래했는가를 거의 인식하지 못하고 있다. 일본인이 지적으로 고립하고 있다는 것도 일본이 다른 사람에게는 「혀가 돌아가지 않는 자이언트」 또는 국제사회의 주변에 위치하는 「마음을 줄 수 없는 타인」으로 비치는 것도 거의 의식하고 있지 않고 있는 것이다.

이것은 직접적인 코뮤니케이션의 문제이다. 설사 외국인에 의한 일본어의 학습이 비약적으로 증대한다 해도 주된 노력의 주체는 역시 일본인이어야 하는 것이다.

표기법이 어렵고 주요 언어를 비롯한 다른 언어와 격리하고 있기도 해서, 더우기 거기에 작금의 역사적 경위까지 추가되면 일본어가 주요한 국제어가 된다는 것은 있을 수 없는 것이다.

기술습득을 위해서 일본에 오는 도상국의 유학생도 일본어 습득에 망설이는 수가 많다. 시간과 노력을 경주하는 대신 귀국 후 별 도움이 되지 않기 때문이다. 일본에서 배우는 유학생조차도 일본인교관이 영어를 사용해서 가르치는 것이 최량의 해결책으로 생각되는 경우가 많다.

일본인의 영어습득의 노력은 근래 많이 향상됐다. 여름방학을 이용해서 외국인을 위한 영어학교에 다니는 학생도 적지 않다. 각 대학에는 ESS(English Speaking Society)라는 유력한 학생 그룹이 있고, 영어극도 상연한다. 학원이 방방곡곡에 퍼져 있고, 대부분이 돈벌기 위주이지만 그런 대로 훌륭한 것도 있다. 기업체 가운데도 영어국민을 고용해서 해외근무 예정자에게 영어 교습을 시키는 데도 있다.

그러나 진정한 문제해결책은 역시 정규적인 학교의 영어교육──여기에는 막대한 노력이 경주되고 있다──을 개선하는 길뿐이다. 필요한 것은 약간의 자금과 머리를 이용하는 것뿐이다. 대단치 않은 것에 막대한 투자를 아끼지 않는 일본인이니까 위의 두 가지는 대단한 것이 못된다.

제일 큰 문제는 현재 학교에서 교편을 잡고 있는 5만명을 넘는 영어교사이다. 그들의 대부분은 실제로 영어를 하지 못하는 것이다.

그들을 대상으로 한 재훈련이 필요할 뿐만 아니라, 불가능한 교원은 대체되어야 한다. 교원의 재훈련이나 새 교원의 양성은 그들을 해외에 파견해서 장기훈련을 받게 하거나 해외에서 젊은 영어국민을 일본에 초빙해서 이들을 영어교육기관에 배치하거나 실지수업에 참가시키는 그 어느 것을 선택해야 한다. 오늘의 일본에 그만한 여유가 없을 리가 없다. 그런 목적을 위해서라면 최저선의 봉급으로 일본에 오겠다는 젊은 영·미인은 그야말로 수천, 수만에 달할 것이다.

동시에 영어교육을 되도록 대학입시와 분리시키고, 현대문을 읽고, 말하고, 듣는 능력을 중시하는 실용적인 목적에 초점을 맞출 필요가 있을 것이다.

듣고 이야기하는 기능을 연마하기 위해서는 학교에서 LL(어학실습실)이나 전자기구를 더욱 이용함과 동시에 라디오·TV의 어학 프로를 보다 개선할 필요가 있다.

그러나 무엇보다도 중요한 것은 영어학습을 시작하는 시기가 중학교 1학년으로는 너무나 시기가 늦다는 것일 것이다. 새로운 음을 용이하게 만들어낼 수 있고, 언어습득의 능력이 아직 높다고 볼 수 있는 보다 연소기에 학습을 시작해야 할 것이다. 학교에서의 교육은 국민교 1학년 내지는 2학년에 시작하는 것이 가능하고, TV 프로의 경우는 보다 연소한 아동을 대상으로 할 수 있을 것이다.

가령 이러한 조치가 취해진다면 10년이 채 못가서 일본의 언어적 장벽은 극복될 것이다. 설사 나이 많은 일본인에게는 무리라 할지라도 다음 세대를 짊어진 젊은 일본인에게는 그것은 가능한 것이다.

격리감과 국제화

38

언어의 장벽은 비교적 정의하기 쉽고 따라서 대처하기에도 용이하겠지만, 일본이 직면한 또 하나의 대외접촉상의 장벽은 형태가 없고 미묘하기 때문에 그 극복이 어려울 것으로 예상된다. 나로서도 이에 대한 기술은 자연히 주관적인 인상론이 되지 않을 수 없다.

내가 말하는 또 하나의 장벽이란 일본인이 자기네를 타인과는「격리」된 유니크한 존재로 간주하고 있다는 점이다.

국제적인 생활에 크게 관련하고 있는 여러 국민 가운데 일본인만큼「우리 일본인」과「외국인」사이에 분명히 선을 긋고 있는 국민은 없을 성싶다. 일본인의 집단의식은 타국민보다도 강하고 그런 만큼「남과는 다르다」라는 감각도 센 것으로 보인다.

이러한 심적 태도는 놀랄 것이 못된다.

일본어가 타국어와 판이하고 지리적으로도 고립도가 높고, 특히 초창기에는 그것이 더욱 심했다는 것, 더우기 현대에서는 비서구, 비백인의 유일한 공업선진국으로 존재하는 것을 생각하면 이것도 당연한 귀결일 것이다. 사실 동양에도 서양에도 완전히 속하고 있지 않는 것이 일본인 것이다.

일본사회가 연래 집단으로의 귀속을 중시해 온 것도 이와 관련이 있을 것이다. 우찌(안)와 소도(밖)는 언제나 엄격히 구별되어 왔다. 그리고 최대이면서 가장 중요한 일본의 집단은 일본인 자체인 것이다.

격리감이라는 것은 계량화가 어렵다. 자기의 감정이 타인의 그것과 비교해서 어떻게 다른가는 모르는 것이 보통이다. 내셔널리즘이 한창이지만, 특히 신흥국과 도상국에 현저한 것은 당연하다. 자기 자신의 존재에 대해서 자신(自信)을 가질 수 없기 때문이다.

무의식 레벨에서의 인종적·문화적 우월감이나 타인에 대한 모멸감은 서구사회 전체에서 현저하다. 중국인의 문화적 우월감도 3천년의 전통에 유래한 것이니만큼 한 마디로 엄청나다. 그런데 일본인의「타인과 다르다」는 감정은 우월감이라고는 말하기 어렵고 내셔널리즘도 아니다. 어쨌든 타인과는 이질이라는 생각이 있고, 그 생각 자체가 매우 특이하다고 말할 수 있다.

이렇게 말했을 때 마음이 상하거나 적어도 어리둥절하는 일본인은 적지 않을런지도 모른다. 그들은 자기네를 국제적으로 나무랄 데가 없다고 생각하고 있고, 실지로 그런 면도 있다. 예를 들면, 일본의 학교만큼 세계에서 일어나는 것을 널리 가르치는 학교는 그다지 없을 것이다. 자기 나라의 역사나 문화뿐만 아니라 서구의 역사나 문화에 관한 지식은 일본의 교육의 중요한 일환이 되어 있고, 중국의 역사나 문화에도 상당한 주의가 기울어져 있다.

이에 비해서 서구 각국의 교육과정은 서양사나 서양문화의 틀을 넘어서는 데 소심하고, 이 점에서 진취적인 미국조차도 겨우 지방적으로 약간의 주의가 있을 뿐이다.

국제주의에 대한 헌신이 일본인만큼 열렬하고, 반대로 내셔널리즘을 일본인만큼 적대시하는 국민은 없다. UN에 대한 헌신을 그들은 언제나 들먹이고 「국제적」이라는 말은 미국인의 「마더후드(모성)」라는 말에 대한 뉘앙스를 풍기고 있다.

특히 패전 직후 일본인은 내셔널리즘에 관계있는 모든 심벌에 등을 돌렸다. 국기나 국가는 입밖에도 내는 것을 꺼렸다. 오늘날에도 국기게양은 다른 나라들보다 드물고, 국가「기미가요」에 이르러서는 어린이들이 「씨름꾼의 노래」로 부를 정도이다. 씨름시합이 열릴 때 TV에서 연주되는 이 멜로디는 다른 데서는 듣는 일이 거의 없기 때문이다. 미국에서도 「성조기여 영원히」는 미식축구나 야구시합 전에는 반드시 연주된다.

내셔널리즘에 해당하는 재래어는 「국가주의」로 아직도 사용되고 있지만, 그 어원이나 글자배열은 궁극적인 요소로 성립되어 있고 낡은 「봉건적」인 냄새도 있다. 한편 「애국」이라는 말을 사용하는 것은 극단의 우익일 뿐이다.

일본인이 자기네를 타국민보다 훨씬 국제적이라고 간주하는 이유는 이것으로 분명할 것이다. 그러나 그들의 국제성이 얼마나 피상적이고 그들의 소외감이 얼마나 깊은 것인가는 껍질 한 꺼풀만 벗기면 쉽게 알 수 있다.

많은 일본인은 일본이라는 나라나 동포와 완전히 일체화시키고 있다. 그 때문에 「애국심」이라는 말이나 애국심의 함양을 위한 심벌을 필요로 하지 않는 것이다.

그들은 국가주의라는 말을 피하고 내셔널리즘이라는 영어——보다 몰가치적(沒價値的)으로 들린다——를 선택하거나 국민주의 또는 민족주의——이 말은 나에게는 국가주의보다 더 해로운 것으로 들린다──라는 말을 채택했다. 전후 내셔널리즘이나 국가의 권위에 대한 반발이 그 정점에 달했던 당시에도 일본인은 모두 가장 기본적인 점에서 내셔널리스틱했다. 따라서 다른 일부 국가에서처럼 개인이 그가 소속하는 민족국가에 친근해 질 수 없다는 문제는 상상도 할 수 없었던 것이다.

일본인의 격리감의 강도는 그들이 타국민에 대해서 어떤 태도를 지니고 있는가를 보면 분명해진다. 일본인은 항상 자기네를 일본인으로 간주하고, 타인을 우선 「비일본인」으로 의식하고 있다.

이것 역시 계량화가 어렵다는 것은 이미 언급했지만, 일본인의 이런 경향은 피압박 소수민족이나 단순소박한 부족집단 외에는 이런 예를 찾아 볼 수 없을 만큼 강렬하다. 「당신은 누구요?」라는 물음에 우선 돌아오는 대답은 「일본인이요」라는 것이 많다.

해외에 나가는 사람은 누구나 자기가 얼마나 내셔널리스틱한 감정을 지니고 있는가를 알고 놀란다. 아무래도 타국민에 대해서 일본인은 자신의 민족적 출생을 한시라도 잊지 않을 뿐만 아니라, 자신을 한 개인으로서가 아니라 전 일본국민의 대표로 간주하는 자부심이 있는 듯하다. 세계적으로 성공한 일본인은 개인이 성공한 것으로는 생각치 않고 한 개의 일본인이 명성을 얻었다고 간주하기 쉽다. 국가가 연주되는 속에서 국기게양이 거행되는 올림픽 같은 데서는 모든 참가자의 내셔널리즘이 고양되는 것은 사실이지만, 적어도 서방측의 민주주의국가의 선수라면 개인적인 업적으로 파악하는 데 대해서 일본선수는 국가적 영예라는 중압감을 느끼는 것이 상례이다.

일본인이 이런 자세를 버리지 못하는 것은 해외이주자에게 새로운 문제의 씨앗이 된다. 1941년, 미·일간의 전쟁개시와 함께 이 문제는 재미(在美) 일본인 1세에게 참기 어려운 것이 되었다. 인종편견 때문에 그들은 미국시민권을 획득하지 못했지만, 문제의 심각성은 미국태생으로 어엿한 미국시민인 2세도 마찬가지였다.

그들은 미·일 두 나라 중 한 나라에 충성을 선서해야 하고 어정쩡한 애매한 태도는 허용되지 않는다. 일본인이기 위해서는 100% 일본인이어야 하는 것이다. 그러나 대다수의 일본계 시민은 미국과의 완전한 일체화의 길을 택했다.

서해안의 일본계 시민은 집에서 쫓겨 「이주 센터」에 강제수용되었다. 하와이 출신 일본계 젊은이는 「이주 센터」의 젊은 수용자와 함께 2세로만 편성된 전투부대를 조직, 미국을 위해서 용감하게 싸웠다. 그들의 사상율은 최고였고, 그들만큼 많은 훈장을 탄 부대도 없었다.

한편, 일본계 이외의 이민은 모국과의 유대가 일본계보다 밀접하지 않았기 때문에 오히려 조국과 미국에 대한 이중의 충성을 오래 유지할 수가 있었다.

일본계와 중국계 미국인의 차이는 더욱 두드러진다. 일본계의 경우, 다른 대다수의 미국인과는 인종적으로 다른 데도 불구하고 일본어를 버리고, 미국적 생활의 주류에 어느 이민집단에 뒤지지 않고 민첩하게 융해되어 갔다. 그런데 중국인의 경우는 국가와의 유대보다는 문화적 유대의 관련이 깊기 때문에 중국어를 버리지 않고 전통적인 생활양식을 유지하고 있다.

일본에 사는 외국인에 대한 일본인의 태도는 그들의 연대의식과 배타성이 일목요연하다. 외국인은 언제까지나 외국인이라는 것이 일본인의 사고이다. 이러한 사고는 미국인과는 정반대이다. 미국인은 외국인이 이상하더라도 모두 미국시민이 돼 줄 것을 바라고 또 실지로 그렇게 될 것이라고 생각하는 것이다.

미국을 찾는 일본인은 자신들이 외국인을 대하는 것과 정반대의 대우를 받는 데 놀란다. 영어도 알 것이고 미국식 방법도 알고 있으리라는 것이 일본인을 대할 때의 미국인의 태도이기 때문이다.

어떤 공식적인 미·일문화회의가 열렸을 때의 일인데, 테이블의 한편에는 재일 미국인과 일본계 미국인, 그리고 미국에 재류하는 일본인이 앉고, 다른편에는 일본에 살고 있는 일본인만이 앉고 있었다는 사실을 나는 지금도 기억하고 있다.

일본에 사는 외국인은 영주자로 간주되지 않는 한 친절한 대우를 받는다. 그러나 타인임에는 틀림 없다. 약간 일본말이라도 하면 칭찬한 칭찬을 받는다. 지진아가 돌연 지능의 단편을 발휘했을 때처럼 말이다. 일본에 관한 지식이라도 있으면 그의 견해는 존중되고 과대평가를 받지만, 그러나 그의 의견은 언제나 타인의 그것에 멈춘다. 결혼, 그밖의 일로 일본국적을 취득했을 경우에도 일본인으로부터 어엿한 일본인 취급은 받지 못하는 것이다.

동 아시아 출신은 구미 출신보다 외인은 아니다. 외인이라는 말 자체가 그들에게는 그다지 사용되지 않는다. 한국인(조선인)·중국인 또는 대만인으로 불린다. 다만 일본인이 그들에게 나타내는 태도를 보면 나의 논점이 명백해질 것이다. 일본에 거주하는 중국인이나 한국인(조선인)은 거의 영주권을 가지고, 일본에서 태어나고 말할 수 있는 말도 일본어뿐인 경우가 적지 않다. 외견상으로나 생활양식이나 일본인과 구별이 되지 않는 경우가 많다. 그러나 일본인은 그들을 차별하는 데 전력을 다하고, 귀화수속을 까다로운 것으로 만들고 있다. 그들과 일본인과의 결혼은 거의 없는 상태이다. 그것은 경멸의 대상이 된다. 흑인과 백인처럼 피부색이 다르다면 또 몰라도 일본인이 넘어야 하는 것은 의식상에서의 하나의 선뿐이다. 그럼에도 이 선을 넘어선 사람은 거의 없다. 내가 알고 있는 외교관에는 최근까지 중국계였던 사람이 한 사람이 있고, 야구선수에도 수명의 한국계·대만계의 스타가 있다.

그러나 이들은 예외로서 대개의 경우 일본사회로부터 일정한 거리 밖에 있다. 이 상태를 상징하는 비극이 1974년 여름에 일어났다. 한 한국계 청년이 자기 나라의 대통령을 저격했다가 실패하고 대통령 부인을 사살한 사건이다.

그는 일본에서 태어나고 한국어를 해득하지 못했음에도 불구하고 일본사회에 수용되지 않았다. 그것이 자기의 입장에 대해서 그에게 착란을 일으키게 한 것이다. 이 사건은 국제적인 파문을 일으켰다. 그러나 진정 책망을 받아야 할 자는 그와 같은 젊은이를 수용하기를 거부한 일본사회의 실상이다. 일본에 거주하는 60만명의 한국계 사람들이 사회에 대한 전적인 참가를 거부당한 채 당사자인 일본사회에 대해서「교포 문제」라는 난문을 내밀고 있는 것은 놀랄 것이 못된다.

여기에서 나는 한 가지 사건을 기억하는데, 이 사건은 일본인이 자기들과 타인을 얼마나 구별하고 있는가를 웅변으로 증명하고 있다.

후꾸오까(福岡)시의 한 지도적인 인사가 근간 부임하는 미국의 총영사가 일본계라는 사실을 알고 놀라고 두려워했다는 것이다. 이런 인사발령은 미국에서는 조금도 이상할 것이 없는 것으로서, 바르샤바 주재 미국대사는 폴란드계 미국인이라는 말을 들은 그는 분노를 터뜨리고, 폴란드에서 그런 일이 통한다고, 일본에서도 마찬가지라고 미국측이 생각한다면 일본을 전혀 이해 못하는 것이라고 소란을 피운 것이다. 그런데 실지로 총령사는 평판이 좋았고, 그의 사명을 성공적으로 수행해서 이 지도급 인사의 우려는 기우로 끝난 것이다. 이 일본인이 보인 태도는 그들을 특이한 존재로 간주하고 있다는 것을 여실히 보여주고 있다. 뿐만 아니라, 자기들이 특이하다는 인식에 일종의 영광을 느끼고 있는 것이다.

2차 세계대전시 흔히 쓰인 말에 하꼬이찌우(八紘一宇)라는 것이 있었다.

이것은 원래 고대중국의 철학에 유래하고「세계 팔대주는 하나의 지붕 밑에 수렴한다」는 원의를 가지고 있고, 일본이 도의면에서 세계에 군림한다는 것을 막연히 뜻하고 있었다. 이와 같이 민족적 우월감을 폭발시킨 일도 있었지만, 오히려 우리가 놀라지 않는 것은 일본인이 자기 나라 이외의 외국을 보다 우수한 존재로 인정하는 데 주저하지 않았다는 사실이다.

자타의 구별을 강하게 의식하는 일본인이지만, 그렇다고 해서 타국을 귀감으로 삼고, 그렇게 함으로써 자국의 열등성을 암암리에 인정하는 데 인색하지 않다. 적어도 몇 가지 면에서는 그러하다.

일본 역사를 통해서 일본이 가장 모범으로 삼은 나라는 대부분의 경우 중국이었다. 그러나 근대에 이르러서는 서구의 주요국이 그 역할을 수행하게 됐다. 일본인은 남에 대한 우월감보다는 열등의식에 사로잡혀 있었다는 의론이 있고, 일본이 종래 외래의 모델을 의식적으로 사용한 것이 그 근거로 제시된다.

그러나 우월의식이나 열등의식은 일견 모순된 것처럼 보이지만, 사실은 그다지 거리가 있는 것은 아니잖겠는가. 실지로 한 민족이 우월성을 무조건 주장했을 때에는 언제나 열등의 두려움과 명백히 연결되고 있었다는 것을 과거의 사례로 알 수 있다.

북구라파의 초기 내셔널리즘의 태동은 지중해 지역의 보다 오랜 나라들에 대한 역사적·문화적 열등감에 의해서 촉진된 면이 많았다. 초창기의 미국의「백두의 독수리」를 앞세운 내셔널리즘도 서구세계의 변경적 존재라는 당시의 미국의 약한 지위와 분명히 관련이 있었다.

비서구세계 전체를 뒤덮고 있는 내셔널리즘은 최근까지 식민지·반식민지의 입장에 놓여 있었다는 사실과 관련이 없을 수 없다.

일본에서도 초기의 내셔널리즘은 중국에 대한 열등감의 방영의 형태를 취했다. 근대 일본의 내셔널리즘은 구미를 따라붙는 것을 근저에 깔고 있었다. 다만 일본인의 열등감이라는 테마로 되돌아간다면 외국인에 비해서 과연 그들의 열등감쪽이 많은 것인지 나에게는 약간의 의문이 있고, 그리고 우선 이 논리는 어딘가 막연해서 그다지 도움이 된다고는 생각지 않는다.

다만 옛날에는 중국에서 많은 문화를 차용하고, 근대에는 구미를 도달목표로 삼았다는 의식이, 외국인과의 접촉에서 일본인을 극히 자의식과잉으로 만든 것은 부인할 수 없다. 이것은 집단에 대한 순응과 타인의 용인으로 개(個)의 주장에 우선시켜 온 일본사회의 구조로부터도 용이하게 나올 수 있는 특질이다. 구미의 기준에 맞는가를 근대 일본은 부단히 신경을 썼고, 외국인이 자기네를 어떻게 생각하는가에 신경과민이었다. 외국인은 일본에 대해서 아는 것이 없고, 들을 만한 가치가 있는 의견이 없는데도 언론은 그들의 의견을 청취한다. 그것은 언제나 자기를 의식하고 있는 미국인 기자가 뉴욕에서 배를 내리는 영국인에게 미국 여성에 대한 견해를 물었다는 최근의 한 삽화를 상기시킨다.

자의식과잉은 서로를 불편하게 만든다. 지나친 완전주의에 빠지면 오히려 역효과를 가져온다.

근대의 일본인이 품고 있는 또 하나의 우려는 비서구 세계에서는 흔한 일이지만 구미인은 경험하지 못한 것이다. 즉 구미로부터의 영향을 이겨내지 못하고 일본의 아이덴티티(자주성)가 밀려나는 것이 아닌가 하는 두려움이다. 초대의 근대화 추진자는 누구나 도꾸가와 시대의전통적인 육성과정에 젖어 있었기 때문에 어지간해서는 일본인의 자주성을 상실하리라고는 생각지도 않았다.

그러나 새로운 구미식 교육을 받은 일본인은 이런 공포에 사로잡혔다. 전세기 말의 문학가 중의 한 사람인 나쯔메 소세기(夏目漱石)에게서 이러한 두려움이 엿보인 것은 이미 기술한 바이지만, 그 후 그와 그러한 공포를 공유하는 작가는 늘어나고 있다.

1970년, 실로 극적인 할복자살을 한 미시마 유기노는 「진정한 일본」의 추구를 멈추지 않은 한 사람이었다. 일본식의 방식이나 가치의 재주장이 어느 정도 계속되면 다음은 구미에 따라붙는 그런 큰 파도에 휩싸이고 그리고 그것이 과연 일본의 진정한 모습인가의 의문을 낳는 그런 패턴이었다.

1970년대 전반은 이러한 의문이 절정에 이른 시기였다. 일본인의 의미, 세계에 대한 일본의 독자적인 역할이 무엇인가 하는 소위 「일본인론」이 붐을 이루었다. 일본인이 영어교육을 수정하는 데 미온적이고 외국어교육을 줄여야 한다는 일부의 주장은 사실은 일본인의 자기상실의 두려움에 진정한 이유가 있는지도 모른다. 그들의 주장은 소수의 엘리트를 위한 영어교육은 개선해야겠지만, 대다수의 일본인은 시간과 정력을 기울여도 헛수고이기 때문에 그 노고에서 해방되어야 한다는 것이다. 이 주장의 배후에 있는 것은 영어교육 따위는 집어치우면 외국어의 영향에서 해방되고, 일본인의 아이덴티티의 상실을 막을 수 있다는 사고방식이다.

일본인의 우려를 동의까지는 못해도 이해는 가능하다. 모든 근대기술을 문화적으로 구미의 것이라고 정의한다면 그 영향을 면할 만한 것은 거의 없다고 해도 과언이 아니다. 그러나 잘 생각해 보면, 오늘의 구미세계도 근대기술의 영향을 면하고 있는 것은 거의 없는 상태이고, 오늘의 구미인과 18세기의 구미인의 거리는 오늘의 일본인과 18세기의 일본인의 거리와 같은 정도로 떨어져 있는 것이다.

　산업혁명과 근대기술이 구미에서 출발한 것은 사실이다. 그러나 인류사상의 모든 기술의 진보와 마찬가지로 그것은 필연적으로 전 인류에 귀속하는 것으로 언제까지나 구미인의 전유물이 아니다. 농업이나 청동 그리고 철의 사용이 퍼졌다고 해서 그런 것을 받아 쓰는 모든 사람이 그 창시자의 일부분이 된 것은 아니다. 중국인의 발명품이 각지에 전파했지만, 그렇다고 그것들이 중국화한 것은 아니다. 근대기술이나 공업화 사회는 구미인의 것임과 동시에 일본인의 소유물이다. 장기적인 척도로 장래를 전망할 때 근대기술면에서의 구미의 우위성은 아마도 극히 사소한 것밖에는 되지 못할 것이다.

　한편, 근대기술과 구미문화를 분리해서 생각한다면 양상은 일변한다. 구미의 문화적인 주류에 기독교와 개인주의를 드는 데 이론은 없을 것이지만, 일본인의 기독교인은 1%에 미달이며 개인주의에 대한 태도도 구미인의 그것과는 현저히 다르다.

　반면, 일본이 구미와 공유하는 가치나 제도도 적지는 않다. 근대교육·대중민주주의·매스콤·스포츠 등이 다 그러하다. 다만 이것들은 서구문화의 전통적인 측면은 아니고 근대기술에 페이스를 맞춘 발전에 불과하다.

　아이덴티티에 대한 두려움은 근년 점차로 사라지고 있다. 따라서 이에 관한 의구심은 연장자만의 것이라 해도 좋을 것이다. 오늘의 복잡하고 밀접한 국제관계에서 보다 심각한 문제는 그들이 일본인이라는 것을 과잉의식하고 있는 점에 있는 것이지 일본인다운 부족에 있는 것이 아니다.

　일본인이 자기네가 타국민과 다르다는 사고는 우월감, 즉 질의 문제가 아니고 종류의 차이다. 그 바닥에 있는 것은 인종의식일 것이다. 마치 자기네가 다른 종자에 속하고 있다는 사고이다.

　불과 1세기 전의 상황도 이런 사고를 수용하기 쉬운 것으로 만들었다. 소수의 외국인을 제외하고는 일본인 이외의 타민족은 이 고립된 섬나라에 존재하지 않았다. 그러나 오늘날에는 모든 것이 일변했다. 일본인의 생활 자체가 타국민과 큰 차이가 없다. 낡은 사고는 크게 흔들리고 있다. 그러나 완전히 소멸한 것은 아니다.
　인종문제는 미국 고유의 것으로 생각하는 미국인이 많다. 그러나 위화감이라는 것은 세계 어디에나 있는 심리적인 태도이고, 타인종과의 접촉이 제한되고 그런 만큼 표면화되지 않고 문제도 되지 않는 지역이 오히려 강한 것 같다.
　동 아시아는 내가 전문한 지역이지만, 인종적인 위화감은 강하고, 오히려 미국 이상이라는 것이 나의 의견이다.
　일본인이 코케이지안(백인)과 빈번히 접촉한 것은 19세기였지만, 일본인에게 백인은 구토증을 머금게 하는 이질적인 존재였다. 이런 심리적 태도는 시간과 더불어 경감되어 갔다. 그러나 인종의 차이를 의식하는 농도는 아직 강하다.
　백인과 일본인과의 국제결혼의 많은 예를 나는 알고 있지만, 구미인의 가족의 반대――물론 양측에서 반대가 없는 경우도 많았다――쪽이 일본인측으로부터의 반대보다 컸다는 예를 단 한 건도 기억할 수 없다. 흑인종에 대한 일본인의 태도는 훨씬 나쁘다. 전후 미점령군이 오기까지 일본인은 흑인과는 몰교섭이었다. 그런 만큼 흑인에 대한 일본인의 태도는 아직도 경이와 반발이 뒤섞인 것이다.
　1960년대 미국에서 인종소동이 벌어졌을 때, 일본인은 미국의 인종문제에 경악했다. 좌익청년 가운데는 흑인에 동정하는 층도 있었지만, 일본인의 기본적인 자세는 도상국과는 달리 백인에 대한 공감이었다. 백인과 자기를 동일시하는 편이 용이했기 때문이다. 흑인이 당했다는 것보다 오히려 백인이 어려운 문제에 직면한 데 대한 놀라움이었던 것이다.
　동 아시아인의 인종차별적인 의식은 그들이 혼혈아를 취급하는 태도를 보면 일목요연하다. 한국이나 월남에서나 미군병사와 현지의 여인――하층의 출신자가 많았다―― 사이에서 태어난 고아들은 주위에서 거절되거나 적어도 차별대우를 받았다. 흑인과의 혼혈아는 백인의 혼혈아보다 비참했다.
　그 어느 경우이건 인종차별로 알려진 미국에 양자로 입양되는 것이 그들로서는 최대의 행운이었던 것이다. 이 같은 상황은 일본에도 패전 직후에 존재했다. 한 여성 독지가가 그들을 위한 고아원을 설립, 세인의 칭찬을 받았지만, 그녀를 지탱하는 유일한 희망은 혼혈아들이 언젠가는 아마존강 유역의, 말하자면 문명지역에서 스스로의 길을 찾아달라는 것이다. 이들 가운데 약간의 성공한 예외를 제외하고는 대부분은 기회만 있으면 외국으로의 이주를 원하고 있고, 주된 이주선은 미국이었다.

일본인이나 동 아시아인에게서 볼 수 있는 인종적인 감정은 다른 아시아인, 가령 인종적으로 가까운 동남 아시아인에 대해서도 품고, 더 먼 인도인이나 중동인에 대해서는 더욱 심하다. 「인종적」이라 해도 과언이 아닌 강렬한 위화감은 동 아시아인 상호간에도 존재한다.

일본인·한국인·중국인은 상호간의 결혼을 백인과의 그것의 경우와 마찬가지로 꺼리는 경우가 많다. 뿐만 아니라, 사위감으로 미국인이라면 또 몰라도 중국인이나 한국인은 절대 반대라는 것이 대부분 일본인 부모들의 감정이다. 이 점, 구미와의 차이는 역연하다.

구미에서는 국제결혼은 흔한 것이고, 특히 귀족간의 국제결혼은 그러했다. 계급이 국적보다 중요했던 것이다.

예를 들면, 영국 여왕은 원래 독일혈통이다. 그 이름은 내셔널리즘의 발작으로 하노버가(家)에서 윈저가로 개명되고 그녀의 배우자의 그것도 바텐베르크에서 마운트바텐으로 변하기는 했지만 어엿한 독일계이다. 독일황제 빌헬름 2세도, 최후의 러시아황제 니콜라이 2세도 서로 빅토리아여왕을 조모로 하는 종형제간으로 영어로 대화했다. 동 아시아에는 이런 귀족간의 결혼 전통은 없었다. 근대 이전에 이 인종간의 결혼이 있었다면 그것은 해적이나 수부(水夫)와 항구의 창부와의 사이에 한했다.

인종적인 감정은 차치하고 국내에서 상하관계에 중점을 두는 일본인은 타국과 대할 때에도 툭하면 상하우열의 차원에서 간주하는 경향이 있다. 어느 국민이건 어느 정도 이런 경향은 있지만, 일본인의 경우는 그 빈도나 의식이 높다. GNP는 세계 3위, 평균수명은 스웨덴과 1위를 나누고, 조선(造船)총톤수도 1위, 1인당 GNP는 '15위 등 모르는 것이 없다. 일본인은 또한 세계 각국을 일본인의 기호에 따라서 순위를 매긴다.

이것은 외국에는 없는 일본식 실내경기이지만, 여론조사에서는 언제나 얼굴을 내민다. 좋은 나라는 주로 먼 구미 각국이고, 인근 각국은 마이너스의 취급을 받는다. 상위권은 미국·스위스·영국·프랑스·서독 등이고, 하위권은 북조선·한국 그리고 소련이다. 중공은 상위권에도 하위권에도 동시에 속한다. 대체적으로 일본인은 공산국가나 비서구 국가보다 서구 민주국가를 좋아한다.

일본인의 외국에 대한 태도 가운데 가장 성숙한 것은 미국·중공·소련

그리고 한국에 대한 것이다. 그 가운데 압도적인 것은 미국이다. 비구미 세계는 중공과 한국을 예외로 일본인의 의식의 가상자리를 차지하고 있는 것에 불과하다. 언어이건 기본적인 문화성향이건, 구식민지였던 탓으로 근대적인 제도이건 일본에 가장 가까운 나라는 한국이다.

그러나 한국인과 일본인간에는 친근감이 없다. 전자로서는 일본의 식민지 지배를 받은 기억이 남아 있는 만큼 일본에 대한 혐오감이 자라고, 그것은 교육을 통해서 다음 세대로 이어진다.

한편, 일본인은 한국인을 경멸하는 경향이 있다. 한국은 자기들이 지배한 후진국에 불과하고 일본에 있는 한국인은 귀찮은 소수파로 간주된다. 확실히 재일한국인은 그 수에 비해서 범죄발생율이 높고, 바람직하지 못한 사업이나 장사에 손을 대는 예도 있다. 그러나 강제로 끌려 온, 혜택을 받지 못하는 사람들이 사회의 최저변에서 인간의 대우를 제대로 받지 못하는 이상 그것은 당연지극한 추이이다. 한국은 일본인에게는 까다로운 문제다. 그 정치적 불안정과 군사적 긴장은 일본 자체의 안전을 위협할런지도 모르고, 국내적으로 반항구적인 귀찮은 존재——일본인이 전적으로 수용하는 것을 거부한 탓으로——로 간주되는 소수 민족집단의 공급원이기도 하다. 다만 근래에 와서 쌍방의 젊은 층은 옛날의 자세를 허물고 있고 지리적으로나 역사적으로 가까운 양국민의 관계를 보다 우호적인 것으로 개선하기 위해서 자발적으로 노력하려 하고 있다. 이것은 좋은 변화현상이다.

소련은 일본인이 전통적으로 적의를 품어 온 거의 유일한 나라이다. 그것은 18세기 후반 흑가이도(北海道)·가라후도(樺太)·지시마열도(千島列島)를 에워싼 제정 러시아와의 갈등으로 거슬러올라간다. 일본과 소련과의 국경선이 확연하지 않은 탓도 있고 해서 재래형의 국경분쟁이 발생하고, 실제로 현재 북방영토의 4개 섬을 둘러싼 일·소 대립은 지금도 계속되고 있다. 영토분쟁이 자아낸 적대감정은 노·일전쟁이 도화선이 되었지만, 2차 세계대전 후 일본의 화평중개의 의뢰를 소련이 오히려 만주침공으로 응답한 사실에 의해서 더욱 높아졌다. 전후 일본군 포로를 시베리아로 데리고 간 소련은 3분의 1을 수용소에서 사망케 했다고 일본인은 믿고 있다. 그리고 점령 후 4년간이나 소련은 거부권을 발동, 일본의 UN가입을 방해 했던 것이다.

그러나 일본인은 소련의 힘은 충분히 인식하고 있고, 시베리아의 천연자원을 일본을 위해서 개발하는 가능성에 대해서도 흥미를 가지고 있다. 소련과의 관계는 대중(對中)관계와의 밸런스에 최대한 유의하면서 조절한다는 것

374   V. 세계 속의 일본

이 그들의 결의이다.
　일반 일본인의 중공에 대한 감정은 강렬하고 또한 매우 복잡하다. 경의와 친근감은 대단한 것으로서 이것은 오랫동안 중국을 모범으로 삼은 역사적 사정의 투영이다. 중국은 일본인의 희랍이고 로마이다. 사실 전전의 일본인이 중일관계를 표현하는 데 즐겨 쓴 것은 「동문동종(同文同種)」이라는 말이였다.
　중공이 일본에 위협이 된 일은 이제까지 없었고, 오늘의 일본인도 중공을 두려워하지 않는다. 오히려 대중무역의 중요성을 과대평가하는 성향이 있을 뿐만 아니라, 이 이웃나라――세계 최대의 나라――와의 사이에 우호적인 관계를 유지하는 것은 절대불가결이라는 것이 일본인들의 감정이다.
　일본인의 대중감정의 대부분은 과거의 추억의 반영인데, 오늘의 중공도 어떤 매력적인 존재로 일본인에게 비치기 때문에 이 점은 세계의 많은 사람과 동일하다. 일본이 미국과의 관계에서 너무나도 종속적인 것에 반해 중국은 당당히 자주노선으로 일관했다. 일본인은 아시아적 특성을 망쳤는데, 중국인은 그것을 고수했다는 것이 일본인의 중국관이다. 다만 후자는 약간 기묘한 견해이다. 한편에서 문화적으로 많은 것을 온존한 것은 명백하지만 중국에 공산주의가 손댄 것은 요컨대 전통적인 많은 가치를 완전히 부정한 것이나 다름없기 때문이다.
　전후의 일본인은 중국인에 대한 일종의 죄책감을 품어 왔다. 중국을 황폐화시킨 죄의식이다. 그런 만큼 과거의 실수에 대해서 보상을 해야 한다는 의식이 존재하는 것이다.
　한편, 중국인은 일본인을 불신과 경멸로 대했다. 뿐만 아니라, 이미 19세기 초엽에 일본과 중국은 문화적으로 큰 차이가 있었다. 그 후 다른 발전과정을 겪음에 따라 양국의 거리는 더욱 넓어졌다. 따라서 중국과의 문화적 친근성이라는 일본인의 생각은 그다지 근거가 없는 것이고, 일본인 특히 젊은 층에게는 지금의 중공과 같은 생활조건하에서 산다는 것은 상상도 할 수 없는 것이 그 실정이다. 실지로 그것을 경험한 일본인에게는 중공의 생활은 견딜 수 없다는 한 마디에 그친다고 한다.
　대중공 무역도 중공이 자급자족의 공산국가로 남는 한 그다지 확대될 것 같지는 않다. 더우기 일본은 대만과 밀접한 경제관계를 유지하고 있고, 대만 전 인구의 6분의 5를 점하는 원주민의 구종주국(舊宗主國) 일본에 대한 감정은 한국인과는 대조적으로 우호적인 편이고, 일본도 당연히 같은 감정으로 대응하고 있다.
　어쨌든 대만의 존재는 중・일관계——미・중관계도 같다——의　심화로서는 일종의 장해물이다. 중공과의 관계가 우호적이건 적대적이건 중・일관계가 일부에서 예상했던 정도로 일본에게 중요한 것이 될 가능성은 적다.
　미국에 대한 일반국민의 태도는 중공의 경우보다 더욱 복잡하다. 이 점에 대해서는 이미 전단에서 언급했다.
　일본인의 대비자세에는 예의 「애증병존증후(愛憎倂存症候)」가 있지만, 그래도 일본인이 진정한 친구의식을 형성한다면 그것은 틀림없이 미국인이다. 미국을 비판하는 것은 마음 편한 일로 여겨지고 있다.　말하자면 같은 지붕 밑에서의 비판이기 때문이다.　일본인이 흔히 지적하는 것이지만, 중공이나 소련을 비판하는 것은 무의미한 일이지만, 미국비판이 유의의한　것은 그만 가치가 있기 때문이다. 일본인이 외부에 규범을 찾는 이상　그 대상은 주로 한 미국이다.

　많은 외국인의 눈에 비치는 일본은 남이 만든 세계질서에　묵묵히 참가할 뿐이고,　군사력을 회피하는 형태로 소극적으로 공헌은 하고 있지만, 이렇다 할 적극적인 공헌은 하고 있지 않는 존재이다. 뿐만 아니라, 고도의 경제성장에 비밀주의적인 의견과 타국민에 대한 무감각이　플러스해서 세계질서나 세계 무역을 파멸에 이끌 가능성은 있을 망정, 세계를 지체없이 움직이게 하는 데 있어서 공헌할 수 있는 존재로는 간주되지 않는다.
　이런 이미지로는 일본 자신을 위해서 이롭지 못하다. 바야흐로 세계는 심각한 국면에 직면하고 있다. 그것은 환경이나 자원 등의 기술적인 문제에서 세계무역이나 국제긴장 등의 착잡한 문제에 이르고 있다.　커다란 잠재능력을 가진 일본인 만큼 이런 문제 해결에　대한 기여를 최대한으로 하도록 노력해야 한다.
　이를 위해서는 일본은 구체적인 문제에 관한 언어적인 전달능력을 증진함과 동시에 자타간에 보다 강력한 상호신뢰와 협력정신을　배양할 필요가 있을 것이다. 일본인 자체가 타국민에 대해서 동포의식을 강화하고 어려운 일이기는 하지만 외국인도 일본인에 대한 동포의식을 강화하지 않는다면 인류가 직면하고 있는 이러한 심각한 문제의 해결을 가능케 하는 상호신뢰나 상호이해는 생기지 않는다. 그것은 UN에 대한 열의나 일본인이 전부터 안고 있는 형식적인 「국제주의」로 해결되는 것은 아니다.

역시 그들은 격리감·위화감을 넘어서 인류의 친구가 된다는 마음가짐이 필요하다. 세계와 자신을 일체시하고 그 일원이라는 자각심을 심화시켜야 한다. 외국어의 기능도 단순히 개개의 교섭에 임하는 전문가뿐만 아니라 모든 일본인에게 필요한 것이다. 타국과의 교류를 돈독히 하고 지금 말한 감각을 배양하기 위해서이기도 하다.

영어교육의 문제가 소수의 전문가뿐만 아니라, 모든 일본인 개개인에게 연관이 있다는 나의 주장도 바로 이것이 이유인 것이다. 물론 이러한 문제는 일본에 국한된 것이 아니다. 진정한 국제적인 정신을 창출하는 것은 모든 국민이고 민족이다. 그러나 외부에의 의존이 믿음직하지 못한 듯하면서도 그래도 장래를 형성하는 역량이나 기능을 구비하고 있는 국민의 경우는, 이 요청은 높아지지 않을 수 없다. 일본은 이 양면에서 가장 높은 또는 거기에 가까운 곳에 위치하고 있다.

1970년대에 이르러 일본의 관민이 합심해서 이 문제에 대한 인식을 깊이 하고 있는 것은 다행한 일이다. 국제협력사업도 늘었고, 국제적인 토의장에서도 보다 적극적인 자세로 전이(轉移)하고 있다.

1972년, 정부는 「저팬 파운데이션(일본재단)」을 설립하고 외부세계와의 문화교류, 특히 외국의 일본이해의 진흥을 도모하고 있다. UN대학도 그 본부가 도꾜로 유치됐다. UN대학은 세계 각지의 연구기관의, 말하자면 연합체이고, 그 의미에서는 일본인을 국제화시키기 위한 유효한 기관이라기보다 오히려 국제주의의 심벌이라는 면이 강하다. 사실 UN대학이 설립되기는 했지만 일본의 대학들은 아직도 국제적인 성격을 띠지 못하고 있다. 일본의 대학제도의 정수이어야 할 국립대학은 외국인을 정규교수로 고용하지 못하게 하는 규정을 두고 있다.

주로 미션계통의 소수의 비명문대학에 약간의 외국인교수가 있기는 하지만, 그 수는 극히 제한되어 있고 대체로 영어교수이다. 사립대학의 일부가 외국인학생을 위한 특수과정을 설치하고는 있지만, 일본의 각 대학에 유학생은 거의 없는 상태이다. 있다고 하면 그것은 일본에 영주하고 있는 한국인이나 중국인으로 일본어를 모어로 하고 있다. 다른 나라에서라면 외국인으로는 간주될 수 없는 존재인 것이다.

어엿한 일본인이라도 일본의 정규 고교과정을 거치지 않고 외국에서 수학한 자제는 일본의 대학에 입학이 허용 안되고, 입시에 합격하는 것도 불가능에 가깝다. 하는 수 없이 그들은 해외에서 수학을 계속해야만 하고 그 결과 교육면에서의 아우트사이더로서 통상적인 직력(職歷)에서 소외되고 마는 것이다.

일본 자체가 더욱 국제화해야 함에도 불구하고 모든 제도는 일본의 대학을 되도록 비국제적인 것으로 만들고 있고, 일본의 학생은 좁은 일본적인 틀 속에 폐쇄되어 있는 실정이다.

이와 같이 국제주의의 방향을 지향하기 위해서 일본이 극복해야 할 장해는 정말 많다. 나의 기술이 지나치게 비교적이 아니기를 바라는 바이다. 내가 대상으로 한 것은 주로 중고년층(中高年層)과 그들이 안고 있는 문제였다.

이에 비해 최근의 젊은이는 마치 신종(新種)을 생각케 하는 것이 있다. 그들은 낡은 스테레오 타이프의 많은 것을 무의식 가운데 부정하고, 선인들이 가지는 편견이나 공포에서 상당히 자유이다. 그들의 외국어 능력도 어느 정도 개선을 보이고 있는데, 그것은 교수방법의 향상보다는 오히려 그들 자신의 열의에 기인한다고 봐야 할 것이다. 해외에서의 생활체험에 거는 그들의 열정은 크다. 외국인과의 교제도 여유가 있다.

일본의 틴에이저가 여름방학을 이용해서 미국에 건너가 언어의 핸디캡이 있는 데도 불구하고 위화감이나 과잉 자의식을 나타내지 않고 훌륭히 적응하고 있는 것을 볼 때 매우 마음이 후련하다.

그들은 국제사회의 일원으로서 공통의 관심이나 문제를 나눌 준비가 되어 있고, 세계 어느 나라에 비교해도 특이한 면도 없고, 과잉 자의식에 사로잡힌 기색도 없다. 물론 그들도 장차 전통적인 틀에 쳐박힐 면도 없지 않아 있을 것이다. 그러나 그들은 언젠가는 그 틀 자체를 박차고 나가게 될 것이다. 여하간 일본이 격리감을 떠나서 진정한 국제주의로 전환하는 데는 제도 자체의 개량보다는 세대교체에 의거하는 점이 많을 것으로 생각된다.

미   래

39

　미래에의 전망은 항상 과거를 정확히 이해하고 있는가의 여부에 달려 있다. 과거의 흐름을 올바르게 파악만 한다면 이것이 미래에도 계속 이어질 것이라고 예측해도 큰 잘못은 아닐 것이다.
　물론 이제까지의 흐름이 직선적인 연장은 아니다. 몇 갈래의 흐름이 서로 모순하는 일도 있겠고, 상황에 따라서 상승 커브 또는 하강 커브를 그릴 때도 있을 것이다. 종전의 예에 비추어, 한 가지 확실한 것은 예기하지 않았던 사태가 발생하면 이들 흐름을 크게 바꿔놓을 수도 있으리라는 사실이다. 미래가 분명치 않다는 것은 확실하다. 다만 그 안개 속을 뚫고 어디에 큰 문제가 있는가를 내다보는 것은 불가능한 것이 아니다.
　첫째 문제영역은 천재(天災)의 영역으로서 이 점에서 일본은 언제나 큰 타격을 입어 왔다. 1923년의 관동지진의 재앙은 일본인의 의식 깊숙이 박혀 있지만, 당시에 비해서 인구가 밀집하고, 고층건물·고속도로·고가철도나 지하철 그리고 지하도시——그 가운데는 해발 이하의 것도 있다——가 얽혀 있는 오늘날에는 대지진이 아니라도 대폭풍이 엄청난 피해를 초래할 가능성이 있다.
　1970년대 초기 그 이름도 그럴싸한 『일본침몰』이라는 소설이 베스트 셀러가 되고 전 일본열도가 태평양 깊숙이 침몰하는 상황을 생생히 묘사한 것도 일본인에게 일종의 불안을 뒷받침하고 있다.
　일본의 진로를 크게 뒤바꿔 놓을 천재이변이 일어날 가능성은 거의 없을 것이나, 오히려 일련의 인위적인 재앙이 일본을 위협하게 될 것이다.
　모든 나라에서 또 하나의 문제영역은 사회의 내부기구이고, 특히 일본처럼 대인구를 안고 있는 나라에 이 문제는 크다. 현대의 공업화사회는 지나치게 복합적이기 때문에 스스로의 중량을 이겨내지 못하고, 관리불능에 빠져 붕괴의 조짐을 보이고 있다. 특히 다수의 민중에 의해서 지도자가 선택되고, 난문에 대해서 결정이 내려지는 근대 민주사회의 경우는 유독 운영이 까다롭고 기능불전(機能不全)도 표면화하기 쉽고, 나아가서는 현재의 조건하에서도 궁극적인 가버너빌리티, 즉 자기관리능력이 문제로 제기될 수도 있다.

한편, 사회와 경제가 한 줌의 소수인의 통제하에 있는 전체주의정권도 그 능력은 오히려 낮다. 이 점에서 일본은 원활한 편이고 다른 대국보다 성과를 올리고 있다고 말할 수 있다. 적어도 현단계에서는 이런 종류의 문제를 훌륭히 처리하고 있기 때문이다.

개인주의나 풍요의 증대가 이러한 처리능력에 지장을 초래할 수도 있고, 노동력의 고령화나 노사관계의 악화가 현재의 능률을 저하시키는 것도 상상할 수 있다. 그러나 전체적으로 이러한 문제의 전망에 대해서는 일본인은 자신을 가져도 될 것이다.

문제영역의 세번째는 세계적인 환경 및 자원의 분야이다. 이 영역에서는 대체로 모든 나라가 공통의 문제에 직면하게 될 것은 필지이지만, 나라에 따라서 위협의 정도가 다르다. 대국 가운데 가장 큰 위협을 받는 나라는 일본일 것이다. 단, 인구의 증가라는 영역을 제외하고 말이다. 많은 나라와 달리 일본의 인구증가율은 연간 1%를 약간 웃돌 정도이고, 서기 2,000년 경에는 1억3천 5백만 정도로 마무리지을 것으로 추측된다.

이 정도의 인구증가율이라면 일본의 경제성장율에 비추어 하등 문제가 될 것이 없다. 허긴 일본인구가 지금처럼 많지 않다면 환경·자원문제는 그 해결이 용이할 것은 틀림 없다. 인구증가가 없었다 해도 이런 문제는 일본에게 더없이 심각하기 때문이다. 이 인식에는 시간이 걸렸다. 그러나 최근에 이르러 일본인은 정력적으로 대응을 시작하고, 일본 국내에 관한 한 문제해결의 조짐이 보인다. 다만 세계규모에서의 환경·자원문제는 일본인 단독으로는 해결이 불가능하고, 세계 각국의 협력에의 의지와 목표달성을 위한 국제적인 수완이 필요하다.

여기에서 네번째 문제영역이 등장한다. 국제협력이 그것이다. 환경·자원뿐만 아니라, 세계적인 무역과 평화를 위한 국제협력이어야 한다.

이러한 문제는 일본인에게는 결정적인 중요성을 가진다. 다른 나라라면 광범한 질서의 교란이나 장기간의 전투행위――물론 핵무기에 의한 최종전쟁은 제외하고――에 이겨낼 가능성이 있다. 그러나 일본은 불가능하다. 마찬가지로 다른 나라라면 다소의 피해만으로 견디어 낼 수 있는 세계무역의 저락경향 내지는 파탄도 일본에는 결정적이다. 물론 국제협력에는 상대가 있고, 일본인 단독으로 해결될 문제는 아니지만, 이 차원에서의 일본인의 성적

380 V. 세계 속의 일본

은 결코 시원치 않았다. 일본인 자신 이 점에서 소홀함을 느끼기 시작했지만, 그 근원이 자신을 타국민과 격리된 특이한 존재로 간주한 사실은 아직 깨닫지 못하고 있는지도 모른다. 일본이 직면한 문제 가운데 그들이 좌우할 수 있는 최대 문제는 바로 이것이다. 일본의 젊은이를 보고 내가 느끼는 것은 장기적으로 이에 대처하리라고 생각하지만, 설사 파국이 닥쳐온다 할지라도 젊은이들은 면책되어야 한다는 것이다.

일본인은 현대세계에서의 그들의 역할을 의식하고 자문자답을 하고 있다. 스스로에게 특이한 역할을 발견하는 데 그토록 신경을 쓰는 것은 건전하다고 할 수 없고, 사실 그들이 말하는 해답은 명백히 불정확하고 불건전하다. 그들은 일본을 구미공업국가와 비견하는 유일한 「동양」의 나라라고 간주한다. 그래서 동서양의 중개자로서의 역할을 발견하려 한다. 그러나 설사 「서양」이라는 실체가 있다손 치더라도 단일적인 「동양」이란 있을 수 없다. 「서양」 자체가 상당히 근거가 희박한 개념이지만 동양은 더욱 그러하다. 어쨌든 동양으로나 서양으로나 이해가 곤란한 현상에서는 일본이 양자의 중개역을 수행한다는 것은 애당초 조건부터 부족하다.

한국이나 대만 등 원래 일본과 유사하고 구식민지였던 지역에 관해서는 혹시 이 역할도 가능할지 모르지만, 아프리카·중근동, 인도는커녕 동남 아에 관해서도 그런 일은 거의 생각할 수도 없다. 이러한 지역의 구미──그 전체는 아닐지라도──에 관한 이해는 일본에 관한 이해보다 깊고, 이러한 지역과의 일본의 관계는 일부 구미국가들과 비교해서 훨씬 엷기 때문이다.

그러나 일본은 의의깊은 역할을 수행할 능력을 잠재적으로 소유하고 있고, 더우기 그것은 일본이 강대하다는 사실에만 유래하는 것이 아니고 그것을 넘어선 특이한 사실에 기인한다. 그것은 일본이 경제적으로 강대한 나라임에도 불구하고 전쟁을 포기하고 소규모의 자위대를 소유하는 데 그치고 있다는 사실이다. 이 점 일본은 모든 나라에 대해서 군비경쟁의 중압을 제거하고 평화로운 번영의 시대를 구축할 방도에 대해서 길잡이를 할 수 있을 것이다.

비서구의 국민들에 대해서는 과거에 있어서와 마찬가지로 일본은 앞으로도 몇 가지 점에서 그들을 고무할 수 있다.

금세기 초엽의 아시아 민족주의는 일본이 구미 강국과 군사력으로 대항하고, 보다 구체적으로는 제정 러시아를 패배시킨 사실에 촉발된 면이 적지 않았다. 또 근년 일본이 풍요해진 것으로서 경제력과 풍요는 구미사회의 전매특허물이 아니라는 것이 분명해졌다. 그보다도 일본이 완전히 개방적인 민주사회를 창출하고 대의제를 성공시킨 사실을 해외에서 충분히 인식한다면 보다 많은 영향을 미칠 것이다. 이 분야에서의 일본의 성과는 경제면의 그것보다 훨씬 눈부신 것이지만, 한국과 대만의 민주세력 이상으로 그 영향력은 알려지지 않고 있는 것이다.

여하간 일본이 확고한 독자적인 문화전통을 유지·보존하면서 구미의 문화를 교묘히 도입하고, 활력에 가득 찬 독자적인 문화적 통합을 성취한 것이 타국에 의해서 이해만 된다면 이것도 비구미세계의 민족에 용기와 자극을 줄 것이다. 근대화로 말미암아 문화적 아이덴티티가 손상되는 것에 대한 그들의 두려움은 뿌리깊기 때문이다.

선진공업국에 대해서도 일본은 특수한 역할을 가지고 있다. 비구미의 문화적 배경을 가지는 유일한 선진공업국으로서의 일본은 공업화된 도시문명이나 대중민주주의가 안고 있는 문제들에 대해서 특이한 태도나 수법을 보여 주었지만, 그것은 확실히 구별될 수 있는 특이성을 가지고 있다.

이미 우리는 일본적인 예술수법이나 미의식이 구미, 특히 미국에 대해서 얼마나 큰 영향을 미쳤는가를 보아 왔다. 같은 종류의 영향은 다른 영역에 미칠런지도 모르고 일본이 단순한 추종자나 차용자의 영역을 넘어서 근대가 초래한 여러 문제에 대해서 협소한 나라라고는 생각되지 않을 만큼 큰 공헌을 할 수도 있을 것이다.

일본인은 또한 전 인류의 존립을 위해 불가결의 지구적인 차원에서의 감각을 창출하는 작업에 앞장을 서게 될런지도 모른다.

나는 분명히 이 책에서 일본의 전통적인 고립과 여전한 위화감에 초점을 맞추어 왔고, 일부 다른 국민에 비하면 일본인은 최종목표에서 어긋나 있는 듯이 보이는 것도 사실이다. 그러나 1세기 반 전의 출발점을 상기한다면 일본인의 진보가 더 컸다고도 할 수 있을런지 모르겠다.

언어면에서의 커다란 장해와 고립감을 생각한다면 그들이 걸어온 길은 길고 험한 길이었다.

직면하는 문제의 정체를 파악한다면 후발인 일본인이 먼저 골인하는 일도 있을 수 있을 것이다. 일본인 자신도 이러한 마라톤의 비유로 발상하고 있을지 모르지만, 언젠가는 이 비유 자체가 시대에 뒤진 것이 되기를 희망한다.

일본은 미국과 그리고 어느 정도까지 서 구라파와도 광범하고도 밀접한 협력관계를 창출하는 데 성공했지만, 이 관계야말로 아직도 세계를 분단하는 문화와 인종의 차를 메꾸고 평등의 원칙하에 구축된 것으로서 세계사상 최초의 예이다. 이 관계는 결코 완전무결한 것이 아니다. 그러나 언젠가는 전세계의 인구를 포섭하고야 말 관계의 첫 주자가 되는 것은 사실이다.

대외관계의 과거에 대한 일본인의 불안이나 타국민과의 관계에서의 서투름과 무신경을 고려할 때 전세계적인 차원에서의 동포의식의 창출에 주도적인 역할을 수행하기에는 일본은 미진한 감이 있기는 하다. 그러나 일본의 역사적 체험이나 지리적인 위치와 같은 우연은 일본인으로 하여금 이 분야에서의 리더쉽을 발휘하게끔 강요할 가능성도 있다.

외부세계에 대한 젊은 세대의 개방적인 자세를 볼 때, 그들이야말로 이 도전에 충분히 대응할 수 있다는 기대감을 저버리게 하지 않는 것이다. 21세기가 일부 외국인이 과장되게 예언한 것과 같은「일본의 세기」가 될지의 여부는 알 수 없다. 그러나 일본이 지도적인 국가의 일각을 점하리라는 것은 쉽게 생각할 수 있다. 더 나아가서 가장 선도적인 지도자의 위치를 차지할 가능성마저 결코 없는 것은 아니다. 그것은 물론 21세기의 전 인류가 직면할 여러 문제에 대한 해결책을 발견하는 작업에 있어서이다.

— 끝 —

譯者後記

日本과 日本人에 관한 서양인이 기술한 책을 번역하면서 항상 느끼는 것은 그들의 見解와 觀點이 역자, 또는 감히 말한다면, 우리 한국인 또는 중국을 포함한 동북·남 아시아인의 그것과는 괴리가 있다는 점이다.

그런 의미에서 우리의 관심은 크다. 역자는 이 책을 포함해서 이미 4권의 譯著를 출판하는 셈이지만, 특히 이번 저자의 글에서 그런 감을 더욱 짙게 한다. 참고로 그 책들을 소개하면, J. 워러노프의 『日本人』, E. 윌킨슨의 『日本의 實像과 虛像』, G. 클라크의 『日本人』 등이다.

이 책에서는 저자의 일신상의 여건——日本胎生에다가 부인이 日本人이라는 것——을 감안하더라도 그런 감을 저버릴 수 없다. 왜냐하면 적어도 50대 후반의 우리 한국인은 어느 면에 있어서는 라이샤워 교수보다도 日本과 日本人에 관해서 더 알면 알았지 뒤지지는 않을 것이기 때문이다.

그 점, 저자는 이 책의 목적이 외국인, 특히 미국인과 서구인을 대상으로 日本의 實相을 관심있는 독자에게 전달하는 것이라고 지적하고 있다. 그러면서도 역자가 감히 이 책의 번역에 손을 댄 것은 이 책이 저자의 學問的인 知的 訓練의 성과로서 그의 여러 저작 중에서 대표작으로 간주할 수 있는 포괄적이고, 균형적인 서술에 이끌렸기 때문이다.

한 마디로 이 책은 그의 日本人에 관한 集大成이고, 그로서는 유감없는 日本分析이다. 그가 이 책의 저술에서 가장 중점을 둔 것은 첫째, 日本社會의 일반적인 構造와 그 주요 側面, 둘째로 日本政府의 構造와 政治制度의 운영방법, 세째로 外部世界와 日本과의 관계 등이다.

  이상 세 가지 主題에 入門的인 第一部, 第二部를 前置했다. 그 하나는 日本의 過去와 오늘의 對外關係의 결정적 요인으로서의 地理的 環境에 관한 것이고, 또 하나는 日本史의 스케치이다.

  이상을 염두에 두고 이 책을 정리해 나간다면 독자의 이해에 도움이 될 것으로 생각한다. 이 책을 통해서 독자는 英美의 독특한 歸納的 學問 내지는 發想의 表現을 도처에서 감상할 수 있을 것이다.

  끝으로 부언할 말은 우리 한국인을 이해하는 현대의 외국인 석학이 한두 명은 이제는 나왔으면 하는 아쉬움이다. 표현의 추이가 어떤 것이건 좋은 의미에서의 感性移入으로 그것은 채색될 것이기 때문이다.

著者 紹介

　에드윈 O. 라이샤워는 하버드대학 史學科교수이다. 日本에서 태어나 成長하고 一生을 日本史와 東아시아史 그리고 文化硏究에 바쳤다. 그는 1961~66년에 걸쳐 日本駐在 美國大使를 역임했다.

　主要 著書는 『美國과 日本』, 『日本』, 『日本史』가 있고, 日本에 관한 시리즈의 오디오카세트를 하버드대학 出版部에서 냈다.

主要 著書: T. S. 엘리엇『祕書』『元老政客』/R. 닉슨『닉슨 回顧錄』/ M. 프리드먼『選擇의 自由』/E. 윌킨스『日本 대 歐羅巴』/H. 스미드 外 『레이건 그는 어디로 갈 것인가』/B. 헤슈펠드『달라스의 女人들』/N. 메일리『天才와 肉慾』/H. 구이에『演劇의 本質』/C. 램『얼어붙은 불꽃』/R. 디콘『諜報戰』등外 多有.

譯者 略歷
高麗大學校 英文科 卒業
서울大·高麗大 등 講師歷任
現漢陽大學校 文科大 敎授(待遇)

일본은 어디로 갈 것인가　정가 10,000원

1982년　8월 20일　1판1쇄 발행
1996년 12월 10일　1판3쇄 발행

　　　　　　　저　자 : E. O. 라이샤워
　　　　　　　역　자 : 김　기　실
　　　　　　　발행인 : 한　인　환
　　　　　　　발행처 : 기　문　사

　　서울 중구 초동 21-1 기영빌딩 2층
　　TEL : 273-0270. 265-7214. 273-0268
　　FAX : 273-0268
　　등록 : 1978. 8. 9. No. 2-256

──────────────────

　　　역자와 합의하에 인지를 생략합니다

日本學의 泰斗인 라이샤워 敎授의 近刊 完譯版

日本은 어디로 갈 것인가

日本人／그들의 理想은 現實的으로
어떻게 遂行·實踐되고 있는가.
美國人이 研究한 日本學史
그 實像과 虛像을 살펴본다.

- 軍事·政治·經濟·社會·文化 등 各 分野의 表裏史
- 야마도국(大和國) 쇼도꾸(聖德)황제의 統治와 후지와라(藤原)씨·미나모도(源)씨·호조(北條)씨·아시까가(足利)씨 등의 角逐시대
- 元나라 軍의 1,2次 日本征伐과 가미가제(神風) 그리고 日本人의 神國 思想／오다 노부나가(織田信長)·도요도미 히데요시(豊臣秀吉)·도꾸가와 이에야스(德川家康)장군 등 3대에 걸친 日本統一시대
- 도요도미(豊臣秀吉)의 세계 제패의 野望과 1592년의 韓國攻略(壬辰倭亂)／47義士 사건과 로닌(浪人)의 하라기리(腹切) 自決
- 尊皇攘夷의 기치와 蘭學을 통한 富國强兵策／明治維新과 西南戰爭
- 露日戰爭·淸日戰爭과 英日同盟／關東大震災와 在日 韓國人 학살
- 軍國主義 팽창과 괴뢰정권 滿洲國／大東亞共榮圈과 獨伊日同盟
- 眞珠灣 기습공격과 제 2 차 世界大戰／廣島·長崎에 原子彈 투하
- **日本은 과연 모든 것을 얻었다가 모든 것을 잃었는가?**
- 맥아더(MacArthur) 원수의 日本統治／新憲法 반포와 政黨政治
- 北韓의 南韓侵攻과 美日安保條約 개정／自衛隊 창설과 UN 加入
- 越南戰과 오끼나와(沖繩) 반환／有史이래 호경기 「진무(神武) 붐」
- 닉슨(Nixon)쇼크와 石油禁輸쇼크／集團指向性의 「고기메」日本人
- 하꼬이찌우(八紘一宇; 8大洲를 한 지붕 밑에 수렴)의 思想의 底邊
- 「敎育마마(mom)」「入試 지옥」로닌(浪人) 別名의 再三修生 문제

크라운判·386面·半洋裝本·高級모조紙使用　　圖書出版 **技文社** 刊　값 7000원
서울·中區草洞21—1 電話 (265)7214 (273)0268